Public Choice Theory

公共選択論

川野辺裕幸・中村まづる　編著

勁草書房

まえがき

　グローバリゼーションの潮流により政治の民主化や経済の自由化が進んできたが，近年は，それに対抗するような揺り戻しの動きが起きている．一方で，産業技術は AI やビッグデータ時代の到来により新たなステージが期待され，多極化，多面的な連携の方向も模索されていた．その最中に世界的なパンデミックに見舞われ，さらに気候変動による自然災害が多発している．長期的展望とともに目前に山積する課題に取り組むために，民主主義政治，そして，日本の社会はどのような対応を迫られ，どのような変化が必要となるのだろうか．

　公共選択論は，経済学の分析用具を使って，市場以外の場での決定を研究領域とする学問である．政策決定プロセスを研究の対象として，特に民主主義的な政府の分析を中心に発達してきた．わが国でも 1960 年代に公共選択論の理論的研究が始まり，次第に公共選択論が 1 つの研究分野として認知されるようになった．それにしたがって，経済学部や法学部，政治学部等の伝統的な社会科学系の学部における授業科目の中に，公共選択論の名称が定着するようになってきた．

　教科としての公共選択論の定着は，社会科学の研究領域において，経済学の分析手法を応用する学際的な研究の拡がりから理解することができる．経済理論では，政策が決定される政治プロセスは分析の対象から外され，これらの理論を応用して政策を主張するだけでは実現性のない提言となってしまう．公共選択論は市場を分析する経済学と同じ方法論的前提に立脚し，市場と政治の両方の領域にまたがる分野において連続した分析が可能であり，学生の理解も得やすいという利点がある．さらに，政策分析に総合的な視点が必要とされ，行政分野でも公共政策論，公共経営論，などの新しい分野が発展し，公共選択論が政府の活動を分析する理論的支柱に位置づけられている．

　特に公共選択論は，経済学，政治学，だけでなく，法学，経営学，社会学，心理学などの諸研究分野と重なる領域が広く，それぞれの学問分野の研究者が異なるバックグラウンドを持って公共選択的研究を展開している．それを反映して，さまざまな学部で開講される教科としての公共選択論はいろいろな側面

を持って描かれている．また，経済政策論，財政学，公共経済学，公共政策論，総合政策論などのテキストには必ずといっていいほど公共選択論の章がおかれるようになった．

　しかし，公共選択論はあくまでもその一部であり，字数の制約もあってか，公共選択論の研究分野が十分に紹介され，その基本的前提が整合的に説明されているとはいえない．公共選択論への関心は高まりをみせているが，各大学での授業ではその初歩を教えるテキストに苦慮している．

　こうした需要をふまえて，学部レベルの授業を想定し，公共選択論を体系的に紹介するテキストを発刊することが編者の年来の願いであった．加藤寛編『入門公共選択：政治の経済学』（2005年勁草書房より復刊）以降，わが国において公共選択論を基礎理論から包括的に解説した書籍が刊行されていないため，2013年に刊行された『テキストブック　公共選択』は，このような状況に応えて，社会科学に関心を持つかなり広い範囲の読者を想定し，初学者が公共選択を学ぶためのテキストとして企画された．

　その後10年近くの間に，新しい政策課題や研究分野の出現に進展があった．リーマンショックや東日本大震災を経験して財政再建はさらに遠のき，税と社会保障の一体改革，デフレ脱却と経済再生を目指したアベノミクスが注目を浴びた．最近では，新型コロナウイルスの対策や，その後を見据えた展望も求められてきている．各施策においても，法的規制より国民の行動変容に期待がかけられ，その提言や評価においては科学的知見に基づく説明責任が求められている．

　経済学のモデルから導かれた行動原理にとどまらず，より現実に近づいた人間行動の実証分析も蓄積されてきた．ゼミ学生の研究指導においても実証分析を加え，因果推論に基づく客観的根拠などを提示することが必要とされるようになった．本書は，2000年代以降に発展した公共選択論の新しい研究成果を紹介し，学生が共同研究をするうえで研究の進め方や分析の仕方のヒントとなるような新たなテキストとして企画することとなった．全体の構成を見直し，新たなコンセプトを加え，若手研究者による行動経済学やマクロ経済理論の進展を反映した分野を補強した．本書は，おおむね経済学の入門的授業に接した初学者が次のステップに進む段階を想定したテキストとなった．

　本書は，以下の3部構成になっている．第1部「公共選択論で考えよう」では，現在の政策的なトピックを公共選択論で説明する研究分野を紹介する．財

政赤字，公共投資，地方財政，民営化，社会保障，金融政策など，読者は各章の叙述から政府と政策プロセスに関わる問題が公共選択論によってどのように説明されるのかを知ってほしい．また，興味のあるトピックを選んで読み進めるうちに，現実の政治を公共選択論がどのように説明するのかを知ることもできる．

　第2部「公共選択論と政策形成過程」は，具体的な政策トピックスに関心を持った読者が，それぞれの背景となる公共選択論の基礎理論を確認してもらうことを意図し，あえて第1部の後に配置した．民主主義の政治制度のもとでの多数決合意による政策形成過程に注目し，公共選択論の基本的な理論的枠組みを示し，代議制民主主義において政府の活動を構成する行動主体のモデルに注目して投票行動，選挙制度，議会制度，行政組織，行政制度における政策形成の特徴を理論的に説明する．さらに近年の研究手法である実験経済学を公共選択論の分野に応用した研究を紹介する．

　第3部「制度選択と制度改革の公共選択論」では，公共選択論の前提から政府が誕生するプロセスを説明し，政治制度の選択や改変に関わる立憲的政治経済学を扱う．政治制度の違いによる政策形成の違い，国際的合意形成に関わる実証分析を紹介し，近年発展のめざましい異なる制度のもとで生じる政治的帰結を比較する実証理論から，制度間の競争や立憲的改革の考え方を説明している．

　テキストの常として，本書は多くの公共選択論研究者の研究成果のたまものである．その中でも，逝去された次の方々の名を挙げて感謝をささげたい．1986年ノーベル経済学賞受賞者ジェームズ・M・ブキャナン教授（1919～2013）は，共同研究者のゴードン・タロック教授（1922～2014）とともに『公共選択の理論：合意の経済論理』（1962）を著して公共選択論の基礎を創始し，生涯を通じて公共選択論研究の先頭に立ってこられた．

　加藤寛慶應義塾大学名誉教授（1926～2013）は，わが国における公共選択研究の草分けであり，公共選択学会の初代会長として，多くの後続の研究者に公共選択研究の機会を提供されただけでなく，第2次臨時行政調査会，政府税制調査会等数多くの政策形成の場において自ら政策決定に関与された．公共選択学会第2代会長の黒川和美法政大学大学院教授（1946～2011）は，学会の前身であるパブリック・チョイス研究会発足当時以来，わが国の公共選択論研究における第2世代の中心であり，夭折が惜しまれてならない．また，本書表紙の

挿画を担当していただいた秋本不二春氏は黒川教授の岳父である.

　最後に本書の出版にあたって，公共選択学会誌『公共選択』の前身である
『公共選択の研究』が1981年に発刊された当初から，40年の長きにわたって
出版面で多くの研究書の刊行を支えてくださっている勁草書房の宮本詳三氏の
出版企画への支援をはじめ，緻密な編集作業と温かい励ましなくしては本書刊
行の実現は語れない.　記して深く感謝の念を表したい.

　多くのトピックを含むテキストの刊行には大勢の執筆者が参加する.　編者は
本書の刊行に当たって，全編を読み合わせ執筆者との調整を図ったが，なお誤
りがあれば，それは編者が負うべきものである.

　2021年9月20日

川野辺裕幸
中村まづる

目　次

第 **1** 部
公共選択論で考えよう

序　章　公共選択論とは何か

1. はじめに

　公共選択論は,「経済学的分析を用いた非市場的決定の分析, あるいは, 経済学の政治学への応用」と定義され, 経済学のアプローチを政治プロセスに応用する分析手法として発展してきた[1].

　経済学は, 市場メカニズムを通じて効率的な資源配分が達成され, 個人の利益最大化行動が社会の厚生をも最大化することを示してきた. その一方で, 市場メカニズムでは望ましい状態をもたらすことのできない問題が存在することも明らかになった. こうした問題は「**市場の失敗**」と呼ばれ, 政府の政策介入による解決が正当化されてきた.

　政府は公共の利益のために「何をすべきか」を明らかにする規範分析（normative analysis）として公共経済学が発展し, 経済政策の基礎理論となった. 経済学では「市場の失敗」を補完する主体として政府の意義を想定してきたが, 政府活動の分析は政治学の領域であり, 問題解決のメカニズムは経済学においてブラック・ボックスであった[2]. 経済理論から導かれた望ましい政策が, 政治プロセスにおいて確実に実現され成果をあげる保証はあるのだろうか.

　今日, 市場経済においても公共部門が経済活動に占める割合が増大している. 市場に失敗があるように政府が失敗する可能性もあるのではないか. 公共の利益を追求すべき政府の介入が, むしろ, 市場に非効率をもたらし経済活動を阻害する要因となることが指摘されるようになった.

　現実の政策決定を検討するためには政治と経済の相互関係を考慮した学際的研究が不可欠である. 公共選択論は, 民主主義の政治プロセスにおける意思決定のメカニズムを分析し, 社会を構成する個々の主体の行動から政府活動がもたらす政策的帰結を解明した.

1.1 公共選択論の誕生

　公共選択論の先駆的研究は，第2次世界大戦後間もない時期に遡る．ブキャナン（J. M. Buchanan）はシカゴ大学でフランク・ナイト（Frank Knight）に師事し，1948年に経済学の博士号を得た．また，タロック（G. Tullock）も同じくシカゴ大学で1947年に法学の博士号を得ている．

　ブキャナンとタロックは，当初，それぞれ異なるアプローチから研究を進めていた．財政学から出発したブキャナンは，市場経済における私的財の選択と財政過程における公共財の選択との整合的な関連性を説明しようとしていた．政治学から出発したタロックは，合理的個人の仮定に基づいた経済分析の手法を民主主義の政治プロセスに応用し，政治の一般理論の構築を試みていた．個人の利益を追求する市場メカニズムと，公共の利益を追求する民主主義政治の機能を体系化する試みは共同研究に発展し，公共選択論の基礎となった．

　1950年頃には，政治プロセスの経済分析に関する先駆的な業績が次々に発表された．ブラック（D. Black, 1948）は，多数決投票が個人の選好を集計し均衡をもたらす「中位投票者モデル」を考案した．アロー（K. Arrow, 1952）は「一般不可能性定理」によって多数決には内在的な困難が存在することを証明した．さらに，ダウンズ（A. Downs, 1957）は，投票者，政治家，官僚の行動原理を利己心の追求におき，民主主義政治における政治的競争や情報の不完全性がもたらす帰結を示した．

　公共選択論が新しいパラダイムとして本格的な展開を始めたのは，ブキャナン＝タロック（Buchanan and Tullock, 1962）が共同研究の成果として発表された1960年代以降のことである．2人は公共選択論の創始者であると同時に，この分野を1つの研究領域に発展させた指導者でもある．

　ブキャナンとタロックを中心に始められた非市場的意思決定の研究会から，1967年にパブリック・チョイス・ソサエティが発足して以来，すでに半世紀以上が経過している．1957年にヴァージニア大学に設立されたパブリック・チョイス・センターは1983年からヴァージニア州にあるジョージ・メイスン大学を本拠地とし「ヴァージニア学派」と呼ばれる学派を形成するに至った．

　1986年には，ブキャナンが「経済，政治の意思決定理論の総合化，体系化」における貢献によりノーベル経済学賞を受賞した[3]．これは，学際的な研究領域を開拓してきた公共選択論にとって記念すべき出来事であった．ヨーロッパや日本でも1970年代から公共選択の研究会が発足し学会へと発展し，国際的

研究交流も積極的に行われている.

1.2　公共選択論の基本的前提

　ヴァージニア学派は，自由主義思想と個人主義のアプローチに基づく理論体系を特徴としているが，これはブキャナンとタロックが学んだシカゴ大学の伝統である新自由主義思想からの影響も強く，シカゴ学派の方法論とも密接に関係している.

　ブキャナンの出発点は，財政学において国家が市民の選好から独立した主体として行動すると仮定され，集合的な意思決定過程が考慮されてこなかったことへの批判である. ブキャナンはこれを「有機体的国家観」と批判し，民主主義の発展した社会において国家は個人の集合体であり，個人の存在から超越した国家や公共の利益は存在しないと考えた. 政府は民主主義の手続きに基づいた市民との契約として意義を持つと考える社会契約論が公共選択論の国家観の基礎となっている.

　経済学の方法論は「個人主義」を前提としている. 経済主体は個々に私的選好を持ち，与えられた条件下で消費者は効用最大化，生産者は利潤最大化を目指して「合理的」行動をとると仮定している. 経済学では，このような利己的動機を持つ個々の主体が市場取引における「交換」を通じて相互に利益を享受し，市場に均衡がもたらされるメカニズムを明らかにした.

　公共選択論における問題解決は，交換によって当事者双方の状態を改善する市場取引の概念を用いる. すなわち，市場における交換と同様に，政治プロセスを公共財取引の場と考え，市場と同様に政治プロセスにおいても自己利益の最大化を目指す個人を仮定する. さまざまな利害関係を持つ個々人の選好を集計し，社会的選好を導いて政策の可否を決定するシステムとして，民主主義の意思決定プロセスを分析の対象とする.

　民主主義の政治プロセスに登場する主体は，それぞれ独自の利己的動機に基づいて合理的に社会の決定に参加する. 投票者には特定の政策の恩恵を享受するために利益集団を組織する者もいれば，負担を課される納税者としての顔もある. 政策を決定する政治家は自らの政治理念と同時に議席の確保や政権の維持も無視できない動機となる. 政策を実行する官僚は予算を拡大して権限を行使し，政策実現や利害調整を行う役割も果たす.

　これらの前提に基づき，公共選択論は経済学が期待した成果を民主主義政府

が必ずしも実現するとは限らないことを示した．むしろ，公共部門の肥大化や政・官・財の癒着，財政赤字の慢性化，画一的な行政や利益誘導政治による既得権益の温床など，いわゆる「政府の失敗」の発生メカニズムを明らかにした．

　公共選択論は，非市場領域の問題に経済学的分析を応用するという意味でも，市場に政府などの非市場的要因が介入した領域の問題を研究対象とするという意味でも，経済と政治の関わり合う領域で，経済分析における「方法論的個人主義」，「合理的経済人」，「交換原理」の仮定をもとに，政治プロセスにおける個人の相互作用を通して，政府が「どのように」機能しているのかという事実解明的な実証分析（positive analysis）の枠組みを構築してきた．

1.3　公共財と市場の失敗

　市場において自発的な取引が成立した状態ではパレート最適が達成され，取引の当事者すべてにとって望ましい資源配分がもたらされ，不満が存在する場合には取引が成立しない．

　市場において，最適供給が困難となる公共財には2つの特性がある．まず第1に，社会のメンバーによる共同消費が可能なためである．特定の個人の消費によって他の個人の消費を妨げることなく共同消費が可能な「非競合性」である．そして第2に，対価を支払わない特定の個人も費用負担なしに便益を享受できる「非排除性」によりフリーライダー問題を誘発する．

　この2つの性質を持つ財は「純粋公共財」と定義され，最適供給量は個人の私的限界便益の総和と公共財の限界費用が一致するような水準で供給されることが「サミュエルソン条件」として知られている．各個人が公共財から享受する自身の限界便益に等しい租税価格を支払い，総費用が賄われるならば「リンダール均衡」で示されるようにパレート最適の資源配分が達成可能である．

　異なる選好を持つさまざまな個人の選好を集約し，集合的選択としての社会の総需要を導く際，公共財の性質よりフリーライダーを排除することは困難である．公共財供給を市場の自発的交換プロセスに委ねると，真の選好が十分に顕示されないために「囚人のジレンマ」に陥り社会的に最適な水準より過小供給となることが示されてきた．市場メカニズムではパレート最適水準の公共財供給を実現することができない．こうした「市場の失敗」を解決するために政府が主体となって供給を行うことが社会的厚生のために正当化されてきた．

　現代社会における政策決定は民主主義の手続きに基づいて行われ，政府の意

思決定には民意が反映される．公共選択論では，社会的選好は特定の理念や特定の人々の価値観や主義，信条ではなく，社会を構成するメンバー個々人の選好を集約した集合的選択の結果として，社会全体としての合意がもたらされると考える．

　個人の選好を集約し，集合的選択を導く手段が投票制度である．個人は自身の意思を表明するために投票に参加し，その報償として社会の相互便益を享受する．市場における交換と同様の効果が，公共財の取引においては投票によってもたらされる．

2．民主主義と多数決ルール

2.1　全員一致ルールとパレート最適

　個人の多種多様な選好をどのように集計すれば，社会全体として誰もが納得する集合的選択を導くことができるのだろうか．市場メカニズムは自発的な取引の成立によりパレート最適を達成し，取引の当事者の誰にとっても望ましい資源配分がもたらされる．公共選択論は，政府の意思決定においてさまざまな利害関係を持つ個々人の選好を集計し，社会的選好を導くシステムとして，民主主義の政策決定プロセスを経済分析の対象としている．

　民主主義の政治プロセスと整合的な財政理論の構築を試みていたブキャナンは，英米の財政学では顧みられることなく，19世紀後半からヨーロッパ大陸で独自に発展してきたスウェーデンやイタリアの財政学における個人主義アプローチを高く評価し，先駆的業績としてその紹介に努めた．

　伝統的な財政学では予算の歳入面と歳出面を切り離し公的な資金調達方法に関心が向けられ，公共支出の効果には配慮していなかった．ヴィクセル（K. Wicksell）は，公共財供給の決定プロセスを議会制民主主義の政治プロセスと結合し「全員一致ルール」のもとで集合的決定が行われる場合にのみパレート最適な公共財の供給量と税負担をもたらすと評価した[4]．ヴィクセルの貢献は，投票プロセスを通じた市民の意思を考慮せずに，公共財供給における政府の活動を議論できないことを認識した点にある．

　民主主義の政治プロセスに委ねられた公共財の供給において，市場取引におけるパレート最適と同様に個人的選択と集合的選択とが整合するのは全員一致ルールのもとで決定された場合である．なぜなら，メンバー全員の状態が現状

より改善されるときのみ合意が成立し，不利益を被る人が1人でもいる場合には合意が形成されないからである．

　公共財供給が全員一致で決定された場合，各個人は自身の限界便益に等しい費用を分担するため，特定の個人に超過負担が課されることを回避できる．その意味で効率的な結果をもたらす．ブレトン（A. Breton, 1998）は，全員一致によってもたらされた公共財供給量を「ヴィクセル効率」と呼び，公共部門の効率的資源配分の基準としている．パレート的に選好される社会の合意をもたらす全員一致ルールは市場における完全競争モデルと同様，政治プロセスの理念型として位置づけられている．

2.2　多数決ルールと最適多数

　現実の民主主義政府において，全員一致ルールが採用されるケースは例外的である．一般的には政府の意思決定に社会の多数派の選好を集合的選択とみなす多数決ルールが用いられている．

　社会のメンバー全員が結果を共有する集合的選択において，多数決ルールでは少数派の選好が反映されず多数派の選好に従わなければならない．それにもかかわらず，多数決が現実には全員一致よりも一般的なルールとして普及しているのはなぜだろうか．集合的選択にあたって以下の観点から多数決ルールの意義を考える．(1) 全員一致ルールからの乖離は何をもたらすのだろうか．(2) 集合的選択ルールとして多数決はどのよう利点を持っているのだろうか．(3) 誰の利害がどの程度反映されれば社会の多数意見とみなされるのだろうか．

　(1) について，多数決ルールでは投票で勝った多数派の状態は改善されても，負けた少数派の選好は反映されず多数派の選好を強制させられることを意味する．このような事態を経済的外部性にたとえて多数決ルールがもたらす「政治的外部性」と呼ぶ．独裁者のように1人の意思で社会全体の決定を下す場合，意思決定費用は極力抑えられる一方で，不本意な政策を押し付けられる人々が被る政治的外部性の費用は莫大となる可能性がある．

　(2) について，合意に必要とされる人数が多いほど政治的外部費用は減少する．全員一致に至れば外部費用は生じないが，多様な選好を持つメンバーで構成される大規模集団ほど合意に至るまでにたび重なる交渉を必要とする．それは集団にとって取引費用となる．最後の1人が強固に反対する場合，賛同を得るまでにかかる費用は無限大となる可能性もある．最終的に1人でも反対者が

図序-1　合意の費用

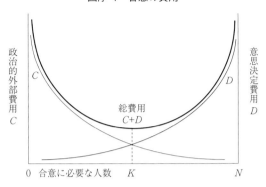

いると他のすべての人にとっていかに有益であっても否決されてしまうため，メンバー全員に拒否権が付与されていることになる．

　(3) について，ブキャナン＝タロック（1962）は，「合意の計算」として多数決ルールの意義を論じた．図序-1 は，有権者数が N 人の社会で，横軸に集合的選択に必要な人数の割合，縦軸に費用を示す．政治的外部費用（C）は右下がりの曲線で示される．また，意思決定費用（D）は右上がりの曲線となる．ブキャナン＝タロックは，政治的外部費用と意思決定費用とを合計した総費用（$C+D$）を，社会的相互依存費用と名づけ，これが最小になる人数（K）が全有権者数に占める割合（K/N）を「最適多数」とした．

　このように，多数決ルールは最小の費用で合意を得られるという点で効率的なルールである．社会のメンバー全員の合意が得られなくても一定割合の合意があればそれを社会的決定とみなすことが正当化される．多数決の中でも，二者択一で過半数を得票した選択肢を採択する「単純多数決ルール」が一般的に用いられている．総費用の形状が対称型であれば過半数が最適多数となる．しかし，図序-2 のように 2 つの費用曲線は選好の分布によって形状が異なる場合もあるため，最適多数の割合も議案によって異なってくる．

　実際に，国会での議決には過半数の賛成票が必要とされているが，衆議院での再可決や，憲法改正の発議などの重要案件は，総議員の 3 分の 2 以上の賛成票が必要とされている．ここで，多数を意味する（K/N）をどの割合とするか，という事前の決定によって結果が左右されることに注意が必要である．ブキャナン＝タロックは，多数決がもたらす結果に誰の利害がどの程度反映されるか

図序-2　最適多数

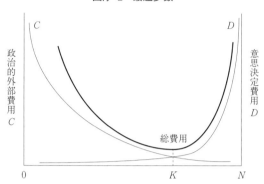

は，意思決定ルールとなる投票制度の設定に大きく依存することを明らかにした．

　意思決定ルールに関する事前の取り決めを，特に憲法（constitution）と呼ぶ．ルール選択を「立憲的選択」と呼び，前もって合意されたルールや制度に基づいて「集合的選択」を行う．このように，社会の合意は2段階の意思決定ルールにによって導かれる．

2.3　ログローリングによる多数派形成

　多数決の意思決定には事前の「ルールの選択」によって結果の不確実性をもたらす．さらに，「ルールの運用」次第では本来意図しない結果をもたらすことも可能性となる．

　民主主義社会の原則では，投票者1人に1票が平等に与えられている．しかし，個々の投票者とっては極めて重要な問題もあれば，ほとんど関心のない問題もある．一般的に，議案ごとに投票者の選好分布は異なり，1票の価値は個人によって異なる．

　少数派の選択は集合的意思決定に反映されないため，決定的な利害関係をもつ個人が少数派に属する場合，多数決による集合的決定は少数派に重大な不利益をもたらす可能性がある．このような場合，強い選好を実現するために他者との政治的結託による多数派工作のインセンティブが生じる．これは票取引，あるいは「**ログローリング**」と呼ばれる（Tullock, 1959）．

　例えば，高速道路や鉄道路線の建設によって地元で交通の便が良くなるうえ

表序-1　ログローリング

	x	y	各個人の合計
A	30	−10	20
B	−10	20	10
C	−5	−15	−20
各案の合計	15	−5	10

に，保有する土地の資産価値が高まることが予想されるため，地元民にとっては大きな関心事になるが，遠隔地にとってはさほどの関心を呼ばない可能性もある．

　ここで，xとyの2つの選択肢を考える．表序-1は，A, B, C, 3人の投票者の利得を表している．もし，各案についてそれぞれ単純多数決ルールによる投票が行われるなら，xはBとC，yはAとCの反対で両案とも2対1で否決され，全員の利得は0になってしまう．しかし，Aはxの実現から30，Bはyの実現から20という大きな利得を手にすることができる．そこで，両案の実現を目指してAとBが票取引を行うインセンティブが生じる．

　Aがyに，Bがxに賛成票を投じるならば，Aの利得はyによって失う−10を差し引くと20，Bの利得はxによって失う−10を差し引くと10に減少するもののプラスの値となり，両案とも否決されるより両者とも多くの利得を手にすることができる．このようにAとBが意図的に多数派を形成する結果，Cの−20という損失のもとにAとBは相互利益を実現することが可能となる．

　ログローリングによって，AとBの利得からCの損失に補償してもなお余りある利得があれば，社会全体としては補償原理付きパレート改善の例と考えることができる．反対に，Cが損失を最小限にするため，Aと協力してxのみの実現をはかれば損失は−5となる．その場合，xは採択されるがyは否決され，社会全体としての利得の合計は両案とも採択された場合の10，yのみが採択された場合の−5より大きく，最大の15となる．

　このように，投票者の協力によって，（1）取引が成立せず両案とも否決される，（2）両案とも採択される，（3）一方の案のみ採択される，といういずれの関係も成立する可能性がある．民主主義の政治プロセスにおいて多数決は必然的に少数派に政治的外部性をもたらすが，ログローリングによって少数派の選好が多数派の選好より強い影響力を持ちうるという多数決民主主義の逆説的な

メカニズムを説明している．多数決ルールはその定義から「多数の横暴」となりかねないが，ルールの運用によっては「少数の横暴」をもたらすことも可能となる．

2.4　私的欲求の公的充足

　多数決ルールは少数派による多数派工作のインセンティブを生み出す．ログローリングによって多数派の形成が促される結果，多数派からの補償を伴えば社会全体の効用を高める可能性もある．逆に，少数派の結託により本来であれば公共財となりえず，市場で対価の支払いとともに供給されるべき少数派の便益が予算に含まれる可能性がある．こうした状況では便益が一部に集中するのみで公共財の役割を果たさない．しかし，費用負担は社会全体で広く分担されるため社会的費用が認識されにくい．タロック（1959）は，多数決ルールの運用における多数派工作のインセンティブが政治的結託をもたらし，政府規模の肥大化を招き社会全体の効率を損なうことを危惧した．

　本来であれば市場を通じて対価の支払いによって供給されるべき財が，政治活動を通じて公共財として供給されると，便益を享受する社会の一部の人から社会の全員に費用を負担させることにより所得再分配が可能となる．政治力によって導かれる再分配活動を，タロック（1970）は「公的手段による私的欲求」の充足であると指摘した．社会的合意の手続きを経ずに再分配の手段として政府が利用されるようになると，効率性の観点から政府が解決する経済的外部性とは別に，政府自身が政治的外部性を生み出す存在となる．

　非市場的意思決定の問題において，私的活動が他の個人に及ぼす外部性を処理するシステムの面からも政府の存在が正当化される．しかし，民主主義の政治プロセスにおいて多数決ルールは必然的に政府の活動から少数派への政治の外部性を引き起こす．さらに，多数決ルールの運用により政府が過大な規模となり，政府自身が市場を脅かす存在になりかねない．市場取引における「退出」と同様に，集合的選択における望まない決定を回避する手段として居住地選択が可能な場合がある．ティーボウ（C. M. Tiebout, 1956）の「足による投票」で知られるように，不利益を被る住民が望ましい政策を求めて居住地から退出することもある．これは，移転費用がかからず代替的居住地が地理的に集中しているときに容易となる．これが可能であれば，集合的意思決定は多数決から全員一致に変わることになる．

タロック（1970）によれば，外部性を解決することで得られる便益が同じであれば，取引費用の観点から市場機構より政治機構の方が望ましいときに政府による解決を選択するべきである．政府が介入をやめ，市場に任せた方が望ましい可能性もある．政府の役割は，政治の外部性を見過ごせるほど重大な外部性に限定されるべきという提言が導かれる．社会の一部にしか便益を与えない財については，「クラブ財」の名で地方公共財の最適規模が論じられてきた（Buchanan, 1965）．クラブ財は，クラブ内部の人々には共同消費されるが，外部の人々の利用を排除できる．財のもたらす便益と費用の関係で最適なクラブ規模が決まり，財の特性に応じて中央政府，地方政府，民間クラブのいずれが望ましい供給主体かを論じることが可能になる．

3．政府は何をすべきか

3.1　共有資源の管理

公共選択論は，市場メカニズムでは自発的に解決できない非市場的問題の対処を問題意識としてきた．しかし，民主主義の手続きに基づく集合的選択が必ずしも望ましい結果をもたらさないことを示してきた．市場が失敗するように，政府も失敗する状況では相対的に損失のより小さい選択を行うことが合理的であるが，社会に何らかの非効率をもたらすことは避けられない．

経済学における政府の存在意義は，市場取引による自発的解決が成り立たないことを根拠としている．外部性を生み出す活動に市場取引が成立すれば解決が可能であることは「コースの定理」として知られている[5]．市場取引が成立するか否かは，取引費用とそれがもたらす便益の大きさに依存する．ログローリングによりパレート改善が可能な場合でも票取引のための交渉費用が必要となる．しかし，便益より交渉のための取引費用が極めて大きいため，市場が成立しえないことに外部性の根本的な問題がある．

市場が存在しても自発的交換を通じて解決できない問題が生じる．市場による自発的交換によって問題が解決できない領域において，個々人の効用最大化行動によってもたらされる帰結は「共有地の悲劇」として知られている．ハーディン（G. Hardin, 1968）の例によれば，誰もが利用可能な牧草地に家畜を一頭放牧することによってもたらされる限界利益は酪農家個人に帰属する．一方で，放牧による影響はすべての酪農家に及び各人が被る費用はわずかなため，

誰もが自分の保有する家畜を共有地に放牧するインセンティブを持つ.

　そこで, 共有地のキャパシティを超えて放牧が増えると飼育能力は著しく損なわれる. すべての酪農家が同様の行動をとると利益は次第に減少し共有地が破壊されるまで続く. これが共有地の悲劇に至るプロセスである. 各個人がフリーライダーになろうとして負担なしに便益を得ようとする事態を避けるために共同管理のルール創設が有効な解決策となる[6].

3.2　個人の自由と国家の根拠

　政府の決定は社会のすべてのメンバーに共有され, 以後は個人の行動を制約する強制力を持つ. 個人を超越した価値を否定する個人主義の観点から, 個人の自由を制約し政府の強制力を伴うルールや制度はどのような正当性を持ち, 受け入れられているのだろうか.

　経済活動は市場における個人の相互関係によって成り立ち, 市場取引は自発的意思に基づく契約である. 政府と市民の関係を民主的な手続きを経た自発的契約に基づく関係と解釈すれば, 政府は市民との「社会契約」のうえに成り立っている. ブキャナン (1975) は国家の起源を社会契約論によって説明し, さらに個人の自由に脅威を与える存在となるパラドックスを提起した.

　無政府状態では, 効用最大化行動による個人間の利害衝突を避けられない. 略奪と防衛によって互いに外部不経済を及ぼし合うような状況に陥ると, そこから脱却するために取引の道が開ける. ここで, 互いの自由に制限を課すとともに所有権を認め合えば, その合意に従うことで防衛費用を節約し双方に利益をもたらすことが可能になる.

　合意によってもたらされたルールは各人の利己的行動を制限し, 秩序の維持に必要な合理的手段となる. しかし, ルールを破ることも可能である. そこで契約履行を責務とするシステムとして国家の役割が認められる. 無政府状態における費用と比較してルールを遵守することによる期待便益が上回るならば人々はこれに従うことに同意するであろう. 所有権が個人の権利が保障されることにより, 交換の場として市場が形成され, 個人は自発的交換による市場取引を通じて自らの効用を高めることができるようになる.

　こうして, すべての個人を制約する公共財としての憲法 (constitution) が成立する. 一方で, 個人の自由に対するする強制力を持つ存在として認められた政府が一人歩きを始め, 市民を脅かす存在になることを危惧し, ホッブス (T.

Hobbs）の著書にちなみ「リヴァイアサン」政府と呼んだ．

3.3　政府の肥大化

　先進国では高度成長時代が終焉し，安定成長路線に転じた 1970 年代以降，政府が経済活動を阻害する要因となり国家債務危機問題や社会保障制度の持続可能性が重要な課題となっている．世界の主要な民主主義国家では代議制民主主義が定着しているが，財政赤字が慢性化し政府の肥大化を抑制し，財政の健全化をはかることは多くの国の政策運営において前提となっている．

　経済学において，政府の姿は「有機体的国家観」，「慈悲深い専制君主」とみなされてきたが，公共選択論は議会制民主主義制度を背景に選挙で選ばれて政権を手にした政府が民意からから乖離して肥大化する危険性を提起した．ブレトン（A. Breton, 1974）は議会の多数派が政府を組織し議会を支配する「独占的国家」の概念を提示した．

　ブキャナン = ワグナー（Buchanan and Wagner, 1978）は，公共選択論の現代社会への有用性を訴え，政府の財政赤字に歯止めが効かなくなる要因を民主主義におけるケインズ的政策運営に求めた．その論点は「ハーヴェイ・ロードの前提」として知られているケインズのエリート主義的政府観への批判である[7]．裁量的政策発動が有効に機能するためには，少人数の賢人グループが公共の利益に基づいて合理的な政策判断を行うことが想定されている．

　古典的財政運営からケインズ政策への転換で，財政政策は市場経済の安定化に有効な手段とみなされるようになった．その結果，財政赤字が積極的に支持され，均衡財政の制約が省かれた．経済政策は民主主義の政治プロセスを前提とした利害関係を背景に予算が編成されるため，景気対策では減税や公共支出増が優先され，財政赤字を縮小させる増税や政府支出の削減が困難になり，財政赤字，通過膨張，公共部門の増大を招いたと主張する．

　ブキャナンがケインジアンの公債論に投じた疑念は公債発行に安易に依存する財政体質への批判である[8]．しかし，政治家に人気取り政策に傾くインセンティブがあったとしても，それを容認するのは投票者としての市民であり，負担を課されるのも納税者としての市民である．民主主義の手続きによってなぜ慢性的な赤字財政が選択され，容認されるのだろうか．

　その理由は「財政錯覚」の概念を用いて説明されている．ブキャナン（1966）は，政府の財源が公債発行によって資金調達されるとき，同額の増税と比較し

て納税者の負担感は少ないと考えられる．有権者の支持に注意を払う政治家は，このような財政錯覚をもたらす資金調達法を選択する傾向がある．ブキャナン＝ワグナーは，課税よりも公債による調達方式が選好される結果，財政制度の選択が財政錯覚を引き起こし過大な政府が選択されると主張した．

3.4　立憲的改革への示唆

　民主主義政治プロセスにおいて集合的選択に基づく政策が適切に機能しなければ，立憲的選択としてルールの見直しが必要となる．政府の失敗に対して公共選択論が導いた提言が，既存の制度的枠組みの「立憲的改革」である．

　ブレナン＝ブキャナン（Brennan and Buchanan, 1980）は，政府の肥大化を阻止するために，ケインズ政策によって取り払われた「均衡予算ルール」を制約として設定するような立憲契約に立ち戻る制度改革を提言している．政府のリヴァイアサン化に対して，納税者である市民は課税，公債発行，貨幣創造に対する政府の権力を立憲的ルールによって肥大化傾向を効果的に制約することが可能であると主張した．政府が憲法で認められている税源から収入を最大化すると想定すると，政府を管理統制する手段に租税を位置づけ，増税を認識しやすい税源を立憲ルールとして選択することによって政府の課税権に制約を加えることが可能となる[9]．

　さらに，ブキャナン＝コングルトン（Buchanan and Congleton, 1998）は，ブキャナン＝タロック（1962）以来，「法の下の平等」と同等に政治プロセスにおける「等しい人々の等しい扱い」を目指した「一般性原理」を提言した[10]．具体的には，政府の自由裁量を制限するために税制改革を立憲的視点から検討すべきであると結論している．

　公共選択論が導いたインプリケーションとして立憲的改革の議論は注目を浴びてきたが，民主主義政治プロセスで実現するために克服すべき条件を挙げている．第1に，ルールや制度の変更は所得分配の変化を伴うため，分配への影響が予測困難である限り全員一致の賛成を得ることが困難である．第2に，ルールや制度の変更によって既得権の侵害が予想されるため利害関係者の強い反対を招く．第3に，改革が望まれる一方でフリー・ライダー問題が存在するため，誰があえて改革を実行に移すのかという問題である．これらの条件を克服する可能性として，具体的な制度改革が個人の利益につながることを認識するインセンティブの重要性を主張している．

　21 世紀に入り，グローバリゼーションとともに社会は大きな変化を遂げている．かつて成果を上げてきたシステムが環境の変化に対応できず社会にとって阻害要因となりかねない．このような動きの中で立憲的改革として既存制度の改革が政府活動のさまざまな局面で求められている．

■注

1)　Buchanan and Tullock (1962), Mueller (1979, 1989, 1997, 2003).

2)　社会的厚生を最大化する政府とは，経済を意のままに動かすことができる全知全能の存在，あるいは社会にとって最も望ましい政策を実行する「慈悲深い専制君主」と解釈されてきた．

3)　2002 年に実験経済学でノーベル経済学賞を受賞したヴァーノン・スミス（V. Smith）はジョージ・メイスン大学に籍を置き，1988 ～ 1990 年にパブリック・チョイス・ソサエティの会長を務めた．2009 年に共有資源の研究で女性初のノーベル経済学賞受賞者となったエリノア・オストロム（E. Ostrom）も，1982 ～ 1984 年にパブリック・チョイス・ソサエティの会長を務めた．

4)　租税の根拠を公共サービスの対価とみなす「利益説」の考え方を背景としている．

5)　Coase (1960) は，制度選択において取引費用の存在により市場メカニズムが非効率となるケースを明らかにした．

6)　Ostrom (1990) は，さまざまなフィールドワークをもとに，共有資源の管理について政府でも市場でもない自発的な共同管理ルールの可能性を提示した．

7)　知的エリートによる政策実施を前提とし，ケインズの出身地であるケンブリッジの地名に因んで名づけられた．

8)　公債発行に伴う増税は納税者から債券保有者への所得移転とみなすケインジアンに対して，Buchanan (1950) は増税のもたらす効用低下が将来世代の負担となると主張し，1960 年前後の数年にわたる論争となった．

9)　Brennan and Buchanan (1986) は，個人の行動を制約するルールの設定に論理的根拠を与え，政府介入を規制するルールに市民の関心を集める必要性を主張した．

10)　ブキャナンは，多数決民主主義における少数派への「強制」を回避する，「差別」のない制度の構築を目指してきた．

■参考文献

Arrow, K. J. (1951), *Social Choice and Individual Values*, New York: John Wiley and Sons, 3rd ed., 2012（長名寛明訳『社会的選択と個人的評価（第三版）』勁草書房，2013 年）.

Black, D. (1948), "On the Rationale of Group Decision Making," *Journal of Political Economy*, 56, pp. 23-34.

Brennan, G and Buchanan, J. M. (1980), *The Power to Tax: Analytical Foundations of a Fiscal Constitution*, Cambridge: Cambridge University Press（深沢実・菊地威・平澤典男訳『公共選択の租税理論—課税権の制限』文眞堂，1984 年）.

Brennan, G. and Buchanan, J. M. (1986), *The Reason of Rules*, Cambridge University Press（深沢実監訳『立憲的政治経済学の方法論—ルールの根拠』文眞堂，1989 年）.

Breton, A. (1998), *Competitive Governments*, Cambridge University Press.

Buchanan, J. M. (1950), "Federalism and Fiscal Equity," *American Economic Review*, 40, pp. 583-600.

Buchanan, J. M. (1965), "An Economic Theory of Clubs," *Economica*, 32, pp. 1-14.

Buchanan, J. M. (1966), *Public Finance in Democratic Process*, Chapel Hill: University of North Carolina University（山之内光躬・日向寺純雄訳『財政理論—民主主義過程の財政学』勁草書房，1971 年）.

Buchanan, J. M. (1975), *The Limits of Liberty: Between Anarchy and Leviathan*, University of Chicago Press（加藤寛監訳『自由の限界—人間と制度の経済学』秀潤社，1977 年）.

Buchanan, J. M. and Congleton, R. D. (1998), *Politics by Principle, Not Interest*, Cambridge University Press.

Buchanan, J. M. and Tullock, G. (1962), *The Calculus of Consent: Logical Foundations of Constitutional Democracy*, University of Michigan Press（宇田川璋仁監訳『公共選択の理論—合意の経済論理』東洋経済新報社，1979 年）.

Buchanan, J. M., Tollison, R. D. and Tullock, G., eds. (1980), *Toward a Theory of the Rent-Seeking Society*, Texas A & M University Press.

Buchanan, J. M. and Wagner, R. E. (1978), *Democracy in Deficit: The Political Legacy of Lord Keynes*, Academic Press（深沢実・菊地威訳『赤字財政の政治経済学—ケインズの政治的遺産』文眞堂，1979 年）.

Coase, R. H. (1960), "The Problem of Social Cost," *Journal of Law and Economics*, 3, pp. 1-44.

Downs, A. (1957), *An Economic Theory of Bureaucracy*, Harper & Row（古田精司監訳『民主主義の経済理論』成文堂，1980 年）.

Hardin, G. (1968), "The Tragedy of Commons," *Science*, 162, pp. 1243-1248.

Mueller, D. (1979), *Public Choice*, Cambridge University Press.

Mueller, D. (1989), *Public Choice II*, Cambridge University Press（加藤寛監訳『公共選択論』有斐閣，1993 年）.

Mueller, D. (1997), *Perspectives on Public Choice-A Handbook*, Cambridge University Press（関谷登・大岩雄次郎訳『ハンドブック　公共選択の展望』多賀出版，第 1 巻 2000 年，第 2 巻・3 巻 2001 年）.

Mueller, D. (2003), *Public Choice III*, Cambridge University Press.

Musgrave, R. A. and Peacock, A. T., eds. (1967), *Classics in the Theory of Public Finance*, St. Martin's Press.

Olson. M. Jr. (1965), *The Logic of Collective Action*, Harvard University Press.（依田博・森脇俊雅訳『集合行為論』ミネルヴァ書房，1983 年）.

Ostrom, E. (1990), *Governing the Commons: The Evolution of Institutions for Collective Action*, Cambridge University Press.

Tiebout, C. M. (1956), "A Pure Theory of Local Expenditures," *Journal of Political Economy*, 64, pp. 416-424.

Tullock G. (1959), "Some Problems of Majority Voting," *Journal of Political Economy*, 67, pp. 571-579.

Tullock, G. (1967), "The Welfare Cost of Tariffs, Monopolies and Theft," *Western Economic Journal*, 5, pp. 224-232. Reprinted in Buchanan, Tollison and Tullock (1980), pp. 39-50.

Tullock , G. (1970), *Private Wants, Public Means*, Basic Books（加藤寛監訳『政府は何をすべきか—外部性の政治経済学』春秋社，1984 年）.

Tullock, G. (1980), "Efficient Rent Seeking," in Buchanan, Tollison and Tullock (1980), pp. 97-112.

Wicksell, K. (1896), "A New Princiale of Just Taxation," reprinted in Musgrave and Peacock (1967), pp. 72-118.

第1章　財政赤字，財政の持続可能性の諸条件と財政破綻

1．はじめに

　公共選択論で提唱された「政府の失敗」の例として，財政赤字が恒常化することがブキャナンなどによって述べられている．具体的には，景気後退期の財政拡張（公共投資，減税）は支持される一方，景気拡大期の財政引き締め（増税や政府支出削減）は政治的に支持されにくいことが理由となり，財政赤字がなかなか改善せず，政府債務残高が増加し続けていると指摘している．

　本章では，財政赤字や**財政再建**といった内容について，日本が抱える現状を俯瞰しつつ，**財政赤字**や**財政破綻**に関連する議論を紹介していく．内容によっては，数式を交えた説明をしているが，数式の前後に直観的な説明をすることで，議論の大枠を理解できるように心掛けている．同時に，脚注で丁寧な説明や関連研究を紹介しているので，より理解を深めたい読者へのニーズにも応えるようにしている．

2．日本の財政状況の現状

2.1　日本の財政赤字，政府債務残高

　新聞やニュースなどさまざまなメディア媒体で，日本の財政赤字問題が深刻である，日本政府の借金が累増しているということが喧伝されている．一方で，長期停滞やコロナ禍などによる経済停滞局面において，大幅な財政出動の必要性が叫ばれており，一部の人々の間では，財政赤字や政府債務が増えることを問題視しない見方も出ている．

　図1-1は，日本の政府債務残高の推移を表している．日本の政府債務残高は1980年代から増加傾向にあり，特にバブル崩壊後の1990年以降は急増しており，2010年代以降は1,000兆円を超えている．政府債務累増の要因としては，1990年代以降長期にわたる経済成長率の停滞に伴う税収の伸び悩みや，少子

図 1-1　日本の政府債務残高の推移

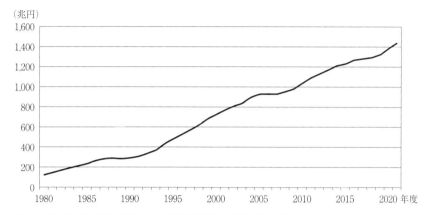

（注）　一般政府（中央政府・地方政府・社会保障基金）の債務・借入金を含む. また, 2020, 2021 年度は推
　　　計値を使用している.
（出典）　IMF, "World Economic Outlook"（2021 年 10 月版）.

高齢化に伴う社会保障費の増加などによる歳出の拡大により，フローの財政収支が一貫して赤字になっていることが挙げられる[1].

2.2　海外との比較

　つぎに，日本の財政状況が他国と比べて悪いのかについて，見てみたい.
図 1-2 は G7（日本，アメリカ，イギリス，ドイツ，フランス，イタリア，カナダ）の GDP 比で見た政府債務残高の推移を示している. 図 1-2 より，日本の政府債務残高は先進国の中で高い水準にある. 世界中で比較しても，2020年度末におけるドルベースの水準額では日本は世界第 2 位（第 1 位はアメリカ），対 GDP 比でも第 2 位（第 1 位はベネズエラ）となっており，相対的に見ても大きいことがわかる.

　一方，長期金利（10 年物国債の金利）は，図 1-3 のとおり，2010 年代はほぼゼロか負の値となっており，他国に比べて低水準となっていることから，日本の政府債務は深刻ではないと考える見方もある.

図 1-2　G7 諸国の政府債務残高対 GDP 比の推移

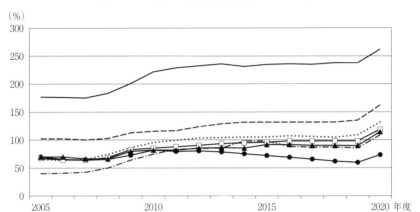

(注)　一般政府（中央政府，地方政府，社会保障基金）を純計したものをベースにして推計している．日本
　　は 2019，2020 年度，それ以外の国は 2020 年度は推計値を使用している．
(出典)　IMF, "World Economic Outlook"（2021 年 10 月）．

図 1-3　日本の長期金利の推移

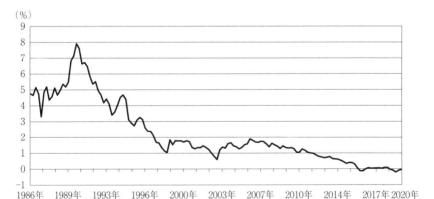

(出典)　財務省「国債金利情報」．

3. 財政赤字の経済学 ||||||||||||||||||||||||||||||||||||||||||||||||||||||||||||||||||

3.1　財政の持続可能性の定義とは？（政府の予算制約式の考え方の説明）

　まず結論をいうと，既存の研究における財政の持続可能性の定義はまちまちであり，一致した考え方のもとで議論されているわけではない．ここでは，財政の持続可能性の議論を行う際に，よく用いられる持続可能性の定義を紹介したうえで，それぞれの定義の妥当性について検討してみたい．

(1)　政府の異時点間予算制約式が満たされる場合

　任意の時点 t における政府の予算制約式は，以下のように表すことができる．

$$B_{t+1} = (1+r) B_t - S_t. \tag{1}$$

ここで，B_t は t 期初における政府債務残高，r は公債利子率（単純化のため，一定と仮定），S_t は t 期における**プライマリーバランス**（税収から（政府債務の元本・利子返済分を除いた）政府支出）を表す．

　言葉の定義を整理するために，プライマリーバランスとよく似たものとして，財政収支という用語がある．財政収支はプライマリーバランスから利払い費を含めた値になり，財政収支は政府債務残高の対前年度の差分 $(B_{t+1} - B_t)$ と同義になる．

　(1) 式を変形すると，以下の (2) 式のような現在から無限先将来までを集計した，異時点間の予算制約式の形に書き直すことができる．

$$\begin{aligned}
B_t &= \frac{1}{1+r}(B_{t+1} + S_{t+1}) \\
&= \frac{1}{1+r}S_t + \frac{1}{(1+r)^2}(B_{t+2} + S_{t+1}) \\
&= \sum_{i=0}^{\infty} \frac{S_{t+i}}{(1+r)^{i+1}} + \lim_{i \to \infty} \frac{B_{t+i+1}}{(1+r)^i}.
\end{aligned} \tag{2}$$

　(2) 式の意味するところは，今期の政府債務は，現在から将来までにかけて返済見込み額（プライマリーバランス）の割引現在価値（右辺第1項）および無限期先将来の政府債務残高の現在価値（右辺第2項）の和の形で表される．今期の政府債務の返すあてがあるためには，右辺第2項が成立する必要があり，

$$\lim_{i \to \infty} \frac{B_{t+i+1}}{(1+r)^i} = 0 \tag{3}$$

となる．（3）式は借り手である政府は無限先将来まで価値のある借金を残すことができないという非ポンジーゲーム条件を表している[2]．（3）式が意味するところは，利子率がゼロより大きければ，無限先将来の政府債務残高の水準は有限の値であっても異時点間の予算制約式が成立することである．さらにいうと，無限先将来の政府債務残高の水準が無限に発散したとしても，政府債務残高の増加率が利子率よりも小さければ，（3）式が成立することである．すなわち，政府債務残高の増加率は，（1）式を変形すると，

$$\frac{B_{t+1} - B_t}{B_t} = r - \frac{S_t}{B_t}$$

となり，プライマリーバランスが黒字であることが，（3）式が成立することを意味する．

　わが国においても，「今後の経済財政運営及び経済社会の構造改革に関する基本方針2006（通称骨太の方針2006）」において，2011年度にプライマリーバランスの黒字化達成を目標にされてから，プライマリーバランスを財政再建の目標にしていたが，その理由は政府の異時点間の予算制約式を満たし，財政の持続可能性を実現するための必要条件であると考えられるためである．

(2) 長期均衡（定常状態）としての政府債務残高の水準が存在する場合

　（3）式が満たされ，異時点間の予算制約式が成立したとしても，これをもって必ず政府債務が持続可能であるということを保証するものではない．すなわち，政府債務残高が発散する（伸び率は国債利子率未満でも）可能性があるため，長期的に一定水準の政府債務残高，ないしは政府債務残高対 GDP 比が存在するための条件については言及できていない．

　したがって，政府債務残高の長期均衡（定常状態）となりうる水準について導出したい．そのためには，（1）式の時点のノーテーションを取り除くと，

$$B = \frac{S}{r} \tag{4}$$

となり，政府債務残高の長期的水準はプライマリーバランスから国債金利を除した値になる[3]．

　一方，対 GDP 比で見たときにおいては，両辺に GDP (Y_t) で割ると，

$$\frac{B_{t+1}}{Y_t} = (1+r)\frac{B_t}{Y_t} - \frac{S_t}{Y_t}$$

$$\Rightarrow (1+g)\frac{B_{t+1}}{Y_{t+1}} = (1+r)\frac{B_t}{Y_t} - \frac{S_t}{Y_t}$$

$$\frac{B_{t+1}}{Y_{t+1}} = \frac{1+r}{1+g}\frac{B_t}{Y_t} - \frac{1}{1+g}\frac{S_t}{Y_t} \tag{5}$$

と書き換えることができる．なお，g は経済成長率を表し，$1+g = \frac{Y_{t+1}}{Y_t}$と書ける．（5）式から時点のノーテーションをとると，

$$\frac{B}{Y} = \frac{1+r}{1+g}\frac{B}{Y} - \frac{1}{1+g}\frac{S}{Y}$$

$$-\frac{r-g}{1+g}\frac{B}{Y} = -\frac{1}{1+g}\frac{S}{Y}$$

$$\Rightarrow \frac{B}{Y} = \frac{1}{r+g}\frac{S}{Y} \tag{6}$$

となる．

3.2　公債の中立命題

　前節では貸し手であり，かつ税金を支払う対象である家計から見た公債発行の影響について考えたい．ここでは，単純化のため，今（1期）と将来（2期）の2期間経済に政府支出 G を行う必要が生じた際に，1期に財源を集めるために増税するか，t 期に増税せずに公債発行 B を行い，来期（2期）に元利払いのために増税を行う2つのケースを比較して考える．

　まず，1期に増税を行う場合の政府の予算制約式は，

$$T_1 = G \tag{7}$$

と表すことができる（2期は存在しない）．一方，1期に公債を発行し2期に増税を行う場合の政府の予算制約式は，1期と2期で

（1期）　$G = B$，

（2期）　$T_2 = (1+r)B$

と書くことができるため，通時的な予算制約式は，

$$\frac{T_2}{1+r} = G \tag{8}$$

と表すことができる．(7) 式と (8) 式から，1 期に増税をする場合と，増税のタイミングを遅らせて 2 期の増税する場合とでは，現在価値で見た負担額は G であることに違いはない．すなわち，公債の中立命題では，同じ政府支出の財源を賄うためには，どの時点で増税を行っても，人々の消費額に違いは生まれないことを意味する．家計の予算制約式を見てみると，政府が一括固定税を家計に課した場合，

　　(1 期)　　$C_1 + T_1 + S = Y_1$,

　　(2 期)　　　　$C_2 + T_2 = Y_2 + (1+r)S$

となり，通時的な予算制約式は，

$$C_1 + \frac{C_2}{1+r} + T_1 + \frac{T_2}{1+r} = Y_1 + \frac{Y_2}{1+r} \tag{9}$$

と書くことができるため，(8) 式の政府の通時的な予算制約式を代入すると，

$$C_1 + \frac{C_2}{1+r} + G = Y_1 + \frac{Y_2}{1+r} \tag{10}$$

と書き直すことができるようになるため，公債の中立命題が成立することが確認できる．

　公債の中立命題によれば，合理的に行動する家計は発行された公債によって将来の負担を織り込んで行動しているので，財政の持続可能性かどうかという議論は必要がなくなる．また，公債の中立命題は内国債と外国債で区別しても，人々が合理的であれば，どちらで発行しても消費に影響はなくなる．

　一方，公債の中立命題が成立するために必要な仮定として，①無限期間生きる（ないしは子孫の効用が自らの効用に入る利他的動機を持つ）うえで，合理的な意思決定を行う，②一括固定税で税を徴収する，③政府支出の額は一定であるという 3 点の仮定が必要になる．これらの仮定が満たされない場合，公債の中立命題は成立せず，課税のタイミングの違いによって，人々の消費や効用に影響を与えることになる[4]．

3.3　良い財政赤字と悪い財政赤字

　一般的には，政府債務が増えることにより，将来の増税を通じて，将来世代への負担の転嫁が生じることを問題としている．その観点から，前項まではどのように財政赤字を減らすべきであるかということに議論してきた．しかし，財政赤字を出すことが一概に悪いことではないとはいえない．例えば，道路や橋などの社会インフラを整備することは，現時点だけでなく，将来使う人たちも恩恵を得ることができる．公共サービスの恩恵を受けた（受益）ら相応の負担をすべきであるという応益原則の観点から考えると，社会インフラを作るための財源を確保する手段として，公債発行を行い，将来増税を行うことが効率性の観点から望ましい．日本においては，建設国債という形で発行される政府債務は財政法上合法（第4条）とされている．

　一方，税収減や減税政策などによって生じる財政赤字は，（生産を内生化した場合），現在および将来の投資に回す資源を奪う「クラウディングアウト」を発生させることにより，資本ストックを減らすことを通じて生産・所得に影響を与える[5]．

　人々の経済厚生に与える影響は，資本ストック蓄積水準の状況によって異なる．具体的には，資本ストック水準が効率的な水準にあるときには，公債発行は経済厚生を損ねる．一方，資本ストック水準が効率的な水準より過剰な状況においては，公債発行が行われることで，過剰な資本ストックが削減されることを通じ，経済厚生が改善することもある[6][7]．

　上述のとおり，公共投資のために国債発行は合法となっているが，財政赤字のための公債発行は財政法第5条で禁止されているが，日本においては，毎年特例法を制定することで，特例公債という形で発行している．図1-4では，日本の財政赤字（財政収支のマイナス分）および新規公債発行額の推移を表している．図1-4より，近年の日本の公債発行の多くの部分は特例公債の形で発行されていることがわかる．

3.4　物価水準の財政理論

　いままでは財政当局の議論だけで議論しており，物価の概念がない実質経済での議論をしてきた．本項では，中央銀行による通貨発行益（シニョレッジ）を考慮した統合政府（財政当局＋中央銀行）の予算制約式に着目して，議論していきたい[8]．

図 1-4 日本の中央政府の一般会計の税収、歳出および新規国債発行額の推移

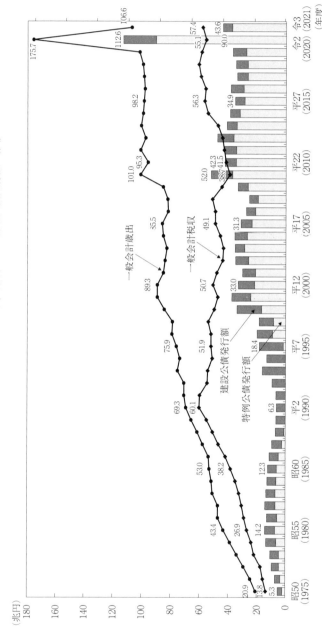

(注1) 令和元年度までは決算、令和2年度は第3次補正後予算、令和3年度は予算による。
(注2) 令和元年度および令和2年度の計数は、臨時・特別の措置に係る計数を含んだもの。
(注3) 特例公債発行額は、平成6～8年度は消費税率3％から5％への引上げに先行して行った減税による租税収入の減少を補うための減税特例公債、平成23年度は東日本大震災からの復興のために実施する施策の財源を調達するための復興債、平成24年度および25年度は基礎年金国庫負担2分の1を実現する財源を調達するための年金特例公債を除いている。
(出典) 財務省ホームページ「財政に関する資料」（https://www.mof.go.jp/tax_policy/summary/condition/a02.htm）より引用。

　中央銀行は，貨幣を発行することにより，（物価がすぐには変化しない）短期においては，新規発行した貨幣分の通貨発行益（シニョレッジ）を得ることができる．一方，市場に流通する貨幣が増加することで，貨幣1単位（例：1万円）の価値が相対的に目減りすることにより，物価が上昇する．物価が上昇するということは，中央銀行の負債である貨幣および政府の負債である公債の実質価値が目減りすることになる．

　以上の関係を整理すると，中央銀行を含めた統合政府の異時点間の予算制約式は，

$$\frac{名目公債残高}{今期の物価水準}$$
$$=実質化したプライマリーバランスの割引現在価値の総和 \qquad (11)$$

と書き換えることができる[9]．(11) 式より，現状の公債残高の返済計画（右辺）の状況を鑑みて今期の物価水準が決まることを表しており，将来的に増税などによって財政再建を行う見込みがあれば物価水準は低くなり，そうでないと高くなることを示唆している．すなわち，物価水準の財政理論とは，物価水準は国家（政府）の債務の返済可能性という信用力によって決まってくることを意味している．

4．財政の持続可能性条件

　本節では，3.1 項で議論した財政の持続可能性を満たす条件として，以下の2条件について議論していく．

4.1　ドーマー（Domar, 1944）の条件
　ドーマーの条件とは，政府債務残高対 GDP 比がゼロに収束するための条件として，以下の2つの条件のうちのどちらかが成立していなければならないことを示した．
　①経済成長率（g）が公債利子率（r）を上回る．
　②プライマリーバランス（S）が黒字である．
　ドーマーの条件を説明するために，(5) 式を再掲し，政府債務残高対 GDP 比の差分で表すと，

$$\frac{B_{t+1}}{Y_{t+1}} = \frac{1+r}{1+g}\frac{B_t}{Y_t} - \frac{1}{1+g}\frac{S_t}{Y_t},$$

$$\Rightarrow \Delta\frac{B_{t+1}}{Y_{t+1}} = \frac{B_{t+1}}{Y_{t+1}} - \frac{B_t}{Y_t} = \frac{r-g}{1+g}\frac{B_t}{Y_t} - \frac{1}{1+g}\frac{S_t}{Y_t} \tag{12}$$

と書き直せる．（12）式より，政府債務残高対 GDP 比が増加しないための条件は，

$$\Delta\frac{B_{t+1}}{Y_{t+1}} \le 0 \Rightarrow (r-g)\frac{B_t}{Y_t} \le \frac{S_t}{Y_t} \tag{13}$$

と表せることから，①が満たされていればプライマリーバランスが 0 以上（厳密にはある程度赤字であってもよい）であれば政府債務残高対 GDP 比は減少するが，①が満たされていない場合は，プライマリーバランスの黒字が一定水準以上必要となる．

　日本の経済政策においてドーマーの条件が注目されたのは，小泉純一郎政権時代の 2005 年 12 月の経済財政諮問会議において，上述の「骨太の方針 2006」で述べる財政再建案について，竹中平蔵総務大臣と与謝野馨経済産業大臣（および経済財政諮問会議委員の吉川洋東京大学教授（当時））の間で交わされた議論が有名である．竹中総務大臣は，戦後から長期的に（国債）金利と経済成長率の関係を見ていくと，経済成長率の方が高いので，きちんとした経済運営を行えば，金利が経済成長率を長期にわたって上回ることはないと主張した[10]．そのため，プライマリーバランスをゼロにするという目的を掲げればよいということを主張した．一方，与謝野経済産業大臣や吉川教授らは，経済成長率が金利を上回る状況を作るのはなかなか難しく，直近の経済状況を鑑みると金利が経済成長率を上回るとし，プライマリーバランスの黒字幅を一定以上出す必要があると主張した．この議論の折衷案として，5 年後の 2011 年後以降に国と地方のプライマリーバランスを安定的に黒字化させ，2010 年代には政府債務残高対 GDP 比を安定的に引き下げることを目標に掲げた．しかし，2008 年度に発生したグローバル金融危機の影響により，2011 年度のプライマリーバランス黒字化の達成はできなかった．以降も何度かプライマリーバランス黒字化達成の時期の先送りが行われているが，**図 1-5** から読み取れるとおり，今に至るまで黒字化は達成されていない．

図1-5　日本のプライマリーバランス対 GDP 比の推移

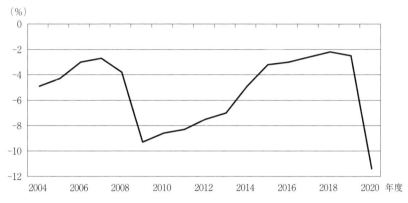

（出典）財務省「日本の財政関係資料」（2020 年 7 月）のデータを基に，筆者作成．

4.2　ボーン（Bohn, 1998）の条件

　ボーンの条件は，ある年の期初における政府債務残高対 GDP 比と当該年のプライマリーバランス対 GDP 比に正の相関関係があるならば，（3）式が成立し，通時的な政府の予算制約式が成立するということを表している．数式を用いると，ボーンの条件は，

$$\frac{S_t}{Y_t} = \varphi \frac{B_t}{Y_t} + \mu \tag{14}$$

のように表される[11]．φ と μ はパラメーターであり，$\varphi > 0$ であれば，（3）式が成立することになる[12]．直観的に説明すると，現時点でプライマリーバランス対 GDP 比が赤字で，政府債務残高対 GDP 比が増加していたとしても，（14）式の条件から，プライマリーバランスは改善を続け，将来有限の政府債務残高対 GDP 比において（具体的には $\frac{B_t}{Y_t} > -\frac{\mu}{\varphi}$），プライマリーバランスは黒字化を達成し，（3）式が満たされることになる．

　さらに，ボーンの条件を強めた場合についても考察したい．（14）式を（13）式に代入すると，

$$\Delta \frac{B_{t+1}}{Y_{t+1}} = \frac{r-g-\varphi}{1+g} \frac{B_t}{Y_t} - \frac{\mu}{1+g} \tag{15}$$

となり，$\varphi > r-g$ であれば，（15）式の右辺第 1 項の符号が負になる．すなわ

ち，政府債務残高対 GDP 比が増加すると，$\Delta \dfrac{B_{t+1}}{Y_{t+1}}$ が小さくなる関係が得られ
ることから，政府債務残高対 GDP 比の安定的な長期均衡（定常状態）が存在
し，$\dfrac{B}{Y} - \dfrac{\mu}{r-g-\varphi}$ に収束する [13]．

　日本においてボーンの条件を推定した研究は存在するが，φ の値が統計的に
有意に正となるかについては，必ずしも定まった結論が得られているわけでは
ない [14]．また，国債利子率が経済成長率よりも低い状況においては，（3）式
が成立しない状況においても，長期安定的な政府債務残高（財政赤字）が存在
できることが（15）式からも読み取ることができる．

5. 財政再建の経済分析

　本節では，財政再建を行うにあたって，大きな問いである，なぜ財政再建が
進まないのか，および財政再建の望ましい方法や目標について議論するととも
に，政治経済学的に財政安定化がどのように実現できるのかについて考えてみ
たい．

5.1　なぜ財政再建が遅れがちなのか？

　国内外を問わず，いままで財政再建を政策課題に掲げた政権は少なからず存
在したが，長い目で見ると，財政再建が遅々として進んでいないという事実が
挙げられる．日本においても，1980 年度を財政再建元年として，1984 年度に
赤字国債の発行停止を目指し，1981 年の第 2 次臨時行政調査会（通称土光臨
調）では，「増税なき財政再建」を掲げて，官業民営化を掲げるなどの改革が
行われたが，1984 年度の赤字国債の発行停止は達成することができなかった．
他にも，1996 年度の橋本龍太郎内閣における財政構造改革や，上述の「骨太
の方針 2006」におけるプライマリーバランス黒字化の目標などが掲げられたが，
結果だけを見ると，どれも財政再建に成功したとは言い難い [15]．

　財政再建が遅れる 1 つの理由としては，政党間競争が激しい（与野党の議席
数や政党支持率が拮抗している）ときにおいて，短期において損失が生じる財
政再建を選ぶ費用を払うことを忌避して，財政再建が先送りされることが挙げ
られる [16]．この問題は，財政は一種の「共有地」として考えることができる．

追加的財政支出は一人分を要求するのであれば, 国民一人あたりの費用は非常
に小さいことから非排除性に近い性質を持つが, 予算は財政赤字をずっと維持
し続けることは, (公債利子率が経済成長率を下回り続けない限りは) できな
いことから競合性を持つ. 多くの人は総論として財政再建に (緩やかに) 賛成
したとしても, どのように財政再建を行うのかという各論 (公共サービスの削
減, 増税) になると, 短期的な純便益がマイナスになることを忌避する. 政治
家の立場に立っても, 投票者 (国民) が短期的に好まない政策を提示すること
で, (自分とは異なり財政再建を打ち出さない) 対立候補に負けるリスクを恐
れ, 財政再建を行わないことが政治経済均衡として得られてしまう.

　一方, 各国において (日本を含む) 政権が安定している時期においては, 財
政状況は改善傾向が見られることも, 財政再建が進むかどうかが政治状況に依
存することを物語っている.

5.2　財政再建の可能性：歳出削減か増税か？

　つぎに, 財政再建を行う際には, どのような手段をとることが望ましいのか,
およびどこまで財政再建を行うべきなのかについての2点を検討したうえで,
行うことが必要となる.

　まずどのような手段かということについては, 財政再建においては増税と歳
出削減のいずれか, ないしは両方を組み合わせた形で行うことになる. 歴史的
に財政再建の事例を見てみると, 歳出削減を主に行った国の方が, 増税を主に
行った国に比べて, 財政再建に成功していることがアレシナとペロッティの研
究で知られており (Alesina and Perotti, 1997), 歳出削減の貢献割合を7割, 増
税を3割とする通称「アレシナの法則 (黄金律)」と呼ぶ見方もある. 歳出削
減の方が成功する可能性が高いのは, 増税に比べて経済成長が損なわれること
がないことが指摘されている. 一方, 人々が合理的に行動しているのであれば,
さらなる財政出動を行い, 政府債務を増やすが, 人々が将来のより多くの増税
(その多くが市場に歪みを与える所得税) に直面することを予想し, 所得や消
費が減少してしまうことを非ケインズ効果と名づけている[17]. 非ケインズ効
果の考えに立てば, 財政再建を行い, 政府債務残高を削減することによって,
生産や消費 (および効用) が増加することを見込まれている.

　つぎに, どこまで財政再建を行うべきかについて, 長期的に望ましい政府債
務残高 (対GDP比) の水準をどこに置くのかという観点で考えたい. 一般的

に財政再建についてマクロ経済モデルを用いてシミュレーションを行った研究
では，現状の政府債務残高対 GDP 比をベンチマークに用いられることが多い
が，現状の水準に留めおく理論的根拠は必ずしも明らかではない．バロー
（Barro, 1979）の課税平準化の議論を用いると，税率が高くなれば，超過負担
（死荷重）は税率の 2 乗に比例する形で増えていくため，超過負担を最小化す
るために，税率をできるだけ一定にする課税平準化ということが示されている．
すなわち，初期時点の税率を低く（高く）して，政府債務残高を増やす（減ら
す）よりも，現状の政府債務残高の水準を維持し，税率の変動を小さくすると
いうことである．経済成長率を最大にする政府債務残高対 GDP 比については，
ラインハート（C. Reinhart）とロゴフ（K. Rogoff）の研究などにより，政府債務
残高対 GDP 比が 90％を閾値として，90％を上回ると，経済成長率が低下して
いることが示されている[18]．経済成長率に注目すると，政府債務残高対 GDP
比を 90％に収束させることが，経済成長率を最大化させるという意味で望ま
しいことになる．

5.3　財政ルールの公共選択的分析

　第 3 節において財政の持続可能性を満たす条件について議論してきたが，財
政を安定化させるためのルールが外生的に求められるのではなく，政治（投
票）仮定を通じて内生的にルールが決まっていくモデルについて説明する[19]．
　ソンらの論文（Song, et al., 2012）では，若年期と老年期を生きる個人が同時
期に 2 世代存在する世代重複モデルを用い，両世代の効用に入る公共財の量お
よび発行する政府債務量を投票によって決定する政治経済均衡を毎期導出して
いく．ここで重要なのは，来期も生きる若年世代と来期には存在しない老年世
代との間に財源調達の手段についての世代間対立が発生していることである．
若年世代は将来の負担のことを考え，低い政府債務残高と低い労働所得税率を
好む一方，（利己的な）老年世代は将来のことを考えないので，高い政府債務
残高と（自分は払わない）高い労働所得税率を好む．ただし，政府債務残高
（対 GDP 比）が増加すると，借金の利払い負担が増えることにより，財政を
安定化させるためにプライマリーバランスを改善させるような行動を，特に若
年世代が望むようになる．よって，政治経済均衡において，税率は政府債務残
高対 GDP 比の増加関数となり，公共財供給は減少関数となるため，プライマ
リーバランスが改善し，上述のボーンの条件が成立することになることから，

上述のボーンの条件の理論的基礎づけともとれるようなモデルともとらえることができる．

6．財政破綻の経済分析

　いままでの議論は，政府債務を債務不履行（デフォルト）させずに持続可能となる状況のみを考えてきた．なぜなら，いままで議論してきたモデルや条件においては，財政破綻させないようにすることが合理的であるような設定で議論してきたためである．一方，第3節でも述べたように，財政の持続可能性は様々である．財政破綻についても諸説ある．本節では，財政破綻の定義を整理するとともに，狭義の定義である，政府が債務不履行となる条件について説明する．

6.1　財政破綻の定義
　一般に財政破綻とは，政府債務の返済計画が実現可能でない状況を表しており，その中で債務不履行（デフォルト）は，政府債務残高の利子や元本の支払いを一時的に停止することや，一部ないしはすべてをヘアカットと呼ばれる債務減免措置などが行われる場合を表す．直近の例だと，ギリシャやアルゼンチンなどで債務不履行が生じたことや，地方政府の例としては2006年の北海道夕張市やアメリカ合衆国のデトロイト市で生じている．
　一方，ラインハート＝ロゴフ（2011）による財政破綻の例としては，ハイパーインフレが生じた場合も，インフレによって実質的な債務減免を行っているという意味で，財政破綻の定義の中に含めている．ハイパーインフレによる財政破綻の例としては，第2次世界大戦後の日本や，最近では対外債務問題を抱えるベネズエラなどがその例として挙げられる．これらの例においては，物価水準の財政理論の考え方に基づくと，財政当局がプライマリーバランスを黒字化できる見通しが立たないため，貨幣鋳造益に依存した財政運営を行った結果，物価上昇に歯止めが利かないということを意味している[20]．

6.2　債務不履行（デフォルト）のモデル
　ここでは，アレヤノ（Arellano, 2008）やデラスモとメンドーサ（D'Erasmo and Mendoza, 2016）で用いられている，所得水準（生産性）が異なる個人が存

在する動学的一般均衡モデルの中に，人々の経済厚生を集計したベンサム型の社会厚生を最大化する benevolent（性善説的）な政府が存在する経済を想定して議論を行う．このとき，過半数の人々（選挙民）が債務不履行を望む場合において，政府は債務不履行を選択するものとする[21]．

　最初に政府が対外債務のみを発行している場合について考える．このとき，国内の経済主体は政府債務を金融資産として保有していないため，債務不履行による直接的な影響は受けない．一方，政府が債務不履行を起こすと，一時的に国際資本市場にアクセスできない（海外から資金を借りることができない），および総生産（総所得）が減少するという「制裁」を受けることになる．したがって，この国においては，税金を課税され，対外債務の支払いをきちんと行う場合と，債務不履行を起こす際の便益（税金を取られない）と費用（一時的に所得が減少する，資金を借りることができなくなる）を比較し，過半数の有権者にとって便益が費用を上回る場合において，債務不履行することを支持する．一方，内国債の場合は，債務不履行を起こすと，自らの金融資産価値が減少するという直接的な影響が強く作用するため，債務不履行が生じなくなっている[22]．しかし，財政赤字が拡大し続ける状況が続き，国内貯蓄によって内国債を賄いきれなくなり，対外債務を発行し始めると，債務不履行を起こすインセンティブが生じる．

7．おわりに

　財政再建に関する問題意識は，日本においても，程度の差はあれど 1980 年以降の内閣では政策課題の 1 つとして取り上げられている一方，現状の財政状況を鑑みると，明確に財政再建を達成したと断言できる状況ではない．本章においては，シンプルなモデルの設定を考え，政治家の目的関数や行動に歪みを与える要因などは含んでいないため，利益誘導，シルバー民主主義などといった要因により，財政再建を行うことが政策課題の優先順位から劣後することも考えられる．

　本章で残された課題は以下のとおりである．第 1 に，さまざまな政策目標のうちの 1 つとして財政健全化を想定すると，政権担当者は財政再建を目指す合理的動機はあるのかという点について，政策担当者の目的関数を検討することである．第 2 に，政権が安定していない状況において，財政再建をどのように

実現するのかについて，憲法による均衡予算財政制約，予算の健全性を定期的にチェックする組織の設立などの制度面についての検討が挙げられる．

　これらの課題について理解を深めるために，次章以降の内容も併せて精読されることを勧めたい．

■注
1）　日本の財政の現状については，財務省ホームページにある，「日本の財政を考える」（https://www.mof.go.jp/zaisei/index.htm）を参照されたい．

2）　厳密には，非ポンジーゲーム条件は $\lim_{i \to \infty} \frac{B_{t+i+1}}{(1+r)^i} \leqq 0$ と表される．（3）式のように等号で表されるためには，政府債務の貸し手側である（無限期間生きる代表的な）投資家が，合理的に考えると無限先将来まで価値のある資産を保有し続けないという（最適化条件から導出される）横断性条件が満たされる状況であることが必要である．ただし，横断性条件の中に含まれる資産は資本ストックなど総資産となることに留意が必要であり，かつ（3）式を横断性条件と書いている文献もあることに注意されたい．

3）　（4）式の経済学的解釈としては，（2）式の右辺第1項のプライマリーバランスの割引現在価値を定常状態で表し，無限投資級数の和の公式を用いると，（1）式の右辺の値になることがわかる．すなわち，（2）式の右辺の値は，政府が長期的に見たときに返済可能な額にあたる．

4）　具体的には，①流動性制約（借入，貯蓄ができない）に直面する家計が存在する，②近視眼的な行動（利子率よりも時間割引率の方が大きい），③所得税など生産要素価格を歪める税などが存在する場合，公債の中立命題が成立しない．

5）　労働供給を内生化したモデルでは，政府支出が増えることを通じた負の所得効果により，労働供給が増えることを通じて，生産は増加するが，一般的に経済厚生が悪化する．

6）　経済学的な議論を行うと，国債の利子率が資本の限界生産性と等しい場合についての議論をしている．新古典派経済成長モデルにおける長期均衡（定常状態）における最適化（効用最大化）する資本ストックの水準は，「資本の限界生産性＝経済成長率（＝人口成長率＋技術進歩率）」となる黄金律である．資本の限界生産性は資本ストックの減少関数であるので，資本ストックが黄金律の水準よりも多い（少ない）と，資本ストック水準が過剰（過小）で非効率（効率）である．

7）　Ihori（1978）において，資本ストックが過剰な状態において所得再分配の
財源として国債を発行することで，経済厚生を改善することを，世代重複モデ
ルを用いて説明している．

8）　物価水準の財政理論についての詳しい説明については，塩路（2018）を参
照されたい．

9）　非ポンジーゲーム条件は $\lim_{i \to \infty} \dfrac{B_{t+i+1}}{P_{t+i+1}(1+r)^i} = 0$ と書き換えられる（P_t: t 期の
物価水準）．実質化したプライマリーバランスは税収に貨幣鋳造益を加え，国
債費を除いた政府支出を引いた値を各期の物価水準で割った値になる．

10）　主張の根拠として，Ball, Elmendorf and Mankiw（1998）を用いたとされ
ている．

11）　実際に Bohn（1998）において推定される（14）式の中には，GDP ギャッ
プや政府支出ギャップといったコントロール変数も含まれているが，本章の説
明からは除外している（ないしは μ に含まれると解釈してもよい）．

12）　一般的には $\mu < 0$ の場合を想定して議論する．すなわち，政府債務残高対
GDP 比が低い水準のもとでは，プライマリーバランスは赤字になっていると
想定する．

13）　$\varphi < r - g$ だと上述の定常状態値は存在するが，定常状態まわりは不安定で
あり，収束せず発散してしまう．

14）　例えば，Doi, Hoshi and Okimoto（2011）ではボーンの条件が成立しない
とした一方，藤井（2010）では構造変化の可能性を考慮し，構造変化後におい
てボーンの条件が成立していることを示している．

15）　他国の例となるが，近年財政再建に成功した事例として，カナダやドイツ
が挙げられる．

16）　代表的な研究として，Alesina and Drazen（1991）が挙げられる．

17）　ジュヴァッツィとパガーノ（Giavazzi and Pagano, 1990）において 1980 年
代以降のデンマークやアイルランドで「非ケインズ効果」が発生していること
が示され，日本における推定結果は，亀田（2009）によってまとめられている．

18）　Reinhart and Rogoff（2010），Reinhart, Reinhart and Rogoff（2012）では，
OECD 諸国の長期パネルデータを用い，政府債務残高対 GDP と経済成長率の
間に逆 U 字の関係にあることを示した．具体的には，政府債務残高対 GDP 比
が 90％を上回るときの経済成長率（2.3％）は，90％を下回る場合（3.5％）に
比べて，1.2％ポイント低いとしている．

19）　本節の内容は，Song, Storesletten and Zilibotti（2012）の理論モデルにつ
いて，数式を用いずに直観的な説明を中心に行う．

20)　1945年の日本のハイパーインフレについては，伊藤（2012）が詳しく説明している．

21)　本節の議論では，Arellano（2008）やD'Erasmo and Mendoza（2016）における異質な個人が存在する小国開放動学的一般均衡モデルの特徴と主要な結論について，数式を用いずに説明している．また，公共選択論の議論として，benevolentな政府の仮定については否定的な議論が存在するが，本章では既存の研究で用いられているモデルを紹介することにとどめ，政治的意思決定のモデルへの拡張については，興味のある読者に検討してもらいたい．

22)　代表的個人モデルを想定すると，内国債では債務不履行は生じないが，資産や所得格差が存在する異質な個人を含むモデルを用いて考えると，内国債でも債務不履行を起こすケースは導出可能である．つまり，同じ国内において，政府債務を資産として持つ家計の中で，ほとんど保有していない人にとっては，債務不履行が生じることで，課税による自らの負担が減少する便益が大きくなることが考えられるためである．

■さらに詳しく学ぶための参考文献

(1) 公共選択論と財政赤字の関係に関する文献

ブキャナン＝ローリー＝トリソン編，加藤寛監訳『財政赤字の公共選択論』文眞堂，1990年（原典は，Buchanan, J. M., Rowley, C. K. and Tollison, R. D (eds.), *Deficits*, Basil Blackwell, 1986）．

ワグナー＝ブキャナン，深沢実・菊池威訳『赤字財政の政治経済学―ケインズの政治的遺産』文眞堂，1979年（原典は，Wagner, R. E. and Buchanan, J. M., *Democracy in Deficit: The Political Legacy of Load Keynes*, Academic Press, 1977）．

小西秀樹『公共選択の経済分析』東京大学出版会，2009年（第7章「増税なき財政再建」が本章と内容と最も関連している）．

(2) 財政再建に関する文献

以下の2文献を，自らの主観（ポジションや信仰？）を抜きにして両方ともに批判的に読んだうえで，財政赤字を本当に問題なのかを自分なりに考えてみると，理解がより深まる．

井堀利宏『財政赤字の正しい考え方　政府の借金はなぜ問題なのか』東洋経済新報社，2013年．

ケルトン，ステファニー，土方奈美訳『財政赤字の神話：MMTと国民のための経済の誕生』早川書房，2020年．

(3) 日本の財政運営に関する概説を記した資料

『図説　日本の財政』(毎年発行)，東洋経済新報社.

(4) 財政破綻に関する文献

ラインハート，カルメン・ロゴフ，ケネス著，村井章子訳『国家は破綻する—金融危機の 800 年—』，日経 BP，2011 年（原典は，Reinhart, C. M. and Rogoff, K., *This Time is Different: Eight Centuries in Financial Folly*, Princeton University Press, 2011）.

(5) 金利と経済成長率と政府債務の関係に関する文献

櫻川昌哉『バブルの経済理論　低金利，長期停滞，金融劣化』日本経済新聞出版，2021 年.

(6) 国の債務管理に関する最新の研究がまとめられている文献

財務省財務総合政策研究所『フィナンシャルレビュー』第 146 号，2021 年.（URL: https://www.mof.go.jp/pri/publication/financial_review/fr_list8/fr146.html）

■本章で引用した論文

Alesina, A. and Drazen, A. (1991), "Why are Stabilization Delayed?" *American Economic Review*, 81(5), pp. 1170-1188.

Alesina, A. and Perotti, R. (1997), "Fiscal Adjustment in OECD Countries: Composition and Macroeconomic Effects," IMF Staff Papers, 44(2), pp. 401-407.

Arellano, C. (2008), "Default Risk and Income Fluctuations in Emerging Economies," *American Economics Review*, 98(3), pp. 690-712.

Ball, L., Elmendorf, D. and Mankiw, G. (1998), "The Deficit Gamble," *Journal of Money, Credit and Banking*, 30, pp. 699-720.

Barro, R. (1979), "On the Determination of the Public Debt," *Journal of Political Economy*, 87(5), pp. 940-971.

Bohn, H. (1998), "The Behavior of U.S. Public Debt and Deficits," *Quarterly Journal of Economics*, 113(3), pp. 949-963.

D'Erasmo, P. and Mendoza, E. (2016), "Distributional Incentives in an Equilibrium Model of Domestic Sovereign Default," *Journal of European Economic Association*, 14(1), pp. 7-41.

Doi, T., Hoshi, T. and Okimoto, T. (2011), "Japanese Government Debt and Sustainability of Fiscal Policy," *Journal of the Japanese and International Economies*, 25(4), pp. 414-433.

Domar, E. (1944), "The Burden of the Debt and the National Income," *American Economic Review*, 34(4), pp. 798-827.

藤井隆雄（2010）「日本の財政の持続可能性について—H. Bohn の手法による再検証」『財政研究』第 6 巻，pp. 97-117.

Giavazzi, F. and Pagano, M. (1990), "Can Severe Fiscal Contractions be Expansionary? Tales of Two Small European Countries," *NBER Macroeconomics Annual*, MIT Press.

Ihori, T. (1978), "The Golden Rule and the Role of Government in a Life Cycle Growth Model," *American Economic Review*, 68, pp. 389-396.

伊藤正直（2012），「戦後ハイパー・インフレと中央銀行」『金融研究』31(1)，pp. 181-226.

亀田啓悟（2009）「日本における非ケインズ効果の発生可能性」井堀利宏編，内閣府経済社会総合研究所企画・監修「バブル / デフレ期の日本経済と経済政策」第 5 巻『財政政策と社会保障』第 9 章，慶応義塾出版会.

Reinhart, C., Reinhart, V. and Rogoff, K. (2012), "Public Debt Overhangs: Advanced-Economy Episodes since 1800," *Journal of Economic Perspective*, 26 (3), pp. 69-86.

Reinhart, C. and Rogoff, K. (2010), "Growth in a Time of Debt," *American Economic Review Paper and Proceeding*, 100(2), pp. 573-578.

塩路悦朗（2018）「物価水準の財政理論と非伝統的財政・金融政策：概観」PRI Discussion Paper Series（No. 18A-07），pp. 1-30.

Song, Z., Storesletten K. and Zilibotti, F. (2012), "Rotten Parents and Disciplined Children: A Politico-Economic Theory of Public Expenditure and Debt," *Econometrica*, 80(6), pp. 2785-2803.

第2章　インフラ整備と公共投資の公共選択

1．はじめに

　2012年12月，中央自動車道笹子トンネル（山梨県大月市笹子町内）で起きた天井板落下事故は私たち国民に大きな衝撃を与えた．死者が出た痛ましい事故であったことはもちろんであるが，加えてインフラ老朽化という問題が身近に差し迫っていることを思い知らされたからである．これまでインフラや公共投資をめぐる疑問や批判は，利用されていないインフラ，豪華すぎる施設，自然環境の破壊，政治家の私的利用といったことが主であったが，インフラを取り巻く問題・課題は2000年代に入り大きく変化してきている．

　人口減少時代に突入し，これまでのような経済規模が拡大するという前提で，新たにどのようなインフラを整備するかという発想はできなくなった．また財政が心底深刻な状態であることに国民も気がつき，インフラの必要さや豪華さにより敏感になった．新国立競技場の建設をめぐっても，費用の大きさが問題となり，設計コンペからやり直したことは記憶に新しい．重要なインフラや公共施設であっても，費用面はもとより，利便性，快適性，環境や景観への配慮，維持管理方法など多くの条件を勘案しながら，目的の優先順位と将来への持続可能性を考えた慎重な政策決定が求められている．

　本章では，以上のような時代の変化を念頭に置きながら，インフラ整備とその手段である公共投資の政策目的と政策決定プロセス，それを支える財源システムについて説明しながら，戦後から現在までインフラがいかに整備されてきたか，またそれが現在どう変化してきているかを振り返る．また公共選択論の観点から，インフラ整備や公共投資の政策決定と予算配分において**政府の失敗**が発生しうる要因を説明し，それを抑止するための公共投資改革や政策評価の試み，その改革の成否について論じていく．

2．インフラ整備と公共投資に期待される政策目的 ||||||||||||||||||||||||||||||

2.1　インフラの定義と範囲

　本章では「インフラ」という表現で総称するが，まずこの言葉の意味・定義と本書での使い方を説明しておこう．インフラとは**インフラストラクチャー**（infrastructure）」の略で，日本語では「共通基盤」とも訳される．「社会資本ストック」とほぼ同じ意味で使われ，その意味では「社会インフラ」という言い方もできる．そして社会資本ストックは「社会資本」と略される．社会資本は経済学で使う「公共財」の概念と重なるが，公共財の概念がモノとサービス両方を含むのに対し，インフラや**社会資本**は財やモノ，あるいはハードとしての公共財を指す．またインフラの多くは，公共財の中の「準公共財」「地域公共財」「クラブ財」と分類される財にほぼ対応している[1]．

　そして「**公共投資**」はインフラを整備・供給するための手段ということになる．「公共事業」という言い方もあるが，これは公共投資よりも一般的には使途の対象が広い．ただし本章では両者を特に区別せずに用いていく．

　インフラの中身をさらに見ていくと，以下のように「インフラ」「公共施設」「プラント」に分類することもできる（この分類は根本（2011）を参考）．

　①インフラ：道路，橋りょう，上水道，下水道，港湾，空港 etc.
　②公共施設：学校，市民ホール，公民館，図書館，保育所，老人ホーム etc.
　③プラント：廃棄物処理，斎場，浄水場，汚水処理場，医療機器 etc.

　公共投資とインフラの関係は，「フロー」と「ストック」の概念としてとらえられる．公共投資はインフラというストックを整備するためのフローである．経済効果を議論する際には，公共投資は毎年の予算によって経済に「フロー効果」を生み，その公共投資によって整備されたインフラが，その後，耐用年数にわたって「ストック効果」を生むという関係になる．

　また，インフラ（社会資本）は一般的には政府・公的機関が公共投資によって整備するものであるが，民間の主体が自らの資金・財源で供給することもありうる．民間企業の供給は利用者からの料金（対価）徴収が前提となるため，市場の排除原則適用が可能なインフラ（公共財）が対象になる．さらに，民間主体でも自発的な投資あるいは社会貢献的な投資を行うことがあり，その場合には負担なしの公共財としてのインフラ提供もありうる．

2.2　インフラ整備と公共投資の政策目的

　インフラ整備の本来の目的は資源配分の効率性を改善することにある．しかしながら，効率性にとどまらず，安定性，公平（公正）性の役割も期待されている．以下順に補足説明していこう．

(1)　資源配分の効率性と公共投資

　まず資源配分上の効率性を高める目的であるが，インフラには公園のように私たちが直接利用して効用を得るもの，堤防のように災害リスクを減らし安心・安全が得られることで間接的に効用を得るもの，道路や港湾のように経済活動・生産活動への寄与を通じた所得（GDP）の上昇という形で効用を得るものがある．いずれにせよ資源をインフラ整備に使うことで，社会の効用をいかに拡大できるかである．

　先の分類によれば，公共施設は直接利用することで効用を得るものが多いが，インフラやプラントは間接的に効用を得るものがほとんどである．その意味で「社会的間接資本」という言い方もある．先述したストック効果とは，この資源配分上の効用のことである．後述するが，インフラの社会的便益を評価するということは，この効用，具体的には利便性，快適性，生産性，安全性といった便益の経済的価値を評価することである．

(2)　マクロ経済の安定化と公共投資

　公共投資には，景気対策の手段としてマクロ経済を安定化する役割も期待される．いわゆるケインズ政策であるが，マクロ経済が需要不足で不況に陥った場合には，政府が公共投資（公共事業）を拡大して需要創出を図ることが期待される．先述したフロー効果は，この需要創出による生産活動や雇用，そして所得が拡大する効果のことを指す．効率性にも寄与する公共投資を景気対策として実施できればよいが，不況期には効率性よりも短期間で予算を消化でき需要が創出される効果が優先されがちである．

(3)　地域間再分配による公平性と公共投資

　経済政策には公平（公正）を図る役割も期待されるが，公共投資の場合，個人間ではなく地域間の公平性が目的になる．インフラ整備や公共投資の予算が，相対的に経済力の弱い地域（地方自治体）へ傾斜配分（地域間再分配）されることでそれが図られる．インフラ整備を通じたナショナル・ミニマムの達成，あるいはユニバーサル・サービスの提供という言い方もある．国民誰しも一定水準の公共サービスを全国どこでも受けられるようにという言い方には，地域

間公平性の意味が込められている．ここには，利用者の効用や生産性の改善が小さくても公平性を重視すべきというジレンマがある．

　以上の 3 つの政策目的の間で，どの目的を優先するか，あるいはバランスを図るかという選択が，経済政策を行ううえでの重要な公共選択といえる．公共投資は弾力的・裁量的に活用できる便利な政策手段であるが，それゆえ期待も多い．1 つの手段に複数の目的が期待され，一方の目的達成のために他方の目的を犠牲にせざるをえない問題・困難が付きまとう．この政策目的間の葛藤が，インフラ整備と公共投資の問題を困難・複雑にしている第 1 の要因である．

2.3　インフラ整備計画

　インフラ整備および公共投資に関する計画は，全国レベルのものからインフラ分野別，地方レベルへと細分化・具体化されていく．それぞれの段階と各分野で根拠となる法律・政省令があり，それに基づいて計画が策定され，その計画に基づいて，個々の事業が決定され，毎年度の個所づけと予算配分がなされていく．

(1)　全国総合開発計画から国土形成計画へ

　全国を対象とした最上位の国土政策を示すものとして国土計画がある．これはインフラ整備と公共投資の国全体のビジョン（基本方針）を示し，大枠の公共投資予算を確保していくうえで意味を持つ．かつて全総計画と呼ばれていた時代，「全国総合開発法（1950 年）」に基づいて，旧国土庁（現国土交通省）のもとでほぼ 10 年ごとに，国土のグランドデザイン（政策方針と国土軸）と大枠のインフラ整備計画を示す全国総合開発計画が策定されていた．1960 年代の「第 1 次全国総合開発計画（一全総）」に始まり，1970 年代の二全総，1970 年代後半からの三全総，1987 年度からの四全総，1998 年度からの五全総と 5 回にわたる計画のもと，「国土の均衡ある発展」を目標に，インフラの全国開発が進められた．

　しかしながら，2000 年代に入り人口減少に転じ，インフラ整備も一定程度行き渡ったとの判断から，2005 年に「国土形成計画法」に法改正され，2008 年に新たな「第 1 次国土形成計画（～ 2015 年）」が提示された．全国計画とブロック単位の広域地方計画の 2 層計画で構成され，その後，現在進行中の「第 2 次国土形成計画（2015 ～ 2025 年）」に引き継がれ，「対流促進型国土」の形成が基本構想として掲げられた．

(2)　インフラの分野別中期計画から社会資本整備計画へ

　上記の国土計画のもとインフラ分野別の「道路投資 5 ヶ年計画」「下水道整備 5 ヶ年計画」といった中期計画が，所管する省庁において策定される．そこでは，インフラ分野ごとの課題や政策方針，課題別の整備目標値，さらにインフラ・公共施設・プラント別の内訳，期間内の予算額等が示される．この段階になると，個々のインフラ事業の具体的な場所やルートも示される．

　こうした公共投資中期計画は，1990 年代後半の財政構造改革や公共事業改革の流れを受けて，2000 年代に入り見直しが進み，かつて 16 あった計画は 6 つに集約された．その中で，国土交通省関係の道路・港湾・下水道・空港・海岸・交通安全施設・都市公園・急傾斜地崩壊対策・治水の 9 計画は，2003 年度から「社会資本整備重点計画」として統合された[2) 3)]．

(3)　地域ブロック別の広域地方計画

　現在，全国計画のもとに地域ブロックごとの広域地方計画が，各省庁の地方整備局とその地域の県や指定都市の間で協議会を設置して策定されるようになった．地域との協働による計画づくりを意識したもので，地域の基本方針と整備目標が示され，そのもとでインフラ分野ごとの中期計画が策定され，そこで具体的な場所やルートが示される．

(4)　県・市町村のインフラ整備計画

　上記の広域地方計画のもと，県・市町村もインフラ整備の中期計画を策定する．県・市町村は土地利用に関する「都市計画」も決定するが，その際，インフラ整備との整合性が図られる．また「総合計画」との整合性を図る必要もある．こうした計画を策定するプロセスで，県と市町村のどちらが整備するか，地方自治体の単独事業とするか，国へ国庫補助金を申請する補助事業とするかの調整が行われる．市町村から国への補助金申請は，県レベルでいったん集約され，県の裁量によって優先順位がつけられ国へ申請される．

　以上の各段階・各分野の計画策定作業は行政（官僚）が中心となって行われ，インフラの具体的な中身や場所，個々の事業費の概算が示される．その作業のプロセスで，議会での議論はもちろんのこと，個々の政治家，業界，地元自治会，住民等から直接陳情や要望が入る場合もある．毎年度のインフラ整備の個所づけや公共投資予算の要求は，そうした要望や受け入れの条件，財政状況等を勘案して，行政内部の裁量・判断で行われる．

図2-1　公共投資額の推移

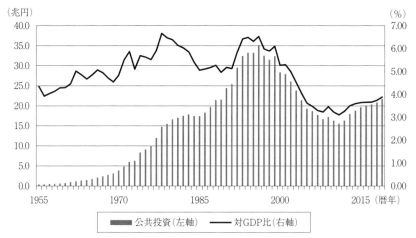

データの出所は注4）を参照.

3．これまでのインフラ整備と公共投資の推移

3.1　グラフで見る公共投資の推移

　日本ではインフラ整備のためにどれだけの公共投資が行われてきたのだろうか．戦後復興から高度成長のプロセスで，他の先進諸国に追いつくため，また起伏の多い国土の地勢的条件と自然災害の多さに対応するため，他国よりも多くの公共投資が必要であると主張され，実際そのように行われてきた．

　高度成長期から現在までの公共投資の大きな流れを見ておこう．図2-1には1955年から2019年までの名目公共投資額とそのGDP比のグラフを描いている．公共投資に関するデータはいくつかあるが，ここでは内閣府が推計・公表している『日本の社会資本2017』を用いている[4]．

　グラフから全体的な動きを追うと，公共投資は1955年から徐々に増加し始め，1970年代まで増加を続け，1980年代に入ると一時横ばいになるが，1980年代後半から再び増加に転じている．その増加は1996年まで続いてそこでピークとなり，その後2007年まで減少が続き，1980年代前半とほぼ同じ水準に戻った．そして2008年以降は再び横ばいで推移している．1980年代終わりから2005年頃までの約15年間が公共投資の大きく膨らんだ時期である．

図2-2　社会資本ストックの内訳

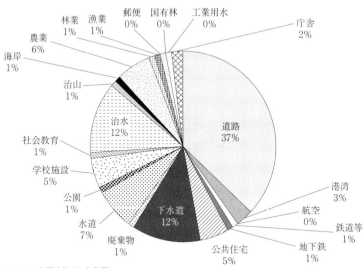

データの出所は注5) を参照.

　次に，名目公共投資額の対 GDP 比の推移を見てみると，1950 年代の約4％
から 1970 年代後半の約 6.5％まで，上下しながら上昇を続けている．1980 年
代前半は約5％まで減少し，その後は横ばい，1990 年代前半に再び約 6.5％ま
で上昇している．その後 2003 年の4％を切るところまで減少を続け，そこか
らは4％弱で推移している．公共投資の対 GDP 比で見ると，1970 年代後半か
ら 1980 年代前半までと 1990 年代の2つの時期に山が見られる．

　以上のように推移してきた公共投資によってどれだけのインフラ（社会資
本）が蓄積されてきたのだろうか．図2-2 は，内閣府が 2017 年に公表した社
会資本データにおいて，18 部門に分けて推計された最新年 2014 年の純資本ス
トックのデータを用いて内訳を描いてみたものである5)．

　インフラのストック価値が一番大きいのは道路（37％），次いで下水道（12
％），治水（12％），水道（7％），農業（6％）である．公共投資の4割は道路
といわれてきたが，だいたいそれに対応した値である．治水は河川改修や堤
防・ダム，下水道と上水道は管渠・管路や処理施設等のプラントであるが，費
用が高いことを反映していると思われる．

　以下，公共投資の推移について，もう少し時代を分けながら特徴を概観して

いこう.

3.2　戦後復興からバブル期までの動き

(1) 1950 ～ 1960 年代の高度成長期：産業関連のインフラ整備

　戦後復興のインフラ復旧が行われた後，高度成長期に入り産業基盤のインフラ整備が本格化し始めた．東京オリンピックが開催された 1964 年に開通した東海道新幹線と名神高速道路は，当時のインフラ整備を象徴するものであった.この頃に整備されたインフラが 2 度目の東京オリンピックを迎えるにあたり 50 年を経過し，老朽化が問題になり始めた.

(2) 1970 年代：生活関連のインフラ整備へ

　1970 年代初頭は高度成長の余韻のなか，「列島改造論」による国土開発が勢いづこうとしていたが，それは地価急騰と 2 度の石油危機で止められた.工業化による国土開発は公害問題も引き起こし，公害対策や生活関連のインフラ整備へ重心がシフトし始めた.第 1 次石油危機によって 1973 年は戦後初のマイナス成長になり，高度成長の終焉と共に不況対策の公共投資が要請された.

(3) 1980 年代：行政改革・貿易摩擦から内需拡大論へ

　1970 年代の不況と低成長化は財政の国債依存を常態化させた.1980 年代の前半～中旬は，行政改革と財政再建が行われ，公共投資は横ばいで推移した.この時期，インフラ開発の中心的存在だった国鉄は JR へ民営化された.その一方で，輸出依存によって不況を脱した経済は貿易黒字を拡大させ，世界経済の牽引役をも期待された.1980 年代後半には円高が進行し，その不況脱却のプロセスでバブル景気が発生した.貿易摩擦は市場開放と内需拡大への外圧となり，1990 年代の公共投資拡大へとつながっていった.

3.3　1990 年代：公共投資の拡大期

　1990 年代はバブル崩壊後の失われた 10 年と呼ばれた長期不況期であるが，この間，公共投資は膨張した.政府は先述した「公共投資基本計画」によって 1991 年度から 10 年間で 400 兆円という対外公約を行った.公共投資による不況対策はもとより，バブル期に立てた計画の余韻と地方分権が叫ばれるなかで，大型公共事業で地域振興を図ろうとした地方自治体もあった.本格的な高齢社会に突入する前の貯蓄が豊富なうちに，整備の遅れていたインフラ（下水道等）や医療・介護関連施設の整備やバリアフリー化[6]を急いだ地域もあった.

　1990 年代の特徴は，地方自治体（県・市町村）が中心となり公共投資を行ったことである．公共投資はもともと地方で支出される割合の方が大きいのであるが，国家財政がひっ迫するなかで，景気対策の役割も地方自治体へ押し付けられた面がある．不況が長期化するなかで，公共投資基本計画は 1994 年に期間を 1995 年度から 2007 年度までの 13 年間に拡張され，総額 630 兆円という途方もない規模に膨らんだ．おりしも 1995 年に阪神淡路大震災が発生し，復興対策や耐震化のための公共投資も求められるようになった．

　しかし長期経済停滞に苦しむなか，そうした計画は財政的に非現実的であり，1997 年になると当時の橋本政権が「財政構造改革」を掲げ，公共投資を 1980 年代の水準に引き下げていく方針へ舵を切った．図 2-1 のグラフからわかるように，その後，公共投資水準は次第に下がり始めた[7]．

　また 1990 年代は環境の時代ともいわれ，「環境基本法」（1997 年）に始まり，インフラ関係の法令にも環境保全という目的が明記されるようになった．環境との両立という観点からも，1990 年代後半以降，インフラ整備を見直しする動きが起き始めた．

3.4　2000 年代：人口減少時代の始まり

　2000 年代に入ると 1990 年代に公共投資を拡大した地方自治体を中心に，地方債の返済によって財政が苦しくなり始めた．2001 年からの小泉政権のもとで構造改革・財政再建が進められ，公共投資も 1980 年代の水準へと回帰した．地方自治体への補助金も削減されたことで，"自治体破産" という言葉も飛び交い，地域間格差が叫ばれた．2005 ～ 2006 年度に「平成の大合併」と呼ばれた市町村合併が一気に進んだが，その背景にはこうした財政事情もあった．

　2008 年に日本の人口は減少へと転じ，同年にリーマンショックが勃発し，その後のデフレ不況からの脱却に日本経済は再び苦渋することになった．おりしも初めて政権を担った民主党が無駄な公共事業の見直しを図ろうとしたが，その成果が出る前の 2011 年に東日本大震災と福島第一原発事故が発生した．また台風や集中豪雨による大規模災害が頻発するようになり，震災からの復旧・復興のインフラ整備，さらに防災・減災のためのインフラ整備の必要性が高まった．

4．政治目的を持ったインフラ整備と政府の失敗 ||||||||||||||||||||||||||||||||||||||||||

　インフラ整備と公共投資の問題を困難・複雑にしている第2の要因は，政治（政治家）と行政（官僚）との関係である．2.3項では，インフラの国レベルの政策方針や計画の決定から，分野別計画，個別事業の決定，個所づけ，予算申請から工事発注までの政策決定・実施のプロセスを説明したが，その各段階で政治（政治家）と行政（官僚）が関わる場面が出てくる．以下では，政策決定・実施に関わる行動主体について，公共選択論の代表的な行動仮説を紹介し，インフラ整備と公共投資に関連する政府の失敗の可能性とその事例を説明する．

4.1　公共投資と政治家行動

　公共選択論において最も代表的な政治家（候補者）の行動仮説は，ダウンズの「得票最大化仮説」である．ダウンズ・モデルの候補者は，選挙に際して有権者の選好分布を見ながら，得票を最大化できるよう自分の立ち位置（選挙公約）を動かしていく．この仮説を出発点にさまざまな仮説が提起されているが，共通する点は，政治家は選挙のために行動するというものである．

　公共投資との関係でいうと，政治家は選挙に勝つために自分の選挙区に公共事業や補助金を誘致してくるという仮説がある．"ポークバレル・ポリティクス（利益誘導型政治）[8]"と呼ばれ，公共投資をめぐって政治家行動と選挙の間で2つの仮説がある．1つは，政治家は自分の選挙区に公共事業を誘致しようと行動し，より多くの公共事業を誘致できた政治家ほど，次の選挙でより多くの票を獲得できるという「集票仮説」．もう1つは，選挙でより多くの支持を得た政治家ほど，その政治支援を土台にした政治力を使って，より多くの公共事業を誘致できるという「応答仮説」である．両仮説は似ているが，公共投資が多くの票に結びつくという関係と票を受けて公共投資を誘致するという点で，因果関係の方向が逆である．

　日本でもかつて全国に鉄道網の建設が進められていた時代，"我田引鉄"ということがいわれた．鉄道誘致が票につながり，当選した政治家には鉄道誘致が期待されたということである．鉄道はその後，高速道路や新幹線や地方空港へと形を変えてきた．

　政治家も政治の現場で力をつけてキャリアアップをしていくが，かつての自

民党一党優位体制が続いていた時代，自民党議員は党の政策調査会の各部会に
所属し，特定分野の政策を勉強することで専門家として成長していった．それ
がいつしか「族議員」と呼ばれ，関係省庁の政策決定，予算取り，事業選定，
個所づけで影響を及ぼすようになった．公共投資の分野では道路族や農林族が
有名である．現在，表立って族議員とはいわれなくなったが，専門に通じた政
治家が政策に影響力を持ち，それが本人の政治活動や選挙活動に有利に働く関
係はいまでもあるといえよう．

4.2　公共投資と官僚行動

　インフラ整備と公共投資の政策策定から実施までのプロセスに最も関わるこ
とが多いのは，それぞれの分野の官僚である．官僚はそれぞれの分野のインフ
ラに関する情報を独占的に有しており，その情報を使って分析や政策の提案や
計画づくりを担っている．官僚が独自の目的をもって行動しようとすれば，計
画や政策の提案，個所づけを通じてそれを反映させうるチャンスがある．

　公共選択論で最も代表的な官僚行動仮説は，ニスカネンの「予算最大化仮
説」である．官僚は自分の所属する省庁・部局の予算を最大化するように，過
大なインフラ整備計画を立て公共投資予算を獲得しようとする可能性がある．
さらに「裁量的予算最大化」行動をとるとする仮説もある．裁量的予算とは官
僚が自分たちの裁量で使える予算あるいは予算の中に潜り込ませる浪費を意味
する．

4.3　公共投資とレントシーキング

　インフラ整備や公共投資が特定の地域・地区に便益をもたらすことはありう
る．また特定の業界や企業がインフラの工事や運営管理を受注して利益を得る
こともありうる．インフラ整備に関わる一連のプロセスでは，官僚や政治家の
みならず国民や企業の側も，自分たちだけに便宜を図ってもらい，利得を得よ
うと行動する可能性がある．

　企業が本来の生産活動を通じて利潤追求を図るのではなく，政治活動に資源
を費やして利得を獲得しようとする行為は**レントシーキング**活動と呼ばれる．
政治活動で得られる利権や利得があるとすれば，それが政治的レントである．
企業や業界団体が自分たちの経済活動が有利になるような政策・制度，予算・
補助金の配分，事業決定を期待し，本来の経済活動以外の政治活動（レントシ

図2-3　公共財供給における資源配分の効率性

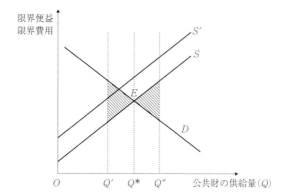

ーキング）を行う可能性がある．レントシーキングの例として，業界団体が影響力を持つ特定の政治家へ陳情，接待，選挙支援，政治献金，さらには非合法の賄賂を贈るといった行為が挙げられる．

4.4　政府の失敗と資源配分の非効率性（1）：配分の非効率性

　インフラの無駄や浪費といえば，車の通らない道路，釣り人で賑わっている港湾，雑草の生え茂った工業団地，必要以上に豪華な公共施設といった例が思い浮かぶ．インフラ整備と公共投資に関わる利己的動機を持った行動主体が，レントシーキングによって資源配分を歪めるとすれば，その無駄や浪費はどのような形で現れるだろうか．以下では，資源配分の非効率性（浪費）が配分の非効率性と生産の非効率性の2つの側面で起こりうることを説明していく．

　いま社会の構成員が共同利用によって効用を得ているインフラあるいは公共財を想定しよう．図2-3の横軸にはこの公共財の供給量（Q）を，縦軸にはそれから得られる限界便益と限界費用を測っている．右下がりの直線Dは社会的限界便益曲線を，右上がりの直線Sは社会的限界費用曲線を表している．このときパレート効率的な状態，すなわち社会全体の効用が最大化される状態は，有名な「サミュエルソンの効率性条件」が成立する直線Dと直線Sの交点Eにおいてである．

　このとき資源配分が非効率であるというときには，2つの意味がある．1つは，公共財の供給量が2つの曲線の交点Eから乖離していること，すなわち

供給量が最適な Q^* ではなく，過小（Q'）あるいは過大（Q''）になっていることである．この需要と供給のミスマッチのことを配分の非効率性という．このとき斜線で描かれた部分が死重的損失（deadweight loss）と呼ばれる非効率性を示す．供給量 Q' や Q'' を Q^* に近づけ，マイナスの効用である死重的損失を減少させうるならば，誰の効用も下げることなく社会全体の効用を上げることができる（パレート改善）．

4.5 政府の失敗と資源配分の非効率性 (2)：生産の非効率

資源配分が非効率であるというもう1つの意味は，図 2-3 の社会的限界費用曲線 S が，供給主体の費用最小化行動を反映しているかどうかに関係してくる．最適供給量の定義では，一定のアウトプットを生み出すうえで必要なインプット（労働，土地，機械，原材料等）は，市場競争的な価格で購入され，そのインプットが持つ生産能力は最大限発揮され，かつそれらインプットは適切に組み合わせられることが前提とされる．

しかしこの前提は，①不必要なインプットが，②適正な水準より高い値段で購入され，③インプットが不適切に組み合わせられ，④個々のインプットの生産能力が十分に発揮されない（いわゆる怠けがある），となると満たされなくなる．そうなると，限界費用曲線は直線 S' のように上方へシフトし，いわゆる高費用構造という形で資源配分の非効率性が生じる．これが生産の非効率性で，費用最小化が図られないことによる資源の浪費を指す．供給費用（限界費用曲線）を本来の水準に引き下げることができれば，誰の効用も下げることなく社会全体の効用を上げることができる（パレート改善）．

実際のインフラ整備においては，以上の配分の非効率性と生産の非効率性が同時に発生している可能性もある．過大な水準のインフラが高費用で供給されるような場合である．

4.6 政府の失敗事例 (1)：公共工事の高費用構造

生産の非効率は公共工事の高費用構造という形で現れる．インフラ整備費用においては，計画段階の予算（予定費用）と実際にかかった費用が異なるという現象がよく起きる．政策決定をしやすくするため，事前の費用を低く見積もる作為が行われるのかもしれない．日本のインフラ整備費用が，欧米諸国と比較して高費用であると批判されることもある．もちろん国土の自然条件が異な

り，安全性基準も異なるため，単純比較はできないが，高費用になる別の要因
も考えられる．以下，談合と天下りの2つの要因を紹介しよう．

　公共投資を請け負う建設業界では，入札における談合（結託）体質が長らく
問題になってきた．入札は最も低い費用で（生産効率的に）公共工事を請け負
う業者に発注するための制度である．しかし業者同士が競争を回避し，「談合」
によって法律の網を抜けて入札業者を決めるという風習があった．業者間で最
低限の利益は確保されるよう入札業者を順番で決めるなど，入札は形だけ行わ
れる．さらに行政側が業者側に入札情報をリークし，入札情報の見返りに賄賂
を受け取る「官製談合」と呼ばれる問題が発生することもある．入札自体が行
われず随意契約で受託業者が決められ，業者は政治家や官僚の口添えで決まっ
てくることもある．入札に関する改革の取り組みは1990年代初頭から始まっ
たが，それが法律の形になったのが「公共工事入札契約適正化法（2000年）」
である．そこでは不正行為の除外や契約価格の適正化が目的に掲げられてい
る[9]．しかしいまだに不正行為が時々マスコミを賑わすのは，この問題の根深
さを物語っている．

　官僚が役所を退職した後，外郭団体，公益法人，民間企業等へ役員や理事等
の待遇で転職していく「天下り」という慣行も，公務員制度改革によって改革
の手が加えられたが，形を変えていまなお残っている．天下りを受け入れる団
体・企業が，省庁からの仕事の受託や情報提供を期待しているとすれば，それ
はレントシーキング活動といえる．インフラ整備は最初の建設時に大きな予算
が動くため，その利権・利得も大きいが，整備された後の維持・管理をする仕
事もある．天下り先の外郭団体や企業にはインフラの管理運営会社もある．か
つて，省庁や公団が自ら外郭団体としての子会社・孫会社を創設してファミリ
ー企業を形成し，その全体でインフラの管理運営事業を独占的に請け負う事例
があった．そこでは国や省庁の所管する特別会計は赤字でも，請負会社は黒字
を出し，天下りした官僚は高給を得るというレントシーキングの構造が作られ
ていた[10]．

4.7　政府の失敗事例（2）：政・官・財の鉄のトライアングル

　政治と行政と業界（企業）が持たれ合う「政・官・財の鉄のトライアングル
（三角形）」と呼ばれる癒着の構造がある．かつて政治家への賄賂等が頻発した
際には流行語にまでなった．この癒着の構造は，政府が市場に介入し，そこで

図2-4　政・官・財の鉄のトライアングル

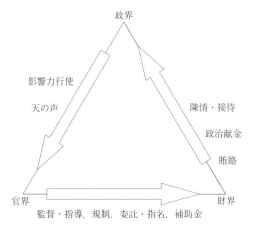

の政策や規制が業界（企業）に利権・利得をもたらす状況で発生しうるが，とりわけインフラ整備の決定と予算配分をめぐってはそうした状況が起こりやすい．

　図2-4は鉄のトライアングルの構造を描いたものである．三角形の各頂点には，政界（政治家），官界（官僚），財界（企業）がそれぞれ位置している．まず財界は，族議員や派閥の領袖などその領域で影響力を持つ政治家に対し，陳情や接待や政治献金といったレントシーキング活動で働きかけ，場合によっては非合法の政治献金（賄賂等）にも訴える．次に，政策決定に影響力を行使しうる政治家は，その領域の計画や事業の決定，その後の予算や個所づけを担当する官僚に働きかける．そして官僚は，それぞれが所管する財界（企業）に対して，法律や規制で監督・指導を行いつつ，公共投資予算の配分，さらには特定の企業への業務の委託や発注で便宜を図ることもある．地方自治体レベルでも，国会議員に代わって知事や地方議員が同じ役割を担うことがある．知事が「天の声」と称して，公共工事の発注業者を指名し，賄賂を受け取るという事件が発生したこともある．

5．インフラ整備と公共投資の財源調達の仕組み

　インフラ整備と公共投資の問題を困難・複雑にしている第3の要因として，

財源調達や費用負担の仕組みを挙げることができる．以下，その複雑さを生んでいる予算制度と財源を持ち合う構造について説明する．

5.1　国と地方で持ち合う仕組み

公共投資は，国（中央省庁）が直接行う直轄事業，地方自治体が国から補助金・負担金をもらって行う補助事業，地方自治体が独自に行う単独事業，そして公団・公社等による事業に分けられる．これら事業の財源は，租税，特定財源，建設国債によって賄われ，さらに財政投融資や一部民間資金が入る場合もある．インフラ整備に際しては，建設公債による財源調達が「財政法」で認められており，むしろそれが義務付けられているものが社会資本（社会インフラ）という言い方もできる．インフラは将来にわたって利用可能であることから，それを利用する将来世代の間で公平に負担すべきという考え方である．

また国の直轄事業であるからといって，すべて国の予算で賄われるわけではなく，地元自治体の負担金も入る．事業の重要性・緊急性によって違いはあるが，直轄事業については基本的に国の負担が 2/3，地方の負担が 1/3 となっている．

地方自治体の事業における財源はより多様で，地方税・地方交付税・地方譲与税等からなる一般財源，建設地方債，そして補助事業の場合は国からの国庫補助金が入ってくる．市町村の事業であれば加えて県からの補助金もある．地方交付税は国から各自治体へ使途が限定されない一般財源として配分されるが，その算定の基準としてインフラの整備状況が使われる．国庫補助金の場合は，事業ごとに国に申請がなされ，認められれば使途が限定された特定財源として配分される．補助事業については，これも各分野・各事業で異なるが，基本的に国と地方がそれぞれ 1/2 ずつ負担する．

以上のように，国や地方の公共投資といっても，国や県や市町村の独自財源で完結している場合は稀で，それぞれ国と地方が財源を持ち合っているのが実態であり，それが特徴ともいえる．

5.2　特別会計

公共投資の財源の仕組みを複雑にしてきた要因の 1 つに特別会計がある．もともと特別会計は，個々の事業について，受益と負担の関係や収支状況を明確にする目的で設けられたが，多くの特別会計が乱立し，それぞれの特別会計に

多種多様な財源が出入りすることで，むしろ国民から監視の目が届かず，資源の浪費を覆い隠すとして行政改革の対象となってきた.

インフラに関連した特別会計は，かつて，①道路整備，②治水，③港湾整備，④空港整備，⑤都市開発資金融通，⑥国有林野事業，⑦国営土地改良事業，⑧農業経営基盤強化措置，⑨特定国有財産整備，⑩電源開発促進対策，⑪産業投資と分かれ，それぞれの分野の長期・中期計画と相まって公共投資の拡大を支えてきた. 2007年の「特別会計に関する法律」によって，国交省所管の①～⑤は2007年度から「社会資本整備事業特別会計」として一本化され，⑦は廃止され一般会計化された[11].

これらの特別会計には，国の一般会計，特定財源，地方自治体負担金等からの財源が一旦繰り入れられ，そこから個別の直轄事業や補助事業，公団，場合によっては他の特別会計へと繰り出されていく. 国から地方自治体へ配分される財源には，特別会計を経由するものもあれば，経由せずに直接行くものもある. 特別会計の中で独自に借入金が累積している場合もあれば（これは"隠れ借金"といわれる），逆に"埋蔵金"として話題になったように剰余金（貯蓄）が累積している場合もある. まさに国民から実態が見えない存在となってきた.

5.3 租税収入と特定財源

公共投資の財源にはもちろん租税収入が入ってくるが，その中に特定財源といわれる使途が限定された財源がある. 特定財源となる国税として，揮発油税，地方道路税，石油ガス税，自動車重量税，航空機燃料税，石油石炭税，電源開発促進税の7税目がある. 特に道路特定財源と呼ばれる一群が財源として突出しており，国の道路投資関係の予算はこの道路特定財源によってほぼ賄われてきた.

道路特定財源は，1954年に揮発油税が誕生して以来，1960年代後半から1970年代初頭にかけて，国レベルで揮発油税，地方道路税，自動車重量税，石油ガス税の4税目，県レベルで軽油引取税と自動車取得税の2税目が増設された. そのタイミングは道路投資中期計画が改訂されたときである. そして第1次石油危機後の1974年以降，本則の税率に暫定税率が上乗せされ，それを何度も期間延長する形で継続されてきた. 特定財源が増えれば道路投資も増えるという，まさに打ち出の小槌となってきたのである.

そして1990年代の公共投資拡大期には道路投資も著しく増加し，そのとき

は道路特定財源だけでは予算が不足し国債による一般財源からの補充が行われた．ところが，2000 年代に入り公共投資削減期に入ると，一転して道路特定財源が道路投資額を上回る事態が発生し，その余剰分を一般財源化するかどうかが争点となった．2008 年 3 月，当時の与野党の攻防下で揮発油税・地方道路税・軽油引取税の暫定税率延長が期限切れとなる状況を迎え，官僚や族議員は継続を唱えたが，最終的に暫定税率の廃止と余剰分の道路特定財源の一般財源化が決まった[12]．

5.4　国庫補助金

　地方自治体の補助事業には，国（中央省庁）から基本的に補助率 1/2 の国庫補助金が入る．この定率型補助金は，ある事業に対して国と地方が財源負担を持ち合う場合，国が特定の事業の拡大を政策的に誘導する意図で使われる．しかし，県や市町村は，できる限り補助金を使って事業を行うことを考え，補助金獲得が目的化されていると批判されることもある．事前に陳情や情報収集を行いながら，採択される可能性の高い事業から国へ申請していく．通常，市町村からの申請は，一旦，県で集約され，そこで優先順位がつけられ中央省庁へ申請される．地域にとっての必要性よりも補助金が付きやすい事業を優先させている実態がある．

　また国庫補助金の配分には，官僚の縦割り構造と政治家（族議員）からの影響もある．中央官僚は公共投資への補助金予算を個所づけし，地方自治体に配分する権限を持っている．補助金予算は中央官僚にとって権限を保持できる象徴といえる．公共投資関連の補助金を最も握ってきたのは国土交通省，次いで農林水産省である．補助金予算をいかに確保するかという点で，縦割りの中央省庁は競合関係にあり，省庁間の予算配分，インフラ分野間の予算配分の割合がほとんど変化しないのは，その証左ともいえる．

　そして政治家（族議員）もまた，補助金配分において自分の権限を誇示しようとする．彼らは特定の省庁に顔が利くように，政策面での専門性を磨いて族議員化し，補助金配分でその力量を発揮しようとする．かくして，1990 年代後半からの公共投資改革では，公共投資予算の削減，政策評価，分権化，個別メニューの統合化といった方法によって，政治・行政との切り離しが意図されてきた．

5.5　建設地方債

　地方の公共投資では，単独事業も補助事業も財源の一定比率を建設地方債で調達することが規則で，地方債の充当率が定められている．また上下水道など地方公営企業が発行できる地方公営企業債も地方債と同列のものである．1990年代の公共投資拡大期には，地方債の種類が増やされ，地方自治体が公共投資に際して発行可能な地方債の範囲が拡大され，その地方債充当率も引き上げられた．国家財政がひっ迫し国庫補助金を拡大する余地がないため，地方自治体の地方債発行を容易にし，地方の公共投資を後押ししたのである．

　地方債には一般公共事業債と一般単独事業債があったが，それ以外の地方債も創設された．例えば1990年代に地方のハコモノ建設や保養地開発を推進するため活用された「地域総合整備事業債」，公共事業への追加発行を認める「財源対策債」，補正予算による景気対策を補うための「補正予算債」，「臨時地方道整備事業債」といったものである．

　しかし，地方自治体も財源が苦しい点では大差なく，また地方債発行については総務省による地方自治体への制限がある．そこで，公共事業を後押しするために使われたもう 1 つの手法が，地方債の後年度負担を地方交付税で措置する方法である．通常の地方債は，3 年間据え置き 15 年返済といわれ，当初 3 年間は金利が発生せず，4 年目から金利を支払い 15 年目に償還するという形がとられる．この後年度に発生する元利償還金（公債費）の全部あるいは一部が，普通交付税の算定元となる基準財政需要額に算入される．1990年代の公共投資拡大期には，地方交付税で措置される公債費の範囲・割合が高められた[13]．

　地方債の拡大に不安を持ってきた地方自治体は，この地方債の将来負担が地方交付税によって軽減されると認識し，下水道・道路・公園等の整備が遅れていたインフラを，これを機に一気に進めようとした．しかし，地方債を一時期に集中して発行すれば，その返済も集中してやってくる．地方交付税で措置すると言っても，国全体の原資が増えているわけではない．その結果，2000年代に入り，公債費（元利償還金）が急増し財政ひっ迫に陥る地方自治体が増える要因となった．

5.6　財政投融資

　公共投資には，財政投融資制度からの財源も入ってくる．政策金融と呼ばれ

る財政投融資制度は，かつて社会保険料および郵便貯金・簡易保険で集められた資金を原資として，事業性のあるインフラ整備を行う公団や公社などに低利で融資され，社会還元されてきた．また国債・地方債・地方公営企業債の購入を引き受けるという形で，公共事業への資金供給を行ってきた．

しかし低利の融資をどこに配分するかという政策決定が第2の予算と呼ばれ，その額があまりに膨大となりすぎ，民間金融の圧迫と安易な資金提供が無駄な公共投資を増長すると問題になり，規模縮小と財政規律を持たせる改革が講じられた．

6. 公共投資改革と政策評価

インフラ整備と公共投資をめぐっては，多くの目的が入り込むこと，不透明な政策決定とそれに伴うレントシーキングや癒着の発生，その結果としての非効率な資源配分と不公平な利得の発生など，多くの問題が指摘されてきた．そしてその都度，行政改革や公共投資改革への取り組みが行われ，国・地方の財政再建が行われる際には，計画が見直され，予算が削減されてきた．その中で，1990年代後半から起きてきた政策評価の流れが，公共投資改革に寄与するとの期待が生まれた．特に公共投資の経済分析手法として理論的に発展・精緻化されてきた費用便益分析が，政策決定の現場で活用される可能性が試されてきた．以下，行政改革と**政策評価**の関係，費用便益分析の可能性と問題・課題について説明する．

6.1　NPMと政策評価

1990年代に入り，アメリカの地方政府やイギリス連邦諸国で起きてきたニューパブリックマネジメント（NPM）と呼ばれる一連の行財政改革の潮流は，1990年代後半に日本へも上陸し，政策分析に基づいた合理的かつ透明な政策決定手続きへの改革が唱えられた．NPM改革の基本的な特徴は，公的な領域に市場経済や民間経営の理念・手法を取り入れるものである．公共サービスの供給に市場メカニズムや市場化テストを活用し，住民を顧客ととらえ，何をしたかではなく何をなしえたかという結果（outcome）で政策を評価する．計画・実行・評価・見直しのPDCAサイクル上で毎年の業務の進行管理を行い，個々の事業の成功・失敗を評価・検証し，必要な見直しをかけ，ベスト・プラクテ

ィスを生み出していくというものである.

　NPM 改革の中心に政策評価制度が位置づけられ, 合理的根拠によらない政策決定や資源の使い方を阻止できると期待された. 評価結果を情報公開し, それに基づいた国民・住民を巻き込んだ政策論争を行うことができれば, そこにより成熟した民主主義社会を構築できるとの期待もあった.

　1990 年代には, 行政データの公開と利用可能性が高まったこともあり, 費用便益分析のより実践的な応用研究が開花した. 費用便益分析を行政の現場で活用する手法が開発され, 日本でも「政策評価推進法」(2001 年) が導入され, 道路や橋梁などのインフラ分野ごとに「費用対効果分析マニュアル」が用意され, それに基づいた政策決定手続きが制度化されてきた[14]. 政策評価制度は地方自治体レベルでも, 先行する県・市から全国へと徐々に普及していった.

6.2　公共投資の費用便益分析の限界・課題

　政策評価制度や公共事業の費用便益分析が実際の政策決定プロセスにおいてどのように活用され, 成果をあげてきたかは別途検証が必要である. 公共投資の政策決定や個所づけで裁量的権限を持ってきた官僚や政治家からすれば, 政策評価制度はある意味で邪魔な存在でしかないからである.

　費用便益分析は, あるインフラを整備するとした場合, その社会的便益 (B) と社会的費用 (C) を貨幣価値に換算して評価するものである. $B > C$ あるいは $B/C > \alpha$ であれば, その事業の実施は可といった形で政策決定の一助にしようというものである. しかし実際には, 発生する便益と費用のすべてを分析対象に含めることは困難であるし, 便益と費用を貨幣価値に換算するには一定の仮定を置かざるをえない. 換言すれば, 便益や費用をどこまで含めるか, どういう仮定を置くかという判断には恣意性や操作性が入り込む余地がある. 費用便益分析には限界があるという前提で, それをどう生かしていくかを考える必要がある.

　行政の政策決定プロセスには政策評価委員会の設置が一般的になった. しかし, 費用便益分析等の評価結果がそうした委員会で承認されたとなると, そのことが政策決定のアリバイづくりに使われる可能性もある. 官僚が自分たちの意図した結果を通すために政策評価の結果を使うならば, それは「お手盛り評価」であり政府の失敗である. 費用便益分析には限界もあるが, 政策的議論を行ううえでのメリットも多い. そうした長所短所を理解したうえで活用してい

くことが重要である.

7. 人口減少下でのインフラの維持・更新

7.1 人口減少下のインフラ整備計画

　日本は 2008 年をピークに人口減少時代に入ったが, 将来人口とインフラ整備は重大な関係にある. インフラ整備計画を立てるうえで最重要な前提が将来人口の想定である. 将来の計画時点での人口想定によって, インフラ整備の規模が決まってくる. 人口が増え経済が成長していた時代には, 将来人口を多少多めに設定し, インフラ規模を多めに設定しても, 成長が問題を覆い隠してくれた. インフラ整備計画は右肩上がりで策定され, 利用者需要や便益が増えていく計画が当たり前であった. そうした計画には政治目的や利己的動機を潜り込ませることも容易であった.

　しかし人口成長時代から, 過疎過密, 大都市集中, 東京一極集中など, 国全体では人口増であっても, 地域間の不均衡とともに人口減少問題の前兆はあった. 地方では 1990 年代から人口減少が深刻になり始め, インフラの維持が重荷になる一方で, 公共事業を誘致して夢を再びというジレンマに悩んできた. 人口減少と少子高齢化は, 学校施設, 社会教育施設, 地域公共交通等の維持・統合・改廃を地域社会に迫ってきた. 地域縮退をどう受け入れるのか, コンパクトシティをどう目指すのか, 地域の持続可能性をどう図るのか, 解決策は未だ模索中である.

　これからは全体規模を縮小させるインフラ整備計画を作っていかなければならない. 2000 年代に入ってようやく, 予算や公共事業の議論でも, 選択と集中, 優先順位といったことがいわれるようになったが, そこでは必ず反対論も出てくる. 資源は希少なものであり（限られたものであり）, 何かの使途に資源を費やすことは, 他の使途をあきらめなければならない機会費用が発生する. 当たり前のことであるが, これまで費用意識と政策決定が結びついていなかった. インフラ整備計画においても当然ながら, 人口減少を前提に計画の目的・目標を明確にし, 1 つ 1 つの事業の便益と費用を精査し, できることを絞った計画づくりをしていくことが, これからの公共選択の問題といえる.

7.2 老朽化インフラ対策

　冒頭に書いたように，トンネル天井板落下事故に始まり，近年，橋の落下，道路の陥没，水道管の破裂など，インフラ老朽化を原因とした事故が頻発するようになった．『国土交通白書』（2020年版，p. 141）によると，建設後50年以上を経過する施設の割合が，2033年時点において道路・橋で約63%，トンネルで約42%，水門等の河川管理施設で62%になるという．先に紹介したが，『国土交通白書』（2011年版）をはじめ，現在あるインフラを維持・更新する場合の費用推計額が多方面から発表されている．いずれも極めて多額の公共投資が必要になることを示しており，それらを総合して考えると，今後老朽化を迎える現存インフラをすべて更新することは財政的に困難であると理解できる．政府も2013年に「インフラ長寿命化基本計画」を策定したが，そこでは現存インフラを法定耐用年数よりも長く持たせる工夫をし，同時にその再編・改廃を進め，財政負担を現実可能なものにすることが意図されている．先述した人口減少社会に見合った街づくりとそれに必要なインフラ維持を図る計画づくりと政策決定が求められている．

8．おわりに：変化する課題と終わりなき改革

　本章では，インフラ整備と公共投資の問題が困難・複雑になっている原因を，第1に，複数の政策目的の達成手段として期待され，その中での葛藤が常にあること，第2に，政治（政治家）と行政（官僚）が政策決定から実施までのプロセスで利己的動機から資源配分を歪めようとすること，第3に，財源調達の仕組みが複雑なため，受益と負担の関係が不明瞭になり，政策決定に関わる主体にとって費用意識が働かない意思決定構造になっていること，以上の3つの観点から説明をしてきた．これらの結果として，インフラ整備と公共投資の資源配分に浪費（非効率性）という政府の失敗が発生しうる可能性を指摘してきた．

　また高度成長期から現在までの公共投資額の推移を振り返りながら，それぞれの時代背景を反映して公共投資の増減した時期があったことを見てきた．現在，人口が減少するなかでインフラ老朽化を迎えており，インフラを取り巻く状況が大きく変化していることも見てきた．それ以外にも，近年，インフラを取り巻く問題は多様化しており，本章で取り上げることができなかった問題・

課題もたくさんある．自然災害のリスクに対応した防災・減災インフラ，脱炭素・脱原発に向けたエネルギーインフラ，環境と共存したグリーンインフラ，スマートシティやデジタル革命に対応した情報通信インフラ，観光立国を目指すための交通インフラ・観光インフラ，福祉と交通を両立させる地域公共交通問題，等など．さらに，インフラの整備（供給）方法として，PPP（官民連携事業），その中でのPFI（民間資金等活用事業），コンセッション方式による維持管理など，民間の資金やノウハウを活用することで期待が持てる分野もある．新型コロナウイルス感染症によって，世の中の暮らし方や働き方が大きく変化し，インフラ整備のあり方も変化していく可能性がある．

　人口と財政の制約が厳しくなるなか，無駄なインフラ整備による資源の浪費を抑止する努力は引き続き必須である．本章では，公共投資改革として政策評価の取り組みを説明し，問題点にも言及した．行政改革や財政改革など多くの改革が行われてきたが，その改革自体が政府の失敗に陥る可能性は常にある．公共選択論は，改革が本当に改革につながっているのかを常に監視し，検証し，1つの改革が失敗すればまた次の改革へと訴え続けていくしかない．

■注

1）　公共財は，「非排除性」と「非競合性」の2つの性質によって分類される．非排除性は利用者から対価（料金）を徴収できないことを意味し，市場（民間企業）では供給できなくなるため，政府が公費で供給する条件となる．非競合性は複数の利用者で同時に利用できることを意味し，この程度が大きいほど多人数での共同利用が可能になる．この2つの性質を完全に備えた財が純粋公共財と定義されるが，現実の公共財の多くは2つの性質をある程度備えた準公共財である．インフラの場合，非競合性によって一定規模の多人数で利用可能であり，料金徴収についてはそれが困難な場合と公共施設等で料金徴収が可能な場合もある．その場合には民間企業による供給可能性も出てくる．アメリカでは民間企業が有料で道路を整備し，サービスを提供している事例もある．

2）　社会資本整備重点計画として統合されたとはいえ，各分野のインフラ計画は従来どおり縦割りの局ごとに策定されており，その点では変わっていないという言い方もできる．

3）　2008年度に中期計画が改訂された際，国土交通省は，計画期間をそれまでの5年間から10年間に延長した．特に道路に関しては，総事業量68兆円という数字を当初提案した．2000年代の前半，公共投資は行政改革の中で削減傾

向にあったため，官僚と当時の政権与党は 10 年間というより長い期間で公共
投資の総量を確保しようとしたといえる．しかし国会でこの金額の根拠とされ
た交通需要予測が古い過大なデータを根拠にしていたことや道路財源の無駄使
いが指弾され，結局は 59 兆円へと下方修正を見たことがあった．当時は，自
民党・公明党連立政権下で，参議院で民主党が多数派を占めるという「ねじれ
国会」の状態にあり，注 12 でも触れるが，この時の国会は道路特定財源の暫
定税率の期間延長をするか失効させるかをめぐっても与野党間で激しい議論が
交わされ，「ガソリン国会」と呼ばれた．

4）　社会資本ストックのデータは，内閣府が 5 年ごとに 18 の分野に分類して推
　計し，公表している．まず毎年の公共投資額（名目値と実質値）が新設改良費
　と災害復旧費に分けて示され，その後，分野ごとにストックとしてどれだけ蓄
　積価値があるか，粗ストック，純ストック，生産的ストックの 3 種類のデータ
　として推計されている．最新データは 2017 年に公表された 2014 年（度）まで
　の数字であり，ここでは名目の公共投資額（新設改良費と災害復旧費の計）で
　1955 〜 2014 年のグラフを，その後の 2015 〜 2019 年については国民経済計算
　の一般政府「総固定資本形成」をつないで全体のグラフを作成している．また
　公共投資という場合，通常，用地費と補償費も含めて考えるが，国民経済計算
　の一般政府および公的「総固定資本形成」の定義では，それが除外されている．
　時代にもよるが，用地費や補償費が分野によっては多額になることもある点に
　留意されたい（全体平均で 15％強を占めた年もある）．

5）　内閣府『日本の社会資本 2017』では，各年の投資額の累計から年数経過に
　よる除却額を控除した値を粗資本ストック，粗資本ストックから減価額（物理
　的減耗，陳腐化等による価値の減少）を控除した値を純資本ストック，粗資本
　ストックから効率性（サービスを生み出す能力量）の低下を控除した値を生産
　的資本ストックとして推計している．

6）　バリアフリー化に関しては，1994 年に「高齢者，身体障害者等が円滑に利
　用できる特定建築物の建築の促進に関する法律（ハートビル法）」が制定され，
　その後，「交通バリアフリー法（2000 年）」，両者を統合した「バリアフリー法
　（2006 年）」へと拡充・改正されてきた．

7）　橋本内閣の財政構造改革は 1998 年のアジア金融危機に伴う不況によって，
　2 年で休止となり，次なる財政再建・構造改革は 2001 年の小泉政権まで待つ
　ことになった．

8）「ポークバレル・ポリティクス」は利益誘導型の政治を指して使われ，ポー
　クバレルは特定の地域や選挙区のみに利益をもたらす公共事業や補助金のこと
　を指す．本来の意味は，塩漬けした豚肉保存用の樽のことで，アメリカの南北

戦争時代に南部の農場で樽に入れた豚肉を奴隷に与えたことに語源があるという.

9）「公共工事入札契約適正化法（公共工事の入札及び契約の適正化の促進に関する法律）」は 2000 年に施行された.

10）　猪瀬（2001）は，かつての日本道路公団が，その傘下に従えたファミリー企業において，膨大な利益を上げている実態を明らかにした.日本道路公団は高速道路の SA・PA を管理する占用権を持った道路施設協会という財団を作り，その協会がさらにその傘下に 66 の株式会社を従え，そこが民間のレストラン会社などに営業料を払わせながら個々の SA や PA を経営していた.その際に，（財）道路施設協会は，法律上，株式会社を作れないため，厚生会という職員の互助会が株主となる会社を作り，そこで膨大な黒字を上げる構造を作り上げていた.その後，日本道路公団など高速道路関係の公団は民営化され，SA・PA の運営も規制緩和され，より広く市場競争の中で運営されるようになった.

11）　特別会計の改革は，小泉政権の時代，2005 年の「行政改革の重要方針」（閣議決定），2006 年の「行政改革推進法」によって改革の道筋が定められ，2007 年の「特別会計に関する法律」によって当時 31 あった特別会計が 17 に削減された.

12）　2006 年以降の道路特定財源の一般財源化の議論，特に衆参ねじれ国会のもとでの議論を経て（ガソリン国会と呼ばれた），「道路整備事業財政特別措置法」が改正され，名目上，道路特定財源制度は廃止され，財源は 2009 年度から一般財源化された.

13）　地方交付税（普通交付税）は，各自治体について算定された基準財政需要額と基準財政収入額の差額によって配分額が決まる.標準的な公共サービスを供給するうえで必要な財源として計算される基準財政需要額の中に，公債費の一部をそのまま算入するというものである（事業費補正と呼ばれる）.

14）　1990 年代後半から公共事業改革に関連した法・制度の導入や予算の見直し・削減が行われてきた.1999 年度から事業評価制度が導入され，2000 年代に入って公共事業予算は減額され，2000 年代初めは対前年度 3％削減が継続された.「政策評価法」は正式名「行政機関が行う政策の評価に関する法律」で，2002 年度から施行された.公共事業の費用便益分析を中心とした省庁の計算マニュアルは「費用対効果分析マニュアル」と呼ばれる.

■ 参考文献
五十嵐敬喜・小川明雄（2008），『道路をどうするか』岩波新書.

猪瀬直樹（2001），『構造改革とはなにか　新篇日本国の研究』小学館.

国土交通省編『国土交通白書』（2011，平成23年版）（2020，令和2年版）日経
　　印刷.

『公共事業と予算（平成20年度版）』大成出版社.

長峯純一（2002），「公共事業改革へ向けた道路特定財源の見直し」『るびゅ・さ
　　あんとる』（東京自治研究センター）No. 2, pp. 8-14.

長峯純一（2014），『費用対効果』ミネルヴァ書房.

長峯純一（2015），「水道インフラの更新投資と水道事業の持続可能性」『フィナ
　　ンシャル・レビュー』（財務総合政策研究所），通巻第124号, pp. 141-161.

長峯純一・片山泰輔（編著）（2001），『公共投資と道路政策』勁草書房.

長峯純一・松浦元哉（2006），「地方財政の逼迫と地方債拡大の構図—三重県の財
　　政データによる検証—」『会計検査研究』第34号, 9月号, pp. 151-167.

内閣府政策統括官（編）『日本の社会資本2017』国立印刷所.

根本祐二（2011），『朽ちるインフラ：忍び寄るもうひとつの危機』日本経済新聞
　　出版社.

第3章　地方財政に見る公共選択

1．地方財政を取り巻く環境

　国は，国民の生活をより豊かなものとするために，国民の自由や権利を制限し，一国全体を統治している．国民の自由や権利に対する制限の1つの様態として，個人が稼得した所得の一部を納税させるといった形があり，この税収を用いることで，人々が必要とする財を提供し，また諸制度を整備し，国民の自由や安全を保障することが可能になる．

　たとえフォーマルな税の制度が確立されておらず，公式的な税収といったものがなくとも，わが国の明治期の小学校のように，必要性は高いが一人では整備し難いものを集団（コミュニティ）で整備するとき，皆が労務を提供しあうだけではなく，私財を拠出しあって財源を確保するようなこともあったであろう．このように公（おおやけ）の目的のために財源を調達するのが「Public finance」である．

　現代の人々が公（こう）に期待する役割は社会資本の整備にとどまらず，経済的な弱者へ再分配を行うことや，さまざまな社会保険（年金，介護，健康）を提供することなどにまで拡張されており，これらの経費をも賄うための財源が必要になっている．こうした現代の財政（Public finance）の姿は，自発的に私財を拠出するというよりは，義務的あるいは強制的に税を徴収されていると表現するのが妥当なように思われるが，冒頭で述べたように，その財源が私たちの自由や安全を保障することなどのために必要なのである．

　本章が主として取り扱うのは，財政の全般について考究する財政学の一分野としての地方財政である．「地方」という言葉は，日常的には，都市（Urban area）に対する田舎（Rural area）を意味する言葉として用いられるが，財政学の一領域として地方を論じるときには，中央（Central）あるいは国（National）に対するところの，特定地域（Local）という意味で用いられる．それゆえ，地方財政（Local public finance）とは，ある特定地域における公的財政のことを

指している.

わが国では,「地方」を二層に区分しており,その一方が広域自治体と呼ばれる都道府県であり,他方が基礎的自治体と呼ばれる市町村と東京都特別区である[1]. 地方自治法では,都道府県や市町村区のことを「地方公共団体」と呼んで普通地方公共団体と特別地方公共団体とに区分し,前者に都道府県と市町村を含み,後者に東京都特別 23 区を含んでいる. こうした地方自治法での表記とは異なり,研究書などでは,都道府県や市町村区のことを「地方自治体」あるいは「地方政府」と呼ぶことも多く,本章でも地方自治体という用語をもっぱら用いるが,文脈に応じて使い分けている. また,本章で「地方」あるいは「自治体」というとき,都道府県と市町村区とを合わせた概念で使うこともあるが,市町村区のみ,あるいは都道府県をのみを指していることもある.

歳入面からわが国(中央政府)の財政を見ると,主として国税と国債とによって必要な財源が調達されている. そのほかに,官業や国有財産からの収入,手数料収入,懲罰及没収金などもあるが相対的には小さい. 地方財政の場合には,地方税と地方債に加えて,国から移転される財源も大きな割合を占める. 税と借金だけでなく,国からの税源移転が存在していることが地方財政の特徴となるのだが,その割合が低い自治体ほど,国への財政的依存度が低い(財政的に自立している)とみなせそうである. 2020 年の『市町村別決算状況調』によれば,1,718 ある市町村のうち国などからの移転財源が歳入の半分を越えている団体が 779 も存在していることからすれば,わが国の地方財政を考えるうえでは,財政依存度の高さ,すなわち国と地方自治体との結びつきの強さを考えずにはいられない[2].

1.1 本章の特徴

地方財政は,多くの経済系学部で提供されている科目の 1 つであるが,財政学のように末尾に「学」がつけられて「地方財政学」という科目名であることは稀であり[3],普通は「地方財政論」という科目名が使われている. 地方財政論の講義では,地方財政制度の歴史的変遷,国と地方自治体との行財政関係(わが国の統治構造),地方税制,そしてミクロ経済学などを用いた理論分析などを取り上げていることが多いであろう. もう少し細分化されたキーワードとしては,道州制,市町村合併,地方分権,地方創生,広域行政,限界集落,ふるさと納税,PFI(Private Finance Initiative)など,マスメディアを賑わして

きたものも含まれており，多くの読者が興味を持ちやすい研究分野であるように思われる．

　ただ，地方財政論のように「○○論」と名づけられた科目は，学問体系が未整備な若い分野であることが多く，定型の概念や理論が十分に整っていないように思う．そのため，個々の講義担当者が取り上げる講義内容には共通点が乏しく，また，たとえ取り上げられた内容が同じであっても，その評価や解釈にはバラツキがある．それゆえ，本章で取り上げるテーマも，多岐にわたるものの中から恣意的に選び出されたものに過ぎないし，各テーマに対する主観的見解についてもそれを「正解」であるとは断じえない．なお，本章では，地方財政白書などで容易に学びうる情報を取り上げておらず，その意味で想定する読者は学部上級生である．必要に応じて他の書籍や資料も参照して欲しい[4]．

　本章を読み進めるうえで，肝となる4つの点をあらかじめ強調しておきたい．1つ目．中央集権的国家であるわが国の場合，2000年以降に地方分権が進んだとはいえ，個々の地方自治体は，財政的・行政的な意味で国との間に非常に強い垂直的な関係を有している．それに比べ，地方自治体間の水平的な関係は相対的には弱い．隣接する2つの地方自治体が相互に協力して行政サービスを提供する場面よりも，国からの垂直的な財政移転（補助金）を使って，その統制を受けつつ行政サービスを提供するような場面の方が多いのである．したがって，都道府県あるいは市町村を跨ぐような取り組みを本質的には得意ではないのだが，後述するように，近年ではそうした取り組みも増えつつある．

　2つ目．地方分権が進んだとはいえ，わが国の地方自治体の大半は，自らの役割を果たすために必要となる財源を自らの税収だけで賄うことができず，国からの財政移転によって収支を均衡させている．これは，わが国の地方自治体が国の被造物としてその庇護下にあることの証左でもあり，倒産あるいは破綻といった事態が生じる恐れがないことも意味している．このセーフティー・ネットに地方自治体が甘えてしまい，行財政運営の節度を損ねてしまうこと（浪費的あるいは不健全な所業）がないよう，国は「地方公共団体の財政の健全化に関する法律」（健全化法）を2008年に施行し，各団体の財政状況を改善してきている．わが国の地方財政の節度は，地方選挙，地方議会，市場（例えば地方債市場）などによって律せられているわけではなく，国による監視によって保たれているようにも見える．

　3つ目．個々の地方自治体の活動は，意図しない形で水平的に影響を及ぼし

あう側面がある．例えば，都市的地域 A（島根県出雲市）が実施した独自の
取り組みが功を奏し，人口が転入超過になったとしよう．わが国のように人口
が減少している社会においては，人口の自然増は期待しにくいので，社会増に
よって地域を維持・活性化することになるのである．ここでの人口の社会増は，
隣接する都市的地域 B（島根県松江市）からの転入によってもたされたという
よりも，隣接する山間地域 C（島根県雲南市）からの転入によるものと考える
方が自然であろう．そうであれば，都市的地域 A における地域活性化のため
の取り組みは，山間地域 C での過疎化を早めてしまう．地方分権が進んだこ
とで個々の地方自治体の裁量は高まっており，自治体間の意図せざる相互干渉
あるいは競争関係はいっそう緊張度を増していよう．

　4 つ目．わが国の財政が極めて厳しい現状にあることを強く意識しなければ
ならない．財政を圧迫する主たる要因は社会保障費の急増にあるのだが，地方
財政の文脈からすると社会資本（インフラ）の整備に関する費用の増加にも配
意せねばならない．高度経済成長期に実施された公共投資がいま更新時期を迎
えており，その維持費の確保が必要になっている．さらには，地震や台風など
自然災害への備えとして，より堅固な公共投資が追加的に求められてもいる．
次の世代へ向けて，わが国のインフラをどのように整備・維持していくのかは，
国だけではなく，地方自治体でも考えなくてはならない．例えば，国土交通省
が 2021 年 3 月にまとめた『海・船の視点から見た港湾強靱化　とりまとめ
Ver. 1』では，インフラへの新規投資が難しいなかでの津波対策として，船舶
の沖合退避の迅速化に注目し，平時から舳先を海へ向けて係留すること（出船
係留）を提案している．出船係留を採用しにくい実務的理由もあるそうだが，
公共投資にはよらずに災害対策を進めるために何ができるのかを考えようとす
る姿勢は，あらゆる施策で求められているものであろう．国土強靱化といった
名のもとに過疎化の進む地域に巨大な堤防を作るようなことをすれば，真にサ
ポートを必要としている世帯への支出すら縮減せざるをえないか，さもなくば，
将来世代が背負う借金を増やさざるをえないことになる．

2. 財政から見る地方自治体の働きと非効率性

　平年度であれば，国（中央政府）の一般会計予算は約 100 兆円である．これ
に対して，地方財政の予算規模を地方財政計画で計れば，その大きさは約 90

兆円（中央政府との重複を含む）であり，おおよそ同規模である．ただし，地方財政は，47 都道府県と 1,700 を超える市町村による支出の総体であって，これが個々の団体の予算へと細分化されてしまうと，数が多くなり，かつ金額が小さくなるため，国民の関心を惹きつけにくくなる．個々の地方自治体の財政情報は，よほど目立つ課題（財政悪化，自然災害の被災，米軍基地や核関連施設などの存在）を抱える団体でない限り，マスコミなどで取り上げられることはない．また，地方自治体が提供する行政サービスの経費には，国からの補助金などが含まれていることが多く，複雑でわかりにくいともいえる．例えば，市町村立小中学校であれば，人件費は国と都道府県，そのほか施設費などは市町村というおおまかな費用分担はあるが，施設整備のための経費負担を市町村の自前の税収だけで補っているわけでもない．もし，個々の団体の財政情報を詳細に知ろうとすれば，地方自治体のウエブサイトにアクセスするか，各庁舎にある情報公開室などへ足を運び，公開されている資料や情報を閲覧し，丁寧に精査することになろうが，そうした能動的な住民が多いとは考えにくい[5]．かくいう筆者は，生まれ故郷でもある東京都東大和市に住んでいるが，その財政情報をほとんど何も知らない．

　地方自治体の財政情報が入手し難く，複雑で難解なのとは対照的に，地方自治体が提供するサービスの良否は肌で感じ取ることができる．とりわけ身近な存在である市町村の場合，住民票の発行，ゴミ収集，市町村道の街路樹の伐採，図書館や体育施設の整備・管理など，日常的に目にする事柄が多く，これらに不満や疑問があれば，役場へ電話することも難儀ではない．こうしたことから，よくわからないお金の流れを棚上げしたまま，サービスの改善のみを安直に求める有権者の声が役所へ届けられてしまう．財政負担に配慮しない有権者の声を政治家が誠実に受け止めてしまえば，地方自治体の意思決定が財政負担への配慮を欠いたものとなるのは当然かもしれない．

　ここで，2 つ前のパラグラフで使用した「国からの補助金」という用語について言及しておきたい．国は地方自治体が実施する特定施策（教育，衛生，インフラ整備など）を財政的に支援するために，委託金，負担金，補助金，交付金などの形で地方自治体へ財源を移転しており，これらをまとめて支出金（国庫支出金）と呼称している．それゆえ，先の前後の文脈からすれば，国からの補助金ではなく国からの支出金と表記するのが適当かもしれない．しかしながら，後述する**「地方交付税交付金」**と区別するために，特定施策を財政的に支

援するために国などから地方自治体へ支出される財源を指す言葉として補助金という日常用語をここでは用いている[6].

2.1　地方交付税制度

　わが国では，地方自治体が自前の地方税収だけで標準的な公共サービスを提供するだけの財源を確保できるようには制度設計されておらず，国が集めた国税を地方自治体へ移転することで必要となる財源を保障している．その基幹となるのが地方交付税交付金（以下，交付税，地方交付税）である．地方交付税の制度は，1950（昭和25）年に導入された地方財政平衡交付金制度を引き継ぐ形で1954年に制定されたもので，半世紀の間に少しずつ形を変えてきてはいるが，地方自治体の財政を基幹的に支える役割は現在でも失っていない．

　地方交付税は，地方政府の財源不足を補うために交付される「普通地方交付税」と，災害などの特別の事由を考慮して交付される「特別地方交付税」から構成されており，地方交付税総額のうち前者が94%，後者が6%のシェアとなっている．特別地方交付税は，大火，地震，津波，鳥インフルエンザの流行などによる被害など，特殊な要因で財政支出が増大した自治体に偏重して配分されるため，体系的な傾向を摑みにくい一面がある．そこで以下では，特に断らない限り，地方交付税とは普通地方交付税を指すものとする．

　各地方自治体が受け取る地方交付税の額は，各自治体が標準的な行政サービスを提供するために必要となる財源の推定額を意味する「**基準財政需要額**」と，自前で稼ぐことができる財源の推定額を意味する「**基準財政収入額**」との差分を埋め合わせるように交付される（図3-1を参照）．基準財政需要額は，行政経費の必要額であるが，個々の経費は，測定単位×単位費用×補正係数によって算出される．例えば，小学校の費用における測定単位とは児童数，教員数，学校数などで，それぞれの項目について1単位当たりの価格に相当する単位費用が定められており，両者を掛け合わせた「個数×価格」によって経費が求まるという寸法である．さらに，ここへ掛け合わせることになる補正係数とは，寒冷地であることや，廃校による学校数の急激な減少など，地域ごとの自然的・社会的事情を加味して価格を調整するためのものである．こうして計算された基準財政需要額の合計額を全体として見れば，標準的な行政サービスを提供するために必要な金額をおおよそ示すものになっていると解釈できよう[7].

　基準財政収入額は，標準的な地方税収の額の75%を主たるものとして，こ

図 3-1　地方交付税の構造

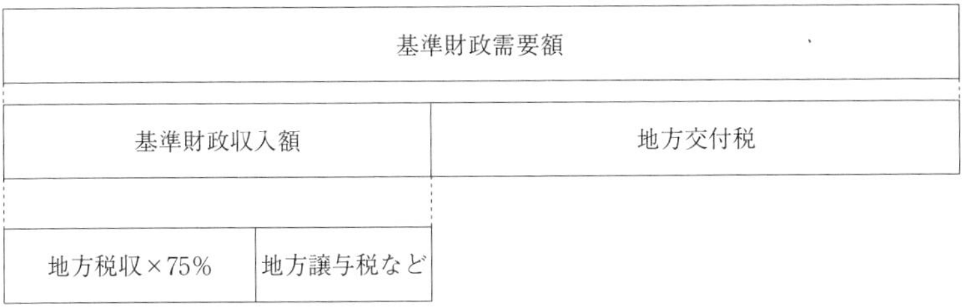

基準財政需要額		
基準財政収入額	地方交付税	
地方税収×75%	地方譲与税など	

こへ地方譲与税額などを加えた額である[8]．ここで，75％とされている値は
「基準税率」，残りの 25％は「留保財源率」と呼ばれている．地方税収を 100
とすれば，75 が基準財政収入額としてカウントされ図 3-1 に入ってくる．残
りの 25 は図 3-1 に含まれず，地方自治体のフトコロへ入り自前の財源となる．
基準税率が 75％とされ，フトコロに自前の財源を残すよう仕組まれているのは，
個々の自治体には，総務省が把握しきれなかった特殊事情もあろうから，それ
らへの支出を可能にするための財源を地方自治体に留保することが必要である
と考えられたことによるものとされている（『地方財政』2005 年 4 月号，p. 27 に
ある立田清士氏の発言より）[9]．

　図 3-1 の仕組みから推察されるように，地方税収ないし地方譲与税が少ない
自治体でも，地方交付税が措置されることで基準財政需要額と基準財政収入額
の帳尻が合うようになっていることから，標準的な行政サービスを提供するた
めの財源が不足するというような事態は発生しない．それゆえ，苦労して自前
の税収を涵養するような意欲が生じにくいという問題がある．地方交付税がも
たらすこの非効率性（「**モラルハザード**」）を指摘したのは，田近・油井・佐藤
（2001a，2001b）であった[10]．

2.2　財政錯覚

　先述した補助金と地方交付税は，国が集めた共有財源を分かち合うという構
造となっており，これが内在する不可避の問題も発生する．これを説明するに
は，20 人の仲間で「飲み会」を開催する例を考えればよいであろう．いま，
飲み会の参加費は一人 2,000 円なのであるが，別費用で追加注文をすることも
可能で，その費用については，総費用を人数で除した金額をワリカンで追加徴収

することにする．さて，実際に飲み会が始まると，自分の好きな海ぶどうを追加注文するような人が出始める．仮にそれが400円の品であれば，追加注文したときの個人的費用は，20人でのワリカンなので僅か20円（＝400円/20人）でしかなく，気軽にオーダーできる．飲み会に参加した20人が，同様の気持ちから追加注文を非常に安価であると錯覚して注文を続ければ，個々人の注文量は通常よりも多くなり，結果として支払わされる金額は想像以上に大きくなってしまうであろう．こうした勘違いは「**財政錯覚**」と呼ばれ，費用をワリカンにするという共有財源（**コモンプール**）の構図によって引き起こされる．これをわが国の地方自治体にあてはめれば，国から補助金がもらえることに気をよくし，費用負担に無頓着なまま道路，港湾，空港，公共施設などを整備している姿が容易に想起されよう．47の都道府県，1,700を超える市町村は，すでにして財政錯覚に陥っており，わが国の財政規模を無造作に膨張させているのである．財政錯覚による社会的弊害を縮小する理論的な手段としては，その発生源となる共有財源を小さくする（地方自治体の財政的自立度を上げる）か，共有財源に群がる者の数を減らす（地方自治体を統合する）ことが考えられる．

2.3　分権化定理

国から地方自治体への財政移転は，モラルハザードや財政錯覚などの非効率性を内在させていた．さらに加えて，中央集権的に地方行財政を統一的にマネジメントすることに伴う非効率性も指摘されている．その1つがオーツ（Oates, 1972）による「**分権化定理**」である．

視点を国から地方へと下ろすと，地域ごとに住民の選好が異なっていることに気づかされる．ところが，国という主体（特に単一国家である日本の場合）は，国民を等しく扱うという立場から，統一的な水準で財を供給しようとする傾向があるため，ある地域住民にとっては過剰であって，他の地域住民にとっては過小であるといった事態（厚生ロス）を生じさせてしまう．本来であれば，地域住民に最も近い存在としての地方自治体が，地域住民の選好を上手に吸い上げ，地域住民の選好を反映するよう適切に調整することが望ましい（厚生ロスが生じない）．これが分権化定理である．

モラルハザードと財政錯覚による非効率性は，国からの財政移転（共有財源）を減らすことによって減じることができ，分権化定理が示唆する非効率性は，地方自治体が自らの判断で支出額を調整できるようにすれば減じることが

できる．これらから，地方自治体を財政的に自立させること，地方分権を進めることは，効率性を高めるものと期待されることになる．

2.4　創造的抵抗体

　国と地方自治体は，相互に補完しあい，また協力しあって行政サービスを提供する一面もあるが，対立的な緊張関係を孕むこともある．国が国家的な見地から必要であると考えて実施した事業のうち，例えば，成田空港をめぐる闘争や普天間基地移設問題，あるいは原子力施設の立地問題などにおいては，ともすると地域住民の人権が蹂躙されてしまうおそれが生じる[11]．国家権力が「国民」のために「住民」の権利を侵害するとき，地方自治体には，ある種の「抵抗体」としての機能が期待されることになる．山下・小林（1991）の言葉を借りれば，国家権力を三権分立（水平的分立）によって牽制するのと同様に，地方分権（垂直的分立）によっても牽制するのである．こうした権力分立と相互牽制の必要性は，モンテスキュー（Charles de Montesquieu）が論じるところでもあり，伝統的な考え方の 1 つとして認識してよかろう[12]．

　さらに，地方自治体には「創造的」な役割も期待される．例えば，家計が負担した乳幼児の医療費を助成する制度は，岩手県沢内村で実施されていた制度が全国へ普及したものとされている[13]．人々の生活を支える重要な施策の必要性について身近な基礎的自治体が気づき，それを実際に支援し始めたことが功を奏し，それを見て国が全国的な制度として整備するところにまで至るというのは，実に創造的な地方自治体のありようだと思われる．その意味では，2002 年より設けられた「構造改革特区」という仕組みは，地方自治体の創造力を活かすための貴重な入り口になるものと期待される．また，地方自治体には固有の文化のようなものがあり，これを守り育み，あるいは創造していくためには，独立した一個の意思決定主体として地方自治体を維持すること，すなわち地方自治を保全していくことが必要であるとの意見もありえる[14]．

　こうした創造的抵抗体としての地方自治体の役割に期待するとしても，47 もの都道府県に分かれ，1,700 を超える市町村に分割されていることを漫然と受け入れるべきではない．交通手段の充実（道路，トンネル，鉄道，空港，港湾の整備，自動車の普及など）によって私たちの活動範囲は時代とともに広がっており，狭い行政区画を設けていることの必然性は低下している．その一方で，個々の市町村（あるいは都道府県）が別々に議会を有し，他団体との連携

を考えないまま，利用者の少ない図書館や公民館などを「わが町」に整備することの財政的負担は小さくない．市町村合併，道州制，大阪都構想などの推進派は，こうした非効率性の改善を重視しているのであろう．

3．地方分権改革とその後

　わが国では，人口減少や経済成長の鈍化など複合的な理由によって税収が伸び悩んでいる．その一方で，高齢化による社会保障費の上昇傾向はすでに構造化した観があるし，自然災害やコロナ禍による支出増も加わるなど，歳入に見合わない歳出が続いている．わが国の財政赤字は，とうに危険水域を越えているとの危機的意識が中央政府にはある．こうした情勢を捉まえるために，朝日新聞の記事検索システムを使って，朝日新聞および朝日新聞デジタルに記載された「財政赤字」という言葉の出現頻度を年ごと（1 月 1 日〜 12 月 31 日の間）に集計したものが図 3-2 の棒グラフである．

　そこでは，財政赤字への国民の関心は，2000 年代中期まで上昇を続けてきた後，低下基調に転じていることが示されている．「慣れ」というものの怖さを考えなければならないが，ここで注目するのは，1990 年代初頭から 2000 年代中期にかけて，「財政赤字」の登場頻度が 2 倍ほどになっている点である．この時期，財政赤字への関心が高まっていくなかで，地方自治体へも厳しい目が注がれていた．地方自治体は，補助金あるいは地方交付税といった国からの財政移転に頼りすぎてモラルハザードに陥っている（自ら進んで地域活性をしたり，地方税収を増やそうとはしない）との批判がなされ，特に恣意的に配分される色彩の濃い補助金を求めて霞ヶ関や永田町への陳情を繰り返す地方自治体の姿が「レントシーキング社会」を具現しているとみなされていた[15]．すでに死語となりつつあるが，「官官接待」と呼ばれたものが取り沙汰されていた時期でもあった．中央政府としては，こうした批判に対処することも重要であったろうが，財政赤字を増やさないよう行政改革を進めていた流れのなかで，地方自治体にも効率化を促し，中央政府の財政負担を軽くしたいと考えるようになった．地方自治体に責任を負わせる（自立を迫る）ことで効率化を促そうとすれば，責任に見合うだけの権限を地方自治体へ与えなければならない．ただし，斉藤（2010）が描き出したように，中央政府の政治家と官僚にとって地方自治体を支援する権限（例えば，補助金の配分）は，自らの政治力を誇示す

図3-2　新聞紙上における「財政赤字」への関心度の高さ

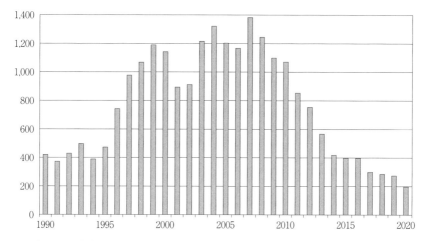

出典：朝日新聞記事検索システムを使用して筆者作成.

る重要な手段であったはずである．地方への権限移譲によって中央政府の政治家や官僚の出番，仕事，役割が減ってしまうようでは，彼らにとって必ずしも得な話ではない．では，なぜ地方自治体への権限移譲は許容されたのであろうか．

　この点を理解する一助となるのが，コングルトン（2015）による研究である．そこで展開されている立憲的政治経済学の視点からすれば，権限あるいは裁量権を有する者は，危機的状況に陥ったときに，危機を回避する方策として，自らの権限を自発的に他者へ譲るという選択を行うことがあるというのである[16]．当該書から1つの例をひくと，中世フランスの王は，膨張する戦費負担を強いられることに業を煮やしていた貴族たちとの交渉材料として，彼らに政治へ参与する権利を認め，これが三部会になっていったと論じられている．してみると，わが国において，痛みを伴う財政改革を地方自治体に迫るための交渉材料として，地方自治体へ権限の一部を移譲したのだと見れば，コングルトンが示唆する筋書きのとおりであるようにも見える．

3.1　三位一体の改革

　2002年から2007年の間に小泉首相のもとで行われた制度改革の1つが，地

方分権に関する「三位一体の改革」である．そこでは，①地方交付税の簡素化・効率化と総額抑制，②国庫支出金の縮減と一般財源化，③約3兆円の税源移譲，という3つの視点から改革が進められた．三位一体の改革は，その主目的が地方自治体の効率化であるため，それぞれの改革の内容を見れば，成功者へのアメを大きくし，怠惰な者へのムチを強めることで，地方自治体の行政効率を改善することが目指されている．

　まず，国庫支出金の改革は，税源移譲との見合いで実施されたといえる．国は，公共サービスを提供する地方自治体に対して，いわばその委託の費用として財源（国庫支出金）を配分してきた．これを4兆円削減する代わりに，3兆円に相当する税額（所得へ課税する権利）を地方自治体へ移譲し，自らの判断で使途を選択できる地方税収を量的に増やした．ここでの金額の差引を見ると，地方自治体にとって1兆円ほどのマイナスになっているが，これを身近な例で考えれば，4万円分の図書券（制約付き財源）を3万円分の現金（制約のない財源）へと差し換えるようなものであり，後者（白紙委任選好）を魅力的に感じる人も少なくなかろうから，こうした取引が成立するのは奇異ではない．また，0.8兆円相当の補助金を相対的に地方自治体の裁量の大きい交付金のスタイルに切り替えてもいる[17]．

　地方自治体が財源を自由に使うことができるようになれば，地域住民の情報を的確に把握し，より適切な形で公共サービスを提供することができるようになると期待される（分権化定理）．しかしながら，税源移譲の仕組みを丁寧に見ると，いわゆる小規模な農山村では，税源（所得へ課税する権利）を移譲されても，高額所得者が多いわけでもないし，課税対象所得の補足率の低い第一次産業に就業する世帯の割合が高いなどの理由から税収増には結びつきにくかった．その一方で，国庫支出金の削減は襲いかかってくる．その結果，小規模農山村では，税源移譲によるプラス分と国庫支出金の削減によるマイナス分とが釣り合わないことになりがちであった．

　つぎに，地方交付税に関する改革を金額の面から見ると，2003年に23.9兆円であったものが，2004年度には21.1兆円へと急減している．交付税の財源を縮小させる改革は，地方交付税への依存度が高い市町村ほどその影響が強くなる構造になっている．話を単純化させて，歳入総額が100であるような団体を念頭に，地方交付税が10%縮減されると想定してみよう．このとき，歳入総額の2割が地方交付税であるような団体では，地方交付税の大きさが20と

なるわけだが，地方交付税の10％の削減は，交付税額が2減少することを意味し，それは歳入全体の2％を失うことに相当する．その一方で，歳入総額の9割を地方交付税が占めていると，地方交付税の大きさは90なので，これが10％削減されると交付税額が9減少することになる．これは，歳入総額100に対して，その9％を失うことを意味する．こうした構造からして，地方交付税が歳入に占める割合が高い自治体ほど，すなわち財政的な自立度が低い団体ほど，地方交付税が削減されることの痛みが大きかったはずである．こうした団体に該当するのも，もっぱら小規模農山村であったろう．

　こうした農山村に居住する人々の生活へ目を向ければ，公共事業の縮小による地域経済（建設業の受注）の落ち込み，行政サービスの有料化や手数料の上昇，さらに，お祭りなどの地域活動に対する補助金の削減なども生じていたはずである．この時期に市町村合併が急増したのは，こうした危難に後押しされた団体が，短期的な財政的メリットを求めた末の結果だったともいえる．

3.2　権限移譲の濃淡

　財政的な改革と行政的な改革は車の両輪である．三位一体の改革の良いところだけを取り出せば，地方自治体の独自財源が拡充されていることになるが，それでも，行政的な裁量が与えられていなければ自由な活動はできない．そこで，三位一体の改革と並行して用意されたものが「地方分権の推進を図るための関係法律の整備等に関する法律」（**地方分権一括法**）である．そこでは，例えば，法律の範囲内で条令を制定する権利（憲法94条，地方自治法14条）を有する地方自治体であっても，その効力が及ばないとされていた機関委任事務が廃止され，この効力が及ぶと解釈されている法定受託事務と自治事務とに衣替えされたことにより，法律の主旨に反しない範囲で条令を設けて，自分たちにより適した形で行政活動を行えるようになったとされている．また，義務教育費国庫負担金については，総額裁量制と呼ばれる仕組みが導入され，自治体ごとの実状に合わせて財源の使い方を調整できるようにもなった．これらは地方自治体の行政的裁量が拡充されてきた証左といえる．

　ただし，こうした行政的裁量の拡充は人口規模が大きい団体に偏重していた側面がある．政令市，中核市，特例市（現在は中核市の制度と統合）などは，県が有する権限を部分的に移譲されたため，一般市よりも幅広く行政的な権限を得ることができた．これら3つの団体の合計数が100に及んでいる現状を鑑

図 3-2　人口の偏在

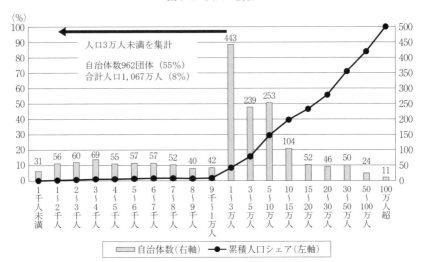

みると，地方分権の果実を享受した大都市はもはや例外的な存在ではない．大都市の定義を少し広げて人口 20 万以上の市町村区と定義し直すと，該当する団体数は 131 団体（7.5% = 131/1741）にも及ぶ．しかも，それらの団体に居住する人口の合計は 6,778 万人で全人口の 55% を占めている．いわゆる大都市の居住者が過半数を超えているのがわが国の現実の姿である．

　図 3-2 は，2020 年 1 月時点の住民基本台帳人口を使って市町村区（1,741 団体）を人口規模でグループ分けし，グループごとに自治体数と人口を集計し，それを図示したものである．そこでは，人口が 3 万人未満の小規模市町村が 962 団体（55% =962/1741）も残されている一方で，それらの団体に居住する人口の合計は 1,067 万人に過ぎず，全人口の 8% という社会的マイノリティーになっていることが示されている．

3.3　規模の経済性

　地方自治体における行政の効率化を進めるに際して，「1 人当たりの行政コスト」をその指標として用いることがある．例えば，2019 年のデータを見ると，鳥取市には 18.5 万人の市民に対して 32 名の市議会議員がいるが，横浜市は 375.7 万人の市民に対して 86 名の市議会議員を抱えている[18]．議員のコスト

（議会費）は，それぞれ4.4億円と30.1億円となっており，当然に横浜市の方が大きい．しかし，市民1人当たりの議会費を見ると，横浜市は800円，鳥取市で2,300円と計算でき，約3倍の開きとなっている．同様の効果は，図書館などの公共施設の整備についても該当し，1人当たりの行政費用は人口が増加するほど低下する傾向がある[19]．この効果を実際の施策として活かそうとするものが市町村合併である．2000年時点で3,200を超えていた市町村数は，「平成の大合併」によって2004年に3,132，2005年に2,521，2006年に1,821，2010年には1,727となり，2020年には1,718にまで減少した．机上の理論としては，自治体1つ当たりの人口が大きくなり，住民1人当たりの行政費用を低下させることができたはずである[20]．

　また，「平成の大合併」では，大都市を含む合併を推奨していた点が目をひく．例えば，法律上では政令指定都市の人口要件は50万人とされているが，実際の運用では100万人が目安とされてきた．ところが，市町村合併を経た団体の場合，政令指定都市への昇格の目安を70万人へと引き下げたのである．これにより，相模原市（約72万人），新潟市（約78万人），浜松市（約80万人），静岡市（約68万人）[21]，堺市（約82万人），岡山市（約71万人），熊本市（約73万人）が，平成の大合併を経て政令指定都市へ昇格した．国の目線で見れば，政令指定都市が周辺にある小規模自治体を取り込み，規模の経済性と拡充された裁量権を活かして，公共サービスを維持してくれるものと期待したのであろう[22]．

　ただし，行政区を統合すると，選好（習俗や考え方）が異なる人々を寄せ集めることになり，それが負担となることもある．例えば，1871（明治4）年の廃藩置県により成立した富山県は，1876（明治9）年に石川県と合併することになった[23]．その後，1881（明治14）年に国庫補助金が廃止されると，それまで補助金に頼っていた急峻な立山連峰に囲まれている富山県地域の治水費用の確保が難しくなった．その一方で，道路整備を推進しようとする加賀・能登の地域があり，予算配分をめぐる地域間の対立が先鋭化した．こうした事情もあって，1883（明治16）年5月に富山県は石川県から切り離されることになる．また，小栗（1953）では，「明治の大合併」に関する埼玉県秩父郡横瀬村と芦ヶ久保村の事例を取り上げ，平地の水田地帯と，産官で養蚕製糸や炭焼・林業を主産業として営む地域では，公平な財政負担の仕組みを担保することが難しいとされ，一村として生活することが不都合であるとして，合併反対の陳情を

県知事宛てに提出されたことが指摘されている[24]。先述した分権化定理が示すように，選好が異なる地域では，異なる施策を実施するのが望ましいのであるから，それを無理に統合すれば軋轢が生じて当然である。平成の大合併で生まれた政令指定都市についても，都市部と山間部の自治体を統合したものが多く，この種の課題を内包しているはずである[25]。

　また，総務省が2008年にまとめた『「平成の合併」の評価・検証・分析』では，「町村合併は相当程度進展し，市町村の行財政基盤が強化されたと評価できるものの，その進捗状況は地域ごとに大きな差異が見られ，また，小規模な市町村が数多く偏在している」(p. 75) と要約されている。こうした現状認識に基づき，総務省では，市町村合併という手段には拘泥せず，緩やかな地域間連携によって規模の経済性を発揮するための施策を模索し始めた。その1つが，2008年12月に国から地方自治体へ通知された定住自立圏構想である。これは，生活に必要な行政サービスを維持するために，中心市（5万人程度）と周辺団体とが連携協約などを自発的に結んで協力し合う枠組みであり，128の圏域（2020年10月時点）で協定の締結などに至っている。医療供給体制，職員研修，産業支援策など，個々の小規模な自治体では十分に提供できないサービス（規模の経済性を発揮しやすいサービス）で取り組みの実績をあげている。

　さらには，2014年には，地方中枢拠点都市モデル事業が9つの圏域で始まった。各圏域で核となっている団体は，盛岡市，姫路市，倉敷市，広島市，福山市，下関市，北九州市，熊本市，宮崎市であり，政令指定都市や中核市などで構成されていることから定住自立圏構想とはサイズ感が異なる。その後，この制度は，連携中枢都市圏構想へと引き継がれている[26]。筆者の見立てでは，連携中枢都市圏構想は，市町村合併や定住自立圏構想とは異なり，行政組織や公共施設などの共同利用による規模の経済性を期待した仕組みとは一線を画している。広域での観光政策の展開や，県境を越えた産業振興政策などの取り組み事例を見てみると，連携中枢都市圏構想は，圏域の成長性を高めるために（集約ではなく）拡大を目指す施策群といったものであり，産業クラスター計画あるいはポリセントリシティといった概念と並べた方が据わりが良いように思われる[27]。

　複数の地方自治体が連携する枠組みには，一部事務組合や広域連合などの既存制度もあるが，それらの制度では使い勝手が悪かったところが補完され，地方自治体が自発的に選ぶことのできる選択肢が広がることは，行政サービスの

効率化にとって有益であろう.

3.4　公民連携と住民参加

　地方自治体では,地域住民の生活を守るために,例えば,過疎化が進みつつ
ある山間地のバス路線の維持を求められるようなときがある.そのとき,地方
自治体が公営バスを使って,いわば自前でサービスを提供するのが古典的なス
タイルといえる.また,規制や補助金を用いつつ民間事業者と連携して公共サー
ビスを提供するというのも伝統的な手法の 1 つである.例えば,富山県の場
合,国土交通省・富山県・沿線市町村が富山地方鉄道株式会社へ補助金を出す
などして連携し,生活交通路線(赤字路線を含む)を維持している[28].ある
いは,民間企業に対して,補助金を与えるのではなく,利益の大きい地域での
独占的供給を実質的に認め,そこでの独占利益を回し使う形で不採算事業を任
せる(公共性の高い役割を担わせる)ことも行われてきた.
　こうした古典的・伝統的な手法に加えて,1999 年には「民間資金等の活用
による公共施設等の整備等の促進に関する法律」が制定され,新たな手法が整
備された.この法律は,民間資金を使用して公共性の高い事業を実施する PFI
(Private Finance Initiative)を促進するものとして「PFI 法」と呼ばれている.
PFI という手法について,デフォルメすることで,そのしくみを簡明に説明し
てみたい.民間事業者が,地方自治体から委託を受ける形で,30 年間にわた
って病院運営を行うことを前提に医療施設を整備し,30 年後に医療施設を地
方自治体に譲渡するような契約を結んだものとする.事業者による医療施設へ
の投資額が 200 億円であり,病院を運営することによる毎年の予想利益は 8 億
円(ここにリスクがある[29]),地方自治体からの補助金が 2 億円であるとしよ
う.事業者の 30 年間の収支見通しは,利子率を考えなければ,投資額が 200
億円,総収益([8 億円+2 億円]×30 年)が 300 億円であり,100 億円の黒字
を得る見込みである.地方自治体としては,毎年 2 億円の支出(支出に波がな
くリスクが軽減されている)で住民への医療サービスを維持しつつ,最後に医
療施設を受け取ることができるため,財政負担が軽減されるものと期待でき
る[30].現実の PFI 事業では,図書館など教育・文化施設での取り組み事例も
多い.
　PFI とは異なり,公共施設そのものは地方自治体が整備するものの,公共施
設の管理や運営を民間事業者に代行させること(指定管理者制度)も 2003 年

より可能になっている．例えば，温水プールを地方自治体が整備し，その運営を民間事業者などに任せるようなもので，利用者による施設利用料や地方自治体から委託費などが事業者の収入になる．利用料金による収入が事業者の収益と連動するような契約を結べば，利潤最大化を目指す事業者は，休日や夜間での営業や，館内美化や魅力的なイベントの開催などで利用者の満足を高め，利用者数を増やしたり，少し高めの料金を納得させたりすることに成功するであろう．近年では，収益のない事業であっても，委託費などを成果に連動させる成果連動型民間委託契約方式（Pay for success: PFS）が活用され始めている．例えば，「大腸がん検診」で，受診率を成果指標として委託費を増減させる仕組みを作り，民間企業の創意工夫を促そうというのである．公務員の給与を成果連動にできない地方自治体では，こうしたインセンティブを導入した形でのサービス提供は難しいのである．これら行政が民間活力を活かす取り組みを総称して「公民連携」（Public Private Partnership）と呼んでいる．どのような手法を用いるのかは，その費用と便益を勘案し最良のものを選択すればよいであろう．

　公民の連携をより広義に解し，公民の協働と捉え直すと違った一面が見えてくる．例えば，NPO などの市民団体や自治会などの地縁型団体と連携しながら，地域パトロールなどの見守り活動，高齢者の健康増進，子育て支援，まちの美化活動などを実施する例が全国の自治体で増えてきている．これらの諸活動の中には，極めて専門的な知識を社会貢献のために無償で提供する活動（プロボノ）が含まれることもあろう．

　さらには，市民が公共選択に参加する例も取り上げるべきであろう．代表的な例として，パブリックコメントという制度（行政手続法第 39 条など）がある．これは，行政が規制の設定又は改廃等を行う場合には，政省令等の案を公表して地域住民から意見・情報を聴取し，これを考慮しなければならないというものである[31]．また，審議会や委員会などの構成員を決める際に，広く一般市民から委員を公募することもある．卑近な例になるが，東京都東大和市では，総合計画審議会（おおよそ 10 年間程度の展望を持って地域づくりの指針を検討する場）において，15 人の委員のうち 7 名が公募委員となっている[32]．このように，住民が行政へ直接的に意見を発信する場を増やしているというのは，近年の地方自治体の共通した特徴といえよう．

　直接的に住民が意見を述べられるわけではないが，直接請求制度や条例に基

づく住民投票も，住民参加の 1 つの様態といえるかもしれない[33]．大阪府・
大阪市による「大阪都構想」をめぐる住民投票を記憶している読者も多いと思
うが，過去には新潟県巻町での住民投票（1996 年に実施）も耳目を集めたもの
であったし，近い将来には，北海道寿都町でも高レベル放射性廃棄物の最終処
分施設の受け入れに関するテーマで住民投票が実施されるかもしれない．ただ
し，大阪市の令和 2 年度 8 月補正予算案によると，2020 年に実施した大阪都
構想をめぐる住民投票関連（投票の執行と広報）のための予算額が約 10 億円
であったように，住民投票にも少なからぬ行政コストがかかる．政治参加を通
じて，住民の満足感や納得感を高めたり，政治的有効性感覚を高めることがで
きるのであれば，こうした費用をかける価値があるのかもしれない．

3.5　公有財産のマネジメント

　わが国の財政事情を反映し，地方自治体では，社会資本整備へ充当する資金
の不足が深刻になっている．私たちに突きつけられている現実を表 3-1 で確認
すると，約 50 年前の高度成長期に急増した公共投資の更新時期が，いま私た
ちの眼前に迫っていることがわかる．やや遅れて整備が始まった下水道管渠を
除くと，2023 年には，建設後 50 年以上を経過した社会資本の割合が 3 割から
4 割に及ぶことになる．さらに，台風や豪雨による自然災害の増加や，南海ト
ラフ地震や首都直下型地震など近い将来に直面するであろう深刻な災害に備え
る意味でも，私たちは強靱なインフラを整備し，安全性を確保しなければなら
ない．

　こうしたなか，税収を補う手段の 1 つとして，既存の公有財産を有効活用し
収益をあげる取り組みが進められている．地方自治体が保有する公有財産は，
行政財産（庁舎，道路，学校，図書館など）と普通財産（行政財産以外）とに
分類でき，普通財産については賃貸や売却によって収入を得ることが許されて
いる．行政財産は，公用，公共用に使用されることから，その利活用には制限
が設けられていたが，これも緩和が進んでいる．公共施設の駐車場の有料化や，
庁舎の一部を保育スペースとして貸し出すなどの取り組みがその一例である．
そのほか，ネイミングライツ（例えば，日産スタジアム）の販売やラッピング
バスによる広告収入などは，資産を活用した収益事業としてすでに一般的なも
のといえよう．

　ただし，こうした取り組みによる増収がさしたるものではないのも事実であ

表 3-1　建設後 50 年以上経過する社会資本の割合

	2018 年 3 月	2023 年 3 月	2033 年 3 月
道路橋　［約 73 万橋注)］（橋長 2 m 以上の橋）]	約 25%	約 39%	約 63%
トンネル　［約 1 万 1 千本)]	約 20%	約 27%	約 42%
河川管理施設（水門等）［約 1 万施設]	約 32%	約 42%	約 62%
下水道管渠　［総延長：約 47 万 km]	約 4%	約 8%	約 21%
港湾岸壁　［約 5 千施設］（水深−4.5 m 以深）]	約 17%	約 32%	約 58%

（出典）　国土交通省（https://www.mlit.go.jp/sogoseisaku/maintenance/02research/02_01.html).

って，公共投資の総額は縮小させていかざるをえず，新規投資の抑制はもちろんのこと，既存インフラの維持更新すら難しくなっている．2012 年 12 月，笹子トンネル内で天井板が落下し多くの人命が奪われた事故では，社会資本の劣化にも原因があるとされた．同様の事故は他にも例があり，大規模なものとしては，1996 年に北海道の余市町と古平町とを結ぶ豊浜トンネルで発生した岩盤崩落事故や，2007 年に北海道北見市で発生した大規模なガス漏れ事故などがある．老朽化の深刻さを考慮し，2013 年 11 月にインフラ老朽化対策の推進に関する関係省庁連絡会議において「インフラ長寿命化基本計画」がとりまとめられた．これを受けて，2014 年には，すべての地方公共団体に公共施設等総合管理計画の策定が求められ，2020 年 3 月の時点で，福島県の被災 2 町（福島県大熊町，同双葉町）を除く，すべての市町村区（1,739 団体）で策定済みとなっている．この管理計画によって，各地方自治体は，中長期的な視点からインフラの更新時期と，その金額とが把握できたことになる．

　限られた財源のもとで，厚く広く投資する財政的余裕がなく，薄く広く投資しては投資効果が乏しい以上，厚く狭く投資することが必要になる．これがコンパクトシティやスマートシュリンクといったアイデアが必要とされた理由である．筆者の考えでは，コンパクトシティとは，人口 10 万人以上の自治体を中心地として選定し，その中心地での人口減少を食い止めるために周辺地域から人口を吸収させる一方で，人口が流出した地域へ投ぜられるはずであった財源を中心地へ振り向けることでインフラに厚みをもたせ，広域的な視点から集積によるメリットを保全するものであると理解している．このとき，人口が流出する地域に対して「限界集落」あるいは「消滅可能性都市」などという悲壮な名称を与え，そうした地域を活性化しようとすれば，人口の集積は進まず，これまでと同様に公共投資を広く薄く実施せざるをえなくなる．つまり現状維

持という形での衰微が続くことになる．

4．地方自治体の公共選択

　人々にとって国外への移住は機会費用が高すぎるとすれば，国（中央政府）
が好ましくない施策を講じていても人々は逃げ出すことはできない．こうした
状況は独占市場のようなもので，善政へのインセンティブが働きにくい．翻っ
て，人々にとって国内での転居は，結婚，出産，進学，転勤などによっても生
じる身近なものである．そのため，魅力のある地方自治体へは人や企業が流入
し，魅力の乏しい地方自治体からは人や企業が逃げ出すのも速い．こうした状
況は競争市場のようなもので，地方自治体にはいっそう魅力を高めようとする
善政へのインセンティブが働く．伝統的な公共選択論では，独占的存在である
国（中央政府）の役割を小さくし，競争にさらされている地方自治体の役割を
大きくすること，すなわち地方分権を進めることで，行政はいっそう効率化す
ると考えられている．
　ティーボウ（C. Tiebout, 1956）は，ヒトや企業の可動性が地方自治体の政治
家に善政へのインセンティブを与えている姿を「**足による投票**」と表現した[34]．
この「足による投票」というメカニズムには，可動性による政治的圧力という
一面に加えて，選好の似た者を集める「**Tiebout ソーティング**」という機能も
含まれている．例えば，「愛育市」では，限られた予算の中から，意図的に子
育て支援策に多くの財源を投じ，高齢者関連施策への支出を抑えるかもしれな
い．このとき，「愛育市」に住む高齢者たちは高齢者施策へ力点を置く「眉雪
市」へ転出しようと考える．反対に，「眉雪市」に住む子育て世帯は「愛育市」
へ転入しようと考える．こうした Tiebout ソーティングが進めば，それぞれの
自治体には，それぞれの施策を支持する者たちが自発的に集うことになり，住
民の選好と各自治体の施策の一致度合いが高まることで，社会としては望まし
い状態（効率的な状態）に近づいたものとみなすことができる．この一致度合
いをよりいっそう高めるためには，個性的な施策を展開できるよう地方分権を
進めることが望ましいという理屈にもなる．
　また，競争市場とのアナロジーからすれば，足による投票がもたらす圧力は，
地方自治体の数が多くなるほど強くなる．Tiebout ソーティングを念頭に置い
ても，選択肢となる地方自治体の数が多いほど選択肢が多様となり，人々は自

分の嗜好により適合した居住地を選ぶことができる可能性が高まる．これら2
つの点は，単純に地方自治体の「数」を増やすだけでも価値があることを示唆
する．しかしながら，数を増やすために行政区を細分化すれば，規模の経済性
が働きにくくなるので，生産効率性は低下するかもしれない[35]．

　行政区の細分化は，公的な意思決定を難しくする要因にもなりうる．例えば，
熊本県の球磨川は，ダム建設予定地の上流から海に流れ出るまでの間に複数の
（細分化された）自治体を通過している．熊本県の蒲島知事は，国が進めてい
たダムの建設事業を中止したうえで，ダムによらない治水のあり方を検討する
場を設け，近隣市町村との間で2009年から2015年の間に12回の会議を行っ
てきた．そこでの論点をデフォルメすれば，上流で氾濫を抑制すべく川の流れ
をスムーズにする工事を行うと，すべての雨水がいっきに川を下っていくため
下流では急激に水かさが増し，被害が生じるおそれが高まる（河川上流の整備
による負の外部性）．こうした利害対立によって皆が合意できる治水対策が見
つからないまま，当地は「令和2年7月豪雨」に見舞われてしまい，人命をも
失う惨事となった[36]．意思決定主体が増えるほど，話し合いで合意に至るこ
とが難しくなるというのは，誰もが経験的に理解していることであろう．話し
合いで決められないことのコスト（ここでの例ならば豪雨による被害）は小さ
いとは限らず，意思決定者の細分化にはデメリットもある．

4.1　手による投票

　地方自治体を慈善的なプレイヤーに仕立てる要素は，足による投票だけでは
なく，手による投票すなわち選挙制度にも期待できる．次回選挙で落選の憂き
目にあうことを避けたい政治家は，有権者の選好に配慮しなければならない．
Tiebout ソーティングが行き渡り，同質的な住民だけで自治体が構成されてい
れば，政治家は，住民が求めるものを実現することで再選できる．しかしなが
ら，Tiebout ソーティングが完全に行き渡るような事態は現実には生じず，住
民の選好にはバラツキが残されている．この場合，再選を目指す合理的な政治
家が政策に反映すべきなのは，投票者（有権者のうち実際に投票する者）の中
位に位置する者の選好であるというのが，**「中位投票者の定理」**（Black, 1948；
ダウンズ，1980）の示唆するところである．

　中位投票者は，自らの居住する地方自治体の働きの良否を評価するにあたり，
周囲の地方自治体のパフォーマンスと比較するかもしれない．例えば，自らの

住む自治体の財政力指数が 0.80 であるとして，0.80 が何を意味するのかを普
通の有権者が理解することは難しい．そのようなとき，周辺団体の値と比較す
るというのは，簡便かつ安価な作法となるであろう．周辺団体とのパフォーマ
ンス比較（ヤードスティック競争）にさらされていることを意識せざるをえな
い地方自治体の議員や首長は，他団体の良い施策は模倣し，相対的に見劣りの
する施策を改善しようとする．わが国で観察されたヤードスティック競争の一
例として，東京都 23 区内における子どもの医療費に対する助成制度の変遷を
取り上げてみよう．交通網が発達している 23 区では，どの職場にもさまざま
な区から通勤してくる同僚がおり，それぞれの区のサービスについて情報を共
有することができる．区役所のウェブサイトなどを見なくても，自分にとって
関心が高い施策を比較できるのである．こうしたとき，他の区よりも劣った子
育て施策を実施していることは，政治家にとって次の選挙での苦戦をもたらす
大きなリスク要因となる．できるならば，次の選挙までに，周辺の区よりも充
実した施策を実施していることをアピールしたいはずである．このような形で
善政競争が加速した結果，中学生以下の子供の医療費は，23 区のすべてで全
額が補助されるところにまで行き着いている[37]．

　ただし，有権者が地方自治体の首長と議員を監視する機能は，常にどの地域
でも十分に発揮されているのかと問えば，その答えは否であろう．有権者個人
にとって個々の議員や行政官の行状をいちいち監視するのはあまりに機会費用
の高いものであるから，監視の手を抜くのは極めて合理的な行動である．こう
した「合理的無知」（ダウンズ，1980）に政治家と行政官がつけ込めば，正直に
中位投票者が選好するような政策だけを実施したりはしない．

4.2　Exit or Voice

　ハーシュマン（2005）は，足による投票としての Exit（退出する）という行
動様式と，退出せずに手による投票を続けるという Voice（訴える）という行
動様式とが組織に与える影響について比較考量している．ここでの組織とは，
国や地方自治体と読み替えてよいであろう．ハーシュマンの考察結果を整理す
ると以下のようになる．（ア）Exit が個人的な行為であるのに対して，Voice
が効果的であるためには集合行為が必要となる[38]．したがって，Exit は Voice
よりも簡単なので（費用が小さいので）発生しやすい．（イ）Voice は，組織
の中に残って不満を解消しようとする行為であるから状況改善へ寄与するが，

Exit にはそのような貢献がない（小さい）.

　ハーシュマンの論理では，政治家にとって脅威なのは，地域に残って罪過を咎められること（Voice）である．他方で，政策に不満を持つ人々の流出（Exit）を政治家は厭わないであろう．例えば，高齢化の進む自治体が高齢者の福祉政策に力を入れ，若年層がその団体から離れてしまっても，残された高齢者に特化した政策を続ければ，選挙で負ける心配はないのである．同様のことは，特定の産業（例えば農業）に特化した自治体が，当該産業にまつわる政策に偏重する場合にもあてはまる．

　地方交付税制度を持つ日本の市町村であれば，自前の税収を増やすことを考えずともよいので，人口流出（Exit）に鈍感でいられるかもしれない．しかしながら，より多くの人々が住む町を作ることで地域を活性化したいと考えたり，規模の経済性を維持する（1 人当たりの租税負担を小さくする）ことを望むのであれば，住民の Exit は忌避すべきものとなる．ハーシュマン（A. O. Hirschman, 1978）では，移民による Exit に悩まされたアイルランドと旧東ドイツを取り上げ，前者では退出されないよう良質な政策転換が図られたのに対して，後者では関税をかけるなどの保護政策が行われたと指摘し，保護政策が望ましくないとの立場から，東ドイツの事例は，「Exit による圧力」が政策変更を引き出してはいるが，それが住民の生活状況を改善するとは限らないことを示す例であるとされている．

　また，地方自治体の文脈にあてはめるならば，「納税者の反乱」として知られるカリフォルニア 13 号（1978 年制定，住民投票された当日の 13 番目の案件）が議論の材料となろう．カリフォルニア 13 号で導入された固定資産税への課税制限は，地方自治体の基幹税である固定資産税からの税収（住民の租税負担）を低下させたが，その代わりの財源が必要になったことで，施設使用料や手数料などが引き上げられたり，州政府からの補助金に依存するようになったとされている．これは住民投票を通じた「Voice による圧力」が現実に効力を発揮し，政府による増税をくい止めてはいるが，それが地域住民へもたらす結果の良否は別問題であることを示す例かもしれない．

5．有権者の理想像と実像

　手による投票であれ，足による投票であれ，競争メカニズムを通じて，政治

家は有権者の意向に配慮した公共政策を選定する動機を与えられている．有権者の意向を反映した公共政策は，民意に沿っているとも解釈しうるし，国民主権を体現しているともいえるかもしれない．しかし，そうした仕組みがうまくいかない，あるいは賢明な結果を導かないことがある．ここでは，2 つの要因を考えてみたい．1 つ目は，有権者は正しい判断を下せるほどの情報を有しておらず，選挙における候補者選択（あるいは政策選択）で誤りを犯すかもしれないという点である．もう 1 つは，有権者が情報を豊富に持っているとしても，彼らの選択が極めて個人的な利害に左右されたものとなれば，社会全体にとって好ましい選択となる必然性はないという点である．

5.1　有権者は政治的情報を得にくい

　ジェームズ・ブライスの『近代民主政治』では，「地方自治は、民主政治の最良の学校」（訳書第 1 巻，p. 160）と述べており，身近な問題を皆で考えることから民主政がなんたるかを学ぶことができるという主旨になっている．例えば，コミュニティにとって大切なことを議論しているときに，あまりに自分勝手な発言をする者がいるとうまくいかないことを経験することがあろう．あるいは，自らで負担することを徹底的に厭い，他者からの施しを望む者ばかりでは，コミュニティーは維持できないことも知るであろう．こうした経験を経ることで人々は公共的精神が身につき，「斯くて彼は選挙の際には最も香ばしき記録ある候補者を見出し，その為めに投票することも出来るのである」（同，p. 159）というのである．

　しかしながら，ブライスのこの議論は，彼の著作の前後の文脈からすれば，数百人から千人程度で構成される小規模団体を念頭に置いたものであって，匿名性の乏しい顔の見える社会における全員参加型に近い意思決定のスタイルであるからこそ期待される効能である．モンテスキューの『法の精神』でも，全員参加型の民主的な統治における小規模コミュニティの良好な性質を示唆したうえで，規模が大きくなれば，その良好な性質が失われると論じられている．翻って現代の日本では，自治体の人口は十分に大きくなってしまっており，そこでの個々の有権者は極めて小さな存在であって匿名性が高く，公共選択について個人的見解を問われることもないし，自分の一票が選挙結果を左右するとは考えていない．このようなとき，有権者は，地域の政治，経済，財政，選挙について高い関心を持って自発的に情報を集めるようなことはしない．読者諸

氏においても，例えば，居住する市町村の昨年度の財政状況を知っているか，個々の議員が任期中にどのような政策に賛成し，どのような政策に反対したのかを認知しているかなどと問われれば，ほとんど何もわかっていないことを自覚できよう．このような状態における有権者の意思決定が，私的利益に左右されるのはむしろ自然なことであって，公共善のようなものに沿って地域社会を良い方向へ導くような判断がなされるとは期待しにくい．ブライスの議論は，農村集落などの局所的なコミュニティーにはあてはまるとしても，わが国の基礎的自治体とされる市町村は，すでにして十分に大きすぎるように思われるのである．

　さらに，わが国の市町村は，小中学校，道路や橋梁，上下水道，公衆衛生など多様なサービスを担っているが，その中には，法律に基づいて実施する業務など，市町村にとって裁量の余地が乏しいものがある．また，地方自治体が提供するサービスの財源には，国あるいは都道府県からの補助金や地方交付税などが何らかの形で溶け込んでおり，本当の費用といったものを普通の住民は認識できない．これほど複雑な行財政制度のもとで，政策の妥当性（費用と便益の大小）や，市町村議員の業績を正しく評価することは，極めて困難だと考えるべきである．むしろ，国の施策や国会議員の言動の方が，日常的にマスメディアで報道がなされており，さほどの手間をかけなくても情報を入手できるため，有権者が選挙で正しい判断を行える条件が，少なくとも地方自治体での選挙よりは揃っているのかもしれない．

5.2　有権者の行動インセンティブ

　完全競争市場のもとでの経済は，各個人が自分の利害だけを考えればよく，公共心など持っていなくても，その帰結は社会として望ましいもの（パレート最適）となる．しかし，政治の世界ではそうはいかない．J. S. ミルの『代議制統治論』やシュンペーターの『資本主義，社会主義，民主主義』などでは，有権者の大部分が公共的動機によって投票を行わないならば，代議的諸制度はほとんど価値を持たないだろうと指摘されている．現実の有権者は，公益に叶う意思決定をすると見込んでよいのであろうか．

　カプラン（2009）は，アンケート調査の結果を利用して，有権者の犯しやすい誤りを以下の 4 つに類型化している．（1）反市場バイアス：市場での競争は人から搾取をするものだから良くない．（2）反外国バイアス：他国から入って

くるものは良くない．それゆえ，貿易，グローバル化，外国人移民には反対．
(3) 雇用創出バイアス：失業は非常に良くない．(4) 悲観バイアス：悪い事象
を記憶しがちである．こうしたカプランの考察を踏まえると，有権者は，経済
学的に正しく，効率性を高めるような選択をしないバイアスを持っていそうで
ある．

　さらに，わが国の有権者が地方自治体に関する意思決定を行う場合には，上
記の誤謬に加えて，もう 1 つの典型的な誤謬が加わる可能性が高い．それは以
下のようなものである．

　2020 年の市町村別決算状況調によれば，歳入に占める地方税収の割合が 30
％未満の団体は過半（1,146 団体）である[39]．少し乱暴な計算となるが，歳入
に占める地方税の割合が 30％の自治体に居住する住民は，享受する公共サー
ビスの便益が 10 万円相当であるときに，それを 3 万円の自己負担で入手でき
る状況にあるとも見える．有権者がこの状況を理解していれば，必要以上に支
出を要求するインセンティブが生じ，先述した「財政錯覚」と呼ばれる浪費的
状況が生じる（本章の 2.2 項を参照せよ）．もし，自分たちの自治体だけが支出
を我慢しても，他の自治体に住む合理的な有権者達は浪費を続けるであろうか
ら，状況を理解している有権者ほど，よほどの公共的動機が備わっていない限
り，自分たちだけが我慢するという判断に至るのは難しいであろう．

　より単純な具体例もある．2020 年 5 月の神奈川県小田原市長選で初当選し
た守屋輝彦市長は，市独自の取り組みとして，一人 10 万円を給付するかのよ
うに公約を掲げて当選した．選挙結果を見ると，守屋氏の 37,245 票に対して
落選者は 36,701 票であり大接戦であった．当選後，守屋市長は，当該の公約
は誤解を生みやすいものであったが真意は異なっていた（ので実行はしない）
と主張している．2020 年 11 月の兵庫県丹波市長選挙では，林時彦氏が，市役
所統合庁舎の整備計画を凍結した資金を用いて全市民に 1 人 5 万円を給付する
案を公約に掲げて初当選した．当選後，林市長は，財政状況等を精査したうえ
で公約を断念し，減収世帯へ一人 2 万円相当の商品券を配布する予算案を成立
させた．2021 年 4 月に実施された丸亀市長選挙でもすべての市民に 10 万円を
給付するという政策を掲げて松永恭二氏が当選した．丸亀市長選挙も大接戦で
あり，松永氏の得票が 24,790 票に対して落選者は 23,873 票であった．選挙後
に，松永市長は，財政状況を勘案して 3 万円を給付するとした補正予算案を可
決させている[40]．わが国の市町村の歳入は，ここまで説明をしてきたように，

住民の租税負担（地方税）のみで賄われていると考える必要はなく，他地域の住民も含めた多くの国民が広く，極めて薄く負担する構図になっている．そうしたことを正しく理解できている有権者にとってみれば，市町村から配付される現金や商品券は，まさに天与の贈り物であるから喜んでこれを受け取るし，そうした公約をする候補者を歓待するのである[41]．

　話を転じ，地元のことを熟知している「実力者」が，地域の安全のために新たな護岸工事が必要であるとの住民の要望を，旧知の間柄でよく事情のわかっている地域の政治家や行政官へ陳情したとしよう．その際，この実力者は，政治家に対しては将来の選挙での集票を約束し，行政官に対しては退職後の就職先を約束し，護岸工事が確実に実施されるよう念を押すことができる．この実力者の職業は建設業であり，護岸工事の受注者になる予定なのである．こうしたレントシーキングが目指すところのものは，往々にして中位投票者の目指すものとは異なっている．逆説的であるが，中位投票者の選好する施策であれば，それは自ずと実現する可能性が高く，レントシーキングを行う必然性がないからである．公共選択論では，レントシーキングは，国富を増やすという意味での財の生産には貢献していないことから「社会的浪費」であるともみなしている．

　私たちは，情報を豊富に持っている有権者が，その知識を自分の利益の増進のために使うのではなく，公共的動機に従って使用し，選挙での候補者選択に活かして欲しいと願うことはできる．しかし，その願いがいかに儚いものであるのかは，誰もが自らの経験としてわかっているのではないか．現実の公共選択は，公益よりも特定のレントシーカーの利益を増進していそうである[42]．

6．まとめ

　地方分権にまつわる三位一体の改革は，地方への財政移転の理念を，財源保障的なものではなく，切磋琢磨あるいは優勝劣敗的なものへと置き換えようとするものであった．努力しない・できない団体は置き去りにされることになるが，実際に山間地や漁村などの過疎的地域では，財政状況が極めて悪化することになった．こうした厳しい状況に直面した市町村が，一時的に生じる財政的メリットに飛びつく形で市町村合併へと踏み出したという一面もある．国とすれば，非効率的であると目されていた小規模な市町村に改革を迫り，合併に追

い込む（規模の経済性を追求させる）ことができたのであるから，狙いどおりであったともいえる．

　さらには，台風や地震などの自然災害に対する防災対策や，高度経済成長期の公共投資のリプレイスのための財源の必要性が高まっているが，これを手当てできる見通しがまったく立たないというのが，近年のわが国の財政状況の実態である．そこで，既存インフラの長寿命化（生産効率性の改善）や，投資先の取捨選択（配分効率性の改善）や，財政全体を能率的にマネジメントするための情報管理体制の強化などが進められてきた．こうしたなかで，地方自治体にとって特に難しく，容易に進められなかったのは投資先の取捨選択である．有り体に言えば，積極的に人を集めるための地域へ投資を集中することは，消極的に人のいない地域を作ることであり，後者に住む人々への痛みを考えれば，少なくとも一世代程度の時間をかけて進めるべき事柄だと思われるので，その進捗が緩慢であることは批判の対象とはならない．しかしながら，薄く広く公共投資を続けることの罪科を軽んじてはいけない．いまだに，国土の均衡ある発展（あるいは維持）が可能だと主張する人がいるとき，その未来予想図がどのようなストーリーでわが国の状況をより良くするのか，にわかには理解し難い．

　次なる改革の論点として筆者が注視したいのは，本章の第5節でも取り上げた，有権者の選択が地方財政へ与える悪影響である．どのような悪影響が，どれほどの大きさで発生しているのかを明らかにし，これをどのように制御するのかを考えなければならない．そのとき，分析の手立てを提供するのは，おそらく公共選択論であり，立憲的政治経済学である．

■注
1）　1,718の市町村へ東京都特別区の23団体を加えると1,741市町村区となる（2021年時点）．
2）　国などから移転された財源について，ここでは地方交付税，地方譲与税，国庫支出金，都道府県支出金のみを取り上げた．制度上の違いから地方交付税を受け取っていない東京都特別23区はここでの計算から除外している．それゆえ，考察対象とした市町村数は1,718である．
3）　中井（2007）は，あえて意欲的なタイトルが付けられていると解すべきである．

4）　本書の前作にあたる『テキストブック公共選択』の第4章にある「地方分権と公共選択」と本書との差異は大きく以下の3つである．1つ目は，前作では，地方自治体間の競争関係や，租税外部性など，公共経済学でも扱うようなテーマに紙幅を割いたが，本書では，それらを必要最低限の記述にとどめている．2つ目は，前作では，地方自治体の財政健全化法を意識していたが，すでにその効果は一定の評価を得ているためこれを割愛し，本書では，公民連携とインフラマネジメントというトピックスを追加した．3つ目は，本書では，民主的な意思決定プロセスを取り上げるように企図し，「交換・交渉・取引」といった公共選択論で重視される表現を増やすよう意識した．

5）　筆者の個人的な経験からすると，国あるいは都道府県のウェブサイトや情報公開室は，一定の利用者がいる．

6）　地方交付税交付金は，学問上の分類では，使途の定めのない（財政の不足分を埋め合わせるための）「一般補助金」とされ，そのほかの多くの支出金は，特定の事業目的に使途が定められている「特定補助金」とされている．本章で補助金というときには，特定補助金を念頭に置いていることになる．

7）　標準的行政サービスの経費であっても，先述した国庫支出金が充当されている部分は地方自治体で工面すべき必要はない（別途で手当てされている）ので，基準財政需要額には含まれない．なお，基準財政需要額の妥当性や正当性を疑うことも重要である．

8）　近年は，地域間の財政力の格差を均霑化するために制度の複雑化が進んでいる．三位一体の改革による国庫補助負担金の廃止・縮減に伴う税源移譲における所得税から個人住民税への税源移譲相当額は基準税率を100％として基準財政収入額へ算入し，地方消費税率の引き上げに伴う地方消費税および地方消費税交付金の増収分についても基準税率を100％として基準財政収入額へ算入するなどの措置が講じられている．

9）　基準税率は，もともと市町村・府県伴に70％であったが，1953年度から府県は80％へ引き上げられ，1964年からは市町村が75％へと引き上げられた．そして，2003年度からは，府県も市町村と同じ75％になるという変遷を経ている．

10）　田近・油井・佐藤（2001a，2001b）は，制度についての誤解あるいは見落としがあり，その誤解に基づいて都道府県の留保財源率を変更させてしまったという側面がある．しかしながら，多くの研究者の関心を地方交付税へ向けさせ，その後の制度改善を促したという功績は大きい．

11）　「六ヶ所ラプソディー」や「ミツバチの羽音と地球の回転」などのドキュメンタリー映画を見ると，住民や地域を守るということが何を意味するのかを考

える材料が得られる.

12) マディソン（James Madison, Jr.）は『ザ・フェデラリスト』の第 47 篇において，三権分立の思想はモンテスキューが創始者ではないにせよ，広く世に広めた功績者であると論じている.

13) 近年では，乳幼児に限らず，より広義な子供に関する医療費の支払いを補助する仕組みとなっていることが多い. 例えば，西川（2010）を参照のこと.

14) 例えば，後藤和子氏による農村で発展した歌舞伎に関する研究成果は，文化の滅失について考える材料となる. 例えば，後藤（1997）.

15) 「レントシーキング」とは，自らの私的利益を求めて政治的権力者に働きかける行為であり，「レントシーキング社会」は「たかり社会」ともいわれる. レントシーキングの概念については，トリソンとコングレトン（2002）が邦語文献としてあるが，原著を参照することも推奨する.

16) 西川（2021）では，明治期日本での選挙権の拡大も，加地（1998）や富田（1990, p. 9）などの論考に依拠しつつ，同様のものであったと指摘している.

17) 「まちづくり交付金」に代表されるように，使途の制約が比較的緩い形で財源を分配するようにし，地方自治体の自主性を発揮しやすくしたと論じられている.

18) 横浜市の議会費は極めて割高である. 例えば，同じように大都市である大阪市と比べると，大阪市は議員数 81 名で議会費は 22 億円に過ぎない. 議員の月額報酬を見ると，大阪市の 77.4 万円に対して横浜市は 95.3 万円なのである.

19) この点についてはさまざまな研究蓄積があるが，地方交付税制度における基準財政需要額の算定方法によって，1 人当たり支出の傾向の多くを説明できる. 端的には，人口 10 万人以下であれば，人口の増加は 1 人当たり費用を低下させる傾向がある.

20) 地図の上にある市町村の境界を消しゴムで消しただけでは行政は効率化しない. 効率化のためには行政サービスの取捨選択が必要である. 例えば，市役所や町村役場の統廃合で支出を削減すれば，近くにあった庁舎機能を失った人にとっては，サービス低下という痛みが伴うであろう.

21) 合併時は 70 万人を超えていたとされるが，人口減少が進行している.

22) 大都市の誕生を促すのは，わが国にとっては政策指針の変化ともいえる. 例えば，昭和の大合併においては，「町村合併促進法」という名称が示すように，意図的に「市」の合併を支援対象から外そうとしていた.

23) 明治期富山県の分県については，『災害教訓の継承に関する専門調査会報告書，1858 飛越地震』（内閣府，平成 20 年 3 月）の第 4 章を参照した.

24) 明治の大合併については Nihsikawa et al.（2018）の 4 節，あるいは島

（1958）を参照のこと.

25）　現代では, ヒト・モノの動きの広がり, 情報共有の度合いも高まっている
　　ことから, 人々の生活様式や価値感の差異は小さく, かつてほどには利害対立
　　が表面化しないかもしれない.

26）　札幌市, 仙台市, 広島市, 福岡・北九州エリアを含む圏域を「地方中枢都
　　市圏」と呼ぶものとは定義が異なる.

27）　歴史は繰り返すという意味では, 規模の経済性を期待した「昭和の大合併」
　　（1961 年まで）に続き, 行政を跨ぐ広域連携によって経済成長を促すための枠
　　組みとして, 新産業都市建設促進法（1962 年）と工業整備特別地域整備促進
　　法（1962 年）が制定された流れと重なってみえる.

28）　富山地方鉄道株式会社ウェブサイト（http://www.chitetsu.co.jp/?page_id=
　　731）.

29）　事業リスクを民間企業へ移転することは, PFI 方式を採用する本質的メリ
　　ットの1つである. しかしながら, リスクを安価に移転する契約を組成するこ
　　とは容易ではない.

30）　まったく同じ設備を持つ施設を地方自治体が整備すると, 投資額は 200 億
　　円を大きく上回る蓋然性が高い. 端的に言えば, 公共団体は, 法律によって,
　　調達先となる民間事業者にも配慮しなければならないため, 最安で資材を仕入
　　れたり, 最安で建設を請け負わせることができない（「官公需についての中小
　　企業者の受注の確保に関する法律」を参照せよ）. そのため, 民間事業者に施
　　設整備を依頼するだけでも費用削減のメリットが見込まれる.

31）　筆者の経験では, 地方自治体の場合, パブリックコメントとして寄せられ
　　る意見によって, 事前に作られた政策案を見直す必要が生じたような事例は稀
　　であると認識している. 原子力や米軍基地などのように, マスコミが取り上げ
　　るような事案であれば, その効力が発揮されるかもしれない.

32）　総合計画は, 概ねすべての自治体で策定されている. 2011 年までは地方自
　　治法で「基本構想（総合計画における最上位のテーマ）」を定めることが地方
　　自治体に義務づけられていたが, 現在は自主的な判断に委ねられている. 筆者
　　の本音を言えば, 総合計画の策定に参加するのは, 一般市民にとってあまりに
　　荷が重い仕事である.

33）　日本国憲法第 95 条に基づく住民投票は, ここでの文脈には沿わず, むしろ
　　2.1 項で言及した創造的抵抗体の文脈で論じられるべきものであろう.

34）　Fischel（2005, p. 76）では, Tiebout の子息である Bruce Tiebout に発音を
　　確認し, Tee-bow（bow は弓矢の「弓」の発音）であると紹介されている.

35）　では, どちらが良いのか. 例えば, Akai and Sakata（2002）は検討材料を

提供している.

36)　この点については,西川（2021）を参照のこと.

37)　西川（2011）を参照せよ.

38)　集合行為については,マンカー・オルソン（1996）が名著として知られている.集合行為は,少なくとも,他者との交渉が必要という意味において,個人による意思決定より費用が高い.

39)　歳入総額に占める地方税収の割合は,小数点以下第3位で四捨五入してから100倍した値.

40)　2021年の名古屋市長選では,立候補を表明した横井利明氏が全市民に2万円分の商品券を配布することを公約として掲げていたが,こちらは落選している.落選の理由は,金額が小さかったのか,商品券という点が嫌われたのか,名古屋市民が冷静であったのか,あるいはより政治的な理由があるのかは興味深い考察対象となりうる.

41)　国政選挙においても,減税や給付金に関する公約が表明されることがあるが,これを市町村での選挙と同列に扱えない一面がある.国による支出の場合,国民からの税収を国民へ配付するという明快な構図によって将来の増税がほのかに見えているのである.しかしながら,現在のわが国を見ていると,いまを生きる有権者は,すべての負債を将来の有権者に贖わせることができると信じており,あたかも自らに租税負担がないと考えているのかもしれない.そうでなければ,多くの政党と政治家が,選挙のたびに財政のバラマキを堂々と公約に掲げて再選を目指すことなどないはずである.

42)　このほか,有権者と政治家との間のプリンシパル・エージェント問題や,議会における党派間での交渉で行われるログローリングなどの論点もあるが,ここでは指摘するにとどめる.

■ 参考文献

Akai, Nobuo and Sakata, Masayo（2002）, "Fiscal Decentralization Contributes to Economic Growth: Evidence from State-Level Cross-Section Data for the United States," *Journal of Urban Economics*, 52(1), pp. 93-108.

別所俊一郎（2006）,「中央と地方の財政役割分担の経緯と現状―全国総合開発計画のケース―」『「中央と地方の役割分担と財政の関係」に関する共同研究最終報告書』.

Black, Duncan（1948）, "On the Rationale of Group Decision-Making," *Journal of Political Economy*, 56(1), pp. 23-34.

ブライス,ジェームス,松山武訳（1929）,『近代民主政治第一巻』岩波文庫.

コングルトン，ロジャー，横山彰・西川雅史監訳（2015），『議会の進化』勁草書房．

ダウンズ，アンソニー，古田精司監訳（1980），『民主主義の経済理論』成文堂．

Fischel, William A. (2005), *The Homevoter Hypothesis: How Home Values Influence Local Government Taxation, School Finance, and Land-Use Policies*, Harvard University Press.

後藤和子（1997），「地域経済の発展と近世農村舞台の展開」『文化経済学会』3号，pp. 5-11.

Hirschman, Albert O. (1978), "Exit, Voice and the State," *World Politics*, 31(1), pp. 90-107.

ハーシュマン，アルバート，矢野修一訳（2005），『離脱・発言・忠誠―企業・組織・国家における衰退への反応』ミネルヴァ書房．

カプラン，ブライアン，長峯純一・奥井克美訳（2009），『選挙の経済学　投票者はなぜ愚策を選ぶのか』日経BP社．

ミル，ジョン・S.，水田洋訳（1997），『代議制統治論』岩波文庫．

中井英雄（2007），『地方財政学―公民連携の限界責任』有斐閣．

西川雅史（2010），「乳幼児医療費助成制度の一考察（上）都道府県における所得制限と自己負担」『青山経済論集』62(3)，pp. 195-214.

西川雅史（2011），「乳幼児医療費助成制度の一考察（下）市町村の制度選択」『青山経済論集』62(4)，pp. 87-111.

西川雅史（2021），「財政への無関心にみる代議制民主主義の限界」MIMEO.

Nishikawa, Masashi, Hayashi, Masayoshi and Weese, Eric (2018), "Meiji era local government," *Kokumin-Keizai Zasshi*（*Journal of Political Economy and Commercial Science*), 217(2), pp. 101-125.

Oates, W. E. (1972), *Fiscal Federalism*, Harcourt Brace.

小栗広（1953），「明治の市町村制と生活共同体：土地利用からみた共同体の紐帯の研究―埼玉県の場合―」『新地理』2(1)，pp. 29-40.

オルソン，マンカー，依田博・森脇俊雅訳（1996），『集合行為論』ミネルヴァ書房．

斉藤淳（2010），『自民党長期政権の政治経済学』勁草書房．

シュンペーター，ジョセフ，中山伊知郎・東畑精一訳（1957），『資本主義，社会主義，民主主義』改訂版，東洋経済新報社．

島恭彦・宮本憲一・渡辺敬司（1958），『町村合併と農村の変貌』有斐閣．

田近栄治・油井雄二・佐藤主光（2001a），「地方交付税の何が問題か」『税経通信』2001年9月，pp. 23-33.

田近栄治・油井雄二・佐藤主光（2001b），「地方交付税の改革をどう進めるか」
　　『税経通信』2001 年 10 月，pp. 25-43.

Tiebout, Charles（1956）. "A Pure Theory of Local Expenditures," *The Journal of
　　Political Economy*, 64（5），pp. 416-424.

トリソン，ロバート，コングレトン，ロジャー編著，加藤寛監訳（2002），『レン
　　トシーキングの経済理論』勁草書房.

富田信男（1990），「普選法の制定と普選第一回総選挙」『選挙研究』5，pp. 4-28.

山下健次・小林武（1991），『自治体憲法』学陽書房.

■ **参考資料**

『「平成の合併」の評価・検証・分析』（http://www.soumu.go.jp/gapei/pdf/0806
　　16_1_2.pdf，2015 年 8 月 24 日最終確認，総務省）.

『災害教訓の継承に関する専門調査会報告書，1858 飛越地震』第 4 章（平成 20
　　年 3 月，内閣府）.

第4章　民営化・競争政策

1. はじめに

　1990年代以降，自然独占によって存在が認められてきた電気通信，郵便，水道等の**官業の民営化**が世界的な潮流になっている．その背景には政府の肥大化や官業の非効率がある．日本では，1980年代半ばに，3公社（電電公社，国鉄，専売公社）が民営化されたのを端緒として，2000年代に入り，「民間でできることは民間で」を掲げた小泉政権では，日本道路公団（東・中・西日本高速道路株式会社），新東京国際空港公団（成田国際空港株式会社），帝都高速度交通営団（東京地下鉄株式会社）等の民営化が相次いで決定された．

　最後に残った郵政事業は，政治の抵抗によって2005年の衆議院解散総選挙の争点となり，紆余曲折を経て，同年10月に郵政民営化法が成立するに至った．しかしながら，その後，民主党を中心とした連立政権になって，民営化に舵を切ったはずの郵政事業が，再び政治関与が及ぶ領域へと逆戻りし始め，さらに自公政権下においても，政治関与が強化されてきた．

　官業には，市場競争と市場によるガバナンスを受けないため，費用最小化のインセンティブに乏しく，民間企業に比べて事業が非効率に陥るという問題がある．これは事業が赤字に陥った場合でも，官業の場合には投資家からのガバナンスが機能しないためである．また，公共目的の名のもとに赤字が正当化され，補塡されることすらある．こうした非効率は，生産非効率やX非効率と呼ばれる．また，多くの国民は望まないが，利益集団への利益誘導のための事業が実施されることで資源配分の効率性を損なうこともある．そのため，事業を政治関与の外に置き，事業の担い手を民間企業に委ね，市場競争と市場によるガバナンスによって効率化と自立を促す民営化が選択されてきた．

　民営化前の郵政事業も同様に官業の非効率に陥るとともに，政治の都合に常に振り回されてきた．また官業に課されるさまざまな制約によって，経営の自立性が奪われ，郵政3事業はじり貧状態にあった．官業の民営化の意義は，事

業の効率化と自立であり，さらに利益集団とそれに結びついた政治の影響力が及ばない領域に事業の意思決定を移すことであった．果たして，効率化と自立という**郵政民営化**の本来の目的は達成されたのだろうか．

　本章では，民営化の対象を郵政事業に絞り，公共選択論の立場から，近年のわが国における民営化・競争政策の経緯とそれを阻んできた**レントシーキング**の実態を明らかにすることを目的とする．

2．郵政問題の構図

　2007 年 10 月に郵政事業が民営化されたといっても，政府が日本郵政株の100％を保有する政府の完全子会社という状態が長く続いた．郵政民営化の真の狙いは，これを株式上場によって，政府によるガバナンスから市場によるガバナンスに切り替え，事業の効率化を促し，民業として自立させることであった．

　2005 年の最初の郵政民営化法では，政府に株式保有義務がある 3 分の 1 超を除く日本郵政株を順次売却し，さらに日本郵政はゆうちょ銀行とかんぽ生命の株式を 2017 年 9 月末までに完全売却することが定められていた．しかし，2012 年の改正郵政民営化法によって，ゆうちょ銀行とかんぽ生命の株式の完全売却は凍結され，できるだけ早期に売却するという努力義務になった．

　株式上場の凍結によって，市場によるガバナンスが先送りされた郵政事業は，効率化と自立に成功したのだろうか．また，民営化後の郵政事業はどのような課題を抱えているのだろうか．図 4-1 は，郵政問題の全体像を把握するために，日本郵政グループを，持ち株会社である「日本郵政」と「日本郵便」，「郵便局」および「金融事業（ゆうちょ銀行とかんぽ生命）」の各事業に分け[1]，それらの制約となる外部環境と，それぞれが抱えている課題をまとめたものである．図 4-1 では，郵政事業の制約となる主な外部環境として，人口減少やインターネットメールや SNS の普及によるコミュニケーション手段の多様化，超低金利および政治関与が挙げられている．

①郵便事業

　まず，郵便事業については，近年のインターネット通販の拡大による宅配需要の増加が見られるものの，人口減少やコミュニケーション手段の多様化によって，手紙やはがき等の郵便物全体の需要が長期的な減少に直面している．

図 4-1　郵政問題の悪循環スパイラル

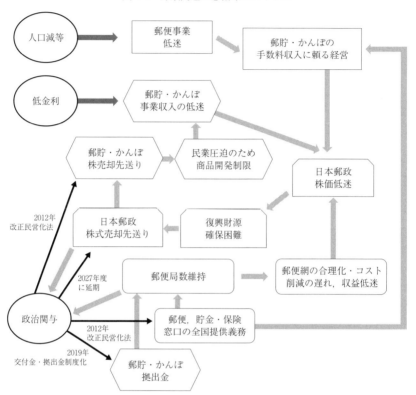

（注）○：外部環境, □：郵便事業, ○：ゆうちょ・かんぽ, □：日本郵政, □：郵便局, →は政治関与.
（出典）筆者作成.

表 4-1 より, 株式上場後の 2015 年から 2020 年までの「郵便物」と「荷物」の取扱量の変化を年率で見ると,「郵便物」は年率 2.1 ％（つまり 5 年で約 10 ％減）で減少したが, 直近 3 年の 2018 年から 2020 年では年率 2.6 ％で減少し, そのスピードが加速している. 他方で,「荷物」は年率 3.4 ％で増加しており, 特にゆうパックは年率 15.0 ％（つまり 5 年で 2 倍に）増加した[2]. しかしながら, 人口減少の加速, SNS の普及等によるコミュニケーション手段の変化によって, さらなる国内市場の縮小は避けられない. こうした郵便事業の低迷によって, 日本郵便はユニバーサル・サービスとして義務づけられた貯金・保険

表 4-1　株式上場後の郵便物と荷物取扱数の変化（年平均変化率）

	2015-18 年	2018-20 年	2015-20 年	備考
郵便物	-1.8%	-2.6%	-2.1%	内国（普通，特殊）と国際郵便の合計
うち　第一種	-1.7%	-0.8%	-1.3%	手紙
第二種	-0.9%	-3.1%	-1.8%	はがき
第三種	-4.0%	-3.5%	-3.8%	定期刊行物（新聞・雑誌等）
荷物	5.5%	0.3%	3.4%	ゆうパック，ゆうメールの合計
ゆうパック	21.8%	5.5%	15.0%	宅急便
ゆうメール	2.7%	-1.0%	1.2%	3 kg までの荷物

（注）　年平均変化率は幾何平均より算出.
（出典）　日本郵政株式会社「有価証券報告書」より作成.

商品の窓口販売による手数料収入に依存せざるをえない状況にある.

②金融事業

　郵貯・かんぽの金融事業の制約の１つは，超低金利政策であり，その影響を受けて，事業収入が低迷している.また，金融事業にとってのさらなる制約は政治関与である.影響力を保持したい政治的思惑から，株式売却が先送りされてきた.日本郵政株の政府保有割合は 2020 年 3 月末時点の議決権ベースで見ると，63.3％あり，さらにその日本郵政がゆうちょ銀行とかんぽ生命の株式を保有する割合は 89％，かんぽ生命では 64.5％で，当面の目標とされた 50％を下回る水準には到達していない[3].ゆうちょ銀行とかんぽ生命の中途半端ともいえる民営化によって，民業圧迫懸念から，魅力のある金融商品の開発が制限され，魅力を欠いた商品で収益確保を求められる状況にある.これが郵便局窓口における手数料収入の低迷にもつながっている[4].完全売却は民間金融機関との公正な競争条件を担保するために不可欠であるが，イコールフッティングの条件が整わないまま，金融事業の自立が妨げられている.

③日本郵政

　このように，郵便事業と金融事業の低迷によって，持ち株会社である日本郵政の株価は上場以来下落傾向が続いている.図 4-2 は，日本郵政株が上場された 2015 年 11 月の月末の株価を 100 とした場合の，2021 年 4 月末までの各月末株価の推移を日経平均株価とともに示している.日本郵政株は，上場以来下落の一途を辿り，2020 年 10 月末に最安値 37.5（62.5％減）まで株価が低迷し

図 4-2　日本郵政株価と日経平均株価の推移（2015 年 11 月末日〜 2021 年 4 月末日）

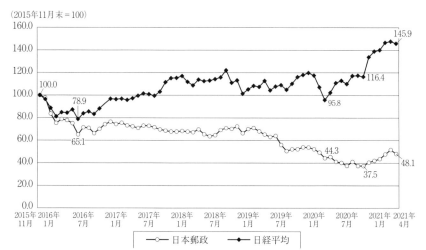

（注）　2015 年 11 月末の株価を 100.
（出典）　NEEDS-FinancialQUEST より作成.

たのに対して，同じ 2020 年 10 月末の日経平均株価は 116.4（16.4％増）に上昇した．また，2020 年 11 月から 2021 年 4 月末までに日経平均株価が一時 3 万円を超えるなど 29.5 ポイント上昇したのに対して，日本郵政株は 10.6 ポイントの上昇にとどまった．

　日本郵政株は，政府に株式保有義務がある 3 分の 1 超を除く株式売却益を東日本大震災の復興財源にあてることが 2011 年に定められた[5]．近年では，東日本大震災の復興財源に必要な財源を確保するための株価水準を下回っており，株式売却ができない状況に陥っている．そのため，2020 年には日本郵政の政府保有割合を 3 分の 1 超にする期限が 2022 年度から 2027 年度に 5 年延長された．政府は復興財源 4 兆円を見込んでおり，2 次売却までに約 2.8 兆円を調達し，最後の 3 次売却で 1.2 兆円の確保を目指している．財源確保のための株価が 1,132 円を上回る必要があるとされるが[6]，2021 年 4 月末時点の株価は 918 円であり 19％程度低い水準にある．

　金融 2 社が独立すると，郵便局の運営や郵便事業といった低収益の事業しか残らないことになるため，日本郵政サイドにも金融事業をグループ内にとどめ，金融事業株の売却を先送りしたいインセンティブがある．また，政治はさらに

強力に金融事業を郵政グループに縛りつける行動を大胆にとってきた．2012年の郵政民営化改正法[7]で，貯金と保険業務の郵便局窓口でのユニバーサル・サービスを義務づけたことに加えて，2019 年 4 月からゆうちょ銀行とかんぽ生命が全国の郵便局網を維持するための交付金を拠出する法整備がなされた[8]．法改正以前は，日本郵便とゆうちょ銀行ならびにかんぽ生命との民間企業間の契約に基づく委託手数料の支払いがなされていたものが，改正法によって，ユニバーサル・サービス維持に不可欠な費用は「交付金・拠出金制度」で賄うことが制度化された[9]．

④郵便局網とユニバーサル・サービス

　上場前の 2014 年度末と 2020 年度末時点の営業中の郵便局数（直営郵便局と簡易郵便局に分けられる）を比較すると，2014 年度末は 24,182 局で，そのうち直営郵便局が 20,117 局であったが，2020 年度末は 370 局減少（1.5％減）して 23,831 局，うち直営郵便局が 20,070 局であり，上場後も郵便局数は維持されてきた．減少した 370 局のうち，323 局（7.9％減）は簡易郵便局であり，直営郵便局は 47 局（0.2％減）にとどまっている[10]．また，2007 年 10 月の民営化時と比較しても，当時の直営郵便局数が 20,234 であったことから，2020 年度末までで 164 局の減少（0.8％減）にとどまっている．

　地方に拠点を置く地方銀行，信用金庫，農協等が店舗数を削減している状況で，日本郵政は全国各地に拠点を持つ郵便局網を自社の強みと掲げている．郵便局数を維持しようとすれば，合理化や費用削減が遅れ，収益の低迷から抜け出すことはできない[11]．また，収益が見込めない地域での郵便局の維持が局員のノルマの達成を困難にしており，これが不正を生む要因になったという指摘もある[12]．日本郵政は，民間企業として人口減でほとんど来客がなく収益が見込めない地域で郵便局網を維持する強みとは何かについて，投資家への説明責任を果たさなければならない立場にある．

　このように，郵政事業は人口減少，コミュニケーション手段の多様化，低金利という外生的要因に対処しなければならないはずが，政治関与→郵便網の合理化・コスト削減の遅れ，金融事業の収益低迷→日本郵政株価低迷→復興財源確保困難→郵政株の売却先送り→政治関与の拡大という悪循環のスパイラルから抜け出せない状況にある．

　悪循環のスパイラルから抜け出す道は，根源にある政治関与を断ち切ることであるが，なぜできないのだろうか．公共選択論の観点から考察すれば，政権

を維持したり，獲得したい政治的欲求と，既得権を守り競争を回避したい郵政サイドの欲求がその要因として挙げられる．なぜ政治家にとって政権維持や政権獲得のために郵政の存在が魅力的なのだろうか．次節では政治と郵政の関係を明らかにする．

3．利益集団とその集票力

3.1　利益集団と政治的影響力

　有権者によって組織された**利益集団**（圧力団体，利益団体）は自らの望む政策を実現させるべく政治的圧力をかける．有権者個人だけでは政策を与党に実行させることは極めて困難であるが，同じ要求を持つ有権者が利益集団を結成することで，要求が実現する可能性が高まる．わが国に限らず，利益集団は政治過程において大きな役割を果たしている．具体的には，予算編成時における政治家への陳情，政治的要求を唱えるデモだけでなく，選挙を通じた政治的要求の実現がある．

　利益集団の政治的影響力は，組織が要求する政策を実現するために，選挙を通じて，支持する政党に投票したり，議会（国会等）にその代表者を送り込むことで発揮される．政党は，利益集団の支持を得る（票を獲得する）ことによって，政権につく（与党になる）ことができ，利益集団は支持政党が選挙で勝利することで，選好する政策を実現させることができる．

　表4-2は，利益集団が選挙の場で，いかにして政治的影響力を行使し，支持政党を支えてきたかを示している．**a**と**b**は，それぞれ自民党と旧民主党（旧民進党）の主な支持団体と組織内候補の参議院比例代表選挙における得票数である．参議院比例代表選挙は，2001年の選挙から，あらかじめ政党の側で候補者の当選順位を決めておき，有権者は政党名を記載して投票する拘束名簿式から，名簿では当選順位は決められておらず，有権者が候補者名または政党名のいずれかを記載して投票する非拘束名簿式に変更された．これによって，有権者は当選させたい候補者を選ぶことができるようになったが，知名度のあるタレント候補や組織票を持つ業界団体や労働組合出身の「組織内候補」が上位当選する傾向が確認されるようになった．ここでは，「組織内候補」が獲得した票数を，業界や労働組合等の利益集団の集票力・政治的影響力と見ている．比例区で高い得票を確保した候補者の背後には利益集団が存在する．

表 4-2a　自民党の主な支持団体と組織内候補の参院選得票数

支持団体	2019 年参院選	2013 年参院選	2007 年参院選	2001 年参院選	1980 年参院選[3]
全国郵便局長会[1]	60.0 万票	42.9 万票	(11 万票)	48 万票	103 万票
軍恩連盟全国連合会		(解散)	—[2]	30 万票	99 万票
日本建設業連合会	23.3 万票	21.6 万票	23 万票	28 万票	174 万票
日本遺族政治連盟	20.6 万票	—[2]	23 万票	26 万票	92 万票
日本医師連盟	15.2 万票	25.0 万票	● 19 万票	22 万票	83 万票
全国土地改良政治連盟	13.8 万票	—[2]	● 13 万票	21 万票	116 万票
全国商工政治連盟	20.2 万票	17.8 万票	● 17 万票	20 万票	
日本看護連盟	19.0 万票	20.1 万票	● 17 万票	17 万票	52 万票
全国農政連	21.8 万票	33.8 万票	45 万票	17 万票	112 万票
日本薬剤師連盟	16.0 万票	20.4 万票	● 17 万票	16 万票	
日本歯科医師連盟	● 11.5 万票	29.4 万票	23 万票	10 万票	93 万票

表 4-2b　旧民主党（旧民進党）の主な支持団体と組織内候補の参院選得票数

支持団体	2019 年参院選	2013 年参院選	2007 年参院選	2001 年参院選	—
自治労（立民）	15.8 万票	23.6 万票	48 万票	22 万票	
情報労連（立民）	14.3 万票	16.7 万票	31 万票	● 15 万票	
自動車総連（国民）	25.9 万票	27.1 万票	26 万票	23 万票	
日教組（立民）	14.8 万票	17.6 万票	22 万票	17 万票	
電力総連（国民）	25.7 万票	23.6 万票	19 万票	26 万票	
UA ゼンセン（国民）	26.0 万票	● 13.9 万票	17 万票	● 16 万票	
基幹労連	—[2]	● 10.4 万票	17 万票	—[2]	
JP 労組（立民）	14.5 万票	● 12.1 万票	—[2]	20 万票	
電機連合（国民）	● 19.2 万票	15.2 万票	—[2]	20 万票	
JAM（国民）	● 14.3 万票	—[2]	—[2]	● 11 万票	
私鉄総連（立民）	10.4 万票	—[2]	—[2]	—[2]	

(注 1)　全国郵便局長会（前身の旧全国特定郵便局長会）は 2005 年衆院選から国民新党や民主党を支持したが，2013 年の参院選から自民党比例代表の組織内候補として前会長を擁立した．

(注 2)　組織内候補者の擁立を見送り．

(注 3)　1980 年参院選の得票数は，日本経済新聞「2003 夏決算の足音 1」（2003 年 8 月 10 日朝刊）．

(注 4)　●印は落選を示す

(注 5)　（国民）は国民民主党，（立民）は立憲民主党であり，2019 年参院選挙で組織内候補が立候補する政党を指す．

(出典)　得票数は，総務省「参議院議員通常選挙調」（https://www.soumu.go.jp/senkyo/senkyo_s/data/sangiin/index.html：2021 年 4 月 30 日），NHK「参院選 2019 開票結果」（https://www.nhk.or.jp/senkyo/database/sangiin/2019/：2021 年 4 月 30 日）等から得た．

　最近の選挙では，政党を支える利益集団の集票力はかつてほどの勢いはない
ものの，依然として政党にとっては魅力的であり続けている．以下では，具体
的に自民党と旧民主党の利益集団の集票力からその政治的影響力の強さを明ら
かにする．

3.2　自民党の主な利益集団と集票力

　郵政，建設業，商工業，農業，医療等の利益集団が自民党を支持している．

①全国郵便局長会

　2007 年 10 月に郵政事業が民営化される以前，郵便局は「特定郵便局」，「普
通郵便局」，「簡易郵便局」の 3 種類に分類されていたが，全国郵便局長会とは，
旧特定郵便局の局長が組織・運営する団体である．全国の約 24,000 局の郵便
局の 4 分の 3 以上が特定郵便局をルーツとしている[13]．

　かつては，全国の特定郵便局長 OB らで作る組織「大樹」が自民党の強大な
集票マシンとされた[14]．郵政の利益集団は，2005 年のいわゆる「郵政選挙」
以降は郵政民営化の見直しを条件として国民新党[15]と民主党を支援してきた．
しかし，2012 年 4 月に改正郵政民営化法が成立し，衆院選で自民党が政権復
帰したことを受け自民党と関係を修復させた経緯がある[16]．自公政権下の
2013 年参院選では，自民党の候補者（元全国郵便局長会会長）が 42.9 万票を獲
得し，6 年後の 2019 年では同候補者はさらに 60.0 万票まで得票を上積みし，
政治的影響力の大きさと政党にとっての魅力の大きさを見せつけた．

②他業界の支持団体

　郵政以外には，建設業[17]，商工業[18]，農業[19]等の支持団体が候補者を擁立
している．医療系業界では，日本医師会，日本歯科医師会，日本看護協会，日
本薬剤師会の目的を達成するために必要な政治活動を行う政治組織である日本
医師連盟，日本歯科医師連盟，日本看護連盟，日本薬剤師連盟がそれぞれの候
補者を擁立している[20]．

③その他の支持団体

　業界団体以外には日本遺族政治連盟や軍恩連盟全国連合会が代表的である．
日本遺族政治連盟は，戦没者遺族の集まりである日本遺族会の掲げる理念と政
策（遺族の処遇向上，首相や閣僚の靖国神社参拝）を実現するために活動する
政治組織である．軍恩連盟全国連合会は，第 2 次世界大戦を生き抜いた旧軍人
と家族を対象とする軍人恩給受給者の組織で，2009 年に解散し．都道府県組

織の協議会に再編成された．しかし，2020 年で戦後 75 年を迎え，近年では遺族も後期高齢者となり組織力が低下している．

　自民党を支持する利益集団の集票力の変化を把握するために，まず，**表 4-2a** から 2019 年参院選と 1980 年参院選の得票数を比較すると，この 40 年程度の期間にすべての政治組織の集票力が大きく低下したことが顕著である．

　つぎに，同じ選挙制度のもとで実施され，比較可能な 2019 年参院選と 2001 年参院選の得票数から集票力の変化を確認すると，自民党支持団体（軍恩連盟全国連合会と日本遺族政治連盟を除く）は，9 団体のうち，5 団体で増加したが，全国郵便局長会が約 12 万票増，全国農政連が約 5 万票増である以外はわずかな増加にすぎない．

　さらに，2019 年参院選と 2013 年参院選の得票数の単純比較から，近年の（安倍政権期における）集票力の変化を確認すると，自民党支持 9 団体のうち，3 団体で増加したが，全国郵便局長会が約 17 万票増である以外はごくわずかな増加にすぎない．他方，日本歯科医師連盟が約 18 万票減，全国農政連が約 12 万票減，日本医師連盟が約 10 万票減，全国土地改良政治連盟が約 4 万票減，日本薬剤師連盟が約 4 万票減であった[21]．この 6 年間を見ると，全国郵便局長会は再び自民党候補者を擁立した 2013 年の参院選以降，その集票力を 2016 年は 52.1 万票，2019 年は 60 万票と増加させており，郵政は政治力を顕著に増していることがわかる．その一方で，建設業と商工業の集票力は 20 万票程度で維持されたものの，医療系と農業系の利益集団の集票力の低下が鮮明である[22]．

　このように，業界団体の政治力の低下傾向に加え，遺族会や軍恩同盟のように構成員の高齢化から組織力に陰りが見えたり，解散する団体があるなかで，特に，郵政団体の存在感が顕著に高まっている．2019 年参院選における 9 支持団体の得票数約 200 万票に対して，郵政票の割合は 30％であり，2013 年参院選における同割合 19％より 10％ポイント程度上昇した[23]．

3.3　旧民主党（旧民進党）の主な支持団体と集票力

　旧民主党の支持団体は，連合傘下の産業別労働組合である．連合は，各業界での労働者の待遇や事業環境の改善を目指す日本最大の労働組合の全国組織であり，旧社会党系の総評（日本労働組合総評議会）と旧社民党系の同盟（全日

本労働総同盟）が1989年に統合して発足し，旧民主党の結党後は，同党を支持してきた．民進党分裂後の国民民主党には主に旧同盟系で民間労働組合出身議員が合流し，立憲民主党には主に旧総評系で自治労や日教組が推す議員が合流した[24]．

選挙制度が比較可能な2019年参院選と2001年参院選の得票数の単純比較（表4-2b）から，集票力の変化を確認すると，旧民主党支持団体（私鉄総連を除く）は，UAゼンセン[25]が約10万票，自動車総連とJAMが約3万票前後増加した以外，9団体のうち6団体で票数が低下している．

つぎに，2019年参院選と2013年参院選の得票数の単純比較（私鉄総連とJAMを除く）から，近年の（安倍政権期における）集票力の変化を確認すると，民主党支持8団体のうち増減がちょうど半々となった．増加した4団体では，UAゼンセンが約12万票増，電機連合[26]が4万票増である．

比較可能な上述の8団体の得票総数は，2001年参院選159万票に対して，2013年は150万票，2019年は156万票と150万票台で推移しており，自民党支持団体ほど集票力が低下していないように見える．ただし，集票力が低下したのは立憲民主党支持団体に集中しており，2019年と2013年を比較すると，JP労組を除く3団体で自治労約8万票減，日教組約2.8万票減，情報労連[27]約2.4万票減であった．

4. 官業の非効率

官業は市場における独占的地位を与えられ，市場競争と市場によるガバナンスを受けないため，費用最小化のインセンティブに乏しく，民間企業に比べて事業が非効率に陥るという問題がある．事業が赤字に陥った場合でも，民間企業では株主＝投資家から経営陣に対して経営責任が問われることになるが，官業の場合にはこうしたガバナンスが機能しない．さらに，政治の関与によって，公共目的の名のもとに赤字が正当化され，補填されることすらある（ソフトな予算制約）．こうしてもたらされる独占企業や官業の非効率は，生産非効率やX非効率と呼ばれる．

図4-3は，官業に伴うX非効率を示している[28]．まず，完全競争における均衡は需要曲線Dと限界費用曲線MC_1の交点（生産量Q_Cと独占価格P_C）で，消費者余剰は$\triangle KGP_C$である．

図 4-3　官業に伴う X 非効率

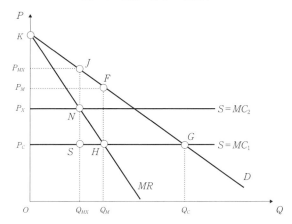

（出典）Cullis and Jones（2009）Ch.5, Figure5.3 より作成.

　つぎに，生産効率的＝X 効率的な独占公的企業は，限界費用曲線 MC_1 と限界収入曲線 MR との交点で生産量 Q_M と独占価格 P_M を選択する．このとき，独占の社会的費用は資源配分上の厚生損失△FGH（死重的損失）となり，独占利潤□ P_MFHP_C が発生する一方，消費者余剰は△KFP_M に減少する．

　さらに，生産非効率的＝X 非効率的な独占公的企業が存在するとき，X 非効率な生産活動によって，限界費用曲線が上方にシフトした MC_2 で与えられ，独占公的企業は限界収入曲線 MR との交点で生産量 Q_{MX} と独占価格 P_{MX} を選択する．このとき，独占利潤は□$P_{MX}JNP_X$ となり，独占の社会的費用は X 非効率によって限界費用が上昇した部分□ P_XNSP_C と資源配分上の厚生損失△JGS（死重的損失）の合計に大幅に拡大する一方で，消費者余剰は△KJP_{MX} にさらに縮小する[29]．

　官業の民営化は，市場競争と市場によるガバナンスを通じて，独占で失われた消費者余剰と X 非効率で失われた消費者余剰を取り戻すことにほかならない．

　しかしながら，第 2 節で説明したとおり，政府保有株売却の先送りによって，郵政事業には，民業圧迫懸念から対等な市場競争が制限されるとともに，市場によるガバナンスが機能していない．さらに，政治関与が強化され，全国の郵便局での郵便，貯金および保険のユニバーサル・サービス義務が課され，郵便局網の合理化や費用削減が停滞した．中途半端ともいえる郵政事業の民営化が

X非効率を招き，事業の効率化と自立を困難にした．

5．レントシーカーとしての郵政[30] |||||||||||||||||||||||||||||||||||||||||||||||||||||||||||||||||||||||||||||||||||||||

　業界団体や消費者団体等の利益集団が，投票，陳情，請願，署名活動，政治献金といった政治活動を通じて，政治家に対して政治的便宜（政治的レント[31]）を求める行動を**レントシーキング**という[32]．公共選択論では，政治家の目的を選挙に勝つこと（再選）であると説明する．政治家を目指す候補者にとって，選挙に勝つために，票と政治活動のための金銭とが必要となる．特定の政策に関する利害関係で結びついた利益集団は，自らの利益を確保するために，再選を目指す政治家のために必要な金銭の提供や集票力を発揮する．このとき，政治家は，その見返りに利益集団に政治的便宜を差し出す．利益集団と政治家にとっての政治的利益は，一般的に公共部門や官業の効率化を望む納税者の利益を損なうものである．

　実際に，こうしたレントシーキングを示す事例は枚挙にいとまがない．本章でこれまで見てきたとおり，民営化後の郵政事業と政治との関係も例外ではない．全国郵便局長会が利益集団としての集票力を発揮する一方で，政治は貯金と保険サービスにも郵便局窓口でのユニバーサル・サービス提供義務を課し，その費用を金融事業で負担する（つまり，金融2社を郵政事業内に縛りつける）ことを制度化した．これは，政治が票と引き換えに，（国民のためと言いながらも，日本郵政株主の利益を犠牲にして）郵便局数の維持を約束するのと同時に，金融事業の株式保有（完全売却の先送り）を約束して競争から保護するという特権を利益集団に与えたことにほかならない．

　レントシーキングは，政治的レント（**図4-3**：独占利潤□$P_M FHP_C$，あるいは，独占利潤□$P_{MX}JNP_X$）を得るための利益集団の投資であり，市場における生産的な投資とは異なって，政治的な利権を得るためになされる非生産的活動となって，政治的レントが浪費されるまでレントシーキングが行われる．つまり，レントシーキングの社会的費用は，競争市場の結果が得られないことによって発生する厚生損失（死重的損失）と独占者の地位（政治的レント）を追求するレントシーキングに資源が浪費されることによって発生する厚生損失の合計となる．

　このようにレントシーキングが蔓延する社会は，人々の行動を非生産的な政

治的活動に向かわせることになり，個人の富が努力や勤勉さ，独創力には依存
せず，レントシーキングの巧拙に依存することになる．したがって，レントシ
ーキングが蔓延する社会では，経済の活性化が阻害される要因になる．

　また，レントシーキングは社会正義（公平性）の問題も引き起こす．レント
シーキングの巧拙が，個人の富の大きさに左右される（政治的説得やロビー活
動には金銭を要する）とすれば，富める者がさらに富むことになるため，社会
正義が著しく損なわれた社会となってしまう．

6．おわりに：骨抜きにされた民営化

　民主党を中心とした連立政権以降，政治家は利益集団の集票力の魅力に負け，
民営化されたはずの郵政事業を政治の都合に翻弄される非効率な領域に引き戻
してしまった．その結果，郵政事業の自立に不可欠な改革や株式売却が棚上げ
され，郵政事業の不安定化を招いた．民営化から株式の完全売却までに（2017
年までの）10 年をかけた当初計画は揺り戻しの政治的機会を与えてしまい，
完全に失敗だったといえる．ただし，10 年という長期間にせざるをえなかっ
た民営化スケジュールは強力な政治的抵抗の裏返しともいえる．

　2007 年の民営化以降，郵政事業の経営は民間出身のトップを中心とした体
制であったが，民間出身のトップは道半ばにして退任してしまった．2020 年
からはゆうちょ銀行を除く 3 社のトップを官僚出身者が務める体制になった．
これは，実績のある民間出身経営者といえども，政治が強力に関与し，政治の
都合で事業が振り回される世界では収益を改善することが不可能であることを
はっきりと示している．果たして，官僚出身者トップによって，郵政事業は本
章で見た悪循環のスパイラルを抜け出せるだろうか．

　小泉政権下で民営化された郵政事業以外の官業も，民営化後 10 ～ 15 年程度
経過してもなお，影響力を保持したい政治によって，株式売却が進んでおらず，
その結果，経営の自立が制限されてきた（表 4-3 参照）．

　日本政策投資銀行と商工組合中央金庫は，2008 年 10 月に民営化され，当初
は，2015 年 10 月までに政府が 100% 保有する株式をすべて売却する予定だっ
たが，2015 年には完全民営化の時期が撤廃されてしまった．民営化路線が修
正された背景にはリーマンショックと東日本大震災への対応で中小企業支援な
ど政策金融が存在感を増したことがある．しかし，政策金融は非常時だけでな

表 4-3　民営化後の日本政府の株式保有状況

	民営化時期	上場時期	政府保有割合
東京地下鉄	2004 年 4 月	非上場	財務大臣 53.4%，東京都 46.6%
成田国際空港	2004 年 4 月	非上場	国交大臣 90.0%，財務大臣 10.0%
日本郵政	2007 年 10 月	2015 年 11 月	財務大臣 63.3%
日本政策投資銀行	2008 年 10 月	非上場	財務大臣 100%
商工組合中央金庫	2008 年 10 月	非上場	財務大臣 46.7%

（注 1）　2020 年 3 月末時点.
（注 2）　2021 年 10 月末に政府が保有する日本郵政株式の追加売却が行われ，政府保有割合は 1/3 超
　　　　となった.
（出典）　各社の「有価証券報告書」より作成.

く平時においても存在感を増しており，民業圧迫との批判を受けている[33].

　東京地下鉄（東京メトロ）は，2004 年 4 月に民営化されたものの，非上場
のまま，日本政府が 53.4%，東京都が 46.6% の株式を保有しており，都市再開
発で東京メトロへの影響力を保持したい都との関係から，経営の自立性に制約
がかかったままである．成田国際空港も民営化当初には株式上場の議論がなさ
れたものの，日本政府が 100% を保有したままである.

　小泉政権が道筋をつけた官業の民営化・競争政策は，その後の自民党政権の
もとですでに停滞が始まり，民主党を中心とした連立政権以降は，支持母体へ
の配慮を優先して，骨抜きにされてしまった．官業の民営化や競争政策は経済
成長を押し上げる技術知識の改善であり，生産効率性を改善し，生産可能性フ
ロンティアを拡大させる成長戦略である．しかし，期待されたアベノミクスの
第 3 の矢「成長戦略」はこのように不発に終わってしまった.

　日本経済の停滞が長引き，政府の財政状況が悪化の一途を辿っている状況に
おいて，成長戦略を通じて，経済の活性化と財政健全化を共に達成するのか，
それともレントシーキングが蔓延する社会で，さらに非効率で大きな政府，経
済の停滞及び格差拡大を生み出してしまうのか，公共選択論の観点から，注意
深く監視していく必要がある.

 コラム：郵政民営化と民主党政権・自公政権下での後退

　1871 年に発足した国営の郵政事業は，郵政事業庁，郵政公社を経て，2007 年
10 月に民営化された．ここでは，公社化から民営化までと，民主党を中心とし

郵政公社化, 民営化, 見直しの流れ

年　月	出来事
1997 年 12 月	橋本政権　郵政事業公社化決定
2001 年 4 月	小泉政権誕生
2003 年 4 月	日本郵政公社発足
2004 年 9 月	「郵政民営化基本方針」閣議決定
2005 年	通常国会民営化法案審議
2005 年 8 月	郵政解散, 衆院選　自民党勝利
2005 年 10 月	「郵政民営化法」成立
2007 年 7 月	参院選　民主党勝利
2007 年 9 月	「株式の処分停止等に関する法案」参院可決
2007 年 10 月	郵政公社民営化
2009 年 8 月	衆院選　民主党勝利
2009 年 9 月	連立政権合意
2009 年 10 月	民主・社民・国民連立政権誕生
2009 年 12 月	「郵政民営化凍結法」成立
2010 年 4 月	「郵政改革法案」閣議決定
2010 年 6 月	「郵政改革法案」成立先送り
2010 年 7 月	参院選　民主党惨敗
2011 年 12 月	日本郵政株式売却益の復興財源化
2012 年 4 月	改正郵政改革法成立 3 社体制, 株式売却期限撤廃, 貯金・保険窓口提供義務
2012 年 12 月	安倍政権誕生
2015 年 11 月	日本郵政, ゆうちょ銀行, かんぽ生命株式上場
（2017 年 10 月）	（完全民営化）
2019 年 4 月	ゆうちょ銀行・かんぽ生命への交付金・拠出金制度化
2019 年 12 月	かんぽ生命不正問題を受け, 業務停止処分
2020 年 1 月	日本郵政, 日本郵便, かんぽ生命社長に官僚出身者
2020 年 3 月	政府保有日本郵政株式 1/3 超を 2027 年度に延長
2021 年 10 月	日本郵政株式の追加売却で, 政府保有割合が 1/3 超に

た連立政権とその後の自公政権下での郵政民営化の見直しの経過を概観する.

(1) 小泉政権下での民営化

　郵政事業の公社化が政治の表舞台にのぼったのは, 橋本政権下である. 1996
年からのいわゆる橋本行革の過程で郵政民営化が議論されたものの, 結局は
1997 年になり郵政事業は 3 事業一体, 公益性と全国ネットワークを持った国営

公社という方針が決定された.

　2001 年 4 月に郵政民営化を持論とする小泉政権が誕生すると, 郵政民営化が本格的な政治課題となった. 小泉内閣は, 2004 年 9 月に,「郵政民営化基本方針」を閣議決定し, 2007 年 4 月に 4 分社化したうえでの民営化, 2017 年 3 月までの完全民営化という大枠と道筋を明らかにした.

　その後, 郵政民営化法案が 2005 年の通常国会に提出され, 同年 7 月の衆院ではわずか 5 票差で可決されたが, 8 月の参院で否決され解散・総選挙となった. いわゆる「郵政選挙」での自民党の圧勝を受けて, 10 月には郵政民営化法が成立した. その結果, 2007 年 10 月に日本郵政株式会社を持ち株会社として, その傘下に郵便事業株式会社, 郵便局株式会社, 株式会社ゆうちょ銀行, 株式会社かんぽ生命がぶら下がる形で郵政事業が民営化された.

(2) 民主党政権下での見直し

　しかし, 郵政民営化後 2 年足らずの 2009 年 9 月に民主・社民・国民の連立政権が誕生し, その連立政権合意において郵政民営化の見直しが決定された.

　郵政民営化路線の見直しという政策の方針転換は, 2007 年 7 月の参院選での民主党の勝利をきっかけに, 民主・社民・国民の 3 政党の間での共通政策となっていた. 同年の 9 月には「日本郵政株式会社, 郵便貯金銀行及び郵便保険会社の株式の処分の停止等に関する法律案」が参議院に提出され, 12 月に可決された（ただし, 衆議院では審議なし）.

　2009 年 8 月末の衆院選に大勝した民主党は, 連立政権樹立に先立ち, 社民, 国民両党との間に「国民生活を確保し, 地域社会を活性化すること等の目的に, 郵政事業の抜本的な見直しに取り組む」とした「連立政権合意」を交わした. その後, 民主・社民・国民の連立政権は, 10 月に郵政民営化の見直しの方向を示した「郵政改革の基本方針」を閣議決定し, 12 月に日本郵政グループの株式売却凍結法を国会で成立させた. これによって, 日本郵政, ゆうちょ銀行, かんぽ生命の株式と, 宿泊施設（かんぽの宿）の売却が一時凍結されることになった.「郵政改革の基本方針」では,「郵便, 郵便貯金, 簡易生命保険の基本的なサービスを全国あまねく公平に……, 郵便局で一体に利用できるようにする」と, 分社化された郵政事業の一体経営（4 分社化の見直し）, さらに金融・保険サービスのユニバーサル・サービスの法制化といった方針が示された.

　2010 年 4 月には, 2011 年 10 月に郵便事業会社と郵便局会社の統合, 政府が日本郵政の株式の 1/3 超, 日本郵政がゆうちょ銀行とかんぽ生命保険の株式をそれぞれ 1/3 超を保有し, 売却期限は設けないことなどを盛り込んだ「郵政改革法案」が国会に提出されたが, その後 2 年間ほど棚ざらしにされた. しかし, 東日

本大震災の復興財源として，日本郵政の株式売却益に目を付けた自民党・公明党が歩み寄り，2012 年 4 月に民主，自民，公明の 3 党が共同で「改正郵政民営化法」を提出し成立させた．改正郵政民営化法では，日本郵政による金融 2 社の株式売却義務を撤廃したこと，さらに，日本郵便の窓口提供業務として，郵便に加え，金融事業（①簡易な貯蓄・送金および債権債務の決済，②簡易に利用できる生命保険）にもユニバーサル・サービスを義務付けたことで，金融 2 社に政府の関与をより強く残すことになった．こうして 2012 年 10 月には，郵便事業会社と郵便局会社が統合して 4 社体制で再スタートするとともに，政府が関与する領域へと逆戻りした．

(3) 自公党政権下での民営化の後退

　2015 年 11 月に日本郵政，ゆうちょ銀行，かんぽ生命の 3 社は東京証券取引所一部に上場するが，収益低下と相次いだ不正問題を反映して，その後の株価は低迷の一途を辿った．2012 年の改正郵政民営化法によって，2017 年 10 月の完全民営化は消滅し，2012 年 12 月からの安倍政権下でも郵政民営化の後退は続くことになった．

　2019 年 4 月からは，ゆうちょ銀行とかんぽ生命が全国の郵便局網を維持するための交付金を拠出する法整備（「独立行政法人郵便貯金・簡易生命保険管理機構法の一部を改正する法律」）がなされた．改正後はユニバーサル・サービス維持に不可欠な費用は交付金・拠出金制度で賄うことが制度化され，金融 2 社を繋ぎ止める体制が強化された．

　2019 年には，かんぽ生命保険が郵便局を通して販売した保険で保険料の二重徴収等の顧客に不利益を与えた不正販売の疑いが表面化した．不正販売の疑いのある保険契約は，2019 年 3 月以前の過去 5 年間分の約 18.3 万件（契約者が約 15.6 万人）にのぼり，同年 12 月に金融庁と総務省から業務停止命令を受けた．また，2020 年にはゆうちょ銀行でも多数の不正引出しが発覚した．

　2007 年の民営化以降，郵政事業の経営は民間出身のトップを中心とした体制であったが，かんぽ生命保険の不正販売問題によって，民間出身の 3 社長が辞任し，2020 年 1 月からはゆうちょ銀行を除く 3 社のトップを官僚出身者が務める体制になった．

■注

1）　改正郵政民営化法によって，日本郵政グループは，日本郵政とその傘下に，

ゆうちょ銀行，かんぽ生命，日本郵便（郵便事業会社と郵便局会社が統合）の
3事業会社が入る新体制で再スタートした．郵政民営化に関する近年までの経
緯は，本章コラムを参照のこと．

2）　特に，2015年から18年にかけての増加率は年率21.8％であり，これはイ
ンターネット通販と2017年の同業他社の値上げによって取扱量が増加したこ
とが影響した．

3）　ただし，日本経済新聞（2021年5月18日朝刊）「かんぽが自社株買い，郵
政出資5割以下へ」によれば，2021年5月にかんぽ生命の自社株買いによって
64.5％から日本郵政保有割合が50.04％まで低下した．日本郵政は今後49.9％ま
で引き下げるという．

4）　さらに，こうした状況が無理な収益確保のための過剰ノルマとなり，2019
年に表面化したかんぽ生命の不正や不祥事を招く要因にもつながったという指
摘がある（日本経済新聞（2019年8月7日朝刊）「日本郵政・かんぽ不正の源
流（中）」）．

5）　「東日本大震災からの復興のための施策を実施するために必要な財源の確保
に関する特別措置法」．

6）　日本経済新聞（2020年2月6日朝刊）「郵政株低迷，売却先延ばし」参照．
なお，日本郵政株価の低迷は続いたものの，2021年10月末に政府が保有する
日本郵政株式が売出価格820.6円で追加売却され，政府保有割合は2005年に
成立した郵政民営化法が定めた1/3超となった．他方で，日本郵政が保有する
ゆうちょ銀行とかんぽ生命の株式の完全売却は進んでいない．

7）　小泉政権後の郵政民営化の経緯については，伊藤（2019）第7章参照．

8）　2018年6月，郵便局ネットワーク維持を支援するための交付金・拠出金制
度を創設する「独立行政法人郵便貯金・簡易生命保険管理機構法の一部を改正
する法律」が成立し，2019年4月に施行された．これによって，機構が日本
郵便への交付金の交付とゆうちょ銀行・かんぽ生命からの拠出金の徴収を実施
することになった．

9）　2019年度の日本郵便への「交付金」は2,952億円であり，ゆうちょ銀行と
かんぽ生命の「拠出金」はそれぞれ2,378億円と576億円であった．また，交
付金以外の費用（日本郵便への販売委託手数料）の負担方法はこれまでどおり
民間同士の契約で決定される．ゆうちょ銀行の財務諸表を見ると，2020年3
月期の営業経費（10,183億円）のうち，前者は「郵政管理・支援機構への拠出
金」，後者は「日本郵便への委託手数料」に区分され，それぞれ2,378億円（営
業経費の23.4％）と3,697億円（同36.3％）が計上されており，合わせて営業
経費の59.7％が日本郵便への支払いとなっている．

10)　東日本大震災によって営業を休止していた 12 郵便局が 2015 年度以降再開
　　したため，東北地方で増加している．日本郵政「郵便局局数情報〈オープンデ
　　ータ〉」（https://www.post.japanpost.jp/newsrelease/storeinformation/index
　　02.html：2021 年 4 月 30 日）．

11)　新規事業として，郵便局では介護や相続の相談事業を取次業務から自社事
　　業化することや，地方自治体の支所の窓口業務の受託に乗り出そうとしている
　　が，そもそも人口減少が著しい地域において，事業の立て直しにつながるほど
　　の収益改善は期待できない．また，日本郵政は EC モール大手との資本業務提
　　携で，EC 物流やモバイル，DX，金融等の幅広い分野で協業し事態の打開を
　　図ろうとしている（日本経済新聞（2021 年 3 月 13 日朝刊）「楽天，郵政と資
　　本提携」）．

12)　日本経済新聞（2019 年 8 月 7 日朝刊）「日本郵政・かんぽ不正の源流（中）」
　　参照．

13)　全国郵便局長会（http://www.postmasters.jp/index.php：2021 年 4 月 30 日）
　　参照．

14)　旧郵政省と特定郵便局長にとって，「選挙」は，郵便，貯金，保険の 3 事業
　　に次ぐ第 4 の事業であったとされる．朝日新聞（2020 年 4 月 4 日夕刊）「現場
　　へ！郵政省『第 4 の事業』は選挙」では，1990 年代前半に，選挙前に特定郵
　　便局長が自民党員集めの政治活動を行い，郵政省が大規模な国家公務員法違反
　　を行っていたことを告発した当時の告発者の記事を掲載している．

15)　国民新党は，2005 年の衆院選前に，郵政民営化に反対して自民党を離党し
　　た議員が中心に結成された政党であり，「郵政政策研究会」（旧大樹）の支援を
　　受けた．

16)　民主党政権下においても，次期衆院選に向け，民主，自民，公明の各党の
　　代表がそれぞれ全国郵便局長会に出席するなど秋波を送っていたことはよく知
　　られている（日本経済新聞（2012 年 5 月 27 日朝刊）参照）．

17)　総合建設業者で構成される業界団体である日本建設業連合会と都道府県建
　　設業協会の全国的組織である全国建設業協会．

18)　全国商工会連合会の政治組織である全国商工政治連盟と日本商工会議所の
　　政治組織である日本商工連盟．

19)　全国土地改良事業団体連合会（土地改良事業を行う者の協同組織）の目的
　　を達成するための政治活動を行う政治組織である全国土地改良政治連盟と農業
　　協同組合の政治組織である全国農業者農政運動組織連盟（全国農政連）．

20)　ただし，民主党への政権交代，政策決定への影響力を保つため，日本医師
　　会は民主党政権下の 2010 年参院選において，民主，自民党およびみんなの

党に 3 候補を擁立した．また，日本歯科医師連盟も組織内候補として民主党候補者を擁立した．

21) ただし，全国土地改良政治連盟は 2013 年において組織内候補者を擁立しなかったため，2016 年参院選の得票数（18.2 万票）を用いている．

22) 農業団体の自民党離れは安倍政権下で推進された環太平洋経済連携協定（TPP）参加への反発があると見られる．

23) 近年では自衛隊退職者を中心とした隊友会（2016 年参院選 13.8 万票＝当選，19 年では 23.7 万票＝当選），日本理学療法士連盟（2016 年参院選では 13.0 万票＝当選，19 年 10.0 万票＝落選），日本臨床検査技師連盟（2016 年参院選では 12.3 万票＝当選，19 年 8.5 万票＝落選），全国介護政治連盟（2016 年参院選 10.1 万票＝当選，19 年 7.5 万票＝落選）が集票力を発揮している．

24) 連合の産業別の主な構成組織の組織人員数は，UA ゼンセン 178.2 万人（国民），自動車総連 79.2 万人（国民），自治労 77.4 万人（立民），電機連合 56.6 万人（国民），JAM34.3 万人（国民），基幹労連 27.3 万人，JP 労組 23.8 万人（立民），日教組 22.5 万人（立民），情報労連 19.5 万人（立民），電力総連 20.5 万人（国民），私鉄総連 11.3 万人（立民）であり，全 46 構成組織の合計では 680.6 万人になる．さらに，友好参加組織（4.2 万人），特別参加組織（5.0 万人），地域ユニオンおよび地方直加盟組織（1.3 万人）を加えると，702.5 万人に上る．
連合の産業別構成組織の組織人員数（2020 年 10 月 29 日時点）は，連合「『連合』構成組織一覧」を参照（https://www.jtuc-rengo.or.jp/about_rengo/data/kouseisoshiki_ichiran.pdf?4104：2021 年 4 月 30 日）．

25) UA ゼンセンは，繊維・化学・医薬化粧品・食品・流通・百貨店・ホテル・医療介護福祉・派遣業等の産業に従事する労働者によって組織される産業別労働組合であり，UI ゼンセン同盟（全国繊維化学食品流通サービス一般労働組合同盟）とサービス・流通連合が 2012 年 11 月に統合して発足した．

26) 電機連合は，電機，電子，情報関連産業の労働組合が結集した組織である．

27) 基幹労連は，金属産業関連（鉄鋼，造船，非鉄鉱山，航空・宇宙，産業機械，製錬，金属加工，情報関連・物流産業）労働組合が結集した組織である．

28) 本節は主に Cullis and Jones（2009）第 5 章を参照している．

29) したがって，X 非効率によって発生した費用（厚生損失）は面積 $JFHP_CP_XN$ である．

30) レントシーキングの説明は Hillman（2003），Cullis and Jones（2009）を参考にしている．

31) 政治的レント（Political rent）に対して，通常，レント（Rent）とは経済的レント（Economic rent）を指しその生産要素が供給されるのに最低必要な

　　支払いを超えて支払われる部分である.

32）　レントシーキングと社会的費用の経済分析は第7章第5節を参照のこと.

33）　2018年の全国銀行協会の報告によれば，2016-17年の平時においても民業
　　圧迫と判断される事例が830件あったことが報告されている（日本経済新聞
　　（2018年5月11日朝刊）「存廃問われる政策金融」).

■参考文献

Cullis, J. and Jones, P. (2009), *Public Finance and Public Choice: Analytical Per-
　　spectives*, Oxford University Press.

Hillman, A. (2003), *Public Finance and Public Policy: A Political Economy Per-
　　spective on the Responsibilities and Limitations of Government*, Cambridge
　　University Press（井堀利宏監訳『入門財政・公共政策』勁草書房，2006年).

伊藤真利子（2019），『郵政民営化の政治経済学』名古屋大学出版会.

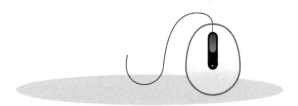

第5章　少子高齢化と社会保障

1. 社会保障と公共選択

　政治の失敗に注目し，政治的意思決定に関連するアクターの行動に注目する公共選択論は，本章で取り上げる社会保障とやや相性が悪いと筆者は考えている．なぜならば，社会保障を含む再分配制度は「誰かから取り，誰かに与える」ことを基本としており，社会的な合意形成が非常に難しい．さらに政府による大規模な介入がなされ，さまざまな規制が存在するため，財政規模の肥大化や政治的アクターによるレントシーキングが生じやすい．公共選択の視点から社会保障を検討する場合，必然的に政府の規模や役割の拡大に対してネガティブな評価を下しがちになる．実際に本章で示すさまざまな事例は，わが国の社会保障制度と関連するアクターの行動に着目し，財政の肥大化や非効率性を招いたことを示していくことになる．

　しかしながら，公共選択論の視点から社会保障制度を検討することは社会保障制度の否定につながるものではないことに留意してほしい．公共選択論と強いつながりを持つ立憲的政治経済学の立場からは，立憲段階における「**不確実のヴェール**」のもとでは，社会保障を政府が提供することは全員一致で容認されうる．公共選択論が社会保障を含めた政府活動に向ける厳しい視点は，社会保障制度そのものの否定や規模の拡大に対する否定ではなく，「より良い」制度を考察するためのものである．本章の読者も，公共選択論から見る社会保障制度への批判的検討と社会保障の必要性を織り交ぜ，各自で「より良い」制度とは何かを考えてほしい．

　本章では紙幅の都合上，社会保障がなぜ必要なのか，各社会保障制度が具体的にどのような仕組みとなっているのかについて詳細に解説することはできない．社会保障はなぜ必要なのか，日本の社会保障制度はどうなっているのかなどについては数多くの文献があるので各自で学んでほしい．

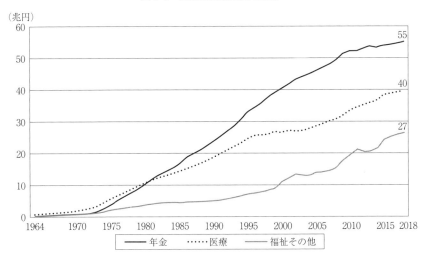

図 5-1　社会保障給付費の推移

（出典）　国立社会保障・人口問題研究所「平成 30 年度　社会保障費用統計」より作成.

2．少子高齢化の進展と社会保障の拡大

　日本は世界でも類を見ない速さで高齢化が進んでいる．国立社会保障・人口問題研究所の「日本の将来人口推計」（2017）によれば，2015 年で 26.6％であった高齢化率（65 歳以上人口の総人口に占める割合）は 2036 年に 33.6％となり，人口の 3 人に 1 人は高齢者となることが予想されている．その一方で，生産年齢（15 歳から 64 歳）人口の総人口に占める割合は 2015 年の 60.8％から 2040 年には 54.3％まで低下し，2065 年には 50.5％とほぼ総人口の半数まで低下する．これら数字は一定の仮定のもとに推計されたものであり，変動する可能性はあるものの，2065 年には生産年齢人口とそれ以外の人口がほぼ 1 対 1 の関係となることが予想されている．2019 年から広がった新型コロナウイルスの影響で，出生数がさらに落ち込むことが予想されており，この数字はさらに悪化する可能性もある．

　高齢化の進展は年金・医療・介護などの社会保障支出を拡大させる．2018 年の社会保障給付費は約 121 兆円，対 GDP 比は 22.16％となっている．図 5-1 は

社会保障給付費の部門別の推移を表したものである．さらに 2018 年度の国の一般会計に占める社会保障関係費は約 33 兆円で，歳出総額の 33.7％を占めている．このように社会保障は金額・財政活動に占める割合が非常に高くなってきており，そのあり方を検討することは重要な政策課題である．また，上で述べたとおり生産年齢人口と老年・若年人口の割合の変化，特に高齢者の割合の増加は，社会保障の財政的なバランスに大きな影響を与える．それは世代間対立の先鋭化やシルバーデモクラシーといった社会の分断化を招きかねない．本章では，公共選択の視点から社会保障制度をどのようにとらえることができるのか，年金・医療・介護・障害者福祉等のトピックから考えていきたい．

3. 公的年金と公共選択

3.1　公的年金制度の必要性と特徴

　皆さんは何歳まで生きるだろうか．そしてそれまでにどのくらいのお金が必要だろうか．年金（老齢年金）とは，この長生きに伴う所得減少の**リスク**に備える仕組みである．本章では，わが国の公的年金制度を前提として公共選択論の視点から検討を行うが，読者には「年金は必要なのか」，「年金が必要であったとして，それが公的年金である必要があるのか」という 2 点について考えておいていただきたい．この点については上村（2009）の 2 章で詳細な議論がなされている．なお，本章で議論する年金制度は，老齢期の所得保障を目的とした老齢年金のことを指す．

　わが国の公的年金制度は，被用者を対象とした厚生年金制度が先にスタートし，遅れて被用者以外を対象とした国民年金制度が整備されていった[1]．すべての国民がいずれかの公的年金制度でカバーされる「国民皆年金」が成立したのが 1961 年である．当初の公的年金制度は積立方式で設計されていた．積立方式とは，被保険者が現役世代に拠出した保険料を積立・運用し，老齢期に給付する個人間の時間を通じた所得移転方式と捉えることができる．

　公的年金の目的は老齢期に一定の所得保障を行うことであり，高齢者に対する防貧機能を果たすことである．しかし，積立方式で開始された公的年金制度は，開始当初から大きな問題を抱えることになる．

(1) 制度開始期に一定の年齢となっている人々に対して十分な給付を行うこと

ができない.
(2) 経済成長に伴うインフレーションに対して積立金の実質的な価値が目減り
　する.

　まず (1) について確認しよう. 公的年金制度は支給開始年齢から死亡する
までの期間にかけて給付を行う. 当然のことながら, ある程度の金額を給付し
続けるためには現役世代の間に十分な拠出を行うことが必要となる. しかし,
制度開始期に拠出開始年齢を過ぎている人々, さらに高齢者となってしまって
いる人々は, 十分な拠出期間を与えられなかったために無年金や低年金状態と
なってしまう. 公的年金制度の目的が高齢者の防貧機能であるにもかかわらず,
制度が成熟するまでに高齢者になる人々へどう対処するかという問題が生じた
のである.

　1954 年に改正された厚生年金は 20 年以上の加入で男子 60 歳, 女子 55 歳か
ら支給開始となっていた. 1961 年から完全施行された国民年金は 20 歳から 40
年間の拠出期間としていたが, 10 年間の拠出で 1971 年から給付を開始する 10
年年金という措置をとっていた. いずれも制度開始期に一定の年齢となってい
る人々に対して拠出期間の短縮化を行った措置であるが, すでに述べたとおり,
拠出期間の短縮化は給付額の減少につながることになる.

　次に (2) について確認する. 戦後の消費者物価指数の推移を見ると, 厚生
年金が改正された 1954 年から給付が始まる 20 年後の 1974 年にかけて 2.86 倍
となっている. 市町村国民年金の 10 年年金の対象期間である 1961 年から 10
年後の 1971 年にかけて消費者物価指数は 1.74 倍となっている[2]. 現役世代の
場合, 所得が経済成長に伴って上昇するのでインフレーションの影響は相対的
に小さい. 一方で積立金を原資とする公的年金の給付額は, インフレーション
によって実質的に目減りすることになる.

　短い拠出期間である程度の給付を受けるためには, 保険料の大幅な引き上げ
が必要となる. しかしながら, 保険料の大幅な引き上げは労使双方の大きな反
発を招くことになる. ここで労使と書いているのは, 厚生年金は労使折半とい
う仕組みとなっており, 労働者に課せられる保険料の半分は企業が負担するこ
とになっているからである. 労使の利害は対立する場合が多いが, **社会保険制
度**に関しては負担増加を忌避するという意味で労使の利害が一致する. さらに
インフレーションによる給付の目減りという問題への対応も必要となり, 保険

料の大幅な引き上げという手段以外で給付の拡大を行う必要に迫られることとなった.

3.2　賦課方式への移行と財政規律の緩み

　上記の問題に対応するためにとられた手段は, 現役世代の拠出した保険料を同時代の高齢者に対する給付に用いる賦課方式へ移行することであった. 賦課方式へ移行することによって高齢者の給付水準を大幅に引き上げることが可能になった. とはいえ, 高齢者への給付を全て現役世代の拠出で賄う完全賦課方式まで移行したわけではなく, ある程度の積立金も保持する修正積立方式と呼ばれる財政方式となった.

　厚生年金において上記の変革が行われたのが1973年の改正である. 1973年改正では, 高齢者の給付水準を引き上げるために給付水準を現役世代の賃金上昇率にあわせて引き上げる賃金スライドを導入し, 同時に財政的なバランスを保持するために将来的な保険料率を引き上げる段階保険料方式が導入される. これ以降, 各時点における将来の人口予測や年金給付水準（スライド）の「予測」に基づいて将来的な保険料が設定されることになる. これを財政再計算と呼ぶ.

　段階保険料方式の問題点は, 年金受給世代からの給付維持・増加圧力と保険料を負担する労使双方からの保険料抑制圧力のもとで, 「政治的意思決定に関与できない将来世代」にむけて非常に高い保険料率を設定することで見かけ上のバランスをとるという, 将来世代への**負担の先送り**が恒常化したことである. 歳入と歳出の対応関係を崩し, 負担の将来世代への先送りを許容した結果, 財政規律が弛緩するという公共選択論の指摘がそのまま現実化したのがわが国の年金改革といえよう. **表5-1** は, 1973年改正以降の拠出・給付の変化を示したものである.

　1973年改正によって給付水準は男性の平均報酬に対する60％という高い水準に設定され, それ以前と比較して標準的な年金給付額が2.5倍以上増加した. 一方で最終的な保険料率は2008年に19.6％に設定される. 1980年改正では改正時点で10.6％であった保険料率は最終的に3倍以上となる34.9％に設定されている. 労使折半であるとはいえ, 年金保険料のみで34.9％という水準となっており, また2025年という改正時から45年先の将来に向けた設定となっている.

表 5-1　年金改革における拠出と給付の変化

改正年	拠出			給付	
	保険料率	最終保険料率	到達年	支給開始年齢	スライド
1973	7.60%	19.60%	2008	60 歳	賃金スライド
1976	9.10%	20.70%	2006	60 歳	賃金スライド
1980	10.60%	34.90%	2025	60 歳	賃金スライド
1985	12.40%	28.90%	2021	60 歳	賃金スライド
1989	1430%	31.50%	2020	60 歳	賃金スライド
1994	16.50%	29.80%	2024	60 ～ 65 歳（定額）	賃金スライド
				60 歳（報酬比例）	（可処分所得）
2000	16.50%	27.80%	2025	60 ～ 65 歳（共通）	可処分所得
					物価

(出典)　上村（2009）表 3-1 を一部改変.

　給付水準の大幅な上昇と保険料上昇の抑制，将来世代への負担の先送りとい
う三位一体が進められたのは，政治的支持の獲得（もしくは政治的反対の抑
制）だけではなく，当時の社会状況も影響していたと考える．国民皆年金が実
現した 1961 年であるが，直近の 1960 年における社会経済環境を見ると，高齢
化率 5.7％，平均余命 63.0 歳，中位年齢 25.5 歳，そして失業率は 1％未満であ
った．当時の日本社会は十分に若く，そして高度経済成長のただ中にあった.
人口および経済が成長していく想定のもとで，このような改革が行われていっ
たのである．しかし皮肉なことに，大盤振る舞いと評して良い 1973 年改正以
降，出生率と経済成長には陰りが見えてくる．特に合計特殊出生率は 1970 年
代半ばに人口置換水準である 2.07 を下回り，現在に至るまで回復していない.

3.3　甘い将来予測と財政責任

　積立方式に内在化された問題への対応として一部賦課方式が導入され，段階
保険料方式によって将来的な拠出と給付のバランスが調整されるようになった
ことはすでに述べた．その将来の保険料率は将来人口予測に基づいて財政再計
算において設定される．この財政再計算では，各設定時点においてかなり遠い
将来に対して非常に高い保険料率が設定されてきたが，実はこの保険料率は実
態よりも高い出生率を前提に設定されてきた．財政再計算の前提となる出生率
の予測は国立社会保障・人口問題研究所が算出する将来人口推計に基づいてい

るが，この予測は常に下方に（少子化の影響を低く見積もる方向に）外れてきたと批判されている（八代ほか，1997；鈴木ほか，2003）[3]．

　時間軸を通じて財政バランスを調整する場合，各時点での意思決定者には恒常的な歳出拡大と負担抑制の圧力が加えられることになる．その結果，財政バランスを達成するために遠い将来世代，特に選挙権を有さず（時には生まれてもおらず）意思決定に関与できない世代まで先送りをする強いインセンティブを有することになる．さらに，甘い将来予測に基づいて楽観的な数字を提示するインセンティブも有することになる．このような将来予測の問題に対して，田中（2013）では海外の財政ルールを紹介している．例えば，将来見通しに関して抑制的なシナリオを提示したり複数シナリオを提示したりすること，予測と実際の乖離に関連して事後的な検証を義務づける等の手段がとられている．いずれにせよ，各時点において恣意的に数字を提示するのではなく，事前および事後のルールを明確に定めて運用することが重要となる．

　また，年金積立金は特別会計という形で積立・運用が行われてきた．特別会計とは一般の会計とは別に特定の歳入と特定の歳出を経理する方式である．特別会計に関しては透明性の欠如や非効率性といった視点から多くの批判がなされている．財政制度等審議会・財政制度等分科会の「特別会計の見直しについて（平成 15 年 11 月）」では，特別会計の問題点として「予算の論議が概して一般会計中心に行われ，特別会計について議論されることが少なく，歳出の効率化が図られていないのではないか．特に，固有の財源等をもって不要不急の事業が自己増殖的に行われているのではないか」と指摘されている．さらに「特別会計に対する国民的視点からのガバナンスが緩いのではないか，また，特別会計が各省庁の既得権益の温床と化しているのではないか」とも指摘されている．

　年金積立金は年金給付の原資であるが，制度成立時より目的外利用が続けられてきた．国民年金法第 74 条および厚生年金保険法第 79 条によっていわゆる「年金福祉還元事業」として，各地に保養施設等の建設と運営がなされてきた．代表例が大規模年金保養基地（グリーンピア）である．事業に関連する公益法人が厚生労働省（旧厚生省）や社会保険庁職員の天下り先となっていたこと，多くの施設で恒常的な赤字となっていたことなどが批判を浴び，施設の売却等が進められることとなった．

3.4　2004 年年金改革

　1985 年以降，年金改革は給付の抑制と最終保険料率の低減に徐々に舵を切っていく．年金給付の給付乗率（給付水準を設定する係数）の削減や支給開始年齢の引き上げ等の措置が行われてきたが，これら改正も適用が一律に行われたわけではなく，年齢に応じて段階的に適用されていった．給付を削減することは，受給権者および近い将来に受給権者となる人々からは大きな反発を受けることになり，その実行は容易でないことがわかる．

　年金制度の大きな変更が行われたのが，2004 年の小泉政権下で行われた年金改革である．2004 年年金改革は多岐にわたっているが，主要なものとして以下が挙げられる．

(1)　保険料水準固定方式の採用
(2)　マクロ経済スライドの導入

　保険料水準固定方式とは，段階的に保険料（率）を引き上げ，2017 年に水準を固定する方式である．国民年金保険料は月額 16,900 円（2004 年価格），厚生年金の最終保険料率は 18.3％に固定される．**表 5-1** の過去の改革と比較すると，2004 年改革はそれ以前の改革と比較して最終保険料の到達年が近く，最終保険料率は低く抑えられていることがわかる．保険料水準固定方式を導入することで，それ以前に行われていた際限ない保険料率の上昇に歯止めがかけられることになる．

　低い最終保険料（率）に設定することは，給付の抑制もしくは他の財源の追加を必要とすることを意味する．そこで給付をコントロールするために導入されたのがマクロ経済スライドである．これまで，給付水準は物価や賃金，可処分所得といった経済情勢に応じて調整されてきた．マクロ経済スライドでは，これら要素に加えて，平均余命の伸びや被保険者人口といった年金の収支バランスに影響を与える人口動態を考慮し，給付を調整する仕組みである．平均余命が伸びることは給付総額の増加につながり，被保険者数が減少することは支えての減少につながるので，収入が減少する．マクロ経済スライドはこれら要素を考慮して自動的に給付が調整される．

　2004 年年金改革によって，公的年金財政の持続可能性は大きく改善することになった．2004 年改革のポイントは，「明確な数値を設定し，自動的に実行し

ていく」という点にあるだろう．2004 年以前の改革では，最終的な保険料率や達成年度が財政再計算のたびに変化する，いわゆるゴールポストが動く状態であった．保険料水準固定方式では，2017 年に 16,900 円，18.3％という目標が明確化され，毎年の保険料（率）が自動的に引き上げられていった．

　しかし，2004 年改革にも残された課題は数多い．基本的に，歳入が設定されればそれに見合うように歳出を決定しなければならない．逆もまたしかりである．しかし，公的年金制度においては保険料水準固定方式で歳入を決定する一方，それに対応した歳出抑制がなされているわけではない．マクロ経済スライドは保険料水準固定方式で得られる歳入と連動する仕組みではない．また，2004 年改革では所得代替率 50％の維持という目標も同時に設定された．つまり，歳入と歳出で別々の目標が設定されてしまっているのである．両方の目標が同時に達成されることは困難であり，2004 年改革以降も所得代替率 50％の維持が常に議論されることとなる．また，財政の安定化のため国民年金（基礎年金）に投入される税の割合を 3 分の 1 から 2 分の 1 に引き上げることとなった．引き上げ分の原資は消費増税で賄うこととなっていたが，消費税率の引き上げが実現したのは 10 年後の 2014 年であった．

4．医療保障と公共選択

4.1　医療というサービスの特徴

　私たちは病気やケガに遭遇した際に医療サービスを受けることになる．わが国では，その際の支払いは実際の費用の一定割合となっており，残りの部分は健康保険料や公費（税）で賄われる．また，医療費の負担が大きくなった場合には所得に応じて医療費の支払いの上限が設定される高額療養費制度や休職した際に支払われる傷病手当金などの制度も存在している．このように，医療サービスに関しては政府の介入がなされている．その理由として，医療サービスには以下で挙げる 3 つの経済学的特徴が存在している．

（1）需要の不確実性
（2）情報の非対称性
（3）外部性

　まず「需要の不確実性」について見ていこう．私たちは，医療サービスを「いつ・どれだけ」必要とするのかわからない．したがって，不確実な需要に対して合理的に備えることが困難である．もちろん，そういった不確実性への対処として保険（民間保険）が存在するが，保障プランの想定を超えたリスクに対処することは困難であるし，そもそも保険加入が困難な人々（資力や既往症など）も存在する．したがって，民間医療保険ですべての人々をカバーすることはできない．

　次に「情報の非対称性」について見ていこう．医療サービスは供給側と受け手の情報格差が非常に大きい．私たちは，通常，自身のケガや病気の詳細な治療方法や費用について習熟しているわけではない．そのような場合，市場における取引における価格メカニズムが十分に機能しないことが指摘されている．経済学における市場メカニズムが機能するためには，売り手・買い手双方が完全情報であることが前提となるが，情報の非対称性が存在し，それが売り手側（医療提供側）に対して優位な場合，競争を通じた価格低下は起こりにくい．さらに，取引されるサービスが私たちの健康や生命に関わる医療の場合，私たちはそれを買わないという選択をすることは難しい．

　最後に「外部性」について見ていこう．新型コロナウイルスのように，病気の中には感染性を持つものが存在している．治療や感染拡大防止を個人の自由に委ねた場合，治療を行わない，もしくは感染拡大防止に協力しない意思決定をする人が現れる．その場合，その意思決定を行った本人だけではなく周囲に病気を広げてしまう．このような個人の自由な意思決定が周囲にネガティブな影響を与えてしまうことを「**負の外部性**」という．この場合，市場メカニズムでは外部性を是正することは困難であるため，政府の介入が正当化され得る．例えば，2021 年現在，新型コロナウイルスのワクチン接種が進められており，無料でワクチン接種を受けることができる．これは，ワクチン接種が被接種者本人の感染リスクを低減させるだけでなく，他者に感染を拡大させるリスクを低減する，すなわち，負の外部性を抑制することにつながるからである．

　医療サービスは私的財ではあるが，実際，ほとんどの国では何らかの形で医療に関する政府介入が行われている．ただし，各国でも介入の程度や財源はそれぞれ異なっている．**表 5-2** は医療供給体制を財源（誰が医療費を負担しているか）と供給主体（誰が医療サービスを提供しているか）という視点から整理したものである．アメリカ合衆国を除くほとんどの先進国で，医療費は公的負

表 5-2　各国の医療供給体制

		医療供給主体	
		民間中心	公的中心
財源	公的負担が主 (税・社会保険中心)	日本	イギリス スウェーデン
	私的負担が主 (民間保健中心)	アメリカ	

担となっている[4]．具体的には社会保険料を財源としているか，税を財源としているかという違いがある．医療供給主体としては，民間中心であるか公的機関中心であるかという違いがある．日本は公的健康保険を中心に財源を確保することで医療サービスに安くアクセスすることができるようにしており，医療サービスを提供する主体は民間中心となっている．

4.2　医療の価格規制

　日本は生活保護受給者を除くすべての国民が何らかの公的医療保険（健康保険）に加入することになっている．ここで「何らかの」と書いたのは，日本では企業主体の健康保険制度から始まり，被用者対象の健康保険，被用者以外が加入する市町村国民健康保険へと対象者が拡大していった経緯があり，働き方に応じて加入する健康保険が異なっているからである．ただし，加入している健康保険が異なるからといって，受けられる医療サービスや自己負担が異なることはない．医療サービスを受けた際の自己負担は年齢および所得によって異なっている．就学前の児童は2割，就学後から70歳までは3割，70歳から75歳までは2割，75歳以上は1割負担となっている．70歳以上で現役並み所得を得ている人々は3割負担である．残りの医療費は健康保険料や公費（税）によってカバーされる．さらに，医療費の自己負担が一定割合に抑えられているとはいえ，医療費そのものが高額になった場合には所得に応じて設定された自己負担額上限以上の支払いが保険者から償還される（事実上，上限額以上の負担が免除される）高額療養費制度が存在している．

　このように，日本では公的健康保険によって医療サービスを安く受けることができるようになっている．それと同時に，保険給付の適用となる医療サービスや薬剤の範囲と価格が政府によって統制されているのである[5]．なぜ，保険給付の適用となる医療サービスや薬剤の範囲と価格が政府によって統制されて

いるのだろうか．公的健康保険制度によって自己負担が低く抑えられている状態で，供給側が自由に提供するサービスや薬剤，そしてその価格を設定できる場合，過剰なサービス供給や標準治療から外れた効果が不明確なサービス供給，そして価格のつり上げが可能になってしまい，公的健康保険制度の持続可能性が危ぶまれるからである．医療サービスの供給主体が公的部門の場合は供給するサービス内容や価格について統制することが可能であるが，日本の場合は民間中心であるため，全国一律で事前に供給するサービス内容や価格を決定し，示しておく必要がある．医療サービスに対する価格統制を「診療報酬」，薬剤に対する価格統制を「薬価基準」と呼び，保険適用される医療サービスや薬剤は単位ごとに単価が設定されている．公的健康保険から支払いを受ける場合には，診療報酬や薬価基準に従った内容および価格にしなければならない．

　診療報酬や薬価基準は2年に1回の頻度で改定が行われる．池上（2014）によれば，診療報酬改定のプロセスは大きく2つに分かれている．まず，診療報酬全体の上げ下げが決定される．これは予算総額を決定するイメージと近い．続いて，決定された診療報酬の伸びのもとで，個々の医療サービスや薬剤の価格の見直しが行われる．したがって診療報酬改定のプロセスは，ミクロの医療サービスや薬剤の価格を積み上げて全体の改定率が決定されるのではなく，まずマクロの全体の改定率が決定され，その範囲内でミクロの価格が決定される構造となっている．

4.3　診療報酬改定とレントシーキング

　医療サービス供給者や薬剤メーカにとって，診療報酬や薬価基準の設定および改定は収入に直結する重要事項となる．一方で健康保険を管掌する保険者側や財務省にとっても，改定は支払い額に大きな影響を与えることになる．したがって，診療報酬改定は医療および医療費の支払いに関連するアクターの利害関係が錯綜する中で合意形成を行っていく政治的プロセスである．キャンベル・高木（2014）は，診療報酬改定に関わるアクターを列挙し，それぞれの行動を詳細に解説している．

　キャンベル・高木（2014）では，全体の報酬率改定に関わるアクターを財務省主計局，厚生労働省保険局，与党（自由民主党），日本医師会の5者としている．財務省主計局は税金の投入を抑えること，厚生労働省保険局は健康保険からの支出を抑えることを目的としており，診療報酬を抑制する立場に立つ．

日本医師会を中心とした医療提供側は診療報酬の引き上げの立場に立ち，寄付金と票で自民党を支持することで影響力を行使している．このような業界団体からの支持を受け，政策形成に関与していく議員を「族議員」と呼ぶ．自由民主党の政務調査会長および族議員のとりまとめを行う有力議員による調整という内部プロセスを経て，全体の改定率が決定されると述べている．

　一方で，個別の診療報酬が決定される段階では，厚生労働省の諮問機関である中央社会保険医療協議会（中医協）で決定される．中医協は支払い側（保険側）7名，医療供給側7名，公益代表（学者等）6名から構成される．全体の改定率という一定の枠のもとで個別の診療報酬を決定していくプロセスであるため，ある項目の診療報酬を引き上げた場合，別の項目を引き下げる必要がある．キャンベル・高木（2014）では，バランスを保つことや不公平な「でこぼこ」を解消することが大前提となると述べている．

　以上のように，日本においては医療の価格が政治プロセスによって決定されているので，医療提供側の所得はこの診療報酬改定に決定的に依存する．したがって，医師および関連する団体は，この政治的プロセスに影響力を持つアクターに対して寄付や票の提供といった形で影響力を行使し，自らに有利な結果を引き出そうと行動する．公共選択論ではこういった行動を「レントシーキング」と呼ぶ．レントシーキングが問題を引き起こした事例として，日本歯科医師連盟が族議員や中医協委員に闇献金を行った事件などが存在する．

4.4　予算の管轄と政府の介入

　日本の場合，年金・医療・介護等の社会保障サービスの多くが社会保険制度で運営されている．財源としての税と社会保険料の違いは何だろうか．強制力をもって徴収し社会保障政策の財源となるという意味では，社会保険料と税の違いは存在しない．しかし，受益と負担の対応関係という意味では社会保険料と税には違いがある．例えば，皆さんはこれまでに支払った消費税がいくらか把握できてはいないだろう．社会保障財源として消費税を選択した場合，拠出履歴に応じた給付という対応関係が崩れることになる．したがって，社会保険方式と比較して給付調整がしやすいという特徴を持つ．もう1つ，公共選択論的な視点からの社会保険料と税の違いは，管轄する組織，すなわち関与するアクターに違いが生じる点にある．日本の場合，税は財務省の管轄であり，社会保険料は厚生労働省の管轄となる．財政健全化への意識が強い財務省が予算へ

の関与を強めた場合，より抑制的な政策が志向される可能性が高い．キャンベル・高木（2014）では，財務省主計局が小泉政権以降より積極的に医療費抑制に踏み込んできていると述べている．

　イギリスの医療制度は NHS（National Health Service）と呼ばれており，公的財源（税）を中心としており，原則自己負担はない．また，医療サービス供給主体の多くは公的機関となっている．一般財源の税金を医療の財源とする場合，医療費抑制は予算をコントロールすることで実現が可能である．また，一般財源として他の公共サービスとのバランスを考慮する必要があり，医療費の膨張は批判にさらされやすい．イギリスの場合，特にサッチャー政権以降の財政健全化と市場化の圧力のもとで，予算を通じた NHS のコントロールにより，病院や医療サービスの荒廃が進んだと指摘されている[6]．

5．介護保険と公共選択

　介護保険制度は 2000 年から導入された比較的新しい社会保険制度である．新しく設計された制度であるため，健康保険制度と比較して財政責任は厳格である．保険者は市町村であり，被保険者は 40 歳から 64 歳の人々（第二号被保険者），そして 65 歳以上の人々（第一号被保険者）である．保険者は 3 年ごとに第一号被保険者の保険料を設定するが，これは次の 3 年間における保険給付の見込みに基づいて設定される．さらに，基準を超えて一般財源を投入することは認められていない．予測に基づいて設定される保険料であるため，当然保険料収入が実態よりも少なくなることがある．その場合には，次期の保険料を引き上げることによって対応することとなっている．このように，第一号被保険者の介護保険料は介護保険給付と連動する「pay-as-you-go」方式を採用している．保険者が介護保険料を低く設定したとしても，保険給付との間にギャップが生じた場合には次期保険料を引き上げざるをえない仕組みとなっている．

　以上のように，介護保険制度では保険者が永続することを前提に時間を通じた財政責任を課しているととらえることができる．それでは，保険者の永続性が失われる場合，保険者はどのような意思決定を行うのであろうか．保険者の永続性が失われるというのはどのような場合だろうか．それは市町村合併である．2000 年代前半にいわゆる「平成の大合併」によって全国の市町村数はおおよそ半分になった．この平成の大合併の影響を検討する研究は多岐にわたっ

ているが，Nakazawa（2018）は合併参加市町村の介護保険料設定を実証的に
考察している．具体的には，合併参加市町村の中でも時期的に介護保険料設定
が可能で，かつ人口規模が小さい市町村ほど，介護保険料を低く設定していた
ことを明らかにしている．市町村が永続する状況であれば，すでに述べたよう
に当期の保険料を低く抑えたとしても，保険給付との間にギャップがある場合
には次期の保険料を引き上げなければならない．一方で，市町村合併に参加す
る場合，当期（合併前）の保険料を低く抑えたとしても，その財政負担は合併
後の市町村全体でシェアすることができる．その肩代わり具合は，合併に参加
する市町村間での人口規模が相対的に小さい市町村の方が大きく，したがって
フリーライドするインセンティブが強い．ここでのフリーライドとは，当期の
介護保険料を低く抑えたことによる財政負担を合併後の市町村全体に転嫁する
行動を指す．財政ルールが比較的厳格な介護保険制度においても，他の制度変
更を利用した機会主義的行動が確認できる．

6．赤の女王効果

　本章の最後に障害者福祉を取り上げたい．優生保護法という法律がかつて存
在していた．優生保護法は1948年に施行され1996年まで存続していたが，そ
の第一条には「優生上の見地から，不良な子孫の出生を防止するとともに，母
性の生命・健康を保護することを目的とする」と書かれている．優生学（優生
思想）とは，「身体的および精神的に優秀（とみなされる）人々の遺伝を保護
し，逆に劣った（とみなされる）人々の遺伝を排除する思想」であり，特定の
人種・民族および属性を持つ人々の排除に容易につながりうる．日本では優生
保護法のもとで障害を持つ人々に対して強制的な不妊手術を行ったことが問題
となっている[7]．優生保護法の制定が第2次世界大戦後であることもさること
ながら，1996年に至るまで改正されてこなかった事実は驚きに値する．優生保
護法を改正した母体保護法では，当然ながら旧優生保護法第一条（優生条項）
は存在していない．
　障害者福祉をめぐる混乱は優生保護法だけにとどまらない．2000年代まで障
害者福祉は措置制度という制度で行われてきた．2003年に支援費制度という新
制度に移行するものの，給付費の拡大を受けてわずか3年で廃止となる．2006
年に障害者自立支援法が制定されるものの，自己負担の導入などを問題視し全

国で障害者自立支援法違憲訴訟が行われた．最終的に原告と国（厚生労働省）は合意に達し，障害者自立支援法は廃止となる．

　優生保護法が21世紀になる前まで存続していたことや，障害者福祉政策が上記のように混乱していたことを知る国民はそれほど多くないかもしれない．それは障害者やその家族が社会の中での少数派に属していることが原因ではないかと考える．つまり社会の多数派が「自分とは無関係」であるという認識を持つ場合，問題が問題として認識されず，特定の方向に政策が誘導される可能性がある．これは障害者福祉にとどまらない．上村（2009）は公的年金に関して年齢が下がるほど関心や期待が減少し，さらに理解も低くなることを示している．そのような場合，特定の政策に強い関心を持ち，さらに投票に一定以上の影響力を持つ集団の意向が反映されやすいことは明らかであろう．

　複雑化・大規模化する社会保障を含めた財政システムにおいて，市民社会の目が届かない意思決定システムを放置した場合，国家は容易にリヴァイアサンになりうる．Acemoglu and Robinson（2019）は，国家と社会の均衡が保たれなければ国家は容易にリヴァイアサン化すると述べ，ルイス・キャロルの寓話になぞらえて「**赤の女王効果**」と名づけた．『鏡の国のアリス』では，アリスが赤の女王と出会い，二人で競争するものの，全く同じ場所から動くことはなかったというエピソードがある．なぜ走り続けたのに別の場所に行き着かないのかというアリスの疑問に対して，赤の女王は同じ場所に踏みとどまるためには思い切り走り続けなければならないと答えている．

　Acemoglu and Robinson（2019）のいう「赤の女王効果」とは，『鏡の国のアリス』におけるアリスと赤の女王のように，その場にとどまる（均衡を維持する）ためには互いが走り続けなければならない状況を指す．そして，Acemoglu and Robinson（2019）におけるアリスと赤の女王は，国家と社会である．国家と社会はアリスと赤の女王のように互いに全力で走り続けなければ均衡を維持することができない．リヴァイアサン化する国家を統制するためには，常に社会からの監視や圧力が必要となり，それはアリスの寓話で示されているように「全力で走り続ける」ものなのである．社会の機能を維持し，構成員の自由や安全を保証するためには強い国家が必要であるが，強い国家がリヴァイアサン化し，人々を抑制しないためには強い社会が必要である．社会からの関心が失われチェック機能が働かなくなると，国家は容易にリヴァイアサン化するのである．

　最後に，特に社会保障のような再分配を伴う仕組みに関して，すべての人々が満足する仕組みは存在しないことを強調したい．仮に存在するならば，それはすでに導入されているか，技術的に導入が不可能なものである．市場に委ねる，もしくは政府による介入を許容する，いずれの場合もメリットとデメリットが存在している．重要なのは，どのような目的のもとで，メリットとデメリットを比較検討しつつ，どのような仕組みを採用するかという選択にある．

　本章では日本の社会保障制度を公共選択論的視点から検討してきた．人口減少と少子高齢化の進展，そして家庭内扶養機能の低下により，家族以外でのケアが求められている．今後，社会保障の重要性はますます増加し，財政規模も大きくなっていくなかでの政府介入のあり方，すなわちどのような制度設計をおこなうのかを考える際に公共選択論的な視点は非常に重要になってくるだろう．市場の機能は万能ではなく，政府の介入にも政治の失敗が生じる．制度的な枠組みの中で各アクターがどのような振る舞いをするのかを冷静に検討していく必要があるだろう．

■注
1）　公務員等を対象とした共済年金も存在するが，現在は厚生年金と統合されたため，本章では厚生年金と国民年金という区分けで議論を進める．
2）　消費者物価指数は内閣府の長期経済統計より計算した．なお，データは 1955 年から掲載されているため，厚生年金に対する消費者物価指数の計算は 1955 年の数値を用いている．
3）　ちなみに，年金制度に限らず財政再建においても，このような甘い将来予測は常に行われてきた．例えば，財政再建に関連して内閣府が推計する名目 GDP に上方バイアスが存在していたことが指摘されている．
4）　アメリカ合衆国は，メディケア・メディケイドと呼ばれる高齢者および低所得者向けの公的医療保険をのぞき医療費は原則自己負担であり，民間医療保険に加入して医療費をカバーしている．しかし，オバマケア（Affordable Care Act）導入以降，公費の投入が大幅に増加している．ただし，基本的に民間医療保険が主体であることに変わりはない．
5）　保険適用から外れた医療サービスや薬剤を用いることを自由診療と呼ぶ．自由診療は価格や診療内容について供給側が自由に設定できるが，公的健康保険から保険給付を受けることはできず完全自己負担となる．
6）　近藤（2006）はイギリスの医療の荒廃について，救命救急部門における平

均入院待機時間が3時間32分，入院医療の待機者数のピークが1998年で130万人を超えており，緊急性のある大腸がん患者でもその9割が治療を受けられるまでの待機時間は95日間であると指摘している．
7）　障害者に対する強制不妊手術は日本だけではなく，世界各国で行われてきた．福祉国家として取り上げられやすいスウェーデンでも，1970年代まで強制不妊手術が行われていた．

■ 参考文献

Acemoglu, Daron and Robinson, James A. (2019), *The Narrow Corridor: States, Societies, and the Fate of Liberty*, Penguin Press（櫻井祐子訳『自由の命運：国家，社会，そして狭い回廊』早川書房）.

キャンベル，ジョン・C.・髙木安雄（2014），「第6章　日本の診療報酬の政治経済学」池上直己編『包括的で持続的な発展のためのユニバーサル・ヘルス・カバレッジ—日本からの教訓』日本国際交流センター.

池上直己（2014），「第5章 日本の診療報酬改定による医療費の抑制」池上直己編『包括的で持続的な発展のためのユニバーサル・ヘルス・カバレッジ—日本からの教訓』日本国際交流センター.

近藤克則（2006），「イギリスの医療改革と日本医療の現状と課題」『日本老年医学会雑誌』43巻1号，pp. 19-26.

Nakazawa, K. (2018), "Free-rider behaviour under voluntary amalgamation: The case of setting the long-term care insurance premium in Japan," *Papers in Regional Science*, 97(4), pp. 1409-1424.

鈴木亘・湯田道生・川崎一泰（2003），「人口予測の不確実性と年金財政：モンテカルロシミュレーションを用いた人口予測の信頼区間算出と年金財政収支への影響」『会計検査研究』No. 28, pp. 101-112.

田中秀明（2013），『日本の財政　再建の道筋と予算制度』中公新書.

上村敏之（2009），『公的年金と財源の経済学』日本経済新聞出版社.

八代尚宏・小塩隆士・井伊雅子・松谷萬太郎・寺崎泰弘・山岸祐一・宮本正幸・五十嵐義明（1997），「高齢化の経済分析」『経済分析』151号.

第6章　中央銀行と金融政策

1. 金融政策の基礎

　金融政策は政策目標の達成を政府から託された中央銀行が行う政策であり，利子率や貨幣量等をコントロールすることで政策目標の達成に近づく政策である．

1.1　中央銀行

　最古の中央銀行は17世紀後半に設立されたスウェーデンのリクスバンクとされる．中央銀行には当初より中央銀行として設計されたものと，市中の銀行から発展したものがあるが，1844年にピール銀行条例がイギリスで通り，貨幣鋳造権がイングランド銀行に独占されてからは近代的な中央銀行は貨幣鋳造権を独占するようになった[1]．

　日本の中央銀行は日本銀行である．1882年の設立当初から中央銀行として設立された．アメリカでは伝統的にフリーバンキング論が強く，本格的な中央銀行である連邦準備銀行（以降FRB）が設立されたのは20世紀初頭の銅に始まる金融危機を経てからだった．

　中央銀行の政策目標は各国の中央銀行法で定められているが，一般に物価の安定が割り当てられている．

　この「**物価の安定**」をめぐっては議論がある．1998年に半世紀ぶりに日本銀行法を改正した際にも「物価の安定」の解釈をめぐり論争があった．第1に資産価格を含めるかという問題がある．資産価格の高騰では実際の価値に基づかない泡のような価値が発生することを示す「バブル」という現象が指摘されている．最も有名なバブルは17世紀のオランダのチューリップで一時は人気の縞入りチューリップの球根1つが2,500ギルダと牛20頭よりも高い値段となった．しかし，このようなバブルは1637年には有名な価格暴落を起こした（MNB, 2018）．

　日本では1980年代後半に金融緩和が長引き地価，株価が上昇し，バブルが発生した．アメリカでもサブプライム問題が顕在化する2007年まで地価上昇，株価上昇が見られた．いずれのケースも一般物価は落ち着いていた（白川，2008）．この書を著した後に白川方明氏は第30代日本銀行総裁（任期2008～2013年）に就任したが，金融政策はバブルの発生の速度に影響はするが，資産価格の上昇に割り当てるべきではないと主張している．

　つぎに対外的な物価である為替レートを目標にするべきかという問題がある．中央銀行法で目的を「通貨価値の安定」としたときには対外的には為替レートの安定とも解釈できる．しかし，もともと固定相場制度下の国ではこれを目的とする必要はないし，変動相場制でも金融市場が十分に発展していない国では為替の安定に過度に重きを置いたときには自国の金融市場の安定を欠くことになる．日本銀行法の改定の際にも，その準備の段階で議論となったが，日本の為替介入の原資を持つ外国為替資金特別会計は財務省の管轄にあり，為替の安定は目的とはならなかった．

　ティンバーゲンはN個の政策目標を達成するためにはN個の政策手段が必要という定理を示し，かつては多くの国でインフレ率の制御にマネー量の制御が割り当てられていて関係はシンプルだった．しかし，今日ではこの政策目標の範囲をどこまで広げるか，中央銀行がそれだけの政策手段を持つべきかということが曖昧になってきている．

1.2　中央銀行と金融政策をめぐる環境の変遷

　1970年代に2度の石油危機とスタグフレーション（インフレと景気後退の同時発生）を経験した先進国は金融政策の最終目標に物価安定を割り当てた．この際に貨幣量，マネーサプライと物価の安定的な関係に着目し，中間目標としてマネーサプライの目標値を定め，それを操作変数でコントロールするという二段階アプローチがとられたとされる[2]．日本では操作変数を何にするのかは論争があり，インターバンク金利やマネタリーベース（ハイパワードマネー：現金＋預金準備）が操作変数とされた．しかし，後者は前月の銀行預金に一定の準備率をかけた預金準備が大きな割合を占めており，操作可能性に疑問を呈する動きが日本銀行関係者からあったのに対して，多くの学者がマネタリーベースによるコントロールを唱えた．これらに対して中間目標のマネーサプライを直接コントロールする動きも見られた．1980年代にはアメリカのレー

ガン政権，イギリスのサッチャー政権，日本の中曽根政権といった新自由主義
的な「小さな政府」を標榜する政府が規制緩和と民営化を進めたが，各国で金
融規制も緩和された．そのため金融商品間のマネーのシフトも大きくなり，マ
ネーサプライが不安定となった．マネーサプライとインフレ率の関係も不安定
となった．こうしたなか，1990 年代にはインフレ率の目標に中央銀行が直接
コミットするインフレターゲティングが盛んになった．前述のリクスバンク，
イングランド銀行他，ニュージーランド，オーストラリアなどでインフレター
ゲティング政策が導入された．

　スタグフレーションの経験は政府の景気拡大的な政策運営から切り離すため
に各国の中央銀行の独立性を高める気運を醸成した．さらに欧州の統合の流れ
の中で単一通貨制度を持ち，それを運営する統一的な中央銀行を持つ動きの中
で，独ブンデスバンクのような独立性の高い中央銀行に各国中央銀行が合わせ
て独立性を高める必要があった．中央銀行の独立性を指数化したものに中央銀
行独立性指数がある．高橋（2000）は中央銀行独立性指数が高い国ほどインフ
レ率が低いという実証結果を示した．

　民主国家で選挙の洗礼を受けない中央銀行が独立性を享受するためには透明
性を高める必要があるが，インフレターゲティング政策はそうした流れにも合
うものであった．ターゲットは多くの先進国で物価指標の上方バイアスを加味
して[3]，また後述のテイラールールなどで導く政策金利などに対して政策発動
余地を残すために先進各国の物価目標は 2％であるところが多い．なお，新興
国では物価目標はもっと高く，例えばウクライナやトルコでは 2021 年 4 月現
在の物価目標は 5％である．

　2007 年アメリカのサブプライムローンの混乱を契機とする危機は 2008 年に
投資銀行のリーマンブラザーズの経営破綻を呼び，世界的な金融危機となった．
これ以降の主要先進国では需要が供給を下回るデフレギャップが存在し，物価
が下落するデフレーションに悩まされ，インフレターゲティング政策はデフレー
ションを克服する政策となった．インフレターゲティング政策を採用国以外
もデフレ克服のためにインフレ率の参照値を定めた．日本銀行も 2013 年 1 月
に物価安定の目標を 2％と定めた．しかし，この 30 年余でも日本で消費者物
価上昇率が 2％以上となったのは 1989 年の消費税導入時（0％→3％），1997
年の消費税引き上げ時（3％→5％），2014 年の消費税の再引き上げ時（5％→
8％）に限られ，2019 年の消費税再々引き上げ時（8％→10％）には到達して

図 6-1　日米消費者物価前年比

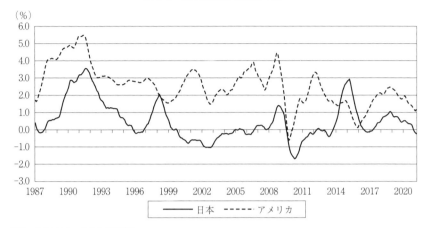

（注）　数値は 12 ヶ月後方移動平均.
（出典）　CDM-NEXT.

いない[4]（図 6-1 参照）.

　アメリカではしばしばインフレ圧力が強まるが，危機後に金融緩和をした際には，すぐには引き締めずインフレ容認的な政策をとることがある.

1.3　金融政策の手段

　伝統的な金融政策で重視されてきたのは金利操作である．政策金利と定めた金利を上げて引き締めたり，下げて緩和したりする政策である.

　金利とは一般に債券と貨幣の選択で貨幣の流動性を犠牲にするかなどといった流動性選好などにより決定されるとされる.

　消費者の消費‐貯蓄動向によって決定されるが，金融当局が金融政策で一定の範囲の金利に動かそうとする（図 6-2）.

　アービング・フィッシャーは名目金利と実質金利の関係をつぎのように**フィッシャー方程式**で示した.

$$名目金利＝実質金利＋期待インフレ率$$

　伝統的な金融政策では名目金利は非負の範囲となるので，デフレーション下で期待インフレ率がマイナスのときには実質金利が正の値となり，景気に中立

図6-2 日米短期政策金利

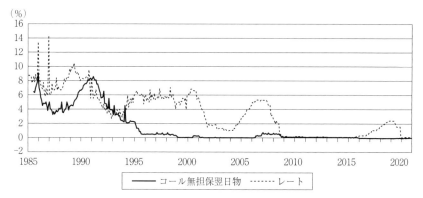

（出典） CDM-NEXT.

的な均衡実質金利（自然利子率）を上回るケースもある[5].

　債券価格との関係では金利が上がると債券価格が下がり，金利が下がると債券価格が上昇する.

　一般に金利には満期があり，満期毎の金利をプロットした曲線をイールドカーブと呼ぶ．イールドカーブは通常は右上がりであり，これを順イールドという.

　これに対して右下がりのイールドカーブを逆イールドという．かつてはインフレ率が高く，中央銀行が頻繁に利上げをして金融引き締めをするような国で起きがちであり，イギリスのように10年債がよく買われて長期金利が下がり，インフレ期に金融引き締めをよく行った国ではしばしば起きた.

　イールドカーブの形状が通常は順イールドになる理由にはいくつかの仮説がある．純粋期待仮説は将来の金利の期待によってイールドカーブの形状が決まるという考え方である．流動性プレミアム仮説はより長い期間の資産に投資する投資家が価格変動の大きなより長期の資産に投資し，流動性を犠牲にするにあたりプレミアムを要求するという仮説である．市場分断仮説では短期債市場と長期債市場が分断されている場合に短期債市場がより好まれた場合に順イールドとなるとしている．これら代表的な仮説を組み合わせたものもある.

　以前では金融政策の守備範囲は比較的短い金利に働きかけるとされていたが，期間構造に働きかける政策が非伝統的政策の中で見直されている.

図 6-3　イールドカーブと傾斜

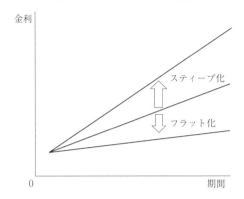

オペレーションズツイストは 1961 年のアメリカのケネディ政権下で行われた政策で短期債の売りオペと長期債の買いオペでイールドカーブをフラット化させたようにイールドカーブの形状を変化させる政策である（図 6-3）．その後，効果に否定的な実証が出たこともあり（黒田，1989），長い間行われなかったが，2011 年に FRB が再び採用したことで見直されている．

テイラールールは金利の中でもイールドカーブの起点となる短期政策金利の適正な水準を計算するルールである．

政策金利＝均衡実質金利＋目標インフレ率
　　　　　＋ a ×（インフレ率－目標インフレ率）＋ b ×需給ギャップ
　　　　　$a > 0$，$b > 0$（a，b は定数）

となる．

目標インフレ率を両辺から引いて実質政策金利として表すような式もある．ニューケインジアンは最適裁量政策として，このテイラールールを重視する[6]．テイラールールは過去の金利政策との当てはまりもよいとされるが，先進各国の名目政策金利がゼロとなってしまった後は，利用に留意すべき点もあろう．

こうした金利操作の政策に対して，貨幣数量説や貨幣量操作を重視する立場がある．

M を貨幣量，V を貨幣流通速度，P を物価，T を取引量とすると先述のアービング・フィッシャーによるフィッシャーの交換方程式では

$$MV = PT$$

となる.

　V と T があまりぶれないとすれば物価は貨幣量によって変動する. しかし近年の状況では V が落ちているために M の増加が直接的に物価の上昇に結びついていない.

　貨幣量の統計は一般にマネーサプライといい, 多くの教科書でもそのように表記されているが, 日本銀行は 2008 年よりマネーストック統計としている.

図 6-4　単純化されたバランス・シート 1

中央銀行			
中銀貸出	CL	通貨発行高	C
国債	CB	準備預金	R
その他	OT		

市中銀行			
貸出	L	預金	D

　単純化された中央銀行と市中銀行のバランス・シートを考え, 貨幣量を M, マネタリーベース (ハイパワードマネー) を MB, 預金準備率を rr とすると

$$M = C + D \tag{1}$$
$$MB = C + R \tag{2}$$
$$R = rrD \tag{3}$$

となる.

　いま, 現金 C に対する預金 D の比率を rc として (3) 式を (2) 式に代入して (1) 式と (2) 式の両辺を D で割って整理すると, 貨幣量 M をマネタリーベース MB で割った信用乗数は

$$\frac{rc + 1}{rc + rr}$$

となる. したがって伝統的な金融政策である預金準備率操作で預金準備率を上げると信用乗数は下がり, 下げると信用乗数は上昇する.

　預金準備率を動かさず, 現金と預金の比率が一定ならば信用乗数は安定し, M の量の増減は MB の増減に影響される.

　貨幣制御を重視するマネタリストはマネタリーベースを操作変数とするマネーサプライコントロールを主張してきた.

　マネタリーベースの増加率を名目成長率との関係でルールづけたのがマッカラムルールである.

　同ルールによると

マネタリーベース増加率
　＝目標名目成長率−流通速度変化率−λ×（名目成長率−目標名目成長率）
$$λ：調整速度$$

となる.

　こうしたマネタリーベースの操作変数としての操作性に関しては論争がある. 前の月の預金量に応じて一定の額を積み立てていくので, 超過準備などがなければ中央銀行が自由に操作できない（翁, 2011）. 中央銀行が操作変数として能動的にマネタリーベースを動かしているのではないというのが主として非伝統的金融政策を深掘りする前の日本銀行関係者の主張だった. 1990 年代初頭に郵便貯金への資金シフト, いわゆる「郵貯シフト」が起きた際に当時の代表的なマネーサプライ統計が伸び悩んだ理由をめぐって所謂「岩田・翁論争」が起きた. その際に学者側（当時）の岩田氏がマネタリーベース制御を重視しているのに対して（岩田, 1993）, 日本銀行側（当時）の翁氏が上記のように懐疑的な見方を示した. ただし, 日本銀行はそれまでも政策金利を動かしており, 預金金利に影響を与え, 中期的に預金量に影響を及ぼすことができ, 準備預金を通じてマネタリーベースの量に影響を与えることができると見られる. 操作性に対しては期間が重要である. また, 後述の量的・質的緩和（以降, QQE）で日本銀行が大きくマネタリーベースを増加させたことから, 操作性は以前ほど議論の焦点にならなくなった.

1.4　金融政策と為替介入

　中央銀行は外国為替市場において, 自国通貨が極端な動きをした際に単独, あるいは他の中央銀行と協調して為替介入を行う場合がある. その判断を中央銀行が行うのか, 財務省など他の機関が行うのかは中央銀行法による. 日本では介入の判断は財務省が行い, 日本銀行に委託している.

　外国市場で自国通貨が上昇し過ぎたと判断した際には自国通貨を売り, 外国

通貨を買う．逆に自国通貨が下落し過ぎたと判断した際には自国通貨を買い，外国通貨を売る．介入後放置すればマネタリーベースが増減し，マネーストックが増減してしまう．そのため国債買いオペや売りオペで影響を中和することを不胎化という．通常は不胎化政策が行われる．逆に影響を消さずに金融市場に影響を与えることを非不胎化という．

　途上国では固定相場制度や管理フロート制度の中で自国通貨の為替レートを一定に保つために断続的に為替介入を行うが，自国の金融市場の規模が十分でないために完全な不胎化が難しいとされる．主要国では2000年代以降に外国為替市場の規模が中央銀行の資金量に比して大きくなったこともあり，FRBも欧州中央銀行（以降，ECB）も積極的には為替介入をしなくなっているが[7]，主要国のうちスイスと日本は2010年代にも大規模為替介入を行っている．特にスイス国立銀行は国際的な出来事があったときなどスイスフランが避難通貨として買われやすいこともあり，毎年のように外国為替市場で介入を行っている．

1.5　金融政策とプルーデンス政策

　中央銀行の本源的な機能に「最後の貸し手」機能がある．日本銀行の特別融資のようにこの機能があるがゆえに貸し倒れの危険があっても最後の貸し手機能を果たすこともあった．信用秩序の維持政策をプルーデンス政策という．プルーデンス政策で銀行などに関与させることは政治的圧力を招き，中央銀行の独立性を脅かすとしてヨーロッパなどでは2000年代半ばまで各国の金融監督庁など他の機関にまかせる潮流があった．しかし2007〜2010年の世界金融危機で流動性不足などが問題となると流動性を供給できる中央銀行にプルーデンス政策により関与させた方がよいという流れとなった．

　伝統的なプルーデンス政策は個別の金融機関の健全性を維持するものでありミクロ・プルーデンス政策と呼ばれる．考査やオフサイトモニタングといった個別金融機関の問題点を把握する政策はミクロ・プルーデンス政策である．

　これに対して金融システム全体の信用秩序を維持する政策をマクロ・プルーデンス政策という．2007〜2010年の世界金融危機後，重要性が認識された．リスクに対するバッファーを積ませ，景気循環を増幅する（プロ・シクリカル）面を緩和するような政策が必要となった．中央銀行はこれらの機能を規制当局と協力し果たしつつ，システム全体のリスクのレポーティングや決済シス

テムの円滑な運営などの役割を果たしている．また金融危機時の資産買い上げ，とりわけリスクの高い資産買い上げなどもマクロ・プルーデンス政策といえる．これらは金融政策の物価目標上は必ずしも流動性を供与する局面ではないときに起きうることであり，中央銀行がプルーデンス政策を担うことによる金融政策とプルーデンス政策の矛盾は起き得る．また政治的介入から独立性が脅かされる可能性はある．井上（2014）でも金融政策の引き締めが金融システムを不安定にする場合の矛盾について言及している．

2．非伝統的金融政策

　伝統的な金融政策では名目ベースの政策金利は大胆に金融緩和を行っても金利はゼロにならない程度にプラスとなっていることが想定されていた．1999年に政策金利をほぼゼロにまで下げていた日本銀行はいわゆる「ゼロ金利政策」を採用し，ここから非伝統的政策をとっているといえる．

2.1　量的緩和

　2001 年 3 月に日本銀行は金融政策で主として操作する対象を「金利」から日銀当座預金残高という「量」に変えた．これは伝統的な政策に対して画期的な政策であった．

　量的緩和はこのように当初日本で取り入れられ，その後に 2007 ～ 2010 年の世界金融危機を経てアメリカ，ヨーロッパに広がった．2008 年 11 月からFRB が始めた量的緩和は QE1 と呼ばれ，流動性を失った住宅ローン担保証券（MBS），国債などを買い取る政策を行った．2010 年 11 月には QE2 と呼ばれる量的緩和を行い，国債を買い取った．2012 年 9 月には再び MBS を買い取る QE3 を行った．ECB はユーロ圏の足並みの乱れから大規模な緩和政策に慎重だったが，世界金融危機が欧州債務危機に発展するなかで大規模な緩和政策に転じた．2011 年 11 月に**非伝統的金融政策**に理解を示すドラギ氏が ECB 総裁が就任すると，それまでの長期資金供給オペ（LTRO）を拡張し，期間 3 年無制限としてヨーロッパの銀行に大規模な資金供給を行った．さらに 2015 年には慎重派の多かった国債購入を柱とする公的部門購入プログラム（PEPP）を開始した．

　日本銀行も 2013 年 4 月から QQE というさらに強力な非伝統的金融政策を

導入した．このときには以前の岩田・翁論争の岩田氏が副総裁となり，同政策で重要な役割を果たした．物価目標2％を目指し，国債，ETF（上場投資信託─各種指数，指標に連動する投資信託），J-REIT（不動産投資信託）などを購入し，マネタリーベースを拡大する政策を行った．

　量的緩和政策で各国中央銀行が苦しむのが出口政策である．徐々に買い入れ資産を減らす政策を「テーパリング」という．2014年にアメリカFRBがこの政策を始めると市場は大きく反応し，長期金利の上昇やドル高などの反応があり，出口政策の難しさを示した．

2.2　さまざまな非伝統的金融政策

　マイナス金利も代表的な非伝統的金融政策である．この点で先行したのはヨーロッパだった．2012年7月にはデンマークで譲渡性預金金利にマイナス金利が導入された．2014年にはECBもスイス中銀も続いた．日本銀行は2016年1月に超過準備の一部にマイナス金利を適用した．

　フォワードガイダンス（時間軸政策）は量的緩和に加えて，将来の政策を予告，あるいは現在の政策を少なくともどのような条件になるまでは継続するとすることにより期待に働きかける政策である．日本はゼロ金利政策を行っていた1999〜2000年にすでに時間軸政策を行っていたが，各国が世界金融危機後，量的緩和を行う際に併用し，日本もQQEと併用している．さらに物価目標とどう整合的にこの政策を使うかなど検討している．

　さらに日本銀行は2016年9月にイールドカーブコントロール（YCC）を従来の政策に追加した（QQE with YCC）．これはマイナス金利で打撃を受ける金融機関への配慮で長期金利をゼロ以上に保ち，イールドカーブを立たせる（スティープ化する）政策である．銀行は一般に短期で調達し，長期で運用するために一定の収益を確保するためには長期金利の方が相応に短期金利に対して高い必要がある．また生命保険のような機関投資家は長期の契約で調達するので，調達費用を超える長期金利を必要とする．しかし，一般に金利の期間構造の中で中央銀行が制御できる部分は短い期間のみとされていたが，近年はオペやガイダンスの利用などで中央銀行のYCCに肯定的な意見も出てきており，政策に結びついた点がある．

　日本ではQQEによりマネタリーベースはすぐに3倍，4倍となった．しかし，信用乗数の低下からマネーストックの増加は緩やかである．準備率はあま

図6-5　日本のマネタリーベースと信用乗数

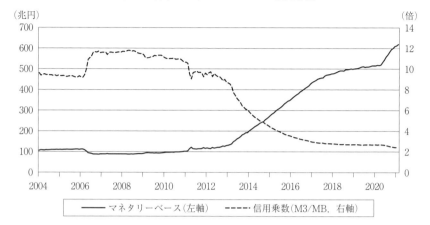

（出典）　日本銀行 HP，CDM-NEXT より筆者作成．

り動かないと考えると現預金比率が変化しないと信用乗数は動かない（図6-5）．
しかし，キャッシュレスで銀行を介さない取引の増加の動きや人口減少に伴う
金融機関の再編圧力の上昇などから預金通貨の増加につながる動きは乏しく，
信用乗数の増加要因は少ない．

3．中央銀行の近年の課題

3.1　新しいデジタル通貨（資産）の誕生

　2010 年代には金融危機時に預金者責任を問う動きなどもあり，資金がビッ
トコインなど仮想通貨に流れた．これはブロックチェーンという技術を用いて
セキュリティを保ちながら拡大することができる．各ブロックに取引が記録さ
れ，それを時系列に並べる（図6-6）．
　これを用いて複数の仮想通貨が世界的に流通した．ブロックチェーンは分散
されたサーバーで中心となる管理者を置かずにハッシュ関数とデジタル署名を
用いてセキュリティを保つことができる[9]．これによりビットコインは世界中
に広がった．しかし，新しいブロックをつなげるために鍵を探すマイニングと
呼ばれるブロックの取引整理の計算量が大きく，電力など資源を消費し，簡単
にブロックを作れない欠点がある．あまりに値動きが大きいため，通貨の大き

図6-6　ビットコインの取引の仕組み

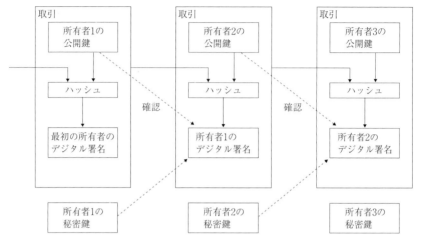

（出典）　Satoshi Nakamoto, "Bitcoin: A Peer-to-Peer Electronic Cash System" より.

な役割である取引需要を満たすには不適当とみて暗号資産とも呼ばれる．しかし，中央銀行以外が作成し，政府紙幣でもないという点で画期的であり，IT大手のフェイスブック（現メタ）は実際に存在する通貨にリンクさせることで値動きを抑えるディエム（当初リブラとして発表）を発表し，中央銀行を脅かしている．

　また，世界の多くの人が銀行口座を持たず，金融サービスに触れることができないという金融包摂という点でも携帯電話ひとつあればアクセスできる仮想通貨は大きな衝撃を与えた．自国通貨に信頼がない地域でも多くの国で通用し，インフレにも強い仮想通貨が好まれた．

　このことは貨幣発行による利益，シニョレッジ（通貨発行益）を持つ政府・中央銀行にとりマイナスとなる．一般に通貨発行益は名目利子率×貨幣発行高とされ，貨幣を発行し，期待インフレ率が上昇して名目利子率が上昇するほど大きくなる．

　CBDC（Central Bank Digital Currency）はそれに対する中央銀行側の1つの解決策でもあり，ブロックチェーンとその周辺技術の産物である．カンボジア，パナマで先行し，スウェーデン，中国でも先進的に取り組まれている．影響については上限を設けるかなど運営に依存する．他方，民間のキャッシュレス業

者の脅威となり，技術革新を阻害し，上限などが設けられなくて広く普及すれ
ば，預金に向かう資金が CBDC に流れ，貸出が減るなど金融仲介機能を縮小
させることも考えられる．

3.2　中央銀行の目的の柔軟化，拡大

　中央銀行には目的の柔軟化，拡大も求められている．FRB は従来から物価
安定と雇用最大化を目的としている．2 つの目標を整合的に達成するためにイ
ンフレを加速させない失業率（NAIRU）を重視してきたが，それを大きく下回
ってもインフレは加速しなかった．FRB は 2020 年にかけて政策を点検し，物
価の安定に関する考え方を柔軟化し，雇用をより重視するようになってきてい
る．

　さらにリーマンショックなどの経験から各国の中央銀行は金融システムへの
対応をより迫られている．従来から個別の金融機関に対応するミクロ・プルー
デンスシステムに関与してきたが，金融システム全般に対する配慮を行うマク
ロ・プルーデンス政策への関与を深めている．決済システムの運営や金融政策
運営での金融システムへの配慮を高めている．日本銀行も 2021 年から金融政
策決定会合において，金融機構局から金融システムの報告を受けることを決定
している．

　そして現在，環境問題への関与も中央銀行に求められてきている．先行した
のはヨーロッパだった．老舗の中央銀行であるリクスバンク（スウェーデンの
中央銀行，先述）もグリーンボンド[10] を購入対象に加え，イングランド銀行も
脱炭素に動いた．ラガルド ECB 総裁が繰り返し中央銀行の環境問題への関与
を主張し（例えば Lagarde 2021），ECB のグリーンボンドを購入と購入量の増
加を検討，域内の金融機関に気候変動のストレステストをするなど積極的な関
与を示している．気候変動は損害保険の予期せぬ出費や再保険市場の混乱など
金融市場のリスク要因を増大させる．アメリカの中央銀行である FRB も金融
安定気象委員会（FSCC）を作った．気候変動は金融リスクを大きくさせる側
面もある．BIS（国際決済銀行）の気象関連の金融リスクのタスクフォース
（TFCR）とともに議論をリードしている．日本銀行は考査他で気候変動問題を
考慮するようになった．

4．財政と金融政策をめぐる議論 ▏▏▏

　リカードの等価定理では支出面を賄う租税による調達と公債発行による調達に実質的な差異を見出さない（Buchanan, Rowley and Tollison, 1986）．しかし，近年はそのような立場に立たないノン・リカーディアン的議論に脚光があたっている．これは量的緩和政策の中で中央銀行がバランス・シートを膨らませるなかで国債を買うことの是非やテーパリング実施の困難性を経験し，出口が見えないなかで恒久的に国債を買い続けることの再検討などから盛んになった．

4.1　物価水準の財政理論（The Fiscal Theory of Price Level: FTPL）

　物価理論の財政理論（FTPL）は1990年代からある主張でわが国でも早くから実証分析など蓄積されている．上記のような経緯から2010年代後半に注目されるようになった．2011年のノーベル経済学賞受賞者のクリストファー・シムズが2016年のジャクソンホール会議で改めて主張したことから再評価されたとされる[11]．また，同理論はテイラールールに沿うような能動的な金融政策が可能な時にはリカーディアン的な財政政策となるが，2010年代の後半には日米欧の先進国の政策金利には下げ余地がなくなり，受動的な金融政策のもとではノン・リカーディアン的な財政政策ルールが適用されるとしている（小寺・出水，2017）．

　政府と中央銀行が一体となった統合政府の貸借対照表で中央銀行の負債であるマネタリーベースと国債を加え，物価水準で割り引いた実質価値である財政余剰（債務償還財源）を重視する．したがって物価が統合政府の純負債を財政余剰で割ったものとなり，財政が悪化すれば物価が上昇することになる．したがってデフレ期には財政を拡大した方がよいことになる．FTPLについては例えば土居（2017），岩村（2018）が詳しい．

4.2　現代貨幣理論（Modern Monetary Theory: MMT）

　2010年代終盤にかけて盛んに議論されているのが現代貨幣理論，すなわちMMTである．MMTではやはり政府と中央銀行が一体となった統合政府の勘定が論じられる（Wray, 2019；井上，2019）．統合勘定では政府の貸借対照表の負債側の国債から中央銀行の貸借対照表の資産側の国債保有を差し引いた市中

図6-7　単純化されたバランス・シート2

中央銀行

中銀貸出	CL	通貨発行高	C
国債	CB	準備預金	R
その他	OT		

政府

| 資産 | GA | 国債 | GB |
| 資産・負債差額 | AD | その他負債 | OD |

統合政府

政府資産	GA	通貨発行高	C
政府資産・資産差額	AD	準備預金	R
中銀資産除国債	CL＋OT	市中国債	GB－CB

　国債が統合政府の貸借対照表の負債側に計上される．統合政府の負債側には中央銀行の負債側のマネタリーベースに市中国債が加わり，貨幣のように考えられる（図6-7）．

　政府が借金をして国債を発行しても，国債は貨幣としてみなされる．2016年，20年の大統領選挙における民主党予備選のサンダース候補，2018年の中間選挙以降注目を集めるコルテス下院議員などに影響を与えたケルトン・ニューヨーク州立大学教授がMMTを主張し，注目を集めた（Kelton, 2020）．

　裁量的な政策は唱えられていないものの，財政ファイナンスは問題にされない．さらにコロナ後の大型財政政策を支持し，均衡財政を否定する勢力から支持を集めている．しかし，金利はどのように決定され，インフレ時に機動的な政策がとれるかなど批判も多い．また基軸通貨国のアメリカ，準基軸通貨国ともいえるユーロ圏と他の国の財政赤字では意味も異なる．ドルやユーロ，ドル建ての米国債やユーロ建てのユーロ圏内の国の国債にはもともと外貨準備などでの保有需要があり．一般の国の通貨，国債とは異なる．さらなる実証結果の蓄積が待たれる．

5．おわりに

　以上，中央銀行と金融政策について述べてきたが，伝統的な金融政策に続き，さまざまな非伝統的金融政策をとってきたものの十分な成果が得られず，他の

目的に対する中央銀行の政策が注目されてきている．民主主義の中で経済が低迷したとき，特にコロナ禍のような際には，財政拡張政策を国債購入で支えるような政治圧力が強まりがちである．統合政府を重視し，財政に従属的に金融政策を行うとする立場からは改めて中央銀行の独立性の必要性が問われるであろう．不確実性からの脱却が依然として見通せない経済運営の状況の中で，どのような政策の選択が行われていくかを注視していくべきである．

　なお，限られたスペースで幅広い議論を紹介するため，各々の問題について詳しく知りたい向きも多いかと思われる．そのような場合には参考文献に古典の他に比較的近年の読みやすいものを中心に掲載したので参照されたい．

■注
1）　これに対してハイエクは貨幣発行自由化論を唱え（Hayek, 1976），民間による貨幣の発行の有用性を示した．貨幣間の競争について述べ，さまざまな貨幣が発行される現在，再評価が進んでいる．
2）　日本銀行は郵便貯金の民営化などを踏まえ 2008 年 6 月にそれまでのマネーサプライ統計をマネーストック統計とした．日本銀行（2019）によると M1 は現金と当座，普通などの要求払い預金の預金通貨，M2 はそれまでの中心指標の M2 + CD（譲渡性預金）の概念に近いように銀行等の現金，預金通貨に定期性預金のような準通貨や CD を加えたものとした．M3 は M2 よりも広い範囲の金融機関を加えたものとした．金融債や銀行発行の社債，金銭の信託，投資信託，国債，外債を M3 にさらに加えたものを広義流動性とした．
3）　物価目標で主に使用される消費者物価（CPI）はラスパイレス指数（基準年の財のウェイトで作成される物価指数）であるために，実際にウェイトが増大して値下げされるような財の動向が反映されず高めに出る傾向がある．逆に GDP デフレータはパーシェ指数で比較対象年のウェイトで作られるために低めに出る傾向がある．
4）　実際の物価統計を見る際に各国の中央銀行は一時的要因を除くために値動きが大きい食品やエネルギーを除いたコア指数をよく見ている．またアメリカの FRB では PCE（Personal Consumption Expenditure，個人消費支出）デフレータという指標を CPI よりカバレッジが広いものとして尊重している．
5）　自然利子率とはもともとはヴィクセルが唱え，もともとの表現を借りれば実物資本が実物のまま貸し付けられる場合に需要と供給によって決定されるはずの利子率（Wicksell, 1984）．

6)　ニューケインジアンはミクロ経済的基礎を持って裁量的政策の有効性を主張した.

7)　2011 年 3 月の東日本大震災の直後に円高が進行し，非常時であることが考慮されて日米欧協調介入が行われた例はある.

8)　マリオ・ドラギ氏は第 3 代 ECB 総裁，任期 2011 ～ 2019 年，2021 年 2 月よりイタリアの首相

9)　ハッシュ関数はある数値を入れると 64 桁など決められた固定長の長さの文字列を返す関数. 出力した文字列から入力値を類推することは困難である.

10)　環境に良い活動に資金使途を限定して発行される債券.

11)　ジャクソンホール会議はカンザスシティー連銀が毎年 1 回開催する会議で FRB 要人の他，経済学者，各国中央銀行要人らが集まり議論することで知られる.

■ 参考文献

Buchanan, J. M., Rowley, C. K. and Tollison, R. D. (1986), *Deficits*, Basil Black-well (加藤寛監訳『財政赤字の公共選択論』文眞堂，1990 年).

土居丈朗 (2017),「物価水準の財政理論からみた日本の財政」慶應義塾経済学会『三田学会雑誌』Vol. 110, No. 3, pp. 229-246.

Hayek, F. (1976), *Denationalization of Money: The argument refined*, IEA (河口慎二訳『貨幣自由化発行論 改訂版』日経 BP，2020 年).

井上哲也 (2014),「マクロ・プルーデンス政策にかかる最新の考え方や監督規制の動向」『金融庁金融センター DP2013-9』.

井上智洋 (2019),『MMT ―現代貨幣理論とは何か』講談社選書メチエ.

岩村充 (2018),『金融政策に未来はあるか』岩波新書.

岩田一政・日本経済研究センター編 (2014),『量的・質的金融緩和』日本経済新聞出版社.

岩田規久夫 (1993),『金融政策の経済学―「日銀理論」の検証』日本経済新聞社.

Kelton, S. (2020), *The Deficit Myth: Modern Monetary Theory and Birth of People's Economy*, Public Affairs (土川奈美訳『財政赤字の神話―MMT と国民のための経済の誕生』早川書房，2020 年).

小寺剛・出水友貴 (2017),「物価水準の財政理論と政策に関する諸議論」財務総合研究所『ファイナンス』2017 年 12 月.

黒田晃生 (1989),『金融政策の話』日本経済新聞社.

Lagarde, C. (2021), "Climate Change and central banking," Keynote speech at the ILF conference on Green Banking and Green Central banking, 25 January

2021（https://www.ecb.europa.eu/press/key/date/2021/html/ ecb.sp210125~ f87e826ca5.en.html）.

Magyar Nemzeti Bank（2018）, "Banks in History: Innovations and Crises," MNB（Hungary National Bank）.

Nakamoto, S.（2008）, "Bitcoin: A Peer-to-Peer Electronic Cash System,"（https:// bitcoin.org/bitcoin.pdf）.

日本銀行（2019）,『マネー・ストック統計の解説』日本銀行ホームページ.

野口旭（2020）,「ケインズ主義政策戦略の発展」『専修経済学論集』54 巻 3 号 pp. 1-20.

小田信之・永幡崇（2005）,「金融政策ルールと中央銀行の政策運営」『日銀レビュー』2005 年 8 月.

翁邦雄（2011）,『ポストマネタリズムの金融政策』日本経済新聞出版社.

白川方明（2008）,『現代の金融政策』日本経済新聞出版社.

高橋智彦（2000）,「改正日銀法と中央銀行の独立性」『公共選択の研究』第 34 巻, pp. 31-42.

Wray, L. R.（2015）, *Modern Monetary Theory*, Palgrave Macmillan（中野剛志・松尾匡解説, 島倉原監訳, 鈴木正徳訳『MMT 現代貨幣理論入門』東洋経済新報社, 2019 年）.

Wicksell, J. G.（1898）, *Geldzins and Güterpreise: eine Studie übr die den Tausch-wert des Geldes bestimmenden Ursachen*（北野能喜男・服部新一訳『利子と物価』日本経済評論社, 1984 年）.

第**2**部
公共選択論と政策形成過程

第7章　公共選択論の基礎理論

1．はじめに

　民主主義社会では民意を反映して社会の意思決定が行われる．公共選択論は特定の人々の価値観や理念ではなく，社会を構成するメンバー個々人の選好を集計した集合的選択の結果として社会の合意がもたらされると考える．社会的意思決定の場が政治プロセスであり，個々人の選好を集計し集合的選択を導く手段が投票制度である．

　公共選択論は，市場の失敗を正す役割を期待された政府も失敗することを示した．政府の失敗には2つの側面が考えられる．第1に，多数決決定の不確実性により民主主義的手続きによる意思決定では社会にとって合理的な選択ができないという多数決ルールに基づく投票制度に内在する問題である．第2に，代議会制民主主義制度では，有権者，政治家，官僚などの個々の主体が政治プロセスの場でそれぞれが合理的個人として行動する結果，非効率な政策を選択し社会にとって望ましい政策が選択されない問題がある．

　公共選択論の観点からは，多数決決定における立憲的選択の問題として「ルールの設定」が結果を左右する可能性と，多数決民主主義による集合的選択が「**ルールの運用**」において非効率的な決定をもたらす可能性を示している．

2．多数決民主主義

2.1　投票のパラドックス

　多数決ルールは，個人の多種多様な選好順序を集約して必ず社会的選好順序を決定することができるのだろうか．フランス革命期の議会政治の混乱を背景に，数学者のコンドルセ（Marquis de Condorcet）は誰もが認める絶対多数が果たして存在するのかという疑問を投じた．民主主義手続きによって社会全体の意思とみなしうる，多数派を決定する投票ルールに関心が寄せられてきた．

　単純多数決ルールは選択肢を2つに絞り，1対1の対戦で過半数の票を獲得した選択肢の支持者を多数派とみなす．単純多数決ルールによる勝ち抜き戦を行い，どの候補と対戦しても必ず勝利する候補を「**コンドルセ勝者**」と呼ぶ．コンドルセ勝者が決まれば，集合的選択の結果として社会的選好順序を確定することができる．

　ここで，A，B，C，3人の投票者が単純多数決ルールによってx，y，z，3つの選択肢のいずれか1つを選ぶ場合を考える．投票者の選好は「完備性」を満たすと仮定すれば，3つの選択肢にそれぞれ選考順位をつけることができる．ここでは，つぎのように順位づけを行うこととする．

投票者 A は x, y, z, の順で選好する．
投票者 B は y, z, x, の順で選好する．
投票者 C は z, x, y, の順で選好する．

この場合，x, y, z, からコンドルセ勝者を決めることはできるのだろうか．

　まずx対yの投票を行う．yより選好順位の高いxに投票するのは A と C，xより選好順位の高いyに投票するのは B のみのため，2対1でxが勝者となる．次に勝者であるxとzの投票を行うと，xに投票するのは A のみで，B と C はzに投票するのでzが勝者となる．

　したがって，xがyより選好され，zがxより選好されるので，この決定が「推移性」を満たすならば論理的にはzがyより選好される．したがって，社会的選好順序はz, x, y, となり，zがコンドルセ勝者となるはずである．ところが，z対yの投票を行うと，A と B がyに投票し，zに投票するのは C のみのため，yが勝者となる．

　つまり，yにxが勝ち，xにzが勝ち，zにyが勝ち，投票を重ねる限り勝者はx, y, z, x, y, …と循環を続けてコンドルセ勝者を確定することができない．このように，各個人は明確な選好順序を持つにもかかわらず，単純多数決ルールによる集合的選択によってx, y, z, の社会的選好順序を決定できないことは「**投票のパラドックス**」と呼ばれてきた．

　このように投票循環が生じる場合，投票順序の決め方によって勝者が異なってくる．例えば，はじめにx対yの投票を行い，つぎにその勝者をzと対戦させ，その結果を最終的な決定とし，それ以上の投票を行わないことをあらかじめ決めておく場合，zが勝者として選ばれ，社会的選好順序はz, x, y, となる．

この例では，投票ルールが勝者を決定することになり，投票順序や投票回数を変えることで勝者も変わる．

　多数決による社会的選好順序は議事設定（アジェンダ・セッティング）によって，投票結果を恣意的に導くことが可能であり戦略に利用される可能性もある．このように，多数決決定の帰結は不確実であり「立憲契約」としての投票ルールの選択の重要性を投げかけている．

2.2　単峰型の選好

　投票循環が生じるケースではコンドルセ勝者が存在しないことを示している．そこで，確定的な結果を保証する投票ルールが果たして存在するのか，単純多数決ルールが確定的な結果をもたらす条件は存在するのかが問題となる．

　一般的なケースでは，個々人がいかなる選好順序を持つことも許され，個々の選択肢はそれぞれ関連性を持たないことを前提としている．そこで，**投票のパラドックス**を回避するために，何らかの制約を加えることによって循環を生み出す要因を許容しないような条件が設定された．

　ブラック（D. Black, 1948）は，多数決投票の結果に均衡が存在するための十分条件を示した．その条件とは，(1) 選択肢が「一次元」のベクトル上に並べられること，(2) 各個人の選好が「**単峰型**」になっていること，(3) 投票において棄権や票取引がなく，各個人が自身の選好を正しく表明することである．

　図 7-1 では，縦軸に投票者の選好順序，横軸に選択肢を並べている．(1) の条件は，選択肢 x, y, z, が例えば，イデオロギーの左右，政府規模の大小，福祉水準の高低，といった1つの尺度で順序づけが可能なことである．

　(2) の条件は，投票者ごとに選択肢に対応する選好順序を表す点を結んだとき，頂点が1つであり，その最適点から離れるほど選好水準が低下するような選好分布を示している．頂点は内点である必要はなく，端点であっても単峰型の仮定とは矛盾しない．

　ここで，(3) の条件を満たすように以下のように投票者全員が自身の選好を正しく表明する．

投票者 A は x, y, z, の順で選好する．

投票者 B は y, z, x, の順で選好する．

投票者 C は z, y, x, の順で選好する．

図 7-1 単峰型の選好

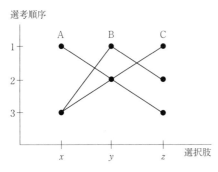

図 7-2 投票のパラドックス

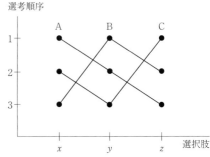

選好順序を図7-1のように示す．このとき，2つずつのペアが対戦する**コンドルセ投票**を行う．xとyの対戦でもyとzの対戦でもyが勝つ．x対zの対戦ではzがxに勝つので，社会的選好順序はy, z, x, の順になる．ここでyはコンドルセ勝者である．

このように，すべての選択肢が一元的に順序づけ可能であり，すべての個人の選好分布が単峰型であれば，投票者が選好を正しく表明することにより多数決ルールで**コンドルセ勝者**を決定することができる．すなわち，社会的選好順序を決定することができ，**投票のパラドックス**が回避される．

投票循環が起きる前節のケースでは，投票者Cの選好順序がz, x, y, となっていた．この場合，**図 7-2** で示されるように，投票者Cの選好順序はxとzの2つの頂点を持つ多峰型の選好分布となっていたことがわかる．

2.3 中位投票者定理

選択肢の数が多数であっても選好分布が**単峰型**であれば，自身の効用の最適点から離れた位置の選択肢ほど投票者の効用水準は低下するため，投票者は最適点により近い位置の選択肢に投票する．全体の中位（メディアン）に位置する選択肢を最適な選好水準に持つ投票者を「**中位投票者**」と呼ぶ．

図 7-1 では，投票者Bが中位投票者である．x対yでは，Aはx, Bはy, がそれぞれ最適であり，Cにとってどちらも最適ではないが，xよりyの選好水準が高いためyが勝者となる．同様にy対zではy, x対zではBの選好水準がより高いzが勝者となる．どの組み合わせにおいても中位投票者であるBの

図 7-3　中位投票者定理

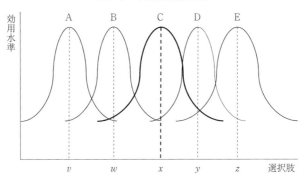

選好が選ばれる.

　この議論は投票者を増やして一般化が可能である. 図 7-3 では, 投票者 C が中位投票者である. 単純多数決ルールでは, 中位投票者が最も選好する選択肢は他のどの選択肢と対戦しても**コンドルセ勝者**となり, 多数を獲得するうえで**中位投票者**が集合的選択のキャスティング・ボートを握ることになる. これは「中位投票者定理」と呼ばれる.

　選好が多峰型の場合とは, 図 7-2 の投票者 C のように, 極端を好む選好を意味している. 単峰型の選好分布は条件として許容しやすいため, 公共選択論では中位投票者を代表的個人として分析が行われた.

　中位投票者定理では, 採択された選択肢が自身の最適水準と合致するのは中位投票者だけである. ただし, 最適点が中位投票者に近いほど政治的外部費用は小さい. 個々人の選好が同質的で近似した社会ほど多数決のもたらす政治的外部費用が小さく, 整合的な社会的意思決定を行いやすい.

2.4　代替的投票ルール

　投票循環を回避する工夫として, 社会全体の意思とみなしうるような多数派をもたらす投票ルールにも関心が寄せられてきた. コンドルセ投票や個人の序数的選好などの前提を緩和することにより, 多数決均衡をもたらす投票ルールが採用されてきた.

　(1) コンドルセ投票を見直し, 選択肢すべてを同時に判断して多数決の結果が多数派の第 1 選好順位と一致するような投票ルール.

- **相対多数**（プルラリティ・ルール）

  投票者はすべての選択肢の中から最も選好水準の高いものに投票し，最多得票数を獲得した選択肢が採択される．現在の日本の小選挙区制ではこの方式が用いられている．

- **決選投票**

  相対多数のルールで投票を行い，過半数を獲得した選択肢がなかった場合は，上位2つの選択肢に絞って単純多数決で2回目の投票を行う．これは，日本の政党の党首の選出で実際に用いられている．

　相対的多数の場合，票が分散し過半数を獲得できなかった選択肢が採択される可能性がある．さらに，決選投票を行う場合，3位以下の支持者の投票行動によって首位と次点が逆転する可能性もある．

　(2) 選好順序のみを表明する序数的選好ではなく，基数的選好を考慮して個人の選好強度を反映する投票ルール．

- **是認投票**

  投票者は，選択肢の中から採択したいと思う任意の数の選択肢に投票し，総得票数で結果を争う．現実の制度では，最高裁判所の裁判官の国民審査がこの方式の考え方に近いものである．

- **ボルダ投票**

  投票者は m 個の選択肢を選好順に並べ，上位から順に，1位には m 点，2位には $m-1$ 点，3位には $m-2$ 点，…，最下位には1点を与え，最高点を得た選択肢を選出する．この方式は，フランスの科学アカデミー会員の選出で使われ，考案者のボルダが提唱した順位表点方式である．

　各個人に持ち点を与え，選好度に応じて選択肢に点数を配分する点数投票制では，1人1票の原則は損なわれるが複数票を与えることにより需要を顕示させる効果を持つ．しかし，個人が必ずしも真の選好に従った点数を投票せず，戦略的に票を配分することによって投票結果を恣意的に誘導可能なことも知られている．

　いずれの工夫も，単純多数決ルールの欠点を改善することはできるが，必ず

しもコンドルセ勝者を決定できるとは限らないことも指摘されている[1].

2.5　アローの不可能性定理

　投票のパラドックスを回避できる投票ルールは果たして存在するのだろうか. 経済学の概念と結びつけてこの問題の一般解を求めたのがアロー（K. Arrow, 1951）の「**一般不可能性定理**」である. アローは, 個人の選好集計ルールは完備性と推移性を満たす整合的なものであると仮定し, 民主主義の望ましいルールとして以下の 4 つの条件を定義した.

　①普遍性：個々人の選好順序は論理的に可能であればどのような選好でもかまわない. ここで, 個人は平等に扱われる.
　②全員一致性：すべての個人がある選好順序について一致しているならば, 社会的選好順序も同様にならなければならない. ここではパレート性が満たされている.
　③独立性：社会的選好の順序は個々人の選好順序によってのみ決定されなければならない. ここで, 選択肢は平等に扱われる.
　④非独裁性：社会的順序は特定の個人の選好で代表されてはならない.

　アローは, これら 4 条件をすべて満たすルールは存在しないことを証明した. すなわち, どのような投票を行っても社会的選好を確定するような集合的選択のルールは存在せず, 社会として合理的な判断を下すことはできない.
　一般的なケースで個人の選好順序を集計して社会的選好順序を決定するためには 4 条件のいずか 1 つ以上を満たすことができない[2]. 例えば, ①～③の条件が成立するためには④が満たされず, この場合には独裁者が必要となることを示唆している.
　不可能性を脱するためには, 条件のいずれかを緩和する必要がある. これらの中で全員一致性と非独裁制は民主主義にとって妥当な前提である. 単峰型の選好は普遍性の条件を緩和し, 点数投票制は独立性の条件を緩和する工夫と解釈できる. また, 拒否権の付与は独裁制を認めることになる.

3. 代議制民主主義

　現実の政治システムでは有権者の直接投票ではなく，代表を選出し集合的意思決定を委任する代議制民主主義が一般的に用いられている．政府の意思決定を行うのは，民主的な政治プロセスを経て国民の代表として選出された政治家である．

　多数決ルールの帰結が不確実性を抱えているだけでなく，さらに，代議制民主主義の政治プロセスにおける主体の合理的行動が社会にとって望ましい帰結をもたらさないことが公共選択論によって明らかにされてきた．

　有権者全員が投票に参加して社会の集合的選択の意思決定を行う直接民主主義のシステムは，有権者や争点が莫大な数にのぼる．国家や地方の行政などの意思決定においてメンバー全員が個々の問題すべての決定に直接関与するためには，莫大な意思決定費用を要することが代議制の根拠とされている．国民投票や住民投票のように社会のメンバー全員が意思決定に直接関与する制度は，代議制を補完する位置づけとなっている．

　代議制民主主義では，社会のさまざまな立場を代表して社会的決定を行う主体として政治家が登場する．その前段階として，代表を選出する際に候補者間の政治的競争が存在する．候補者は公約を表明し，選挙に勝てば選挙民の代表に選出される．有権者は個々の意思決定を政治家に委ねることで取引費用を節約できる一方，私的選好を表明する機会が制約される．

　政治家の選好が支持した投票者の選好とすべてにおいて合致するとは限らない．投票者に代表として相応しくないと判断された場合には，次回の選挙で落選するおそれがある．公共選択論の分析では，政治的競争，投票者の合理的無知，政治的結託，などの代議制民主主義におけるメカニズムから社会にとって望ましい政策が必ずしも選択されず，むしろ，世論の批判的な政策が採用され結果として非効率をもたらす政府の失敗が明らかにされた．

3.1　代議制のパラドックス

　代議制民主主義による意思決定は，直接民主主義の投票結果と必ずしも一致するとは限らない．20世紀初頭にオストロゴルスキー（M. Ostrogorski, 1902）が指摘して以来，代議制によって導かれる決定がパラドックスをもたらすこと

表 7-1　オストロゴルスキーのパラドックス

有権者グループ	政策 x	政策 y	政策 z	支持候補者
A（20%）	L	L	R	L
B（20%）	L	R	L	L
C（20%）	R	L	L	L
D（40%）	R	R	R	R

が示されてきた．ここでは，ヌルミ（H. Nurmi, 1997）による解釈を紹介する．

　代議制民主主義における選択の特徴は，投票者が個々の議案に対して意思表示するのではなく，候補者が選挙公約として提示する政策パッケージの中から，自身の選好に最も近い公約を提案する候補者を代表として支持する．このような制度のもとでは，パッケージの中に望まない政策が含まれていても全体として最大の利得を提示する候補者を選択することになる．

　まず，政策 x, y, z に対し，候補者 L と R の 2 人が立候補する．L はすべてに反対，R はすべてに賛成する政策パッケージを公約に掲げることとする．さらに，有権者を選好の違いによって A，B，C，D の 4 グループに分ける．グループ A，B，C はそれぞれ全有権者の 20 パーセントずつの割合を占め，グループ D は 40 パーセントを占めるとする．ここで，有権者グループは表 7-1 のような支持をする．

　政策 x, y, z それぞれについて直接投票を行うと，政策 x は C と D の支持，政策 y は B と D の支持，政策 z は A と D の支持を得るため，3 つの政策すべてが可決される．

　一方，代議制においては，グループ A の投票者は政策 x と y で L を支持し，政策 z で R を支持する．同様に，グループ B は政策 x と z で L を，政策 y で R を支持する．グループ C は政策 y と z で L を支持し，政策 x で R を支持する．グループ D は政策 x, y, z すべてで R を支持する．

　選挙において投票者は自身の選好に最も近い候補者を選ぶ．グループ A の投票者は政策 x, y を支持する候補者 L を，グループ B は政策 x と z を支持する L を，グループ C は y と z を支持する L を，グループ D は政策 x, y, z すべてで候補者 R に投票する．その結果，候補者 L が 60 パーセントの過半数を得て当選し，政策 x, y, z すべてに反対することになる．

オストロゴルスキーのパラドックスは，直接民主主義と代議制民主主義とで

は異なる結果が選ばれる可能性を示している．実際に，議会の決定と住民投票の結果が逆転することは，日本でもしばしば起こっている．

3.2　政治家の得票最大化と政治的競争

　代議制民主主義に登場する主体の行動に関する分析は，ダウンズ（A. Downs, 1957）の『民主主義の経済理論』が先駆的業績である．ダウンズは，政治家も合理的個人として自己の利益最大化を目的とした行動をとると仮定した．政治家は選挙に当選することや，自身が属する政党の政権獲得が効用を高めると仮定する．

　公約に掲げた政策を実現するためには選挙で当選し議席を獲得しなければならない．そして，選挙で議会における多数派の形成に成功した政党が政権を獲得し政府を組織することができる．ダウンズが考察した政治システムでは政治家は当選後に必ずしも有権者の選好を代表して行動するとは限らない．政党は政策を実現することより選挙に勝つことが目的となる．

　議会制民主主義での政治的競争を分析したのが，空間競争モデルである．ホテリング（H. Hotelling, 1929）の立地モデルを応用し，一次元の政策空間に有権者の選好が分布している状態を想定する．図7-4のように横軸に保守（R），中道（M），革新（L），という変革の度合いによって政治的立場を一次元で表し，縦軸に政治的立場を選好する有権者の人数を表すと，政権獲得をめぐって政党がどのような政治的立場をとるかを示すことができる．

　ここで，1つの政策をめぐって，2つの政党が争うケースを考えてみよう．LとRの2つの政党が過半数の得票を目指して競争するとき，両者はどのような立場をとるのだろうか．政党Lと政党Rがそれぞれ図7-4で示すような立場を公約に掲げる．すべての有権者は棄権することなく自身の選好の最適水準に近い立場の政党に投票すると仮定する．改革を望む投票者は政党Lを支持し，現状維持を望む投票者は政党Rを支持し，その間に位置する投票者はより近い立場に位置する政党を支持する．

　当選には過半数の得票が必要である．各政党は得票数を増やすために政策スタンスを修正し，最終的には中位投票者が最も選好する位置に政治的立場を近づけていく．したがって，両党とも空間上の中位点Mに自らの立場を近づけるため，両党の政治的立場は中位点に収斂する[3]．公約が収斂し，均衡をもたらす点を「**ホテリング均衡**」と呼ぶ．

図 7-4　公約の収斂

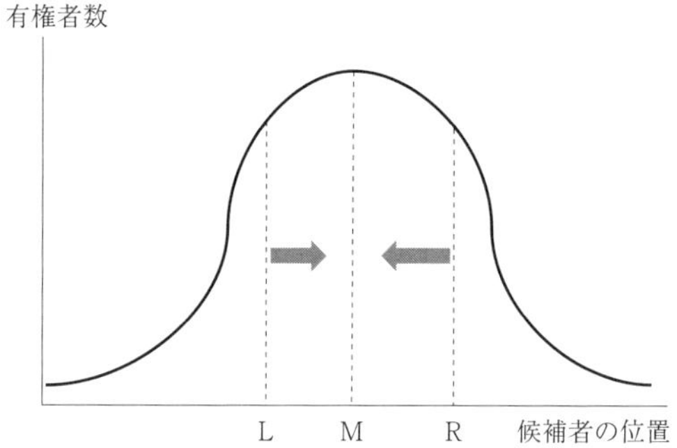

有権者数

L　M　R　候補者の位置

　間接民主制においても，政党のスタンスが一次元で比較可能であり過半数の
得票が必要であれば，直接民主制における中位投票者モデルと同様に投票者の
選好分布の中位点を公約とすることが政党にとって最適戦略となる.

3.3　多党制と連立政権

　政党の政策スタンスが類似してくると，極端な選好を持つ有権者の反発が公
約の収斂に歯止めをかける可能性もある．図 7-5 のように有権者の選好分布が
複峰型の場合，図 7-6 のように選好が正規分布ではなく最頻値（モード）が中
位値から乖離している場合などは新党を結成するインセンティブとなり多党制
をもたらす可能性もある.

　ダウンズは 2 党制から多党制に移行する要因をいくつか挙げている．まず，

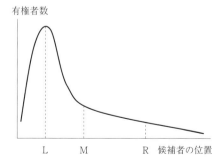

図 7-5　複峰型の有権者分布　　　　　　　図 7-6　非対称型の有権者分布

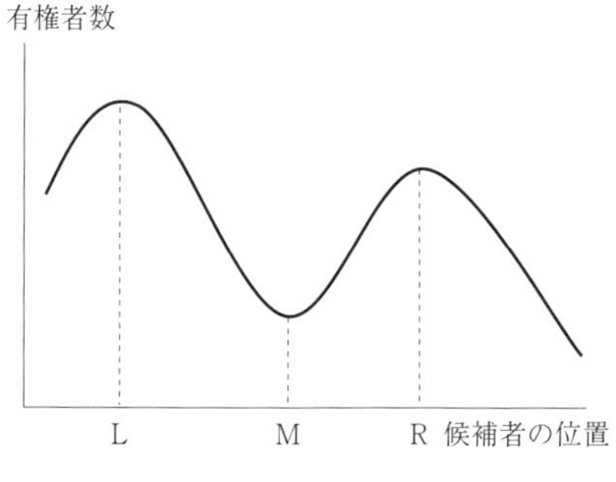

有権者数　　　　　　　　　　　　　　　　有権者数

L　M　R 候補者の位置　　　　　　　L　M　R 候補者の位置

選挙法の改正などで選挙権が拡大し新たな有権者の支持を既存の政党が獲得できないとき，既存政党の分裂や新政党の誕生により多党制へと移行する．あるいは，有権者の分布が何らかの原因で変化し，新政党の誕生を容易にする場合もある．また，より多くの支持者を獲得しようと政策を変更する政党に対し，新党を設立する場合も考えられる．

　有権者が N 人の選挙区に議員定数が M 人配分されている場合，当選するためには最低限 $(N/M+1)+1$ 票の得票が必要となる．そのため，下位候補の支持者が死票になることを避け有効票を投じるインセンティブを持つならば，M 番目と $M+1$ 番目の得票者に投票が集中し，候補者数は $M+1$ に収束する傾向が「デュヴェルジェの法則」（M. Duverger, 1954）によって示されている．ホテリング均衡の応用により，選挙区から 1 名を選出する小選挙区制では候補者が 2 名に収束し，2 大政党制をもたらすことが推察される．

　2 党制と多党制で政党の行動仮説に基本的な違いは生じないが，結果が異なる場合がある．その中で最も重要な問題は「連立政権」である．特に，比例代表制による選挙制度では多数の政党が乱立して単独政党で多数派を形成することが困難となり，複数政党が連立して政権を担当する可能性が高くなる．

　連立政権が成立する条件には，ライカー（W. H. Riker, 1962）の「最小勝利連合」の仮説などがある．これは政権を構成する政党の 1 つでも欠けると多数派を形成することができなくなるような少数の政党で構成されるケースをいう．

　他方，連立の形成に際して政権安定のために実効的な政策を提示しなければならない．そこで，多数派の構成を目指す政党は政策の調整費用が小さい政党を相手に選びたいと考え，イデオロギーや政策スタンスの近い政党同士が連立しやすいと考えられる．これは「最小関連勝利連合」のモデルである．

　単独で政権を獲得できる政党が存在しない場合，連立政権では有権者が政権政党を直接選ぶことができないという問題を抱えている．

3.4　政治的結託

　直接民主制における投票者間のログローリングと同様に，選出された議員の間で政治的結託による票取引が行われる可能性もある．政治的結託による票の取引は多数決投票の帰結としてパレート効率的な政策決定を保証するだろうか．表 7-2 で示すように L，M，R の 3 人の議員による x，y，z，3 つの政策の投票において，それぞれの政策は過半数によって支持されれば採択される．

表 7-2　非効率な政策での結託

	政策 x	政策 y	政策 z
議員 L	50	−40	−40
議員 M	−40	50	−30
議員 R	−30	−30	20
純便益	−20	−20	−50

　各政策から得られる純便益はすべて負の値であり，社会的にとって非効率な政策である．しかし，各議員の支持者にとって個別の利益をもたらす政策も存在する．そこで，議員は自身の選挙区に便益をもたらす政策への予算を獲得するためにログローリングによる多数派工作の結託を試みる．

　議員 L と議員 M の結託は政策 x と政策 y を同時に実現し，議員 L，M，R のもたらす利得は（10，10，−60）となる．議員 L と議員 R の結託によって政策 x と政策 z が実現されると利得は（10，−70，−10），議員 M と議員 R の結託によって政策 y と政策 z が実現されると利得は（−80，20，−10）となる．これらの結託の組み合わせのうち議員 L と議員 M が結託するケースで両者に正の利得をもたらすため，政策 x と政策 y が過半数の支持を得る可能性がある．

　このように費用・便益の観点から社会にとって非効率な政策が政治的結託によって過半数の賛成を得る結果をもたらす．実際に，世論が批判的な政策が国政で実現されるメカニズムを示している．

4. 合理的投票者

4.1　効用最大化行動

　公共選択論では投票者を自己利益を追求する合理的主体と仮定する．投票者は投票のもたらす費用と便益の比較考量によって効用最大化行動をとる．ダウンズ（A. Downs, 1957）の「合理的投票者モデル」では，代議制民主主義において投票者は当選がもたらす「期待効用」の最も高いと候補者に投票すると考える．

　投票にかかる費用には投票行動に必要な経費だけでなく失われる機会費用も含まれる．しかし，候補者が当選するために必要な得票数の中で，投票者 1 人の票が結果を左右する可能性は極めて小さい．

　投票者は，選挙結果に影響を与える確率に対し，期待効用の計算に必要な情報を得る費用を比較考量する．組織力や資金力を持たない投票者は，政策が自分自身の利害にどのような帰結をもたらすのかを十分に検討することなく意思決定を行う．ダウンズは，完全情報を得るための費用を考慮する結果，不完全な情報に基づいて選択を行うことを投票者の合理的行動とした「合理的無知」の概念を示した．

4.2　期待効用仮説

　ライカー＝オードシュック（Riker and Ordeshoock, 1968）のモデルでは，2人の候補者の公約から期待される有権者の効用の差を B とする．支持する候補者に投票することによってその候補者が当選する確率を P とする．投票に費やす時間や資源から生じる費用を C，投票行動から得る直接的な効用を D とする．投票による効用の増加分は V の値で表される．

$$V = PB + D - C$$

V が正の値となる場合に，有権者は投票に出かける．

　投票から得られる**期待効用**へのプラスの作用には2つの要素がある．1つは，投票が選挙結果に影響を及ぼすことによってもたらされる便益の PB であり，もう1つは，投票行為がもたらす便益の D である．投票への義務感などを反映する D を考慮しなければ，（$PB > C$）とならない限り棄権する可能性が高い．

　そのためには，P あるいは B が大きな値となる必要がある．投票者の選好が候補者の選好に近似するほど B の値は大きくなる．P の値が大きくなるのは投票者がキャスティング・ボートとなる場合である．

　中位投票者定理によれば，投票者が選挙結果に影響を与えることができるのは，自身の最適な選好水準が中位投票者に極めて近く，選好を変えることによって中位値を動かすことが可能な場合に限られる．投票から期待される便益はごくわずかなものであれば，各候補者の公約を精査し比較検討する費用負担は相対的に大きなものとなる．

4.3　ミニマックス・リグレット

　フェアジョン＝フィオリナ（Ferejohn and Fiorina, 1974）は，投票が選挙結果を左右する確率は小さいものの，プラスに作用する可能性があれば，投票者は

表7-3　ミニマックス・リグレット

	結果を左右しない	結果を左右する	最大リグレット
投票	C	0	C
棄権	0	$B-C$	$B-C$

選挙公約がもたらす利得より，被る損失を計算してリグレット（後悔）を最小化する行動をとると仮定した．

　そこで，投票者は最善の選択肢に投票するか，棄権するか，いずれかの行動をとり，その行動が投票結果に及ぼす影響を考える．（1）投票しても結果に影響しなければ，投票にかかった費用（C）を後悔することになる．（2）棄権しても結果に影響がなければ後悔しない（0）．（3）投票したことによって結果を左右する場合も後悔しない（0）．（4）棄権したことが結果に影響した場合，候補者の勝利がもたらした利得が投票費用を上回るならば後悔する（$B-C$）．

　投票した場合と棄権した場合を比較すると，投票した場合の最大リグレットはCであり，棄権した場合の最大リグレットは（$B-C$）である．棄権による機会損失が（$B-C>C$，すなわち$B>2C$）となる場合に後悔は最大になる．このとき，投票することが**ミニマックス・リグレット**戦略になる．

　投票者が投票に行くか否かを決定する要因は（$B-C$）の値である．この場合，投票者はキャスティング・ボートを握るという極めて低い可能性を避けるために行動する（**表7-3**）．

4.4　棄権行動の非合理性

　選挙公約が，自身の最適点からかけ離れている場合，有権者は最も近い選好を持つ候補者に投票するとは限らない．むしろ，投票のインセンティブを失い棄権する可能性がある．

　候補者と一致した選好を持つ有権者は投票するインセンティブが高いが，候補者の立場と自身の最適点の距離に応じて投票確率は減少し，距離が一定以上に乖離すると棄権が発生することをスミシーズ（A. Smithies, 1941）は示した．

　棄権をもたらす要因は，まず，候補者の立場が近くなりすぎると投票の価値が無差別になるため候補者の接近度により棄権の確率が高まること，さらに，最も近い立場の候補者でさえかなり離れているために投票のインセンティブがなくなり候補者と投票者の距離による棄権の確率が高まることが考えられる．

図 7-7　棄権による中位投票者の変化

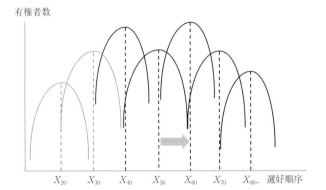

有権者数

X_{20-}　X_{30}　X_{40}　X_{50}　X_{60}　X_{70}　X_{80+}　選好順序

　投票を棄権する有権者が現れると，選挙結果にどのような影響をもたらすだろうか．ここで，図 7-7 のように，有権者の選好を年代順に並べる．中位投票者定理に従えば，50 代が中位投票者となり X_{50} で示される公約が選ばれる．このとき，すべての有権者の中で，X_{50} よりもはるか左に位置する政策を選好する 20 代以下，30 代の若年層が，自身の選好と大きく乖離しているために棄権する場合を考える．

　若年層の棄権の割合が非常に高ければ，若年層の票を無視して高齢層の票の獲得を目指せばよいことになる．このとき，投票者の選好の中位点は，X_{50} から X_{60} に移動するので，候補は X_{60} で示される政治的立場をとるようになる．

　その結果，棄権した若年層の有権者にとって，自身の最適点からさらに遠い選択肢が選ばれてしまう．もし，棄権していなければ X_{50} の立場が選択されていたにもかかわらず，棄権によって自身の選好からさらに乖離した立場を候補者がとるためである．

　人口の高齢化により，高齢層の支持を狙ったシルバーデモクラシーの問題が指摘されている．人口層の薄い若年世代の意見が反映される期待効用は低く，棄権は合理的行動ではあるが，その結果，さらにシルバーデモクラシーに拍車をかけるパラドックスが生じることにも注意すべきである．

5．レントシーキング

5.1　集合行為論

　当選した政治家の合理的行動としては，次回の選挙での再選が関心事となる．組織票確保や政治資金獲得のために支持団体や選挙区への特殊利益の供与など，より積極的な行動をとるインセンティブを持つ．有権者も受動的に対応するだけではない．特定の政策に関して同じような政治的利害を持つ有権者は圧力団体を組織し，政治活動資金を供給することで特殊利益を誘導しようとする．

　オルソン（M. Olson, 1965）は，「**集合行為論**」において特殊利益を共有する個人が社会的決定に影響を与えるために利益集団を形成することに着目した．ただし，同じ選好を持つ有権者が数多く存在しても，必ずしも利益集団が組織されるわけではない．大規模集団ほど組織の形成と維持に費用がかかるため自発的な集団の組織化は困難になると考えられる．

　利益集団はメンバー全員に利益をもたらす公共財の特性を持ち，フリーライダー問題が生じる．大規模集団では個人の行動が集団全体に及ぼす影響が小さいため，費用負担を免れて利益のみを享受しようとするインセンティブが生じやすい．

　個人の集合体が利益集団として機能するためには，集団への貢献に報酬を与え，費用負担の回避に罰則を課すことでフリーライダー問題を克服する必要がある[4]．集合行為の本来の目的は集団の共通利益を追求することであるが，実際にはフリーライダー克服の「副産物」として共通利益がもたらされる．小規模集団では個人の行動が集団に及ぼす影響が大きいため自発的な集合行為と強い結束力によって政治力を発揮することが期待できる．

　したがって，不特定多数のメンバーからなる大集団よりも，特定の強い共通利益で結びついた小集団の方が組織化とフリーライダー克服のインセンティブが強く，政治力を発揮する機能が高くなる．その結果，小規模集団は少数ゆえに強力な政治力を持つ集団となり，組織力を背景として集団の共通利益を実現する．このように機能する小規模集団は「**特殊利益集団**」と呼ばれる．これは，納税者や都市住民のように広範囲に分布する多数の国民より，農業団体や医師会などの各種業界団体のように，国民のごく一部しか占めない団体が強い政治的影響力を持つことを説明している．

5.2　独占的レント

　政治的競争において特殊利益を誘導する政治家と利益集団との関係を示した
モデルが「レントシーキング」の理論である．**レントシーキング**（rent seek-
ing）とは，政治プロセスにおいて政治的便宜供与を求める行動である．

　この概念を最初に提起したタロック（G. Tullock, 1967）は，関税の賦課がも
たらす死重的損失を例に政府の国内産業保護政策が既存企業への政治的独占力
を創出すると指摘した．市場への参入障壁，租税特別措置，価格維持，補助金
給付，輸入品への関税などの保護政策は，生産者に独占利潤をもたらし資源配
分の非効率を招く．このような政治的に供与された独占利潤を**レント**（rent）
と呼んだ[5]．

　政府の優遇措置は，法的効力を持つ限り保護産業の既得権益となるが，それ
は，市場競争のもとで経済活動から生み出された企業の経営努力の成果ではな
い．さらに，レントは一般の消費者から政治的特権を得た生産者への所得移転
となり，分配上の問題を引き起こす．

　レントシーキング活動では，政治的競争に勝たない限り投資は無駄になるた
め，ひとたび資源が投入されると生産活動に投資すべき資金を期待レントの上
限まで政治活動に投入されるおそれがある．本来ならば生産活動に投入される
べき資源が政治的競争ですべて費やされ，経済効率は低下し資源配分の観点か
らも社会的損失をもたらす[6]．

　ポズナー（R. A. Posner, 1975）は，規制によってもたらされる独占力が社会
に及ぼす影響を推計した．ハーバーガーの三角形として知られる独占の死重的
損失（L）に加えレントシーキングに投入される資源を考慮し，より大きな損
失をもたらすと主張した[7]．**図 7-8** のように，ポズナーはレント（R）が結果
的に消費者から生産者への所得再分配となり，規制の効果は課税と補助金によ
る再分配効果の役割を果たすと指摘した．政治的競争によって獲得されたレン
トの社会的費用は，独占利潤と死重的損失で表され，代議制民主主義の政治シ
ステムは従来の独占理論で認識されていた以上に大きな費用となると指摘した．

　ブキャナン = トリソン = タロック（Buchanan, Tollison and Tullock, 1980）は，
レントシーキングによる社会的浪費として，（1）潜在的レント獲得者が費やす
費用，（2）レントシーキング活動に応える政治家の費用，（3）レントシーキン
グ活動によって費用を押し付けられる消費者，という 3 つの局面を明らかにし
た．

図7-8　レントシーキング

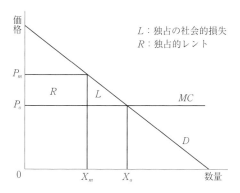

5.3　レントの消失

　レントシーキング活動は経済の効率を阻害すると指摘されてきたが，政治的競争において利益集団の過大な需要が形成されても，その欲求が無条件に満たされるかどうかは不明である．レントが完全に消失するほど政治的競争が激化する前にパレート改善的な方策を見つけるはずであり，レントシーキング活動の存在のみで非効率化をもたらすとはいえないという批判もある．

　このような懸念に対して，レントが政治的競争の過程でどの程度消失するのかという問題に注意が向けられた．レントが無償の移転ではなく政治的投資を必要とすることに異論はないが，それが部分的なものにとどまるのか，あるいは完全に浪費されてしまうのかどうかは政治的競争の状況に依存する．

　レント獲得の投資資金が潜在的レントより大きくなり経済損失をもたらすには，（1）レントシーカーがリスク中立的行動をとるか，（2）レントシーキング活動は対象的立場であるか，（3）レントシーキング活動へは参入が自由か，などの仮定に依存する．あらゆる場合に当てはまるような一般的な結論は存在しないほど，多くの要因に依存することが明らかにされた．

　タロック（Tullock, 1980）は「効率的レントシーキング」と題して，レントシーカーの投資量とレントを獲得する確率から最も高い投資を行ったレントシーカーにレントが与えられるゲームを想定し，投資の総量が獲得を目指す潜在的レントをかなり上回るリスクを指摘した．

5.4　規制理論

　同時期に論じられたオルソンの集合行為論やシカゴ学派の規制理論によって，政治的競争の設定が明確にされていった．シカゴ学派では，経済的規制は立法のもたらすレントに対する利益集団の需要行動と，政治家の供給行動によって，規制や立法の形成過程のモデルが構築されてきた[8]．

　シカゴ学派の規制理論では，民主主義政治プロセスを通じて規制のレントが最終的に誰の負担によって誰の手に渡るのかという図式でとらえる．選挙によって選出された政治家が支持母体である利益集団に取り込まれてしまう捕囚理論（captured theory）により，政治プロセスはレントによる所得再分配機能を果たすことを示した．

　レントを需要する利益集団の行動との関係から，スティグラー（G. Stigler, 1971）は政治家を規制の供給主体として想定した．特定のレントを共通利益とする集団の利益の代理人として政治家は選出され，産業界は政治家が活動に必要とする資金と票という代価の支払いにより規制措置を勝ち取ろうとする．ペルツマン（S. Peltzman, 1976）は，得票最大化を目指す政治家が立法過程で与えるレントと社会的費用との間にトレードオフを想定し，両者の力関係によって政治的均衡が導かれることを示した．

　このように規制措置の需要と供給の両面から，政治プロセスに登場するレントシーキングの勝者と敗者の組み合わせによって規制が生み出す再分配の構図が明確になった．ベッカー（Becker, 1983, 1985）は，税負担を回避しながらより多くの補助金を獲得する競争として政治プロセスをとらえ，政府活動はすべて圧力団体の影響力に応じて定式化が可能であると主張した．

　レントシーキングの分析は，非効率的な企業が規制によって新規参入を阻止し，温存される構図を明らかにし，規制緩和によってもたらされる新規ビジネスの開拓や産業競争力向上などの潜在的便益の大きさを示唆した．1970 年代以降，主要先進国において規制緩和をはじめとする自由化政策が実施されてきた背景には，政府主導の保護政策が時代に合わなくなり，政府の政策介入がもたらす社会的損失が多大なものであることが認識されるようになってきたことが関係している．

6. 官僚制の分析

6.1　官僚の行動仮説

　公共財の供給主体は，政府活動の分析は政策の決定を行う議会制度（立法府）にとどまらず，政策を実施する官僚制度（行政府）の分析にも発展している．代議制では，選挙で選出された代議士が投票者を代表して社会的決定を行う．政権を獲得した与党は政策の実現を立案から実施に至るまで専門家である官僚の手に委ねている．

　近代官僚制の理論的フレームワークは，マックス・ウェーバー（Max Weber）によって形づくられた．ウェーバーは，官僚は国家目的と矛盾することなく職務を遂行し公共の利益に奉仕すると解釈し，官僚のもつ権限と専門能力を合理的で能率的な仕組みとして評価した．そして，代議制民主主義が民意から乖離しないようにチェックし，民意を反映した政策決定を委任された能力集団として期待した[9]．

　しかし，現代の**官僚制**はウェーバーの近代官僚制の理念とは異質のものとなっている．選挙で選ばれる政治家とは異なり，官僚の業績を評価する基準は不明確で責任を追及されることはなく，官僚組織全体が非効率となるだけでなく，民主主義政府の行政は政治家より専門性で優位に立つ官僚の支配を招くことも懸念された．

　タロック（Tullock, 1965）は，官僚も道徳や倫理感に基づく利他的動機だけでなく利己的動機に基づいて行動すると仮定した．官僚の合理的行動は，自身の所得を増大させるために官僚組織を拡大させるインセンティブを持ち，公共財の供給量は投票者が望む水準より大きくなると指摘した．

　ダウンズ（Downs, 1967）は，組織体系のヒエラルキーや専門性により個々の官僚行動は多様であると考え，さまざまな動機付けによる類型化を試みた[10]．しかし，供給独占的な権限を持つ官僚の行動は，公共財の非市場性という特殊性により歪められると考えた．

6.2　予算最大化モデル

　需要側の要求に応える一方で，官僚の効用が自身の属する省庁の相対的規模に規定されるならば，供給側も予算規模の拡大を増長する要因となる．ニスカ

図7-9　予算最大化モデル

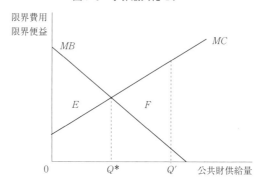

ネン（W. A. Niskanen, 1971）の「予算最大化仮説」は，行政組織における実務家として官僚行動をモデル化した．ニスカネンの分析は官僚機構の肥大化が合理的選択の帰結であることを示し，官僚行動分析の基礎となった．

　議会で予算編成権を握る政治家とは独立して，官僚は自身の属する部局の予算規模を拡大することを目的として行動すると仮定した．このモデルが重要な結論をもたらすうえで，2つの大きな仮定が置かれている．

　第1に，官僚の効用は所得，役得，名声，権力などの変数によって高まり，これらは獲得した予算の増加関数とみなした．その結果，官僚は予算最大化行動をとることになる．第2に，予算決定プロセスにおいて官僚は政策にかかる費用や国民のニーズを把握している一方で，政治家は公共財に対する国民の評価を知っていても費用は把握できない．このような情報独占の結果，官僚が優位に立ち議会は受動的となり，官僚が選好する予算規模の実現が可能となる．これらの仮定により，官僚の効用最大化行動を予算最大化行動に置き換えられた．

　図7-9では，横軸に公共財供給量，縦軸に限界便益と限界費用を表す．限界費用は公共財供給量の増加関数で表され，限界便益は減少関数で表される．社会にとって限界費用と限界便益が一致する点 Q^* において余剰（E）は最大となる．しかし，官僚の合理的な予算最大化行動により，この水準で公共財の供給を止めず，総費用と総便益が等しくなる点 Q' の水準まで供給を続ける．この点で総便益は増大しているものの，Q^* を超える水準では限界便益より限界費用の方が高いため浪費（F）を生み，余剰（E）を官僚が使い切ってしまう．

　情報が官僚に独占され供給面での競争が欠落している限り，資源配分上の最適な供給水準が達成される保証はない．そこで，ニスカネン・モデルは官僚の効用最大化行動が予算規模の過大をもたらすというインプリケーションを導き，公共財の供給面から政府の肥大化の要因を提示した．

　ニスカネン・モデルには，批判と修正が加えられてきた．主な論点は，官僚の効用関数に含まれる変数がすべて獲得予算と正の相関関係を持つとみなされ，効用最大化が予算最大化に置き換えられている点である．さらに，予算最大化を公共財供給の最大化と同一視し，獲得した予算はすべて公共財の供給にあてられると仮定している点である．

6.3　プリンシパル・エージェント関係

　政治家から官僚への政策決定の委任はモラルハザードを引き起こす可能性がある[11]．政治家は依頼人として代理人である官僚を監視するとみなされていたが，監視能力に限界がある場合には代理人の行動は独断的になりかねない．その大きさは取引費用に関わってくる．一方で，政治家は代議制民主主義において本来果たすべき役割は投票者の代理人である．政治家が投票者の意思を無視し，官僚に対しては受動的となり提示された過大な規模の予算を容認するためにはいくつかの条件が必要である．

　第1は，政治家の得票最大化行動である．官僚が作成した予算案が成立するためには議会の審議を経なければならない．投票者の選好をまったく無視して官僚の予算最大化行動のみを実現できるとは限らない．

　第2は，政治家が予算編成を官僚に委任し受動的立場に甘んじることである．しかし，政治家も政治的競争のもとで有権者の利益を代弁しているかが問われる．政治家は予算規模の最適化が支持につながるならば官僚の行動を監視するインセンティブを持つ．

　第3は，議会の予算請求が中位投票者の選好する水準より高いことである．官僚も政治家の望む予算編成を行えるか否かで評価され，自己目的を自由に追求できるとは限らない．

　より現実的な予算編成プロセスは，政治家と官僚の相互関係を反映した予算交渉の設定であろう．そこでは，政治家の官僚行動に対する監視能力と，依頼人である有権者との関係性をより詳しく反映することが求められる．

7. 公共選択論のインプリケーション

7.1　政府の失敗の要因

　公共選択論は代議制民主主義の政治プロセスにおいて有権者，政治家，官僚が自己目的の最大化を追求する結果「政府の失敗」をもたらし，社会全体として非効率となることを明らかにした．

　公共選択論が導いたインプリケーションに対し，ウィットマン（R. Wittman, 1995）は市場と同様に民主主義政治も効率的である反論した[12]．政府の失敗を導くモデルを古典的公共選択論と呼び，(1) 投票者の愚かさ，(2) 競争の欠如，(3) 高い取引費用，の仮定のもとでのみ成り立つとして，その妥当性に懐疑を投げかけている．

　第 1 に，合理的投票者を仮定しながら，合理的無知によって過大な予算規模を選択するという論理に無理があるとしている．ウィットマンは，財政錯覚は「政府の失敗」の要因ではなく，「政府の失敗」を導くために置かれた前提に過ぎないと批判する．実際の選挙で投票者は財政錯覚に陥ることなく合理的な判断に足る情報を手にし，情報バイアスを割り引くことができると主張する．政治家も再選で自身の成果をアピールするために十分な情報を提供するインセンティブを持ち，政府の歯止めとなることが有権者の支持につながることもある．

　第 2 に，官僚が公共財の独占的供給主体として競争的環境に置かれることなく，情報を独占し権限を行使できたとしても，政治家が官僚行動の歯止めとなる可能性もある．政治家による監視機能が有効であれば，官僚がリスク回避的な行動をとることにより適正規模の予算を編成するインセンティブをもたらすことも可能である．

　第 3 に，政治プロセスを通じた公共財の取引費用が低くなれば，社会にとって効率的な選択を実現することも可能である．市場の決定に取引費用の問題が生じないのは，交渉の場から退出することが可能であり，外部性から逃れることができるためである．これに対し，政治プロセスからの退出は不可能か，あるいは，退出に高い費用が前提となっているが，政治プロセスからの退出が可能となる手段を講じればログローリングによる少数派への政治的外部性の問題も回避可能になる．

7.2　二元的制度選択から多様性へ

ウィットマンの議論に対して，カプラン（B. Caplan, 2007）は，投票者が「合理的」に行動するために失敗するのではなく，「非合理的」な選択をすることによって失敗すると主張した．カプランは，投票者が犯す間違いが一方向に偏ったバイアスを持つことを検証した．政治家や官僚も投票者の非合理的行動に迎合して歯止めとなるインセンティブが働かず，合理的無知の前提から導かれる政策よりさらに非効率な愚策が選択される可能性が高くなると主張する．

こうした要因への対策として，意思決定，予算，財政赤字，情報公開，などへのルールの設定，市場メカニズム，分権的意思決定などの機能の導入など，ブキャナンが示した「立憲的改革」と同様の提案を行っている．

オストロム（E. Ostrom, 1990）は，「共有資源」の研究から，政府が主体となっても公共財供給の問題は容易には解決されないことを導いた．数多くの共有資源の管理についてのフィールドワークから，強制力を合法的に用いた独占的制度自体が公共財供給者としての重大な欠陥となることを指摘した．1990 年代以降，共産主義政権が崩壊し経済の市場化が進むなかで，共同体としての社会の利益を促進するためには，市場でも国家でもない多様性を持つ制度がどのように機能すべきか，という視点の重要性を提起している．

ブレトン（A. Breton, 1998）は，独占的政府の分析を発展させ，政府内部の権力分有により複合的な組織構造がチェック・アンド・バランス機能を果たす「競争的政府」を実現する可能性を示している．

1970 年代以降の行財政改革の流れのなかで「公共経営」の観点から政策評価やモニタリングが取り入れられ，さらに近年は行政における科学的知見に基づいた政策決定が提唱されている．投票者行動，政治的競争，官僚の独占についても，これまで公共選択論によって示されてきたさまざまなモデルが，実験経済学や行動経済学の発展によって実証分析に基づいた検証が進められている．

■注
1）　その他，第 1 回目の投票から順に最下位の選択肢を外し最後の 1 つになるまで投票を続けるヘア方式，最下位に投票して最多の得票を集めた選択肢を外し最後の 1 つに残った選択肢を採択するクームズ方式，など，さまざまな工夫がある．
2）　メイ（Kenneth O. May, 1952）は，選択肢が 2 のケースにおいて単純多数

決ルールを正当化することを証明した.

3）　このような公約の収斂は，中位投票者原理が二大政党制をもたらすことを示唆する．このモデルでは，有権者の選好分布の形状にかかわらず，非単峰型であっても，非対称型であっても，中位投票者の定理が成り立つ.

4）　オルソンはフリーライダー問題を克服するインセンティブを「選択的誘因」と名づけた．共通利益はフリーライダー克服の副産物としてもたらされることから「副産物理論」と呼ばれている.

5）　経済学で用いられるレントの概念は，生産要素の機会費用を超えて支払われる超過報酬である．市場が競争的ならば，この超過報酬の存在するところに企業が参入する．経済的レントは，経済活動の原動力となる利潤動機を誘発する.

6）　レントシーキングという言葉を最初に用いたクルーガー（A. O. Krueger, 1974）は輸入割当制度がもたらす社会的損失からレントの問題を提起した.

7）　「ハーバーガーの三角形」として知られている独占の死重的損失は GNP の 0.1％に過ぎないとされていたが，ポズナー（R. A. Posner, 1975）は規制の社会的費用を死重的損失とレントの合計と定義し，GNP の 3.3％にも及ぶと主張した．Harberger, A. C. (1954), "Monopoly and Resource Allocation," *American Economic Review*, 44, pp. 77-87.

8）　初期の業績は Buchanan, Tollison and Tullock (1980), Tollison (1982) に詳しくまとめられている.

9）　ウェーバーは，官僚の持つ権限と専門能力を合理的で能率的な仕組みと評価し，官僚は国家目的と矛盾することなくその職務を遂行し，公共の利益に奉仕すると解釈した.

10）　ダウンズによる官僚の行動原理では，権力，所得，権威，威信，安定，という利己的動機に基づいている一方で，忠誠心，使命感，名誉，奉仕の精神，といった社会的使命感に基づく公共の利益をも追求している.

11）　モラルハザードとは，プリンシパル・エージェント契約において代理人が自己の利益を優先し依頼人の期待とは異なる行動をとることである.

12）　Wittman (1995) は，効率性を総余剰の最大化として「富の最大化」という言葉を用いている．取引費用がなければパレート最適と一致する.

■ 参考文献

Arrow, K. J. (1951), *Social Choice and Individual Values*, 3rd ed., John Wiley and Sons, 2013（長名寛明『社会的選択と個人的評価（第三版）』勁草書房，2014 年）.

Becker, G. S. (1983), "A Theory of Competition among Pressure Groups for Political Influence," *Quarterly Journal of Economics*, 98, pp. 371-400.

Becker, G. S. (1985), "Public Policies, Pressure Groups, and Dead Weight Costs," *Journal of Public Economics*, 28, pp. 329-347.

Black, D. (1948), "On the Rationale of Group Decision Making," *Journal of Political Economy*, 56, pp. 23-34.

Breton, A. (1998), *Competitive Governments*, Cambridge University Press.

Buchanan, J. M., Tollison, R. D. and Tullock, G., eds. (1980), *Toward a Theory of the Rent-Seeking Society*, Texas A & M University Press.

Caplan, B. (2007), *The Myth of the Rational Voter: Why Democracies Choose Bad Policies*, Princeton University Press（長峯純一・奥井克美監訳『選挙の経済学：投票者はなぜ愚策を選ぶのか』日経 BP 社，2009 年）.

Downs, A. (1957), *An Economic Theory of Bureaucracy*, Harper & Row（古田精司監訳『民主主義の経済理論』成文堂，1980 年）.

Downs, A. (1967), *Inside Bureaucracy*, Little Brown（渡辺保男訳『官僚制の解剖』サイマル出版会，1975 年）.

Duverger, A. (1954), *Political Parties: Their Organization and Activity in the Modern State*, John Wiley.

Ferejohn, J. A. and Fiorina, M. P. (1974), "The Paradox of Not Voting: A Decision Theoretic Analysis," *American Political Science Review*, 68, pp. 525-36.

Hotelling, H. (1929), "Stability in Competition," *Economic Journal*, 39, pp. 41-57.

井堀利宏・土居丈朗 (1998)，『日本政治の経済分析』木鐸社.

加藤寛 (1999)，『入門公共選択』勁草書房.

黒川和美 (2011)，『官僚行動の公共選択分析』勁草書房.

小林良彰 (1988)，『公共選択』東京大学出版会.

小西秀樹 (2009)，『公共選択の経済分析』東京大学出版会.

Krueger, A. O. (1974), "The Political Economy of the Rent-Seeking Society," *American Economic Review*, 64, pp. 291-303.

May, K. O. (1952), "A Set of Independent, Necessary and Sufficient Conditions for Simple Majority Decision," *Econometrica*, 20, pp. 680-684.

Mueller, D. (1997), *Perspectives on Public Choice-A Handbook*, Cambridge University Press（関谷登・大岩雄次郎訳『ハンドブック　公共選択の展望』多賀出版，第 1 巻 2000 年，第 2 巻・3 巻 2001 年）.

Mueller, D. (2003), *Public Choice III*, Cambridge University Press.

Niskanen, W. A., Jr. (1971), *Bureaucracy and Representative Government*, Aldine-Atherton.

Nurmi, H. (1997), "Compound Majority Paradoxes and Proportional Representation," *European Journal or Political Economy*, 13, pp. 443-454.

Olson. M. Jr. (1965), *The Logic of Collective Action*, Harvard University Press（依田博・森脇俊雅訳『集合行為論』ミネルヴァ書房，1983 年）.

Ostrogorski, M. (1902), *Democracy and the Organization of Political Parties*, Macmillan and Co. Ltd.

Ostrom,E. (1990), *Governing the Commons: The Evolution of Institutions for Collective Action*, Cambridge University Press.

Peltzman, S. (1976), "Toward a more General Theory or Regulation," *Journal of Law and Economics*, 19, pp. 211-240.

Posner, R. A. (1975), "The Social Cost of Monopoly and Regulation," *Journal of Political Economy*, 83, pp. 807-827.

Riker, W. H. (1962), *The Theory of Political Coalitions*, Yale University Press.

Riker, W. H. and Ordeshook, P. C. (1968), "A Theory of Calculus Voting," *American Political Science Review*, 62, pp. 25-42.

Smithies, A. (1941), "Optimum Location in Spatial Competition," *Journal of Political Economy*, 49, pp. 423-439.

Stigler, G. (1971), "The Theory of Economic Regulation," *Bell Journal of Economics*, 13, pp. 1-10.

Tullock, G. (1965), *The Politics of Bureaucracy*, Public Affairs Press.

Tullock, G. (1967), "The Welfare Cost of Tariffs, Monopolies and Theft," *Western Economic Journal*, 5, pp. 224-232（Reprinted in Buchanan, Tollison and Tullock (1980), pp. 39-50）.

Tullock, G. (1980), "Efficient Rent Seeking," in Buchanan, Tollison and Tullock (1980), pp. 97-112.

Weber, M. (1947), *The Theory of Social and Economic Organization*, Persons, T. ed., Free Press.

Wittman, R. (1995), *The Myth of Democratic Failure: Why Political Institutions Are Efficient*, University of Chicago Press（奥井克美訳『デモクラシーの経済学』東洋経済新報社，2002 年）.

第8章　投票行動

1．はじめに

　最も簡潔には「**多数の支配**」と定義できる民主主義には，制度的に大別すると直接民主制と間接（代議制）民主制とがある．しかし，古代ギリシアの都市国家アテネで行われていたようなすべての市民が一堂に会して話し合い，自らの未来は自らが決めるという「**集会デモクラシー**」ともいわれる直接民主制の実現は，たとえインターネットによって瞬時に世界中の人々がつながることが可能と思われる今日においても不可能である．民主主義研究で有名なアメリカの政治学者ダール（Robert A. Dahl）は，直接民主制の実現不可能性を「**時間と数の法則**」という言葉で説明している（Dahl, 1998, chap. 9）．確かにインターネットによって，一堂に会するという規模の問題は超えることができるとしても，すべての人が意見を述べるのにかかる膨大な時間の問題はクリアできない．そこで今日においても実施可能な民主主義の主要な形態は，「日本国民は，正当に選挙された国会における代表者を通じて行動」と日本国憲法の序文にも書かれているような代議制にほかならないということになる．

　代議制においては，国民や市民は自らの未来を託す代表を選ばなければならない．その制度として存在するのが選挙であるが，選挙は私たち市民にとって，選出した代表の行動や選択をコントロールするための最も重要な武器である．ある国で選挙が外形的に民主的とみなされるためには，複数政党制のもとで自由で公正に定期的に実施される必要があるが，このような選挙にあたって国民は異なった選択をなすのが常である．投票に参加したり棄権したりという投票参加や，複数の候補者や政党の中から1つを選ぶという投票方向の決定という投票行動に影響を及ぼす要因を明らかにすることは，20世紀に入ってから展開した実証的な政治分析の重要な課題の1つである．

　このような投票行動の分析は「政治学への経済学の応用」（Mueller, 2003, p. 1）とも定義される公共選択論においても重要な研究テーマの1つであるが，本章

ではもっぱら，伝統的に投票行動を分析の対象としてきた政治学における古典的な理論やモデルを中心に紹介する．そもそも科学たらんとして実証的な政治理論の構築を目指してきた現代政治学においては，社会学的なアプローチや心理学的なアプローチが展開されてきた．

2．社会学的アプローチ：シカゴ学派の静態的な生態学的研究から コロンビア学派の動態的研究へ

投票行動に関する実証的な研究は，アメリカを中心に発展してきた．その嚆矢といえるのは，1920年代に科学としての政治学の確立を目指したいわゆるシカゴ学派（Chicago School）において，その指導的立場にあったメリアム（Charles E. Merriam）らによって行われた1923年のシカゴの市長選挙における棄権者の分析であろう．その研究は翌年にまとめられ『棄権（*Non-Voting*）』として出版された（Merriam and Gosnell, 1924）．

メリアムらは1923年のシカゴの市長選挙にあたって投票をしなかった人，約6,000人に対して聞き取り調査を実施し，棄権者の特徴を明らかにしようとした．メリアムらは，単に棄権の原因として選挙民の無関心をもっぱら取り上げ心もとない不安を与えるだけであったというこれまでの研究を批判し，多様な棄権の理由と性別や出身地などの**社会的属性**との関連を明らかにするためにデザインされた正確で適切な調査を実施したのである（Meriam and Gosnell, 1924, p. xi）．

メリアムらの研究は異なる棄権の理由を社会的属性の相違から説明しようとしたという意味で，**社会学的アプローチ**であったといえるだろう．例えば，メリアムらは棄権の理由として20種類をリストアップした．その中で政治全般に対する無関心を棄権の理由として挙げる人が最も多かったことは確かだが，それは全体で25.4％（男14.6％，女30.4％）にしかすぎず，病気のための棄権が12.1％（男8.6％，女13.8％），さらには女性参政権に対する懐疑が7.8％（女11.4％；この質問は女性に対してのみに行われている）と続くことなどを明らかにした（Meriam and Gosnell, 1924, p. 37）．

しかしこのような「投票参加」の問題を研究の中心的テーマとしたメリアムらの研究とは独立に，社会的属性が「投票方向」の決定にどのように関連するかを実証的に明らかにしようとした研究の出発点は，オーストリア出身の社会

学者であるラザースフェルド（Paul F. Lazarsfeld）の指導のもとに，1940 年の大統領選挙に際して実施された**エリー調査**である．その調査の分析結果は 1944 年に『人民の選択（*The People's Choice*）』としてまとめられたが，その社会学的アプローチはラザースフェルドがコロンビア大学で教鞭をとっていたことから**コロンビア学派**（Columbia School）と総称され，その後のコミュニケーション研究や投票行動研究に大きな影響を及ぼすことになる．

　ラザースフェルドらの問題意識はもともとブランドロイヤルティを前提に，人々の選択に及ぼす宣伝の影響力を実証的に明らかにすることにあり，その手法はマーケットリサーチ的なものであった．大統領選挙が分析の対象となったのは，大統領選挙が候補者という商品を政党という生産者が宣伝等を用いていかにして有権者という消費者に売り込むかという，まさにビジネスの市場と類似する側面を持っていたからである．第 2 版の序文においてまとめられているように，「(a) どのような人がシフトしやすいのか，(b) このようなシフトはどのような状況下でもたらされるのか，(c) そのシフトはどのような方向で起こるのか」(Lazarsfeld, et al., 1948, p. xii)」という 3 つの疑問に関する解答を得ようとしたのである．それを一言でまとめるならば，政治的宣伝をはじめとする選挙キャンペーンが人々の投票行動の決定にどのような影響を及ぼすかを明らかにすることが中心的課題となったということである（Lazarsfeld, et al., 1948, p. 2）．

　大統領選挙を分析の対象としたということは，投票行動と社会的属性の関連といったように，必然的に投票行動に関する科学的な知見ももたらすことになった．彼らが社会学者だから社会学的アプローチをとったということよりも，市場において重要なのは，誰をターゲットとしてどのような宣伝を用いて商品を売り込むかということであり，そのような意味で個人の心理的特徴といった内面ではなく，確実に把握できる外的特徴を社会的属性という形で確定し，ある共通の特徴を持つ集団と捉え，社会的属性を独立変数の中心とするということは必然であっただろう．ある共通の心理的特性を持つ個人は社会に散在するが，ある共通の社会的属性を持つ人の所在は地域的に偏るといった意味で比較的に確定しやすい．類は友を呼ぶということにほかならない．

　ラザースフェルドらが考案した研究の方法は革新的であった．それまでの研究方法の中心はシカゴ学派の研究に典型的に見られるように世論調査とセンサスのデータとを関連させた**生態学**的（ecological）なものであった．それに対し

て，ラザースフェルドらが用いたのは，世論調査を実施するにしても同じ調査対象に日をおいて繰り返しインタビューを行うことで意識や態度の時系列的な変化に関するデータを得るという，今日では**パネル調査**として広く知られている手法である．(Lazarsfeld, et al., 1948, pp. 1-8).

　ラザースフェルドらは 20 世紀に入ってからの大統領選挙における全国的な投票動向との間との乖離がほとんどないなどという理由から，「典型的なアメリカの郡（typical American county）」(Lazarsfeld, et al., 1948, p. 3) であるとしたオハイオ州のエリー郡の選挙民を分析の対象として選んだ．まずラザースフェルドらは 4 軒おきに各家庭を訪問し，約 3,000 人を抽出する．さらにその 3,000 人の中から層化抽出で 600 人からなる 4 つのグループを構成する．その 1 つのグループは，最初の 5 月の調査から 11 月の大統領選挙直後まで，毎月合計 7 回の調査を受ける．他の 3 つのグループは統制群として，それぞれ 7 月，8 月，10 月と追加的に 1 回だけ調査が実施される．毎月継続的に調査の対象となったメインのグループの分析から，選挙キャンペーン期間中の宣伝の影響による彼らの投票方向の変化の有無やその変化のパターンを，社会的属性と紐づけながら明らかにしようというのがラザースフェルドらの研究デザインであった．

　このような調査研究手法により得られた知見は多岐にわたるが，投票行動研究という観点からまとめると以下のようになるであろう．ラザースフェルドらは，調査結果から従来から知られていた共和党支持者と民主党支持者の社会的属性に関する特徴を確認した後，その中から統計的に有意であった社会経済的地位，宗教，居住地域の 3 つを取り上げ，**政治的先有傾向指標**（the Index of Political Predisposition；以下 IPP と略）を作成した．この指標は 7 段階で構成されるが，社会経済的地位が高く，宗派はプロテスタントで，居住地域は郊外である者を典型的な共和党支持者として 1 とコーディングし，一方で社会経済的地位は低く，宗派はカソリックで，居住地域は都市部である者を典型的な民主党支持者として 7 をという形で，1 から 7 までのいずれかの数値を調査対象に割り振った．その結果，1 から 3 までを「主に共和党系の占有傾向を持つ者」，4 から 7 までを「主に民主党系の占有傾向を持つ者」としてまとめて，その後の分析を進めたのである．

　具体的に示すと IPP は**表 8-1** のように，各サンプルに割り当てられた (Lazarsfeld, et al., 1948, p.174). 各変数を総合して 1 つの指標を作成するにあたっては今日主成分分析や数量化理論第Ⅲ類などが用いられることが多いであろうが，

表8-1 IPP

		プロテスタント		カソリック	
		郊外	都市部	郊外	都市部
社会経済的地位	A, B	1	2	3	4
	C＋	2	3	4	5
	C－	3	4	5	6
	D	4	5	6	7

（出典）Lazarsfeld, et al.（1948）p. 174 に掲載されている
表を基に筆者が作成.

当時においては画期的なアイディアであっただろう.

　このようにして作成された IPP と投票行動との間には，見事にリニアな関係があることが確認されている．すなわち1から7までに数値が増えるに従って，共和党に投票した人の割合は減少していくのである．逆に言えば，民主党に投票する人の割合が増えるということである．強い共和党支持者として分類（IPP＝1）された者のうち，74％が実際に共和党に投票しており，その割合は2の場合が73％，3の場合が61％，民主党系とされる4以降では，4で44％，5で30％，6と7は合算されるが17％と減少していく（Lazarsfeld, et al., 1948, p. 26）．すなわち，社会的属性から投票行動を説明できたといえる．別の言い方をすれば，同じ社会的属性を持つ集団は，同じような政治的先有傾向を持ち，同じような投票行動をする可能性が高いということである．さらにラザースフェルドらは，彼らが交差圧力（cross pressures）と呼ぶ現象も発見している．それぞれ異なった方向に働く社会的属性の中で，社会経済的地位はA・B・Cに分類（共和党系先有傾向）されるが，宗派はカソリックで都市部に住む（民主党系先有傾向）者や，一方で社会経済的地位はC－・Dに分類（民主党系先有傾向）されるが宗派はプロテスタント（共和党系先有傾向）といった投票者は交差圧力に曝され，選挙に対する関心の低い者と同様に投票意思の決定が遅れることを明らかにした（Lazarsfeld, et al., 1948, chap. 4）.

　エリー調査は，このような投票行動に関する知見や仮説をもたらしただけではなく，コミュニケーション研究の分野においても，その後の研究に大きな影響をもたらした．もともとは既存の態度の改変といった宣伝の強い効果を検証するための研究であった．しかし知見が示すところは，従来の強力効果説を否定するものであった．共和党支持者は共和党の宣伝には接触するが民主党の宣

伝には接触しないといった**情報への選択的接触**の傾向が投票意思を変える改変効果ではなく補強効果につながることや，情報は送り手である新聞，雑誌，ラジオといったメディアから受け手へとダイレクトに流れるのではなく，両者の間にはオピニオンリーダーが存在し，コミュニケーションの流れは2段階（**コミュニケーションの2段階の流れ仮説**）であることなどである．従来の強力効果説が成り立つ前提，すなわち受け手は送り手が発信する大量かつ画一的な情報に受動的にさらされているという前提を否定するような知見を示したのである．

　その後長い歴史の中で社会学的研究は，リプセット（Seymour M. Lipset）とロッカン（Stein Rokkan）が指摘した中央/周辺・国家/教会・都市/農村・労働者/経営者などの違いによってもたらされる**社会的亀裂**（social cleavage）（Lipset and Rokkan, 1967）や，さらにはそれらの亀裂に加えて 1970 年代からの物質中心から脱物質中心への価値観の転換と世代効果を強調したイングルハート（Ronald F. Inglehart）の研究は若者と高齢者といった世代間の相違を投票行動研究に新たな視点をもたらした（Inglehart, 1977）．1 つの国を対象とした研究から，各国間の比較研究が盛んになるにつれて，新たな原因が投票行動を説明する要因として浮上してきたのである．

3. 社会心理学的アプローチ

3.1　政党帰属意識に基づく投票（party vote）

　コロンビア学派の社会学的アプローチが投票行動に関する本格的な研究の端緒であったことには間違いないが，それに続きアメリカで登場し，その後の研究に大きな影響を及ぼすことになったのは**ミシガン学派**（Michigan School）と呼ばれる一群の研究者による**社会心理学的アプローチ**による研究である．ミシガン大学に所属した研究者達は調査研究センターを設立し，1948 年の大統領選挙から全国的な世論調査を開始した．その後 1952 年の大統領選挙と 1954 年の中間選挙における調査を経て，彼らが自らの研究を一冊の研究書として世に問うたのは 1960 年のことであった．1956 年の大統領選挙に際して実施した世論調査のデータを分析し，その成果をキャンベル（Angus Campbell）らが『アメリカの投票者（*The American Voter*）』としてまとめたのである（Campbell, et al., 1960）．

　ミシガン学派の研究者たちは，コロンビア学派によるエリー調査がインタビ
ュー調査の「真の力（the true power of the interview survey）」（Campbell, et al.,
1960, p. 14）を示した最初の調査であったことは認めつつも，次の 2 点に関して
批判的であった．第 1 にはコロンビア学派の研究における調査対象がオハイオ
州のエリー郡という一地域に限定された部分的なものである点である．限定さ
れたコミュニティを対象とした研究で説明できるのは，アメリカの投票者の行
動の極めて一部にすぎない．そこで彼らは全米の人口動態を反映するように
確率論的に抽出された標本を対象に投票行動に関する研究を進めることにした
わけである．

　社会学的アプローチの第 2 の弱点は，従属変数としての選挙での投票は民主
党から共和党へと，一方では共和党から民主党へと同じ投票者の中で選挙ごと
という短期で変わりうることがあるにもかかわらず，その主要な独立変数であ
る社会的属性の変化は長期では生じうるかもしれないが，短期的には安定的で，
短期における結果の変化を説明できないという点である（Campbell, et al., 1960,
pp. 12-17）．彼らは次のように指摘する．「黒人であるという事実と民主党への
投票との間に連関があるということはわれわれに興味深い情報を与えるが，し
かしそれは低レベルの抽象化で売り込まれた情報である．（中略）例えば黒人
の場合 10 年や 20 年もしないうちに，共和党を選好する方向に変化していると
いう証拠がある．」（Campbell, et al., 1960, pp. 36-37）人種という社会的属性は不
変である．しかしその選好とその結果としての投票行動は変化しうる．そこで
ミシガン学派の研究者たちは，選挙ごとに変わりうるその勝敗，すなわち従属
変数における短期的な変化を説明できる要因として取り上げたのは，コロンビ
ア学派が依拠した外形的な社会的属性ではなく，短期的に変わりうるものとし
ての政治的態度であった．すなわち投票者における心理的な力学に対する反応
として，投票行動を説明しようとしたわけである（Campbell, et al., 1960, pp.
120-145）．

　そのような問題意識のもとで，ミシガン学派の研究者たちが心理的な要因と
して取り上げたのは，人と人，人と集団とを結びつける帰属意識であった．そ
の中でも，投票者の態度や行動を説明する際に最も中心的となる心理的帰属意
識とされたのは党派的な忠誠心という形で測定される**政党帰属意識**（party iden-
tification）であった．従来の研究では政党帰属意識の強さは過去数回の選挙に
おける回答者の投票の一貫性で測定された．しかしキャンベルらは強い共和党

支持者であるか，それとも強い民主党支持者であるかといった選択肢に対する
回答者自身の分類を用いた．このような測定方法を用いる利点として，回答者
を強い共和党支持者と強い民主党支持者を両端として7分類される連続体に位
置づけることを可能とする点をキャンベルらは挙げている（Campbell, et al., 1960,
pp. 121-123）．その結果，大統領選挙に関し，強い政党帰属意識を持つ者のうち
89％が常にないしはほとんど常に同じ政党の候補者に投票すると答え，その割
合は政党帰属意識の強度が低下するにつれて少なくなっていくことを明らかに
している．その数字は弱いと自己を分類した者の中では60％が，続いてあえて
いえばどちらかの政党に近さを感じているとする者では36％，いわゆる無党派
に関しては16％となっている（Campbell, et al., 1960, p. 125, Table 6.2）．このよ
うにしてキャンベルらは政党帰属意識の方向と強度が，どのように投票するか
ということ関して，大きく影響を及ぼしているということを明らかにしたので
ある．このような形での投票行動の説明は，「1960年代には投票行動理論のディ
ィ・ファクト・スタンダード（de fact standard）の地位を獲得し」（田中，1998,
17頁），今日では**パーティボート**として知られることになった.

　キャンベルらは**政治的社会化**という観点から，政党帰属意識は親から子に伝
達されて年とともに強固になっていき，比較的に安定的であることを明らかに
しているが（Campbell, et al., 1960, pp. 146-148），このことは新たな展開を投票
行動研究にもたらす．それはいわゆる**争点投票**である．もちろんミシガン学派
によるこの研究においても政党帰属意識だけではなく，争点態度や候補者評価
も投票行動に影響を与える要因として取り上げられていた．しかし政党帰属意
識が長期的に安定的で強い影響力を持つ要因とされたのに対して，争点態度や
候補者要因は短期的要因とされた.

　短期的要因である争点態度が選挙民の投票意思の決定に影響を及ぼすために
は，次の3つの条件を満たす必要があることを指摘する．「1. 争点が何らかの
形で認知される必要があること．2. 争点は認知されるだけではなく，最小限
の強さであっても何らかの感情的反応を喚起する必要があること．3. 認知さ
れ最小限の感情的反応を引き起こした争点に関して選挙民は，ある政党の政策
がその選挙民の立場を他の政党のそれよりも代弁していると認識しているこ
と．」（Campbell, et al., 1960, pp. 169-170）の3つである．1956年の大統領選挙の
全国世論調査の結果からは，このような3つの条件を満たしたうえで各種争点
に関し，争点態度に基づく投票ができる選挙民は「外交政策におけるロシアや

中国に対する厳しい対応」において最大となるが，その数値も36％でしかないことが明らかにされる（Campbell, et al., 1960, p. 182, Table 8-3）．何が自分にとって重要な争点で，自身の争点に関する立場を代弁する政策を展開している政党の存在をわかっている投票者が最大でも36％しかいないという調査結果は，パーティボートを補強する証明の1つであった．しかしこのことは大きな論争を呼ぶことになる．「民主主義は情報に通じた市民の存在を前提」（Berelson, et al., 1954, p. 308）にしているとするならば，争点投票の「できない」，「しない」投票者が7割近くに上るという調査結果は，アメリカのデモクラシーに対する信頼を揺るがすものとなったのである．

3.2　争点投票（Issue Vote）

　キャンベルらが投票行動に関する全国調査でデータを得た時代は，国際的には冷戦の激化という環境下にあったものの，国内的には戦後復興と経済発展が主要な問題であったという比較的に安定した時代であった．コロンビア学派が取り上げた社会的属性という社会学的要因と比較して可変ではあるが比較的に安定的という政党帰属意識を投票方向の決定に関する主要な独立変数として見出したことは理解できる．しかし早くから社会的属性を独立変数とするコロンビア学派やミシガン学派によるパーティボートに異を唱えた研究者として有名なのはキー（V. O. Key, Jr.）であった．

　キー自身は1963年に亡くなった．しかしキーの研究は草稿として遺された未完の部分も含めて他の研究者であるカミングス（Milton C. Cummings, Jr.）がまとめて，1966年に『合理的に反応する選挙民（*The Responsible Electorate*）』というタイトルで出版された．同書においてキーは1936年から1960年までの大統領選挙における選挙民の投票行動を対象に，アメリカ世論研究所（the American Institute of Public Opinion）[1] が行った世論調査におけるリコールデータではあるが，選挙民を今回の選挙でも前回の選挙でも同じ政党の候補者に投票したと答えた選挙民（standpatters），異なる政党の候補者に投票した選挙民（switchers），さらには今回の選挙で新規に選挙権を獲得したか，前回はたまたま投票しなかった選挙民（new voters）の3つに分類したうえで，選挙民は社会的属性やプロパガンダ，さらには政党帰属意識によって金縛りとされ，選挙毎に主体的な選択のできない馬鹿な非合理的投票者ではなく，政策や政権のパフォーマンスに合理的に反応する選挙民であるという結論を下したのであった

(Key, 1966).「投票者は馬鹿ではない」という言葉は有名である（Key, 1966, p.
7）．このようなキーの見解はその後，ミシガン学派の研究をさらに発展させて，
これから述べる争点投票（issue vote）や業績評価投票（retrospective vote）の
モデルを展開させる 1 つのきっかけとなった．

　ミシガン学派の初期のパーティボートに代わり，争点投票が 1 つの投票行動
を説明するモデルとしてまとめられたのは，1960 年代のアメリカにおける政治
的混乱を経た後に当時シカゴ大学にいたナイ（Norman H. Nie）らによって 1976
年に出版された『変貌するアメリカの投票者（*The Changing American Voter*)』
においてであった．アメリカの選挙民は馬鹿なのかというアメリカの民主主義
を揺るがす問題に対する 1 つの解答であった．さらには比較的に安定的であっ
た 1950 年代までと比較してそれ以降の 20 年間におけるアメリカ政治の大きな
変化，具体的には人種，ベトナム戦争，都市における危機，ウォーター事件，
1970 年代における景気後退といった新たな争点の登場と，それに直面すること
になった選挙権を新たに得た投票者の参入という現実の政治の動きが，ナイら
に新たな研究をさせる大きな問題意識となった（Nie, et al., 1976, pp. 1-9）．

　ナイらは，ミシガン学派による 1952 年から 1972 年までの世論調査とシカゴ
大学の全米世論調査センターによる 1971 年と 1973 年の世論調査の合計 12 の
調査結果を分析の対象として，選挙民における変化に関する知見をつぎのよう
にまとめた．「パーティボートができない無党派の増大と普段は政党帰属意識
を持つが投票時には政党帰属意識から離脱する投票者の増大という 2 つの理由
からパーティボートが減少した．一方で同様な 2 つの理由から争点投票が増え
た．それはより多くの市民が投票のベースとなる一貫した争点態度を持ってお
り，さらにより多くの市民が投票する際にそのような一貫した争点態度に基づ
いて投票していることである」(Nie, et al., 1976, p. 291)．さらにナイらは，「選
挙時の争点態度と政党帰属意識が一貫するような選挙民の党派性は強化される
が，一貫しないような場合は争点投票が党派性を弱体化させ政党の再編成をも
たらす可能性がある」とした（Nie, et al., 1976, p. 292）．

　争点投票はナイらによって新たに発見された投票行動のモデルではない．す
でに述べたように争点投票ができる選挙民の数は少ないとしてパーティボート
を投票行動のモデルとしたミシガン学派に対して，より洗練された分析手法の
もとで，争点投票ができる多くの選挙民の存在を明らかにし，アメリカの民主
主義の強靱性を改めて示した点が，ナイらの功績であろう．しかし争点投票に

はコストがかかる．さらには未来志向としての争点投票ができるためには，選択可能な有意な争点が存在しなければならない．新聞やテレビをはじめとするメディアは選挙における選挙民の争点認知に大きな影響を及ぼすことが**議題設定機能**（agenda-setting function）として知られている[2]が，必ずしも争点が多様でまた明確にならないといった状況で争点投票ができない場合には，何を選択の基準にすればよいのだろうか．その答えの1つとして新たに展開されたのが，つぎに述べる**業績評価投票**（retrospective vote）である．

3.3　業績評価投票（retrospective vote）

そもそも政権や政治家の過去の在任期における業績評価に基づいて市民が投票するという考え方は，先にも紹介したように「投票者は馬鹿ではない」と断じたキーによって言及されていた．キーは「シフトする投票者の主な流れは過去のさまざまな出来事やパフォーマンス，並びに行為に関する鑑定士としての選挙民の最も重要でかつ主要な役割を鮮やかに反映している．その判定は過去に照らして（retrospectively）行われ，以前に起こったことの承認または不承認のいずれかを表現する形で将来の投票につながる．投票者は彼らがすでに知っていることを拒絶するかもしれないし，一方では承認するかもしれない」（Key, 1966, p. 61）と述べている．

フィオリナ（Morris P. Fiorina）は，このようなキーの賞罰投票ともいえる投票のあり方に加えて，ダウンズ（Anthony Downs）に始まる投票者の合理性を前面に打ち出した投票行動のモデル（Fiorina, 1981, p. 199）を前提に，今日業績評価投票として知られる投票行動のモデルを打ち出した．フィオリナは単に業績評価に基づく投票を理論的に洗練させ実証的に証明しようとしただけではなく，それまでのミシガン学派によるパーティボートのモデルやそれに対する批判として展開されたイッシューボートのモデルをも統合した投票行動のモデルを展開する．そのモデルは**図 8-1** に端的に示されている（Fiorina, 1981, p. 82, Figure 4.1）．

フィオリナは1956年からの大統領選挙や連邦議員選挙に関する投票者を対象とした世論調査のデータを分析し，業績評価という観点で投票行動を説明することの有効性を実証的に明らかにした．1960年と1976年の大統領選挙における投票に関しては85％から90％の精度で正しく予測し，1958, 1960, 1974, 1976年の連邦議会選挙に関してそれは75％から85％であったことを報告して

図8-1　業績評価を組み入れた投票モデル

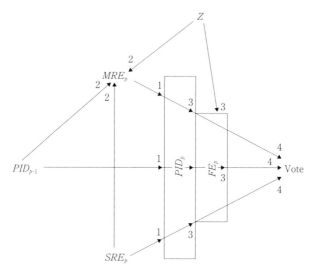

(注)　Vote　：投票
　　　　PID_{p-1}：過去の政党帰属意識
　　　　PID_p　：現在の政党帰属意識
　　　　FE_p　：現在の将来への期待
　　　　SRE_p：現在の単純な過去の業績評価（個人的な経済状態など，直接的
　　　　　　　　に経験できる事柄で形成される）
　　　　MRE_p：現在の媒介された過去の業績評価（外からもたらされる情報や
　　　　　　　　内的な既存の先有傾向などによって形成される）
　　　　Z　　：外生変数
(出典)　Fiorina（1981）p. 82, Figure 4.1.

いる（Fiorina, 1981, p. 241）．さらに業績評価は政党帰属意識の変化をももたら
すことなどを指摘している．自らの体験や認識に基づく政権の個々の業績を評
価することによる投票は，未来志向で得られるか否かに関しては不確実な争点
投票と比較すると，判断するうえで必要となる情報量を節約できることが論理
的にも期待でき，より現実的な投票行動を説明するモデルといえるだろう．

4．公共選択論における投票行動の理論

4.1　合理的選択アプローチの基本的論理
　公共選択論における有権者の投票行動の説明は経済学者のダウンズを嚆矢と

する．ダウンズは 1957 年に著した『民主主義の経済理論（*An Economic Theory of Democracy*）』で，政治過程に参加する各アクターの合理的選択を前提に，「過去，現在，未来のないしは仮設上の出来事の経過について，確かな知識に多少とも欠けていること」（Downs, 1957, p. 77；邦訳 p. 79）と定義される不確実性（uncertainty）という状況下では，「経済学的にいえば，民主主義国家における政府の政策はほとんどつねに反消費者，生産者支持の偏向がみられる」（Downs, 1957, p. 256；邦訳 p. 265）という有名な命題を示した．同書はこのような命題を残しただけではなく，その後，選挙において得票の最大化を目指し競合する各政党の政策的立場の均衡とその条件とを研究の対象とする**空間理論**（spatial theory）や投票参加の理論など，多くの研究を生み出す源泉となった．

　公共選択論における有権者の投票行動の説明の特徴は，政党支持といった心理学的な要因を説明変数として用いないことである．その代わりに政策から受ける利益を第 1 の独立変数として，有権者の投票行動を説明する．最も多くの利益をもたらす政策を掲げる政党や候補者に有権者は投票するというのである[3]．

　このことは投票行動の理論において**期待効用モデル**として知られる投票参加の計算式を例に挙げればわかりやすいだろう．この期待効用モデルの原型はダウンズによって示され（Downs, 1957, p. 271；邦訳 p. 281），その後政治学者のライカー（William H. Riker）らによって定式化された．投票参加を投票することから得られる利益と投票にかかるコストとの比較，まさに経済学的に説明するものにほかならない．彼らの示した計算式は以下のとおりである（Riker and Ordeshock, 1968, pp. 25-28）．

$R = P \cdot B - C + D$
　　B＝自分がより選好する候補者が勝利したときに得られる便益と，最も選好しない候補者が勝利した時に得られる便益との差，すなわち候補者間の期待効用差（**政党間期待効用差**）
　　P＝自分の投票によって B を得ることの主観的確率
　　C＝投票のコスト
　　D＝投票という義務を果たすことによって得られる満足感
　　R＝投票によって得る報酬

　この式において，市民は $R > 0$ となれば投票するし，$R \leqq 0$ となれば棄権す

る．ライカーらが 10^{-8} と計算したように P はほぼ 0 であることから，$P \cdot B$ の項は 0 となり，$R > 0$ となるか否かは C と D の比較で決まることになる．D は以下のような満足感で構成されている．

1) 投票の倫理に適うことから得られる満足感
2) 政治システムに対する忠誠を果たすことによって得られる満足感
3) 党派的な選好を確認することから得られる満足感
4) 決定をしたことや，投票場へ行くことから得られる満足感
5) 政治システムにおける自分の有効性を確認することから得られる満足感

　この計算式でも示されているように，有権者がもし投票することになったらどの政党や候補者に投票するかは，各政党や候補者が掲げる政策から受け取ることが期待できる将来の効用を比較し，最も高い効用をもたらすことが期待できる政党や候補者に投票することになるというのは一目瞭然である．

4.2　合理的な非合理性

　政党に対する支持や忠誠心ではなく，政策に対する選好（政策から得られる利益）を投票の基準とする**合理的選択アプローチ**にはさまざまな批判がある[4]．今日では合理性に対する見方を大きく変えて，現実の説明力を強化しようという試みが経済学者の中でも行われるようになった．その 1 つとして特に取り上げる必要のあるのは，経済学者であるカプラン（Bryan Caplan）が，自身も疑念を表明している**「利己的投票者仮説**（self-interested voter hypothesis）」（Caplan, 2007, pp. 18-19, 198；邦訳 pp. 40-41, 378）に対して，新たに提唱した「**合理的な非合理性**（rational irrationality）」という概念であろう（Caplan, 2007, p. 17；邦訳 p. 36）．カプランが新たに提起したことは近年脚光を浴びている**行動経済学**（behavioral economics）[5] の派生物ともいえる[6]．

　カプランは政策に対する選好を，得られる実利的な利益という形でとらえるのではなく，信念を満たすことによって得られる心理的な満足感という形でとらえ直す．経済学的に見て最適な（最大の利益を得られる）政策を選ぶのが従来の意味での合理性であるのに対して，最適とはいえない政策で場合によっては不利益を被るかもしれない政策を個人の信念に照らし合わせて選んでしまう行為は，経済学的に見れば非合理的だが，個人的には合理的という意味で，カ

プランは「合理的な非合理性」と呼んだのである.

　市民の間には経済学に関して系統的にバイアスのかかった信念（systematical-ly biased beliefs about economics）が存在するとカプランは指摘する. それは, 反市場バイアス, 反外国バイアス, 雇用創出バイアス, 悲観的バイアスの4つである（Caplan, 2007, chap. 2；邦訳2章）. まず反市場バイアスとは,「市場メカニズムがもたらす経済的便益を過少評価する傾向」である（Caplan, 2007, p. 30；邦訳 p. 63）. 反外国バイアスとは,「外国人との取引による経済的便益を過少に評価する傾向」である（Caplan, 2007, p. 36；邦訳 p. 75）. 雇用創出バイアスとは,「労働を節約することの経済的便益を過少に評価する傾向」である（Caplan, 2007, p. 36；邦訳 p. 75）. 最後の悲観的バイアスとは,「経済問題の厳しさを過大に評価し, 経済の（ごく最近の）過去, 現在, そして将来の成果を過少に評価する傾向」である（Caplan, 2007, p. 44；邦訳 p. 91）. 普通の市民はこのような系統的バイアスを持っているがゆえに, 選挙においては経済学的に見て間違った政策を主張する政党や候補者に投票し, 結果として愚策が採用され民主主義社会は失敗することになるというのがカプランの結論である.

　市民が何らかのものに対してバイアスを持つこという主張は, それを偏見と言い換えればよくわかるはずであるが, 特に心理学の世界において目新しいものではないだろう. しかし, 経済学が理論的に導くことに関する普通の市民の誤解を整理し, それが体系的であることを実証的に明らかにしたことは斬新であると評価できる. それにしても民主主義の失敗に関するカプランの処方箋は過激であり, 政治学者である筆者にはいささか承服しがたいものがある. カプランの処方箋は, 私的選択と自由市場の活用のために, 経済的リテラシーを持つ者には複数の票を与えること, 経済的リテラシーの低い市民の投票参加を促進する取り組みを止めること, 全体としてはすべての市民に経済学を学ばせろといったことである（Caplan, 2007, pp. 197-199；邦訳 pp. 376-380）が, 経済学に対する全面的な信頼の表明として鼻持ちならないと感じるのは筆者だけであろうか.

5. その他の投票行動のモデル

5.1　バッファープレイヤー（牽制的投票者）

　バッファープレイヤーとは,「基本的に自民党政権を望むが, 政局は与野党

の伯仲状態がよいと考え，与野党の伯仲状況（バッファー）を考慮に入れて投票行動を行う有権者」（蒲島，1988，p. 171）と定義されている．もともと1970年代から80年代にかけて衆議院選挙における自民党の獲得議席数の周期的な増減を説明するために，猪口孝によって示唆された親政府的な有権者の投票行動のあり方（猪口，1983，3章）を，蒲島郁夫が1988年にバッファープレイヤーという概念のもとで精緻化し，その存在を日本独特の投票行動として世論調査のデータを用いて実証的に明らかにしようとしたものであった（蒲島，1988，9章；2004，4章）．

　蒲島は「与野党伯仲を望むか否か」という質問項目を初めて含んだ1987年の明るい選挙推進協会による世論調査のデータを用いて，バッファープレイヤーとみなしうる有権者の割合は44.8％であることを確認し，それ以降の1990年調査や1991年調査においてもその割合はそれぞれ47.9％，50.5％と5割前後の多数を占めることを確認している（蒲島，2004，pp. 77-78）．さらにこのようなバッファープレイヤーの投票が自民党の勝敗を左右していることも明らかにした．自民党が議席を増やす選挙ではバッファープレイヤーは自民党に投票するが，減らす際には自民党から離れ野党へ投票したり棄権したりするのである（蒲島，2004，pp. 80-84）．蒲島はこのようにして，自民党の一党優位体制という55年体制下において，自民党が独断的な政治を行うことに対する対抗勢力としてのバッファープレイヤーの存在を明らかにした．

5.2　メディアが投票行動へ及ぼす影響

　固い政治的先有傾向（政党帰属意識など）を持たない有権者や無党派の有権者の中には，投票にあたって，これまで述べてきたような争点に対する態度や政権の過去の業績評価などではなく，他の人の投票に関する動向を参考にする場合があるであろう．特に個人間で政治的会話をすることが少ない日本人の場合には，世論調査や選挙区の情勢調査を基にして報道される新聞やテレビ，週刊誌などによる選挙戦の情勢報道が大きな影響を及ぼすことになるのであろう．このことはこれまで**アナウンスメント効果**として知られてきた．

　アナウンスメント効果とは，マスメディアによる候補者の当落予測等の選挙情勢に関する報道が，有権者の投票行動に影響を及ぼし，ひいては事前の予想を覆すような選挙結果をもたらすというものである．日本では1979年の第35回総選挙に関するメディアの事前の予測と選挙結果が大きき乖離したことから

問題となった．メディアは自民党の勝利を予測したが，結果は自民党が公示前の議席である 249 を 1 議席減らし 248 議席であった．

　具体的には，つぎのような 4 つの効果の存在を指摘できる．それは，バンドワゴン効果，離脱効果，判官びいき効果，見放し効果である．バンドワゴン効果とは，優勢が伝えられる候補に勝ち馬に乗るという形で投票することである．離脱効果とは，優勢を伝えられた候補には自分が投票しなくても当選するだろうという予想が立ち，その候補に投票せず他の候補に投票するというものである．判官びいき効果とは劣勢を伝えられた候補に同情する有権者が票を投じ，逆に票を増やすというものである．最後の見放し効果とは，劣勢を伝えられた候補から票が離れるというもので，ますます票を減らすことになる．

　中選挙区制のもとでの研究ではあるが実証研究では，このようなアナウンスメント効果は，各種の効果が相殺され，選挙結果には大きな影響を及ぼさないという知見が示されている（池田，1988）．しかしフランスでは，投票日の 1 週間前から投票日まで，有権者に選挙の情勢等を問うた世論調査の公表と論評の禁止が 1977 年に法律化されている[7]．集計レベルでは相殺されるということで統計学的に有意な効果は見出せないのかもしれない．しかし，個人レベルにおいては投票意思の決定をメディアの予測報道を頼りに行っている限り，いずれかの効果が生じることは間違いではないだろう．また選挙は 1 票差でも勝ちは勝ち，負けは負けであるから，統計学的には有意ではない得票における微少な変化であっても議席数には大きな違いをもたらすということを考慮すると，無視できない効果であるということができる．

　アナウンスメント効果の中でも特に離脱効果や見放し効果はメディアのもたらす情報が有権者の自分の 1 票を無駄にしたくないという意味での票の有効利用といった戦略的投票をもたらしているとするならば，つぎのメディアの影響としての**沈黙の螺旋理論**は，有権者の孤独を恐れる気持ち，すなわち一種の同調圧力が結果としてバンドワゴン効果に繋がっていると説明するものとして解釈できる．

　沈黙の螺旋理論（spiral of silence theory）は，旧西ドイツの連邦議員選挙に関する世論調査を詳細に分析したノイマン（Elisabeth Noelle-Neumann）によって提起された（Noelle-Neumann, 1984）．その概略は以下のとおりである．自分の意見が少数意見であると感じた人々は，自分が多数意見の中で孤立してしまうことを恐れて，多数意見に同調してしまうか，一方で自分の意見をあえて保

持しようとする人は，公共の場で自分の意見を表明しない，つまり沈黙することになり，そうするとますます多数意見が実際以上に増幅されてしまうというものである．何をもってして多数意見とするかに関しては，メディアの報道が大きな影響を及ぼすことをノイマンは示した．選挙におけるある政党の地滑り的大勝は，バンドワゴン効果が有権者の中で大勢となった結果ともいえるが，この沈黙の螺旋理論はバンドワゴン効果が生じる 1 つの心理的理由を説明するものであろう．

6．おわりに：投票行動研究と人間行動の一般法則

　本章で紹介した投票行動の理論やモデルは，多様に展開されてきたものの中でも紙幅の制限から，それらの出発点となったような今日では古典的といえるものばかりである．その他のモデルや最近の動向に関しては山田真裕らが編集した専門書を参照していただければ幸いである（山田・飯田編，2009）が，以上見てきたように投票行動を説明する理論やモデルは，意識すると否とにかかわらず，社会心理学の生みの親とされるレヴィン（Kurt Lewin）が 1936 年にその著書の中で記述したつぎの式を念頭に置いているといっても過言ではないだろう．B=f(PE) という式で表現されるが，人間の行動を説明するために必要な要素を簡潔に表したものであり，**人間行動の一般法則**と呼ばれている．B（behavior）は行動であり，その行動は P（個人の性格；personality）と E（個人が行動する際におかれている環境；environment）の両方に影響されるというものである（Lewin, 1936, p. 12）．P のみに注目していた従来の心理学に対する不満の表明である．

　社会学的モデルが E を重視しているのに対し，心理学的モデルは P を重視している．もちろん経済学的モデルは合理的選択という個人的特性である P を重視してきた．しかしそれぞれを独立に考察していたのでは，人間の行動の 50％しか説明できないということになる．同じ人でも置かれている環境が異なれば異なった選択をなすかもしれない．一方で同じ環境下でも人が異なれば異なった選択をなすかもしれない．そのような意味で両者の相互作用として，結果としての投票行動を説明していく必要があるのであろう．

　最後にはなるが，小林良彰によるつぎの指摘は投票行動研究における永遠の課題として特筆すべきものとして，紹介しておこう．小林は 1999 年の論文で

わが国におけるそれまでの膨大な投票行動研究を概観した後，投票行動研究には留意し克服すべき 2 つのジレンマがあることを指摘した（小林，1999, pp. 13-14）．第 1 のジレンマは，「一般化か個別化か」というものである．第 2 のジレンマは，「高い説明力か広い領域か」というものである．前者は投票行動を説明するモデルが選挙ごとに生み出される状況に関して，個々の選挙の事情が大きく作用することから，あらゆる選挙における投票行動を説明できるという意味での一般理論の構築を困難にしているという指摘である．個別の選挙を説明することしかできないモデルは「歴史的研究」を行っているのにすぎないのではないかということである．後者のジレンマは，説明変数と被説明変数との間に生じるトートロジーの問題である．例えば政党支持は投票行動の原因として高い説明力を持つが，それは結局「好きなものは好き，好きなものを選んだ」といっているにしかすぎず，同義反復ではないかという問題である．なぜ好きなのか，なぜその政党を支持するのかといったことに関する基底的要因の探索から始まり，最終的な結果としての投票行動につながる長いパスを思い描く必要性を小林は指摘した[8]．

　投票行動に関する研究は，他の領域における研究と同様に人間の行動を対象とするものである限り，自然科学におけるような普遍性を持つという意味での一般理論の構築に関しては困難を極めるであろう．また市民の間に流通する政治的情報の質と量とをともに拡大させたインターネットの登場は，多様なアイディアと手法を用いた新たな研究を生み出す源泉となっている．それは一般理論の構築とは逆行する流れであるかもしれない．しかし多様なパズルで構成される投票行動に関して，地道にそのパズルを埋める作業の積み重ねは，将来的に統合されシンプルで説明力の高い一般理論の構築につながることを期待しつつ本章を終わることにしたい．

■注

1）　今日ではギャラップ調査（Gallup Poll）として知られている．

2）　議題設定機能は当初の受け手の態度の改変という**強力効果説**からクラッパー（Joseph T. Klapper）による一般化（Klapper, 1960）を経て 1960 年代に態度の補強という**限定効果説**へと変遷を辿ったマスメディアの効果に関する研究を再検討する試みの 1 つであり，マックウム（Maxwell E. McCombs）らによって 1972 年に提起された（McCombs and Shaw, 1972）．

3）　ここでは詳細に立ち入らないが，最も利益を与えてくれる政策に対する選好の仕方には2通りの説明がある．それは**近接性モデル**と**方向性モデル**である．両者の違いを簡単に述べれば，前者がもともとのダウンズの考えに沿うものであり，保守とか革新，ないしは左右といったイデオロギー立場にかかわらず，最も利益をもたらす政策を掲げる政党や候補者に投票するというものであるが，後者は前者を修正するもので最大の利益を与えてくれる政策であっても，イデオロギー的立場の境界線を超えては投票しないというものである．詳しくは以下の文献を参照されたい（小野，2009）．

4）　1970年代には政治学においても合理的選択アプローチは有力なパラダイムの1つになったといわれるが，最大化ではなく満足化，利己主義ではなく利他主義，置かれている環境から受ける制約，現実の説明力に対する疑問などから批判がなされてきた．詳しくは拙稿を参照されたい（河野，1996）．

5）　行動経済学は，自己の利益の最大化を目指し合理的に選択するという経済人という架空の存在を前提としてその行動を記述する抽象的なモデルを展開してきた主流派の経済学に対する批判として1990年代以降急速に発展し，今日ではノーベル経済学賞の受賞者も出している．主流派の経済学の「モデルでは，意思決定とは無関係とされている要因（supposedly irrelevant factors: SIF）に目を向け」，心理学的要因を分析に取り込み，現実の説明力を高めようとする試みである（Thaler, 2015, p. 9；邦訳 p. 28）．

6）　カプランの著書は，もともと市民が合理的であれば多数の利益をかなえる政治が展開されるはずの民主主義はうまく機能しないというダウンズの主張を「神話」として批判した経済学者のウィットマン（Donald A. Wittman）を批判する目的で出版されたものであった．ウィットマンは，市民は合理的選択を行うことが可能で，だからこそ激しい競争が展開される政治市場は効率的な結果をもたらすという主張を展開した（Wittman, 1995）が，カプランは合理的な非合理性という新たな観点から市民は合理的とするウィットマンの議論を逆に「神話」として批判した．

7）　この法律は2002年に改正され，現在では投票日前日と投票日での禁止と緩和されている．

8）　小林自身はこのようなジレンマを克服するために，投票行動を説明するモデルとしてダイヤメトロス・モデルを構築した．詳しくは小林の論文を参照されたい（小林，1997）．

■参考・引用文献

Berelson, Bernard R., Lazarsfeld, Paul F. and McPhee, William N. (1956), *Vot-*

ing: A Study of Opinion Formation in a Presidential Campaign, University of Chicago Press.

Campbell, Angus, Converse, Philip E., Miller, Warren E. and Stokes, Donald E. (1960), *The American Voter*, John Wiley & Sons, Inc.

Caplan, Bryan (2007), *The Myth of the Rational Voter: Why Democracies Choose Bad Politics*, Princeton University Press（長峯純一・奥井克美監訳『選挙の経済学—投票者はなぜ愚策を選ぶのか』日経 BP 社，2009 年）.

Dahl, Robert A. (1998), *On Democracy*, Yale University Press（中村孝文訳『デモクラシーとは何か』岩波書店，2001 年）.

Downs, Anthony (1957), *An Economic Theory of Democracy*, Harper & Row（古田精司監訳『民主主義の経済理論』成文堂，1980 年）.

Fiorina, Morris P. (1981), *Retrospective Voting in American National Elections*, Yale University Press.

池田謙一（1988），「選挙報道はアナウンスメント効果をもちうるか」日本新聞協会編『新聞研究』No. 443，pp. 66-73.

Inglehart, Ronald F. (1977), *The Silent Revolution: Changing Values and Political Style Among Western Publics*, Princeton University Press（三宅一郎・金丸輝男・富沢克訳『静かなる革命—政治意識と行動様式の変化』東洋経済新報社，1978 年）.

猪口孝（1983），『現代日本政治経済の構図—政府と市場』東洋経済新報社.

蒲島郁夫（1988），『政治参加』東京大学出版会.

蒲島郁夫（2004），『戦後政治の軌跡—自民党システムの形成と変容』岩波書店.

Key, V. O., Jr. (1966), *The Responsible Electorate: Rationality in Presidential Voting, 1936-1960*, The Belknap Press of Harvard University Press.

Klapper, Joseph T. (1960), *The Effects of Mass Communication: An Analysis of Research on the Effectiveness and Limitations of Mass Media in Influencing The Opinion, Values, and Behavior of Their Audiences*, Glencoe: The Free Press（NHK 放送学研究室訳『マス・コミュニケーションの効果』日本放送出版協会，1966 年）.

小林良彰（1997），『日本人の投票行動と政治意識』木鐸社.

小林良彰（1999），「わが国における選挙研究の系譜と課題」日本選挙学会編『選挙研究』14 巻，pp. 5-18.

河野武司（1996），「政治学と合理的選択アプローチ：批判と応答」杏林大学社会科学学会編『杏林社会科学研究』第 12 巻第 1 号，pp. 1-18.

Lazarsfeld, Paul F., Berelson, Bernard and Gaudet, Hazel (1948), *The People's*

Choice: How the Voter Makes up his Mind in a Presidential Campaign, 2nd Edition, Columbia University Press.

Lewin, Kurt（1936）, *Principles of Topological Psychology*, McGraw Hill.

Lipset, S. M., and Rokkan, S.（1967）, "Cleavage Structures, Party Systems, and Voter Alignments: An Introduction", in Lipset, S. M. and Rokkan, S., eds., *Party Systems and Voter Alignments: Cross-National Perspectives*, The Free Press（白鳥浩・加藤秀治郎訳「クリヴィジ構造，政党制，有権者の連携関係」加藤秀治郎・岩渕美克編『政治社会学― G. サルトーリ & K. ポパー［選挙制度の作用］［民主制の理論について］』第 5 版，第 2 部リーディングス所収，一藝社，2013 年）.

McCombs, Maxwell E. and Shaw, Donald L.（1972）, "The Agenda-Setting Function of Mass Media," *Public Opinion Quarterly*, Vol. 36, No. 2, pp. 176-187.

Merriam, Charles E. and Gosnell, Harold F.（1924）, *Non-Voting: Causes and Methods of Control*, The University of Chicago Press.

Mueller, Dennis C.（2003）, *Public Choice III*, Cambridge University Press（加藤寛監訳『公共選択論』有斐閣，1993 年，第 2 版の訳）.

Nie, Norman H., Verba, Sidney and Petrocik, John R.（1976）, *The Changing American Voter,* Harvard University Press.

Noelle-Neumann, Elisabeth（1984）, *The Spiral of Silence: Public Opinion-Our Social Skin*, The University of Chicago Press（池田謙一・安野智子訳『沈黙の螺旋理論―世論形成過程の社会心理学』ブレーン出版，改訂版，1997 年）.

小野嘉邦（2009）,「空間理論と投票行動」山田真裕・飯田健編『投票行動研究のフロンティア』第 8 章所収，おうふう.

Riker, William H. and Ordeshook, Peter C.（1968）, "A Theory of the Calculus of Voting," *American Political Science Review*, Vol.62, No.1, pp.25-42.

田中愛治（1998）,「選挙研究における「争点態度」の現状と課題」日本選挙学会編『選挙研究』13 巻, pp. 17-27.

Thaler, Richard H.（2015）, *Misbehaving: The Making of Behavioral Economics*, W.W. Norton & Company（遠藤真美訳『行動経済学の逆襲』早川書房，2016 年）.

Wittman, Donald A.（1995）, *The Myth of Democratic Failure: Why Political Institutions Are Efficient*, University of Chicago Press（奥井克美訳『デモクラシーの経済学―なぜ政治制度は効率的なのか』東洋経済新報社，2002 年）.

第9章　選挙制度

1．間接民主制

　日本国憲法はその前文冒頭に「日本国民は，正当に選挙された国会における代表者を通じて行動」と刻み，間接民主制を明確に定めている．また，「そもそも国政は，国民の厳粛な信託によるものであって，その権威は国民に由来し，その権力は国民の代表者がこれを行使し，その福利は国民がこれを享受する．これは人類普遍の原理であり，この憲法は，かかる原理に基づくものである．」とうたいあげ，国政が選挙によりその正当性を確保することを，人類普遍の原理とまでしている．

　通常，議会を構成するのに，2つの理念があるとされる．1つは，国民の意思を映す鏡を国会に作るとする**比例代表の原理**であり，もう1つは，多数によって支持されていることを重視する**多数代表の原理**である．

2．比例代表制

2.1　議席配分

(1)　最大剰余方式

　比例代表の原理を採用した場合，各政党に候補者リストを提出してもらい，その獲得票に比例して議席を配分すれば国民の意思を映す鏡ができそうなものだが，そう簡単なものでもない．比例配分というならば，各党の「真の取り分」は

$$\text{真の取り分} = \text{総定数} \times \frac{\text{獲得票数}}{\text{有効投票総数}}$$

となるわけだが，この「真の取り分」は，**表 9-1** が示すように，通常小数を含む値になるからである．

　「真の取り分」の整数部分による配分をまず行い，残った議席を小数部分の

表 9-1　最大剰余方式による議席配分（総定数 21 のケース）

	A党	B党	C党	D党	合計
獲得票数	140,000	410,000	630,000	820,000	2,000,000
真の取り分	1.470	4.305	6.615	8.610	21
整数部分による配分	1	4	6	8	19
小数部分による配分			1	1	2
議席配分	1	4	7	9	21

大きい政党に配分するというのが素直な考え方かもしれない．これは最大剰余方式（Largest Remainder Method）と呼ばれる[1]．定数 21 を最大剰余方式で配分する**表 9-1** の数値例では，「真の取り分」の整数部分による配分で合計 19 議席が配られ，残り 2 議席が，小数部分の大きい C 党と D 党にそれぞれ 1 議席ずつ与えられることになる．

表 9-2　最大剰余方式による議席配分（総定数 20 のケース）

	A党	B党	C党	D党	合計
獲得票数	140,000	410,000	630,000	820,000	2,000,000
真の取り分	1.400	4.100	6.300	8.200	20
整数部分による配分	1	4	6	8	19
小数部分による配分	1				1
議席配分	2	4	6	8	20

　しかし，この配分方法は，アラバマパラドックス[2]という，深刻なパラドックスを引き起こすことが知られている．総定数を 20 に減らしてみよう．**表9-2** が示すように，この場合，整数部分で合計 19 議席が配分され，残り 1 議席が，小数部分の大きい A 党に与えられることになる．ここで，最終的な議席配分に注目してほしい．総定数を 1 減らしたのにもかかわらず，A 党の議席配分が 1 増えているのである．選挙という厳しい競争のなかで，このような事態が発覚してしまったら，A 党支持者はおさまらないであろう．

　さらに問題なのは政党分裂のパラドクスである．**表 9-3** は総定数 21 のケースにおいて，獲得票数は同じままに，A 党が A1 党と A2 党に二分されたらどうなるかを検討しているものである．分裂すると，A 党は，合わせて 2 議席を得ることになる．分裂して戦った方がよかったというようなケースを生じさせてしまうのは，ロシアやウクライナなどで採用されているとはいえ，小党分裂

表 9-3　最大剰余方式による議席配分（総定数 21　A 党分裂のケース）

	A1 党	A2 党	B 党	C 党	D 党	合計
獲得票数	70,000	70,000	410,000	630,000	820,000	2,000,000
真の取り分	0.735	0.735	4.305	6.615	8.610	21
整数部分による配分			4	6	8	18
小数部分による配分	1	1		1		3
議席配分	2		4	7	8	21

表 9-4　ドント方式による議席配分（総定数 20 のケース）

	A 党	B 党	C 党	D 党	合計
獲得票数	140,000	410,000	630,000	820,000	2,000,000
獲得票数÷ 1	140,000　⑫	410,000　③	630,000　②	820,000　①	
獲得票数÷ 2	70,000	205,000　⑧	315,000　⑤	410,000　③	
獲得票数÷ 3	46,666	136,666　⑬	210,000　⑦	273,333　⑥	
獲得票数÷ 4	35,000	102,500　⑱	157,500　⑪	205,000　⑧	
獲得票数÷ 5	28,000	82,000	126,000　⑮	164,000　⑩	
獲得票数÷ 6	23,333	68,333	105,000　⑰	136,666　⑬	
獲得票数÷ 7	20,000	58,571	90,000　21	117,142　⑯	
獲得票数÷ 8	17,500	51,250	78,750	102,500　⑱	
獲得票数÷ 9	15,555	45,555	70,000	91,111　⑳	
獲得票数÷10	14,000	41,000	63,000	82,000	
議席配分	1	4	6	9	20

の問題を指摘される比例代表制の議席配分ルールとしては大きな欠点といえよう．

(2)　除数方式（割り算方式）

　日本が，衆議院の比例区，参議院の比例区において採用している議席配分方法は，ドント方式と呼ばれるものである[3]．

　新聞などでは，ドント方式は「各党の得票を 1，2，3，4，……の整数で割り，答えの大きい順に議席を配分する」と紹介されることが多いと思われるが，**表 9-2** の議席数 20 のケースで，各党の得票を 1，2，3，4，……の整数で割ると**表 9-4** のような表ができあがる．これは，獲得票数 91,111（～ 90,001）ごとに 1 議席ずつ与えることの簡便な計算方法にすぎない．つまり，基準の得票となる 91,111（～ 90,001）の 1 倍の票数はあるが 2 倍の票数はない A 党には 1 議席，4 倍の票数はあるが 5 倍の票数はない B 党には 4 議席，6 倍の票数はあるが 7

倍の票数はない C 党には 6 議席，9 倍の票数はあるが 10 倍の票数はない D 党
には 9 議席といった具合である．この基準の得票という概念を使うと，ドント
方式は次のように書き換えることができる．

　　ある**基準得票数** X を見つけて，各党の得票をそれで割った商の，整
　　数部（小数部を切り捨てた値）の総和が議席総数に等しくなるようにし，
　　その整数部を各党の議席数とする．

　ドント方式へしばしば加えられる批判は "大政党有利" というものである．
実際，いま使った数値例でも，表 9-2 で示した「真の取り分」を見ると，A 党
を 1 議席，D 党を 9 議席とすることに抵抗のある人もいるかもしれない．より
小政党に有利なサン＝ラグ方式（奇数方式）[4] が知られている．

　サン＝ラグ方式は，「各党の得票を 1，3，5，7，……の奇数で割り，答えの
大きい順に議席を配分する」と紹介されることが多いと思われるが，議席数
20 の表 9-2 のケースで奇数で割って答えの大小を比べるのは，表 9-5 が示すよ
うに 0.5，1.5，2.5，3.5，……で割って答えの大小を比べるのと同じである．す
なわちこの作業は，基準の得票数として 96,923（〜 96,471）をとり，その基準
得票数で割って，0.5 はあるが 1.5 はない A 党には四捨五入値である 1 議席，3.5
はあるが 4.5 はない B 党には 4 議席，6.5 はあるが 7.5 はない C 党には 6 議席，
7.5 はあるが，8.5 はない D 党には 8 議席を配るという手法となっている．ドン
ト方式同様にサン＝ラグ方式を書き換えると次のようになる．

　　ある基準得票数 X を見つけて，各党の得票をそれで割った商の，四
　　捨五入した値の総和が議席総数に等しくなるようにし，各党の議席数
　　とする．

　ドント方式が商の切り捨てを行うのに対し，サン＝ラグ方式は商の四捨五
入を行うので，切り捨てられた場合の痛みも，切り上げられたときの喜びも大
きい小政党が相対的に有利となるわけである．

　この "ある基準得票数 X を見つけて，各党の得票をそれで割った商……"
という統一した表現方法で扱うことのできる配分方法は除数方式（divisor
method）と呼ばれ，アラバマパラドックスを起こさないことが知られている．
また，サン＝ラグ方式は，除数方式のなかで唯一 "どの 2 つの政党に関しても，
その配分から一方の政党の議席数を 1 増やし他方の政党を 1 減らそうとすると，
その 2 政党のどちらかの議席数が「真の取り分」から絶対的にでも相対的にで
も遠ざかる" という**準取り分制約**を満たすことが知られており，シミュレーシ

表 9-5　サン＝ラグ方式による議席配分（総定数 20 のケース）

	A 党	B 党	C 党	D 党	合計
獲得票数	140,000	410,000	630,000	820,000	2,000,000
獲得票数÷0.5	280,000　⑦	820,000　③	1,260,000　②	1,640,000　①	
獲得票数÷1.5	93,333	273,333　⑧	420,000　⑤	546,666　④	
獲得票数÷2.5	56,000	164,000　⑬	252,000　⑨	328,000　⑥	
獲得票数÷3.5	40,000	117,142　⑰	180,000　⑫	234,285　⑩	
獲得票数÷4.5	31,111	91,111	140,000　⑮	182,222　⑪	
獲得票数÷5.5	25,454	74,545	114,545　⑱	149,090　⑭	
獲得票数÷6.5	21,538	63,076	96,923　⑳	126,153　⑯	
獲得票数÷7.5	18,666	54,666	84,000	109,333　⑲	
獲得票数÷8.5	16,470	48,235	74,117	96,470　*21*	
議席配分	1	4	7	8	20

表 9-6　サン＝ラグ方式による議席配分（総定数 20 A 党分裂のケース）

	A1 党	A1 党	B 党	C 党	D 党	合計
獲得票数	70,000	70,000	410,000	630,000	820,000	2,000,000
獲得票数÷0.5	140,000　⑭	140,000　⑭	820,000　③	1,260,000　②	1,640,000　①	
獲得票数÷1.5	46,666	46,666	273,333　⑦	420,000　⑤	546,666　④	
獲得票数÷2.5	28,000	28,000	164,000　⑫	252,000　⑧	328,000　⑥	
獲得票数÷3.5	20,000	20,000	117,142　⑱	180,000　⑪	234,285　⑨	
獲得票数÷4.5	15,555	15,555	91,111	140,000　⑭	182,222　⑩	
獲得票数÷5.5	12,727	12,727	74,545	114,545　⑲	149,090　⑬	
獲得票数÷6.5	10,769	10,769	63,076	96,923　*21*	126,153　⑰	
獲得票数÷7.5	9,333	9,333	54,666	84,000	109,333　⑳	
獲得票数÷8.5	8,235	8,235	48,235	74,117	96,470	
議席配分	2		4	6	8	20

ョンの結果でも「真の取り分」の両側の整数値を基準に，大きな政党と小さな政党が平等に扱われることが確認できる（Balinski and Young, 1982；和田，1991）.

　ただし，表 9-6 が示すように，最大剰余方式同様，政党分裂による議席増というパラドックスを起こす問題点がある．実際のところ，除数方式のなかで政党分裂のパラドックスを引き起こさないのはドント方式だけであることが知られており（Balinski and Young, 1982），小党乱立が問題視される比例代表制において，ドント方式以外の方式を採用することは，望ましいこととは思えない.

2.2　小党乱立
（1）キャスティングボート

　例えばいま，獲得票により，たまたま３党の議席がX党50，Y党50，Z党1というふうにきれいに比例配分されたとする．これならば，国民の意思を映す鏡が国会に歪みなくできたといえるであろうか．

　国会の議決が多数決で決まるとしよう．Z党が，たとえ経済効率性から見てありえないような施策，あるいは国際情勢判断からして無理な施策を掲げる単一争点政党であっても，X党なり，Y党なりは，その政党を取り込まなくては過半数を得ることができない．このようなケースでは，Z党はキャスティングボート（決定票，Casting Vote）を握ったといえ，その力は，背後にある支持者の数を遥かに超え，50倍の支持者がいるX党，あるいはY党と同等のものになる．

（2）投票力

　上で見たように，一般に各政党の投票力（Voting Power）は議席数に比例しているとは言い難い．表9-1のようなケースにおいて，21票の過半数は，B（４議席），C（７議席），D（９議席）の３党のうち２党が賛成すれば達成できるので，事実上Aの１議席は無意味である．また，B，C，Dの３党のうちどれか２党の賛成という意味では，獲得票数，議席数ともにB党の２倍はあるD党の投票力は，B党と同等ということが想定される．こういった各政党の投票力を測るために有名なのが，シャープレイ＝シュービック指数（Shapley-Shubik Index）とバンザフ＝コールマン指数（Banzahf-Coleman Index）である．

　連合に順番に加わっていくとき，過半数を超えさせる政党が一番ありがたいことになろう．表9-1の議席数（A党１議席，B党４議席，C党７議席，D党９議席）の例で，すべての順列を考え，**勝利連合**にする政党を太字で示すと下記のようになる．

ABCD　ABDC　ACBD　ACDB　ADBC　ADCB
BACD　BADC　BCAD　BCDA　BDAC　BDCA
CABD　CADB　CBAD　CBDA　CDAB　CDBA
DABC　DACB　DBAC　DBCA　DCAB　DCBA

　シャープレイ＝シュービック指数は，すべての順列の数（$n!$）で，各政党が勝利をもたらす立場になる回数を割ることによって求める．上のケースの場合

$$A:\ 0/24\quad B:\ 8/24\quad C:\ 8/24\quad D:\ 8/24$$

となる．A 党の無力さと，B，C，D 党の投票力での同等性がきちんと示されている．

　勝利連合ができているとき，離脱すると勝利連合を破壊することになる政党は明らかに力を持っている．すべての勝利連合の組み合わせにおいて，離脱すると勝利連合でなくなる政党を太字で示すと下記のようになる．

$$\{A,B,C,D\}\quad \{A,\mathbf{B},\mathbf{C}\}\quad \{A,\mathbf{B},\mathbf{D}\}\quad \{A,\mathbf{C},\mathbf{D}\}\quad \{\mathbf{B},\mathbf{C},\mathbf{D}\}$$
$$\{\mathbf{B},\mathbf{C}\}\quad \{\mathbf{B},\mathbf{D}\}\quad \{\mathbf{C},\mathbf{D}\}$$

バンザフ＝コールマン指数は，賛否両連合への別れ方の総数である 2^{4-1}（一般に n 党のケースで 2^{n-1}）で割り，

$$A:\ 0/8\quad B:\ 4/8\quad C:\ 4/8\quad D:\ 4/8$$

と示す場合と，勝利連合でなくすことができる回数で正規化して

$$A:\ 0/12\quad B:\ 4/12\quad C:\ 4/12\quad D:\ 4/12$$

と示す場合があるが，どちらも A 党の無力さと，B，C，D 党の投票力での同等性をきちんと示している．

(3) 阻止条項

　小政党が大政党を振り回し，政局が不安定になることを恐れ，多くの比例代表制採用国が得票率に閾値（Electoral Threshold, 最低得票率）を設け，それを超えない限りは 1 議席も与えないとしている[5]．ドイツの 5 ％条項が有名であるが，定数 20 を切る比例代表区においては，事実上同等の閾値が設けられているわけで，日本の衆院比例区の定数 6 とか 8 等を見れば，それほど残酷なものとはいえないようにも思われる．

2.3　顔の見える選挙

　参議院比例代表区で 1983 年から 1998 年まで使われていた拘束名簿方式（Closed System, Ordered List Without Choice）では，各有権者は政党名で投票し，ドント方式により決まった議席配分数に応じて，各政党が出した候補者リストの上から順に当選者が決まっていたわけだが，**顔の見えない選挙**として著しく

不評であった[6].

　何らかのかたちで有権者の意向を取り込もうという非拘束名簿方式にはさまざまなものがある．現行参議院比例代表区の，個人名でも投票でき，各党の当選者数は政党名および所属する個人名投票の合計で決まるが，各党の実際の当選者は個人名での獲得票数順というのもその 1 つである[7].

　比例代表制における個人名投票の究極の姿が，アイルランドなどで採用されている単記移譲式投票（Single Transferable Voting: STV）である．この制度では，有権者は，定数 3 〜 5 程度の選挙区で，候補者に選好順序を付ける．選好順序 1 番に据えた得票だけで，ドループ基数（｛(有効投票総数)/(総定数＋1)｝の次の整数）（章末コラムを参照されたい）以上の得票を得た候補者がいれば当選を決め，余剰票を 2 番目の選好に応じて分ける．あるいは，そのような候補者がいなければ最下位の候補者の票を 2 番目の選好に応じて分ける．このような手続きを繰り返して当選者を決める．定数の少ない選挙区でないと事実上利用不可能だが，ジョン・スチュアート・ミルなどは，個人の選好を大事にしながら比例制を確保するこの選挙法を理想の代議制ともしている．

　1993 年以前の日本の衆議院では中選挙区制と呼ばれた制度が使われていた．定数 3 〜 5 （末期には 2 〜 6 もあった）の定数のもとで，有権者は 1 名のみの候補者に投票していたわけだが，この選挙をミドルサイズディストリクトなどと呼んでも決して伝わらず，学問的には，大選挙区単記非移譲式投票制（Multi-Member District with Single Non-Transferable Voting（SNTV））と訳される．理想の代議制ともされた STV の移譲を省略したものという定義付けである．移譲があっても同一政党内の競争が激しく派閥を生むとされるが，移譲をなくすわけだから，支持基盤が重なる同一政党内の協力は著しく困難であり，選挙は政党のものではなく，候補者のものとなる．候補者の顔が前面に出てくるわけだが，同時に，内閣を形成すべき政党間の政策の争いが表に出てこないのは，想像に難くないであろう．

3．小選挙区制

3.1　絶対多数，相対多数

　小選挙区制は，多数によって支持されていることを代議員の要件として重視する多数代表制を理念とする．日本語における多数という表現は曖昧なものだ

が，候補者が3名以上になってくると，相対多数（比較多数，plurality）は，必ずしも絶対多数（過半数，(absolute) majority）を意味しない．

　求められる多数が相対多数でよいのならば，日本，イギリス，アメリカ，カナダなどで行われている単純な1回の選挙（単純多数決，First-Past-The-Post）でよいが，絶対多数を多数の保証に求めるのならば，フランスのように決選投票（Run-Off）制をとったり，オーストラリアのように，前もって選好順序を聞いておき，第1希望の集計で過半数を得る候補者がいない場合，下位候補者の票を解体する選択順位投票（Alternative Vote, Instant Run-Off）制[8]をとったりする必要がある．

(1) デュヴェルジェの法則

　相対多数のみを求める単純な1回投票の単純多数決制の場合でも，候補者が2人であれば，勝者には絶対多数の保証がもたらされる．小選挙区単純多数決制において，得票が他の候補者より1票でも多ければ当選となり，それ以外の票は死票になるという機械的効果と，有権者は当選の見込みのない最善の候補者に投票するより勝算のある次善の候補者に投票するようになるという心理的効果により，二大政党になるという主張がデュヴェルジェの法則（Duverger's Law）である．有力な地方政党の存在などにより全国レベルでの法則の成立には疑わしい例もあるわけだが，選挙区ごとに見ると，有権者，政党両サイドの戦略的行動により，有力候補者が2に絞られていく傾向は確実に存在する[9]．

3.2　一票の平等

(1) 定数配分

　多数代表制の理念で議会を作るとなると，一般には選挙区の画定が必要になる．通常，州（県）に対して定数配分を行い，そのあと区割り（線引き）を行うことになる．定数配分は比例代表制における議席配分と数学的には同等なため，最大剰余方式には問題が多い．地方議会など，総定数の削減がしばしば行われる昨今では，与えられた人口のもとでアラバマパラドックスが見つかる可能性は大きいし，人口パラドックスというものも知られている．**表9-2**をA県からD県の人口とみなし，同じ総定数のまま人口が**表9-7**のように変化したとしよう．最大剰余方式のもとでは，人口が増えたA県の議席配分を減らし，人口が減ったC県の議席数を増やすことになる．最大剰余方式は避けるのが賢明であろう．付け加えるならば，各県に1議席ずつ配ったうえで最大剰余方式を

表 9-7　最大剰余方式による定数配分（総定数 20 のケース）

	A県	B県	C県	D県	合計
人口	140,500	390,000	629,500	790,000	1,950,000
真の取り分	1.441	4.000	6.456	8.103	20
整数部分による配分	1	4	6	8	19
小数部分による配分				1	1
定数配分	1	4	7	8	20

使うなどというのは，パラドックスを引き起こすという問題点以上に，公平性の観点からも正当化することは困難である．

　人口パラドックスを引き起こさないためには，除数方式を採用するしかない (Balinski and Young, 1982)．政党の分裂を引き起こさせないインセンティブを持つドント方式は，比例代表制における議席配分ではベストだが，大政党（大県）有利というのは，定数配分においては望ましくない．サン＝ラグ方式が「真の取り分」を中心においた，大県と小県の間の公平性に関しては望ましいのだが，総定数あるいは小県の人口が著しく小さくなると，ドント方式ではもちろん，サン＝ラグ方式でも 1 議席の定数確保が無理になる[10]ので，アメリカ下院方式[11]などの方法も考えられる．

(2) 区割り

　与えられた定数配分のもと，区割り（districting）を行う際に問題になるのがゲリマンダー（Gerrymander）である．自派に有利に区割りを行うためには，敵が過半数をとりそうな地区を分解（Cracking）したり，逆に強すぎる地域は詰め込み（Packing）したりする．1812 年に当時のマサチューセッツ州知事であったゲーリー（Elbridge Gerry）の作った選挙区の 1 つのかたちが，伝説の火トカゲ，サラマンダー（Salamander）に似ていたということで，このような操作がゲリマンダーと呼ばれるようになった．これを徹底すれば，半分強の選挙区の半分強の支持，すなわち 25％強の支持があれば，議会の過半数を占めることができるようになるわけで，小選挙区制度における累積多数決問題とされている．

(3) 連記制，制限連記制

　多数代表の理念のもと，区割りが困難となると，大選挙区のまま連記制をとることになる．3 人区なら 3 人区で，3 人の名前を書いて投票しそのまま得票

を数える制度で，アメリカの地方政府などで使われたりもしているのだが，小党殲滅の選挙制度ともされる．スペインの上院などで，4人区だが連記は3人までとしたり，さらには，日本の戦後第1回の衆議院選挙などのように4～10人区は2名連記，11～14人区は3名連記としたりして連記を絞ると，少数派に議席を譲ることになる．大選挙区のまま，連記を完全に許さず，単記にすると，少数派が有利になってくる．ただし，こうなってくると，もはや多数代表の理念のもとにあるとはいえまい．

　定数1である小選挙区制において候補者が2名になるというデュヴェルジェの法則を紹介したが，定数M人の大選挙区単記非移譲式投票制（SNTV）では，候補者が$M+1$人になっていくことが認められる[12]．有力候補者が$M+1$人に絞られても，大政党の複数候補者は政党としてではなく，個人で戦うことになる．

(4)　我田引鉄

　憲法第15条第2項は「すべて公務員は，全体の奉仕者であって，一部の奉仕者ではない．」と定めているが，選挙区があればその選挙区に縛られるのが当然である．日本には我田引鉄という言葉があり，英語にも**ポークバレル**（Pork Barrel）という言葉がある．ともに自分の選挙区に鉄道や道路などの利権を持ってこようとする政治家の行為を指す．選挙区が地理的に定められれば，地域に残る財の獲得に走ることも多かろうが，こういった財は本来地方公共財であり，国費を使って作るものではないというのが財政学の教えるところではなかろうか[13]．選挙制度が経済を歪めていることに私たちは目を向ける必要がある[14]．

4.　混合制（並立制），二院制，地方議会からの影響

4.1　混合制（並立制）

　ここまで，比例代表の原理による比例代表制と，多数代表の原理による小選挙区制を中心に見てきたわけだが，日本の衆議院はその2つを混合した小選挙区比例代表並立制が採用されている．また参議院も，都市部を中心に存在する2人区から6人区の大選挙区単記非移譲式選挙（SNTV）に目をつぶると，小選挙区比例代表並立制である．小選挙区制と比例代表制を並立させる混合制は，1990年代以降多くの新興国等で導入されてきているが，その帰結が明らかに

なってきているわけではない．そのようななかで Reed（2003）は，デュヴェルジェの法則の効きを悪くするものとして，小選挙区における候補者擁立が比例代表における得票増をもたらすことを示している[15]．

4.2　二院制

　かつてはラバースタンプ（rubber stamp，形式的に承認する人）などと揶揄された参議院であるが，21世紀に入る頃から衆参のねじれ現象ということで光が当てられている．衆議院で多数派を形成し，内閣総理大臣を擁立しても，法案成立には参院での多数派確保の必要があり，自民党も民主党も少数政党と連立内閣を組んだ．少数政党が大きく力を持ち，いわゆる投票力（voting power）を見せつけたこともあり，注目されたが，2院制を敷いている以上，このような事態が生じるのは当然である．しばしばいわれる有権者のバランス感覚がもたらしたものかもしれない．ただし，日本の場合，前節で述べたように，どちらも基本的には直接選挙による小選挙区比例代表並立制であり，ぶれをもたらしているものが，参院において，一票の格差が衆院以上に甚だしいうえに，票の重みの軽い都市部が大選挙区非移譲式（SNTV）で分裂が強いられていることや，全国一区の大きな比例代表制による小党分立に求められるのではないかとされるところは，気にかかるところである．

4.3　地方議会

　都道府県議会の場合，市・区あるいは郡を基準にして1人区〜十数人区となる．基礎自治体では，政令市の場合，行政区ごとに区割りをするので1人区〜十数人区だが，政令市になる直前の基礎自治体は全市一区の50人区にもなったりする．1人区を除くそれらすべてが大選挙区単記非移譲式投票制（SNTV）で行われているわけで，当然のことながら個人の戦いとなる．実際，1980年以前の参院比例区は，定数50の全国区として，残酷区あるいは銭酷区などと呼ばれていた．

　内閣総理大臣を決める衆議院は，二大政党制を目指し，比例代表制を並立させてはいるものの，定数の過半数に小選挙区を導入した．重複立候補制の影響もあってか，小選挙区色は非常に強い．しかし，日本の地方議会選挙は，1人区を除き，大選挙区単記非移譲式投票制（SNTV）である．SNTV は STV に対して，優位性を見いだしづらいが，この選挙は，同一大政党内の足の引っ張

り合い，共倒れ，アンバランスな票割りなどにより，一般の比例代表制以上に小政党に有利な，超比例代表制などといわれることもある．首長がいる二元代表制の地方政治での使用ならば，このような選挙制度も許容されるのかもしれないが，二大政党制に向かおうとする国政と超比例代表の地方政治の股裂き状態は望ましいものとは思えない[16]．

選挙制度と投票行動

基数〜1 議員が代表すべき投票者数

　1 議員が代表すべき投票者数には，有効投票総数を総定数で割った数であるとするヘア基数

$$ヘア基数 = \frac{有効投票総数}{総定数}$$

というものがあり，各政党の獲得投票数を 1 議員が代表すべき有権者数であるヘア基数で割った商を「真の取り分」として政党への議席配分を定める方法がヘア方式として知られているが，

$$真の取り分 = 獲得票数 \div ヘア基数$$
$$= 獲得票数 \div \left(\frac{有効投票総数}{総定数} \right)$$
$$= 総定数 \times \frac{獲得票数}{有効投票総数}$$

としてみれば明らかなように，本文中の最大剰余方式と同じことになる．小数処理に最大剰余法を用いれば，本文中で紹介したのとまったく同じ問題が起こる．
　似たような概念で

$$ドループ基数 = \left[\frac{有効投票総数}{総定数 + 1} \right] の次の整数$$

というのも提案されている．少なくともこれだけの票をとれば，他の候補者の獲得票の合計がこの候補者の獲得票の総定数倍にはならないので，ヘア基数に足りなくとも，この候補者の順位は総定数以内であり，議席が確保されるはずであるというアイデアから定められた基数である．アイルランドの単記移譲式投票制（STV）では，このドループ基数が基準となって，それを超える余剰票が投票用紙に記された順番に従い他の候補者に移譲されていく．

■注

1 ）　ハミルトン方式（Hamilton Method）と呼ばれることもある.

2 ）　アラバマパラドックスは，19 世紀末に，最大剰余方式によってアメリカの
州への定数配分を行う際に発見されたものだが，数学的には同じ問題であるの
で，ここで紹介した. 詳細は Balinski and Young（1982）参照.

3 ）　ジェファーソン方式（Jefferson Method），ハーゲンバッハ = ビショフ方式
（Hargenbach-Bischoff Method）などと呼ばれることもある.

4 ）　ウェブスター方式（Webster Method）ともいわれる.

5 ）　ドント方式よりも小政党に有利になるサン = ラグ方式（奇数方式）を採用
しながら，最初の割る数を 1 ではなく 1.4 とする修正サン = ラグ方式にしてい
る国が多いのも，同様な理由からである.

6 ）　リスト上位に載るために問題のある党員獲得競争も行われていた.

7 ）　ドイツやニュージーランドで使われている，まずは小選挙区での当選者を
比例代表での当選者にする，小選挙区比例代表併用制は，小選挙区の当選者だ
けで比例区の割り当て議席数を超えてしまう超過議席の問題は指摘されるもの
の，現在日本で使われている，小選挙区と比例代表の混合制である小選挙区比
例代表並立制と違い，比例代表の原則のもとに，顔の見える選挙を行う試みを
行っているという理解が正しい.

8 ）　小選挙区版の単記移譲式投票制（STV）とも理解される.

9 ）　もちろん個々の例にあたれば，候補者調整に失敗し，漁夫の利を得られて
しまう，チキンゲームのようなケースはいくらでも見つけることができる（和
田 2008）.

10）　参院選挙区選挙の 73 議席を 47 都道府県に配分する例以外に Wada（2010）
はカナダの例を示している.

11）　ヒル方式（Hill Method），ハンティントン方式（Huntington Meghod），均
等比例方式（Equal Proportions Method）とも呼ばれる. 詳細は和田（1991）
か Balinski and Young（1982）を参照されたい. なお，Wada（2012, 2016），
和田（2017）は媒介変数を用いた統一的な理解を試みている. そこでは，社会
的厚生関数あるいは人口分布と議席分布の疑距離から，上限（ドント方式），
算術平均（サン = ラグ方式），幾何平均（アメリカ下院方式），下限（アダムス
方式（Adams Method, 1 議席ずつ配ったうえでドント方式））等を含む，スト
ラスキー平均（Stolarsky Mean）を閾値にしたさまざまな除数方式を導き出し，
ぎりぎりすべての州（県）に 1 議席ずつを保証する除数方式として，ナッシュ
社会的厚生関数（Nash Social Welfare Function）の最大化あるいは平均対数偏
差（Mean Log Deviation）の最小化に対応する対数平均（Logarithmic Mean）

を閾値に使った除数方式を紹介している.
12)　Reed（1997）は日本語で読むことができる.
13)　地理的な選挙区問題に一票の不平等が加わるとさらに経済的歪みが問題となる. 和田（1995）, Wada（1996）を参照. 実証分析は枚挙に暇がないが, 斉藤（2009, 2010）など.
14)　井堀・土居（1998）は年齢別選挙区などという興味深い提案を行っている.
15)　茨木（2011）は, 参院2人区で複数候補者を擁立すると比例区の票が有意に増えることを示した. 並立制の相互選挙間の影響は真剣に検討する必要があろう.
16)　地方選挙の国政選挙に対する影響に関しては堀内・名取（2007）, 河村（2008）などを参照.

■ 参考文献

日本語で読めるものおよび引用しているもの

Balinski, M. L. and Young, H. P.（1982）, *Fair Representation*, Yale University Press（原著 p.93 までの歴史的記述の部分は邦訳あり. 越山康監訳・一森哲男訳『公正な代表制』千倉書房, 1987年）.

堀内勇作・名取良太（2007）,「二大政党制の実現を阻害する地方レベルの選挙制度」『社会科学研究』第58巻5・6号.

茨木瞬（2011）,「二大政党化と参議院二人区」『公共選択の研究』第57号.

井堀利宏・土居丈朗（1998）,『日本政治の経済分析』木鐸社.

河村和徳（2008）,「地方議会の定数を巡る一考察」『公共選択の研究』第50号.

Lijphart, Arend（1999）, *Patterns of Democracy*, Yale University Press（粕谷祐子訳『民主主義対民主主義』勁草書房, 2005年）.

三輪和宏（2006）,「諸外国の下院の選挙制度」『レファレンス』671号.

西平重喜（2003）,『各国の選挙』木鐸社.

Reed, Steven（1997）,「中選挙区における M＋1 法則」『総合政策研究』2, pp.235-244.

Reed, Steven（2003）,「並立制における小選挙区候補者の比例代表得票率への影響」『選挙研究』18号.

斉藤淳（2009）,「選挙と分配政策」山田真裕・飯田健編著『投票行動研究のフロンティア』おうふう.

斉藤淳（2010）,『自民党長期政権の政治経済学』勁草書房.

和田淳一郎（1991）,「議席配分の方法としてのサン＝ラグ方式」『公共選択の研究』第18号.

和田淳一郎（1995），「一票の平等について」『公共選択の研究』第26号．

Wada, Junichiro（1996），*Japanese Election System*, Routledge.

和田淳一郎（2008），「アメリカの選挙・日本の選挙」『現代思想』36巻10号．

和田淳一郎（2009），「選挙の制度設計」『経済セミナー』651号．

Wada, Junichiro（2010）, "Evaluating the Unfairness of Representation with the Nash Social Welfare Function," *Journal of Theoretical Politics* Vol.22, No.4.

Wada, Junichiro（2012）, "A Divisor Apportionment Method based on Kolm-Atkinson Social Welfare Function," *Mathematical Social Sciences* Vol.63, No.3.

和田淳一郎（2012），「定数配分と区割り」『選挙研究』第28巻第2号．

Wada, Junichiro（2016）, "Apportionment behind the Veil of Uncertainty," *Japanese Eonomic Review*, Vol. 67, No. 3.

和田淳一郎（2017），「一票の平等―個人還元主義の貫徹―」『オペレーションズ・リサーチ』第62巻第10号．

■ さらに研究をするために

Reynolds, Andrew, Ben Reilly and Andrew Ellis（2005）, *Electoral System Design: The New International IDEA Handbook.* http://www.idea.int/publications/catalogue/electoral-system-design-new-international-idea-handbook/
　最新のDATABASEも得られる．

Inter-Parliamentary Union, *PARLINE database on national parliaments*, http://www.ipu.org/
　上記の2つはともに無料で各国の選挙制度データが得られる点で重要．

Colomer, Josep M. ed.（2004）, *Handbook of Electoral System Choice*, Palgrave.
　現在の議員とは現行選挙制度における勝者であり，ルール変更は好まないはずである．各国の選挙制度改革はどのような文脈で行われたのか．各国研究者による集大成．

第10章　議会制度と権力の分立・融合

1. はじめに

　私たちは資源の有効利用に努めないと地球温暖化が進み、地球規模で不利益を被ると知りながら、ゴミの削減や分別収集を疎かにしてしまう。また、誰かが投票するだろうと思って、投票に行かなかったりするが、誰も投票しなかった場合、私たちが享受している民主主義という利益も失いかねないことを知っている。これらは**集合行為のジレンマ**と呼ばれる問題であり、私たちの日常的な生活の多くの場面で同様の問題が生じている。本章では、そうした利己的な個々人の間に生じる集合行為のジレンマを、権力を創出し、その行使のあり方を左右することによって解決する政治制度として議会を捉えていく。以下、まず政治的意思決定に内在する集合行為のジレンマを投票のパラドックスの問題として空間理論的な解説を加える。そして、権力行使のあり方として、権力を分立させる政治制度として二院制や大統領制を、また権力を融合させる政治制度として議院内閣制における内閣や連立について空間理論的な解釈を提示していく。

2. 投票のパラドックス

2.1　空間理論の基礎

　図10-1は、例えば、福祉に対する政策選好とそれに応じた効用を示している。横軸を福祉支出の多寡とすれば、ある人（A）は福祉支出としてaの水準を最も好ましいと考え、また別の人（B）は福祉支出水準bを最も好ましいとする。A、Bそれぞれの福祉支出水準に応じた効用はU_A、U_Bのように、それぞれの理想水準において効用が頂点となり、その理想水準から支出が乖離するに応じて減少するものとして表現することができる[1]。

　では、複数の政策を一度に考える場合、どう表現することができるだろうか。

図 10-1　一次元政策空間と効用

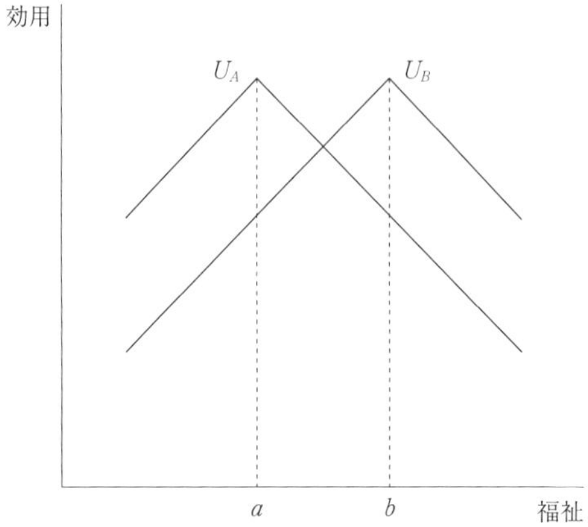

図 10-2　二次元政策空間と効用（平面図）

図 10-3　二次元政策空間と効用（立体図）

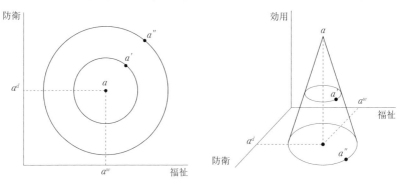

　図 10-2 は，例えば，横軸を福祉支出の多寡，縦軸を防衛支出の多寡としている．この二次元座標上のすべての点がこれら 2 つの政策の組み合わせに対応し，例えば，a は A が最も好ましいと考える福祉支出（a^w）と，最も好ましいと考える防衛支出（a^d）の組み合わせに対応している．この a を中心とする同心円はA にとって同等に好ましいと思われる 2 つの政策の組み合わせを示し，例えば，a' を通過する同心円のどの線上も A にとっては a' と等しく好ましい 2 つの政策の組み合わせであり，それらは a'' を通過する同心円上のどの 2 つの政策の

組み合わせよりも A は好ましいと考える．図10-3 は，こうした 2 つの政策を同時に考える場合の効用を図示しており，縦軸を効用の大小とし，A の効用を円錐状の効用面として描いている．円錐の頂点は 2 つの政策の組み合わせで A が最も好ましいとする a に対応し，これを山頂と考えれば，山腹の何合目かが a' に相当し，図10-2 において a' を通過する同心円は，図10-3 では a' を通過する等高線のように，同等の高さ，つまり，同等の効用を結ぶ線となる[2]．

2.2　多数決の矛盾

　こうした空間理論的な捉え方を基礎として，政治的意思決定における投票のパラドックスを検討することとしよう．図10-4 は福祉支出（横軸）と防衛支出（縦軸）における A，B，C の 3 名の政策選好の組み合わせをそれぞれ a，b，c として図示している．図10-3 のように立体的に表現するのは煩雑であり，ここでは図10-2 のように二次元空間における政策選好の相対的な位置関係のみを示している（あるいは，地図のように立体的なものを鳥瞰し，それらの高さを等高線で示すように，A，B，C の効用を a，b，c それぞれを中心とする同心円で表現すると考えよう）．この二次元政策空間における x は 2 つの政策の組み合わせの 1 つであり，その x を通過する a，b，c それぞれを中心とする同心円上には A，B，C がそれぞれ x と等しく好ましいと考える政策の組み合わせがある．したがって，これらの同心円に重なりがあるということは，x に対して少なくとも 2 名がより好ましいと思う政策の組み合わせが二次元政策空間に存在することを意味し，例えば，図10-4 の灰色の部分は A と B が共に x より好ましいとする政策の組み合わせを示している．仮に，現状が x であり，A が灰色の部分のなかの y に政策の組み合わせを変更する提案をした場合，C はその提案に反対するものの（なぜならば，y は c を中心として x を通過する同心円の外側にあり，C は y より x を好ましいと考える），A と B が共に x より y を好ましいとするため，この二者の多数決で A の提案が採択される．

　しかし，C が現状より悪化する y への政策変更に黙って従うだろうか．図10-5 には y を通過する b，c それぞれを中心とする同心円が描かれており，y より B と C が共に好ましいと考える 2 つの政策の組み合わせが存在していることがわかる（灰色部分）．したがって，例えば，C が z への政策変更を提案すれば，B と C はその提案を支持し，多数決で採択される．しかし，図10-5 は z を通過する a，c それぞれを中心とする同心円も描いており，それらが重

図10-4　二次元政策空間と多数決①　　　　図10-5　二次元政策空間と多数決②

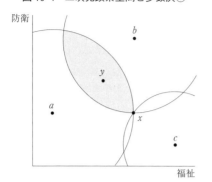 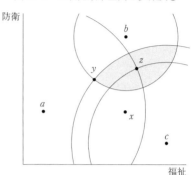

なる部分に x が含まれていることも示している．このように二次元の政策空間において，例えば，a, b, c が一直線上に並ぶといった例外状況を除いて（Plott 1967），ある政策の組み合わせに対して多数がより好ましいと考える政策が常に存在し，この多数決が繰り返されると，

$$x < y < z < ... < x$$
∵ $s < t$ は s より t が多数に好まれることを示す．

のように，いつかは現状 x が多数に好まれるという状況が生じる．いいかえると，二次元政策空間において多数決が循環することは避けられず，延々と多数決が繰り返され，政治的意思決定に至らず現状が維持されるか，あるいは政治的意思決定がなされるとすると，それは多数の意思ということではなく，多数決の繰り返しを制約する別の要因によって規定されることを意味している（たとえば，時間，投票順序など）．

　このように空間理論的に捉えられる状況は，一般的には**投票のパラドックス**として知られており，現状を改善することができるにもかかわらず，個人的には自己の利益を追求する合理的な行動をとりながらも，そうした個人で構成される集団が集合的選択をできないままにとどまるという意味で，政治的意思決定に内在する集合行為のジレンマを示している[3]．1つの解決方法は政策空間を一次元に限定することである．一次元空間においては，集団の政策選好を二分する位置にある「**中位投票者**」（median voter）の政策選好が常に多数決で支

持されるからである（Black, 1948, 1958；Downs, 1957）．例えば，委員会は，特定の政策を管轄し，特定の議員を構成員とすることによって，政策空間の次元性を限定し，一次元的な制約を課すものとして合理的選択議会制度論の中核的な研究対象となっている．また，選挙制度的に二大政党制を促進することによって，政治的意思決定を二者択一的状況にすることができれば，実質的に政策次元を一次元に限定することができるようになる．この点については，選挙制度の第 9 章に譲るとして，以下，こうした投票のパラドックスを回避する政治制度として，議会制度をどのように把握することができるのか検討していく．

3．権力分立

　権力はなぜ分立させるべきなのか？　いいかえると，政治的意思決定をなすうえで，わざわざ立法権を握る議会を 2 つに分けたり，大統領に行政権を付与しておきながら，また，それぞれの意思を一致させるという手順を踏むのはなぜであろうか？

3.1　二院制
　本節では，権力分立型の政治体制の典型であるアメリカ連邦議会の憲法構造を空間理論的に解釈することを試みたハモンドとミラーの議論を紹介する（Hammond and Miller, 1987）．まずハモンドらはなぜ議会は 2 つの院で構成され，それぞれの院が一致して政治的意思決定をなすべきなのかを問う．具体的には，図 10-6 のように，それぞれの二次元政策空間における理想的な選好を H_1, H_2, H_3, S_1, S_2, S_3 とする 6 人議会を考えた場合，過半数である 4 人（H_1, H_2, H_3, S_3）は法案 c より法案 p を選好するが，法案 p と法案 e では法案 e の方を選好する多数派（H_3, S_1, S_2, S_3）が存在し，さらには法案 e に対して法案 c をより選好する多数派（H_1, H_2, S_1, S_2）が存在する[4]．したがって，こうした 6 人議会では，前節で検討したように，多数決が循環し，政治的意思決定は不安定となる．
　しかし，H_1, H_2, H_3 で一院を構成させ，S_1, S_2, S_3 で別の院を構成させれば，図 10-6 のような選好配置の場合，H_2 と S_2 を結ぶ線分が「二院等分線」（bicameral bisector）となり，その線上にないどの点に対しても，その線上のいずれかの点がそれぞれの院で多数派（この場合 2 名）に支持されるようになる．

図 10-6　二院制議会

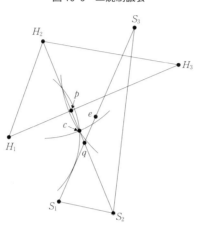

　一次元空間において「中位投票者」が政策選好を二分するように，二次元空間においては政策選好の二等分線を考えることができる．一次元空間において，例えば，中位投票者の政策選好と若干右側に位置する政策では，中位投票者とその左側で形成される多数派が常に中位投票者の政策選好をより好ましいとするように，二次元空間における政策選好の二等分線は，例えば，その右側に位置する政策に関して，二等分線の左側で形成される多数派が常に存在することを含意する．したがって，図10-6の線分 H_2S_2 は，H_1，H_2，H_3 による一院を二分し，同時に S_1，S_2，S_3 による別の院も二分するという意味において「二院等分線」となる．

　すなわち，線分 H_2S_2 の右上にあるどの点に対しても，H_1，H_2 により支持され，また S_1，S_2 にもより支持される線分 H_2S_2 上の点が存在する．逆に，線分 H_2S_2 より左下に位置する点に対しては H_2，H_3，S_2，S_3 により支持される線分 H_2S_2 上の点が存在する．さらに，H_1，H_2，H_3 による一院だけを考えると，H_1，H_3 が線分 H_1H_3 の左上にあるどの点に対しても線分 H_1H_3 上のいずれかの点をより支持する．同様に，S_1，S_2，S_3 による別の院だけを考えると，S_1，S_3 が線分 S_1S_3 の右下にあるどの点に対しても線分 S_1S_3 上のいずれかの点をより支持する．したがって，両院の多数が一致して他の選択肢をより支持しないという意味において，線分 pq は二院制議会の「核」（core）であり，例えば，法

図 10-7　一院制議会と大統領

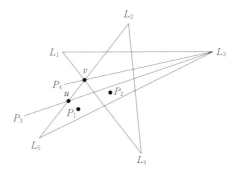

案 c は一院制議会では他の選択肢を多数が支持するという意味で不安定な選択肢であるが，二院制議会では「核」の一部であり，両院の多数が一致して覆すことのできない選択肢となる.

3.2　大統領制

　次に，2つの院のうち1つを拒否権を持つ大統領に置きかえてみよう．図 10-7 は，二次元政策空間における理想的な選好をそれぞれ L_1, L_2, L_3, L_4, L_5 とする5人の一院制議会に対して，大統領の政策選好を4つのパターン（P_1, P_2, P_3, P_4）で示している[5]．例えば，線分 L_1L_3 はこの一院制議会の等分線であり，この線上にないどの点に対しても，議会多数がこの線上のいずれかの点を支持することを示している．同様に，線分 L_3L_5，線分 L_5L_2，線分 L_2L_4，線分 L_4L_1 もこの一院制議会の等分線であり，これら5つの等分線は図 10-7 のように星型を描くことになる.

　拒否権を持つ大統領は，いわば二院制議会の1つの院を1人で構成するのと同じであり，先述の二院制議会におけるように二院等分線を考えることができる．まず P_1 の場合，図示していないが，線分 P_1L_2，線分 P_1L_3，線分 P_1L_5 が一院制議会と大統領の「二院等分線」であり，例えば，線分 P_1L_2 上にないどの点に対しても，議会多数と大統領が共により好ましいとする点が線分 P_1L_2 上に存在する．したがって，これら3つの「二院等分線」を併せて考えると，大統領にとって理想的な政策選好のみが議会多数によって覆されない唯一の政

図 10-8　二院制議会と大統領

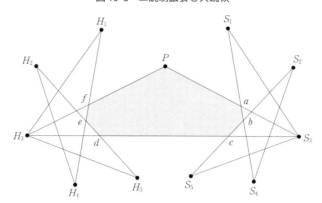

策的な組み合わせということになる．P_2 の場合も同様であり，P_1 や P_2 のように，大統領の政策選好が星型の内側にあるような比較的に「中道」の大統領であれば，大統領の理想的な政策選好が議会多数に覆されない唯一の政策的選択肢となる．

　これに対して，P_3 や P_4 のように，比較的に「極端」な大統領の場合はどうであろうか？　図 10-7 に示すように，P_3 の場合，線分 $P_3 L_3$ が「二院等分線」であり，それは一院制議会の等分線である線分 $L_2 L_5$ と u で交わり，星型の外側に出ている．したがって，線分 $L_2 L_5$ 上にないどの点に対しても，線分 $L_2 L_5$ 上のいずれかの点が議会多数によって支持されるが，線分 $L_2 L_5$ の左から線分 $L_2 L_5$ への移動は大統領が拒否権を行使するため，線分 $P_3 u$ が議会多数と大統領が一致して覆すことができない「核」となる．P_4 の場合も同様に，線分 $P_4 v$ が一院制議会と大統領による政治制度的な「核」となる．

3.3　二院・大統領制

　最後に，二院制議会と大統領による権力分立の作用を検討しておこう．図 10-8 は，H_1，H_2，H_3，H_4，H_5 を理想的な政策選好とする 5 人の下院と，S_1，S_2，S_3，S_4，S_5 を理想的な政策選好とする 5 人の上院による二院制議会に対して，P を理想的な政策選好とする大統領を示している[6]．これまでの議論を応用すると，上院─下院「核」は上下両院の二院等分線である線分 $H_3 S_3$ のうち

線分 cd であり，上院—大統領「核」は線分 PS_3 のうち線分 Pa，下院—大統領「核」は線分 PH_3 のうち線分 Pf となる．したがって，上下両院のそれぞれの多数と大統領が一致して覆すことができないという意味での二院制議会と大統領による政治制度的な「核」は $PabcdefP$ によって囲まれる範囲の政策的な組み合わせということになる（灰色部分）[7]．

　このように権力分立の制度的帰結とは，両院それぞれを意思決定主体とし，そのうえで両者の意思を一致させることによって，一院では不安定な意思決定に安定性をもたらし，また大統領に拒否権を付与することによって「1つの院」を構成させ，選択可能な政治的意思決定の範囲を限定することにある．つまり，権力分立とは，一般的には政治的意思決定に抑制と均衡をもたらすものとして，二院制であれば，両院の一致を意思決定の要件とし，あるいは，立法府と行政府の意思が一致したときに初めて政治権力を行使できるようにすることと理解されているが，それは単独で権力を行使する権限を放棄し，権力を分かち持つという制約を受け入れることによって，投票のパラドックスによる集合行為のジレンマを解決する政治制度と捉えることができるのである．

3.4　日本における二院制

　日本の国会について，参議院は衆議院と同じことを繰り返しているだけだという批判がなされるが，それが無意味な批判であることは明らかであろう．二院制の議会では両院の意思が異なる場合に備えて両院間調整の手続きを定めており（Tsebelis and Money, 1997），日本の国会でも衆議院の優越や両院協議会が制度化されている．国会の場合，両院の意思が異なっても，予算や条約，首相指名について，また衆議院に3分の2の多数が存在するならば，憲法は衆議院の一院制を想定しているともいえるが，通常の政治的意思決定における第二院の存在理由とは，第一院と異なる行動・決定をすることではなく，むしろ組織・構成を異にする2つの院が一致した行動・決定に到達することにある．しかるに，参議院を衆議院のカーボンコピーにすぎないとする批判は根強く，参議院の存在意義を高めるために何らかの独自性を発揮すべきであるとする議論は絶えない．こうした議論は，いわばデータ入力の正確を期すために2度別々に入力しているにもかかわらず，それらの入力結果がむしろ異なるべきだといっているに等しいことを認識すべきである．首相公選論も参議院改革論も，権力分立の制度的作用を正しく理解しなければ，温めるべきところを冷やすとい

った処方箋になりかねない[8].

4．権力融合

　権力を分かち持つということに政治的意思決定を安定化させる作用があると
するならば，逆に権力を融合させることの意味とは何であろうか？　本節では，
権力融合型の政治体制である議院内閣制における内閣を検討する.

4.1　内閣と権力

　コックスは 19 世紀のイギリス議会について，議員個々が立法的権限を内閣
に委譲し，内閣に権力を集中させることによって，内閣主導の議会運営が定着
し，有権者にとって選挙が内閣を選択する機会となってきたとしている（Cox
1987）. 具体的には，産業革命により工業化，都市化が進展するとともに選挙
権が拡大し，議員が利益誘導のための立法活動に励むようになった結果，議会
は過剰な立法需要に直面することとなる. コックスによれば，そうした議員の
集合行為のジレンマに対する解決策が内閣であり，議員は自らの立法的権限を
制約してでも，いわば法案の交通整理の権限を内閣に委譲し，議会の立法的な
過剰負担を回避しようとした. これにより，立法権と行政権の融合が促され，
立法を左右するのが内閣であると有権者に認識されるようになる. そして，選
挙が有権者にとって内閣を選択する機会となることにより，政権獲得をめぐる
二大政党制がイギリスに定着していく.

　このように内閣に権限を集約し，議事運営権を委譲することによって，議会
の集合行為のジレンマが解決されるとして，ではその内閣はどのように形成さ
れるのだろうか？　レイヴァーとスコフィールドは政権の構成，存続，利益に
関して政党の観点からの体系的な分析をまとめ（Laver and Schofield 1990,
Laver 1998）. 内閣形成に関する研究では，内閣の目的を権力追求としてきた
伝統的なアプローチに対して，内閣形成を政党による政策実現の手段とみなす
一連の理論的，実証的な分析が展開してきていると指摘する. 伝統的アプロー
チの典型は「**最小勝利連合**」（minimal winning coalition）の考え方にあり，権力
を掌握することによる利益はその恩恵に浴する多数派の規模が小さいほど最大
化され，多数派形成に不必要な政党を含まない連立や政党数を最小化して交渉
の費用を抑える連立を予測する[9]. ただし，現実的には，イデオロギー的に相

容れない政党が内閣を組むことは希であり，政党間の政策的な「距離」を考慮することによって内閣形成における政策的動機が分析されるようになってきている．例えば，与党は政策的に隣接するという条件が課されたり，与党内のイデオロギー的距離を最小にするという考え方が提示されている[10]．

4.2　内閣と政策

　ただし，こうした内閣形成の権力追及モデルは実際に存在する少数与党政権や過剰多数政権を説明できない．また，本章の冒頭でも触れたように，これらの権力追及モデルは議会における多数決の実現可能性を前提としているが，多次元空間における投票のパラドックスを考慮するとその前提も自明なものとはいえない．以下では，内閣形成を政党による政策実現の手段と捉えるアプローチとして，二次元政策空間における**閣僚ポスト配分**モデルを紹介するとともに，少数与党や過剰多数が空間理論的にどのように理解されるのかを解説する．

　レイヴァーとシェプスリーの内閣形成に対するアプローチは，内閣を閣僚ポストという「資産」の組み合わせと捉え，内閣の閣僚ポストに各々の管轄領域における政策的な信託が伴い，閣僚ポストを占めた政党が当該管轄領域において理想的政策を実行すると考える（Laver and Shepsle, 1990）[11]．したがって，内閣形成とは，例えば，2閣僚ならば，二次元的政策空間を意味し，3政党による組閣交渉を考える場合，**図 10-9 〜図 10-11** に示すような $3 \times 3 = 9$ の閣僚ポスト配分案に関する選択となる．いいかえると，閣僚ポストを占める政党が当該管轄領域において政策的な全権を握るという意味において，内閣形成は組閣交渉における政策拘束的な制度選択と捉えることができるのである．

　具体的には，議会には A，B，C の 3 党が存在し，どの政党も単独では過半数を占めないが，どの 2 党の組み合わせでも多数を占めることができるものとする．これまでの議論に合わせて，二次元政策空間を福祉支出（横軸），防衛支出（縦軸）とし，a, b, c をそれぞれ 3 党が政策ごとに最も好ましいとする支出水準とする．したがって，9 つの閣僚ポスト配分案のうち，aa, bb, cc は A，B，C の 3 党それぞれの最適な 2 つの政策の組み合わせによる閣僚ポスト配分案であり，二次元政策空間における 3 党それぞれの理想的な選好を示す．2 党による連立政権の場合，例えば，ab は福祉担当大臣を A 党，防衛担当大臣を B 党が占める内閣を意味することになる．

　まず図 10-9 には，ba を通過する 3 党それぞれの理想的な政策選好を中心と

図 10-9　安定的多数政権

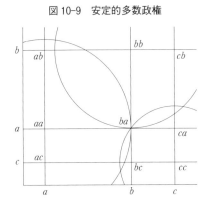

図 10-10　少数政権

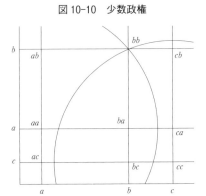

図 10-11　消極的多数政権

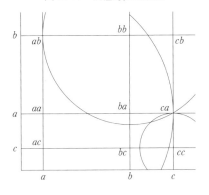

する同心円を描いている．図から明らかなように，いずれの２党の組み合わせによっても *ba* より好ましいとされる他の閣僚ポスト配分案は存在せず，*ba* は安定的な多数連立政権である．これに対して，図 10-10 に示すように，*bb* については *aa* と *cc* をそれぞれ中心とする同心円が重なり，そこに *ba* と *bc* が含まれる．これらの閣僚ポスト配分案は *bb* より Ａと Ｃ が共に好ましいとする内閣であるが，*ba* ないし *bc* が多数で支持されるには，防衛担当大臣を Ａ か Ｃ のいずれが占めるかについて合意しなくてはならない．さらに，*ba*, *bc* のいずれも Ｂ が福祉担当大臣を占める内閣であり，仮に Ｂ が両大臣を占める *bb* が現政権であるならば，*ba*, *bc* が *bb* より Ａ と Ｃ による多数派にとって好ましい連立であっても，いずれかへの移行には Ｂ の同意が必要であり，Ｂ は *ba*, *bc*

への連立工作に拒否権を行使することによって少数与党として政権を維持することができる.

　また図10-11は, ca について3党それぞれの理想的な政策選好を中心とする同心円を描いており, AとCが共に ca より好ましいとする閣僚ポスト配分案は存在しないものの, AとBは共に ca より ba, bb を好ましいとする状況を図示している. ただし, Bは ba よりも bb の方が好ましく, またAが ca よりも bb を好むことがわかっているために ba に妥協しない. Aは ba を主張するため, ca が現政権であるとすると, 連立工作が成功しないという意味において消極的に ca が存続することになる.

　こうした内閣形成の政策実現モデルは, bb や ca のような多数均衡的でない内閣が形成される可能性を理論的に示し, 国際比較を通じてモデルの有効性も検証されてきている (Laver and Shepsle, 1994; 1996). 本章での問題意識に即していいかえると, 閣僚ポスト配分モデルとは, 政策次元ごとに意思決定する権限を内閣に付与する, つまり内閣に政策的管轄権を集約し, 議会に対する議題設定権を委譲することによって, 多次元政策空間における投票のパラドックスを回避しようとする多数制限的な制度選択論の試みと捉えることができる[12].

4.3　日本における連立政権

　このように内閣形成における政党間交渉を理解する試みは, 政党の動機として権力追求だけでなく, 政策実現を考慮するようになっており, 1990年代後半以降に連立政権が常態化した日本における少数政権や大連立にも応用されることが期待されている. 具体的な分析事例として, 加藤, レイヴァー, シェプスリーによる研究を紹介しておこう (加藤・レイヴァー・シェプスリー, 1996). 例えば, 図10-12は1993年7月における外交と税に関する日本の政党の相対的な政策位置を二次元座標として表現している[13]. 縦横の線は政策次元ごとの各政党の政策位置に対応しており, 縦横の線の交点は2党による外交担当大臣と税務担当大臣の可能な配分案を示している.

　実際には, 細川護熙内閣は自民党と共産党を除く連立政権であった. しかし, 自民党は1993年総選挙で過半数を割ったものの223議席を占める衆議院の第一党であり, 図10-12のように各政党がほぼ二次元座標の対角線上に位置するならば, 一次元的政策空間を想定するのと実質的に同じであり, 内閣形成の政策実現モデルによっても自民党を除く連立政権を導き出すことは難しい[14].

図10-12　日本の政党の政策位置

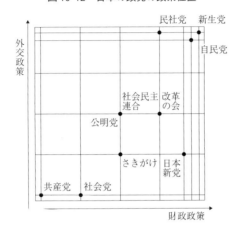

　そこで加藤らは，細川政権発足時の最大の争点である政治改革を第3の政策的
次元として加え，コンピューター・シミュレーションによる分析を行っている．
具体的には，政治改革次元は各政党を選挙制度と政治資金規正に関して位置付
けるものであり，小選挙区制と比例代表制の混合した選挙制度を採用するか否
かと政治資金規正法を改正するか否かについて，党内で賛否の割れた自民党を
中間とし，共産党を改革反対，その他の政党を改革賛成としている．ただし，
分析結果が政治改革次元の操作化による可能性も否めないが，加藤らは，この
ように三次元の政策空間を考慮した場合でも，国会の多数に支持される安定的
な閣僚ポスト配分案が存在しないことを明らかにしており，政治改革の名のも
とに集結した細川連立内閣については，閣僚ポスト配分モデルでは説明できな
い暫定的な内閣として，政治改革の実施とともに役目を終えたという解釈を示
している（また加藤・レイヴァー，1998；Kato and Laver, 1998 参照）．
　最後に，閣僚ポスト配分モデルの前提を確認しておこう．まず閣僚ポストに
政策的信託が伴うとされるが，それを現実と照らして妥当な想定といえるかは
疑わしい．例えば，細川政権においては新生党が外務も大蔵も両大臣を占めた
が，閣僚ポスト配分モデルの考え方からすると，細川政権は図10-12における
新生党のように極端な政策を少なくとも外交と税務に関して連立与党で合意し
たことになる．また閣僚ポスト配分モデルにおいて首相に何ら役割はないが，

仮に首相が政策次元にまたがる調整機能を担っているとすれば，閣僚ポストに
政策的信託が伴うという前提も成り立たないことになる．

5．おわりに

17 世紀のトマス・ホッブズによる社会契約論は，自己の生命，財産を守ろ
うとする個々人で構成される社会は，いわば「万人の万人に対する闘争」状態
にあり，「リヴァイアサン」という絶対君主にそれぞれの権限を委譲すること
によって，そうした集合行為のジレンマを脱するべきだと説くものである．本
章においても，議会制度を理解するにあたって，議会を何らかのかたちにおい
て権限を委譲し，権力を創出することによって，投票のパラドックスという集
合行為のジレンマを解消しようとする政治制度と捉えることを試みてきた．具
体的には，投票のパラドックスを空間理論的に解説しえたうえで，まず権力を
分立させる政治制度として二院制や大統領制の帰結を空間理論的に把握し，権
力分立の制度的作用が政治的意思決定の安定化にあることを確認した．また，
権力を融合させる政治制度として議院内閣制における内閣への権限委譲を検討
し，権力融合の制度的作用が政策争点の設定・管理を内閣に集約させ，政治的
な責任所在を明確にすることにあるとした．こうした議論は，議会研究におけ
る一連の合理的選択議会制度論ないしは構造的均衡論に連なるものであり，こ
の他にも委員会や政党に関する多くの研究を触発してきており [15]，日本の事
例についても応用研究が進んできている．いうまでもなく，こうした議論の限
界を認識することも重要であり，さらに，権力の分立であれ，融合であれ，そ
うした政治制度構造自体が選択の対象であり，憲法レベルの制度選択の問題に
も留意する必要がある．

■注
1) ここでは単純化のため一次関数的な効用曲線 $U_i = -|x - x_i^*|$ を想定している
（x を任意の福祉支出，x_i^* を i にとっての理想的な福祉支出とする）．通常は二
次関数 $U_i = -(x - x_i^*)^2$ を想定することが多い．
2) この効用の等しい政策の組み合わせを結ぶ同心円は「無差別曲線」と呼ば
れる．
3) 不安定性定理ないしカオス定理としても論じられている（Mckelvey 1976,

1979, Schofield 1978).
4) 図10-6はHammond and Miller (1987, p.1158) による.
5) 図10-7はHammond and Miller (1987, p.1162) を簡略化したものである.
6) 図10-8はHammond and Miller (1987, p.1163) を修正したものである.
7) ハモンドらはさらに大統領拒否権に対する議会の再議決手続きについても分析している.
8) 増山 (2008) は二院制についての議論を整理している.
9) Riker (1962). 多数派の規模を最小限にするのが「最小規模連合」(minimum winning coalition) である.
10) 前者はAxerlod (1970) においてminimal connected winning coalition, 後者はDe Swaan (1973) においてclosed minimal range coalitionと呼ばれる.
11) 彼らはportfolio allocation modelと呼ぶ. またAusten-Smith and Bank (1990) 参照. 邦語による紹介として増山 (1996), 川人・吉野・平野・加藤 (2001) の解説がある.
12) 投票のパラドックスを解説した節の終わりに政策空間を一次元に限定することに触れた. それを本節の文脈で補足すると, 二大政党制の場合, 閣僚ポスト配分の問題は, いずれかの政党が単独過半数を占め, 議会内に集合行為のジレンマは発生せず, 例えば, 選挙結果を受けて多数党A, 少数党Bとなれば, *aa*内閣の誕生となる. このように内閣の選択が*aa*か*bb*に制約されることによって, それらを結ぶ線分が政策空間を実質的に一次元化し, 有権者はAかBかの二者択一によって政権選択を行うことが可能となり, ひいては有権者レベルでの投票のパラドックスも解消することになる.
13) 図10-12は川人・吉野・平野・加藤 (2001, p.123) による. 具体的には, 外交は日本の国際的役割の拡大に慎重であるか積極的であるかを, 税は公共支出を赤字国債で賄うか増税によって賄うかを問題としている.
14) また政策を考慮しない権力追求の観点からも, 与党内の交渉コストを考えるならば, 自民党を含まない連立政権を予測することは難しい.
15) Sheplse (1979, 1986). 増山 (1996) はこれらの研究動向を紹介している.

■参考文献

Austen-Smith, David, and Banks, Jeffrey (1990), "Stable Portfolio Allocations," *American Political Science Review*, 84, pp.891-906.

Axerlod, Robert (1970), *Conflict of Interest*, Chicago: Markham.

Black, Duncan (1948), "On the Rationale of Group Decision Making," *Journal of Political Economy*, 56, pp.223-244.

Black, Duncan (1958), *The Theory of Committees and Elections*, New York: Cambridge University Press.

Cox, Gary (1987), *The Efficient Secret: The Cabinet and the Development of Political Parties in Victorian England*, Cambridge: Cambridge University Press.

De Swaan, Abram (1973), *Coalition Theories and Cabinet Formation*, Amsterdam: Elsevier.

Downs, Anthony (1957), *An Economic Theory of Democracy*, New York: Harper and Row（古田精司監訳『民主主義の経済理論』成文堂，1980 年）.

Hammond, Thomas and Miller, Gary (1987), "The Core of the Constitution," *American Political Science Review*, 81, pp.1155-1174.

Kato, Junko, and Laver, Michael (1998), "Theories of Government Formation and the 1996 General Election in Japan," *Party Politics*, 4, pp.229-252.

加藤淳子・レイヴァー，マイケル (1998)，「政権形成の理論と 96 年日本の総選挙」『レヴァイアサン』22, pp.80-105.

加藤淳子・レイヴァー，マイケル・シェプスリー，ケネス (1996)，「日本における連立政権の形成：ヨーロッパ連合政治分析におけるポートフォリオ・アロケーション・モデルを用いて」『レヴァイアサン』19, pp.63-85.

川人貞史・吉野孝・平野浩・加藤淳子 (2001)，『現代の政党と選挙』有斐閣.

Laver, Michael (1998), "Models of Government Formation," *Annual Review of Political Science*, 1, pp.1-25.

Laver, Michael, and Shepsle, Kenneth (1990), "Coalitions and Cabinet Government," *American Political Science Review*, 84, pp.873-890.

Laver, Michael and Shepsle, Kenneth (1994), *Cabinet Ministers and Parliamentary Government*, Cambridge: Cambridge University Press.

Laver, Michael, and Shepsle, Kenneth (1996), *Making and Breaking Governments*, New York: Cambridge University Press.

Laver, Michael, and Schofield, Norman (1990), *Multiparty Government: The Politics of Coalition in Europe*, Oxford: Oxford University Press.

増山幹高 (1996)，「議会，合理的選択，制度論」『公共選択の研究』26, pp.79-92.

増山幹高 (2008)，「日本における二院制の意義と機能」『慶應の政治学：日本政治』慶應義塾大学出版会，pp.267-284.

McKelvey, Richard (1976), "Intransitivities in Multidimensional Voting Models and Some Implications for Agenda Control," *Journal of Economic Theory*, 12, pp.472-482.

McKelvey, Richard (1979), "General Conditions for Global Intransitivities in Formal Voting Models," *Econometica*, 47, pp.1085-1111.

Plott, Charles (1967), "A Notion of Equilibrium and its Possibility under Majority Rule," *American Economic Review*, 57, pp.787-806.

Riker, William (1962), *The Theory of Political Coalitions*, New Haven: Yale University Press.

Schofield, Norman (1978), "Instability of Simple Dynamic Games," *The Review of Economic Studies*, 45, pp.575-594.

Shepsle, Kenneth (1979), "Institutional Arrangements and Equilibrium in Multi-dimensional Voting Models," *American Journal of Political Science*, 23, pp.27-60.

Shepsle, Kenneth (1986), "Institutional Equilibrium and Equilibrium Institutions," in Herbert Weisberg ed., *Political Science: The Science of Politics*, New York: Agathon Press, pp.51-81.

Tsebelis, George and Money, Jeannette (1997), *Bicameralism*, Cambridge: Cambridge University Press.

第11章　行政制度

1. はじめに

　現代社会において，官僚組織がなければ，さまざまな政策を立案し実施することが困難であることはいうまでもない．しかし，官僚組織は，その役割が高く評価される一方，その弊害が問題視されることもある．例えば，日本では，第2次世界大戦後の経済復興における，官僚組織による戦略的経済政策の立案が高く評価された[1]一方，官僚組織における前例を踏襲する傾向により，政策的対応が遅れることが批判されることもある．

　このような状況において，各国では，これまでさまざまな行政改革の取り組みがなされてきた．行政改革の1つの取り組みとして，それぞれの政策に対してつぎのような問いを考えてみることは有意義である．まず政策は社会のニーズを踏まえて立案されているのか，そして政策の目的は達成されているのか，さらには政策は効率的に実施されているのかなどである．このような観点を踏まえて政策を評価する取り組みとして，**政策評価**が行われている．また，評価にあたってはエビデンスを重視するという立場から，**EBPM**（Evidence-Based Policy Making）の取り組みも推進されている．

　本章では，行政に関するこのような動向を踏まえて，政策の立案や実施における官僚組織の役割を考慮しつつ，それらの改善に役立つ政策評価について検討する．まず，第2節では，官僚組織の役割を整理して，政策評価の意味について考える．第3節では，政策評価の理論を紹介し，評価のポイントについて考える．第4節では，特に政策の効果を評価する際に重要であるEBPMに関係する手法について整理する．第5節では，政策主体の多様性および政策過程の観点を踏まえて，政策評価が十分に機能する条件について考える．

2. 官僚組織の役割 ||||||||||||||||||||||||||||||||||||||||||||||||||||||||||||||||||||||||||||||||||||

2.1　本人・代理人関係としての政官関係

　代議制民主主義のもとでは，選挙によって政治家が選ばれ，政治家は，議会において審議を行い，さまざまな政策の決定を行う．しかし，政治家は，自らその政策を実施するのではなく，官僚組織がその役割を果たす．また，官僚組織は，多くの政策の立案においても，重要な役割を果たす．

　このような政治家と官僚組織との関係は，図11-1 に示されているように，本人（プリンシパル）と代理人（エージェント）の関係として理解できる．政策決定および政策実施を政治家が担うという選択肢も考えられるが，効率という観点から考えると，政策決定は政治家，政策実施は官僚組織というように役割分担することは合理性がある．また官僚組織は，政策実施を通して専門知識を蓄積し，さらに効率的に政策を実施することも可能にする．さらには，このように蓄積した専門知識を活用して，優れた政策を立案することも可能となる．このようなことを踏まえると，本人と代理人の関係は，本人を政治家，代理人を官僚組織として，政治家が政策実施や政策立案を官僚組織に委託することによって，経済厚生を高める可能性がある仕組みであると考えることができる．

　代理人である官僚組織の目的は，（経済厚生を高めようとする）本人である政治家のそれと異なる可能性もあるが，本人が代理人をコントロールできれば問題は生じない．しかし，本人が代理人を十分にコントロールできなければ，委託したことが十分に達成されない可能性がある．

図11-1　本人・代理人関係としての政官関係

（出典）　筆者作成．

2.2　官僚の目的

　代理人である官僚組織の目的をどのように考えればよいのであろうか．ダウンズ（A. Downs）は，官僚自身の目的を，利己的なもの，利他的なもの，両者が混合したものに分類している．具体的には，利己的なものは，「権力」，「金銭の収入」，「威信」，「便宜[2)]」，「安全[3)]」からなる．利他的なものは，「公共の利益に奉仕したいという希望」である．また利己的なものと利他的なものが混合したものは，「個人的忠誠[4)]」，「作業の練達した遂行に関する自負心」，「特定政策に対する信奉」である．

　上記の官僚自身の目的のうち利己的なものは，官僚自身が所属する官僚組織の予算が確保されることによって満たされると考えることができる．以下において，この点に注目したニスカネンの官僚モデル（以後，**ニスカネン・モデル**と呼ぶ）を説明する[5)]．

　官僚組織は複数の官僚から構成されるので，すべての官僚が同質的であるという保証はない．しかし議論の単純化のために，官僚組織に所属する個々の官僚の選好の間には違いがないほど秩序は維持されて，官僚組織は1人の官僚と同じように行動できると仮定する．具体的には，官僚組織は，官僚の利己的目的に基づいて，予算の最大化を目指して行動するが，自由に予算を決定できるわけではない．なぜならば，代議制民主主義のもとでは，予算の決定にあたっては，選挙によって選出された政治家から構成される議会の承認を得る必要があるからである．ここで想定される政治家は，単純化のため，有権者の忠実な代理人として行動し[6)]，議会も官僚組織と同様に一枚岩的に行動すると想定される．したがって，官僚組織は，それとは異なった目的を持った議会の承認を得るという制約のもとで，予算の最大化を図らねばならない．

2.3　官僚および政治家にとっての最適公共サービス量

　このような官僚組織（すなわち官僚）と議会（すなわち政治家）との間で，1種類の公共サービス供給量とそれに必要な予算が，どのように決定されるかについて考える．図11-2を用いて，社会的に最適な公共サービス供給量について考えるために，その供給サイドの情報と需要サイドの情報に注目する．供給サイドの情報は，官僚組織が供給する公共サービスの総費用であり，下に凸になっている公共サービスの総費用曲線 TC によって示される．一方需要サイドの情報は，有権者の公共サービスに対する総便益であり，上に凸になってい

図11-2　ニスカネン・モデルにおける官僚と政治家の最適公共サービス量

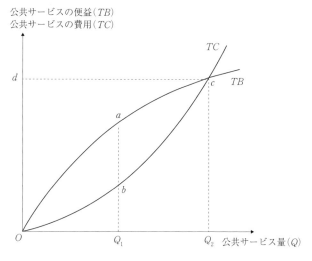

（出典）　筆者作成.

る公共サービスの総便益曲線 TB によって示される. ところで政治家は, 有権者の忠実な代理人として行動すると想定され, ある公共サービス量に対して, 最大でそれに対応する有権者の総便益に相当する予算額まで承認すると考える. ゆえに, 公共サービスの総便益曲線 TB は, 縦軸に総便益の代わりに予算を測れば, 公共サービス量とそれに対して政治家が承認する予算との関係を示す曲線でもある.

　社会的に最適な公共サービス供給量は, 総便益から総費用を差し引いた純便益が最大になるとき実現する. 公共サービスの純便益は, 図では TB 曲線と TC 曲線の垂直距離に相当する. したがって, 社会的に最適な公共サービス供給量は, 2つの曲線の傾きが等しくなる Q_1 であり, このとき総便益は aQ_1, 総費用は bQ_1, 純便益は ab となる. つまり, 有権者およびその忠実な代理人である政治家にとって, 総費用が bQ_1 で公共サービス量 Q_1 が供給され, 純便益 ab を獲得することが目指すべき状態である.

　ニスカネン・モデルでは, 官僚は, 政治家によって許容される $TB \geq TC$ という制約条件のもとで, できるだけ多くの予算の獲得を目指す. つまり官僚にとっての最適な公共サービス量は, TB 曲線と TC 曲線が交わり, $TB = TC$

である点 c に対応する Q_2 である．ゆえに，官僚にとっての最適な公共サービス量は，有権者および政治家にとって，すなわち社会的に過大である．

　このように，官僚と政治家それぞれにとっての最適な公共サービス供給量は異なる．しかし政治家が予算を決定する権限を持っているので，もし政治家が公共サービスの供給サイドおよび需要サイドの情報を正確に把握しているならば，公共サービス供給量 Q_1 に対する予算を bQ_1 として，社会的に最適な状態が実現するはずであるが，現実はそのように単純ではない．

2.4　情報の偏在と公共サービス量の決定

　ニスカネン・モデルでは，公共サービスの需要サイドの情報は，官僚と政治家によって把握されていると仮定されるのに対して，専門的知識が必要とされる公共サービスの供給サイドの情報は，官僚のみによって把握されていると仮定される．つまり，官僚は，TB 曲線および TC 曲線の形状を正確に把握しているが，政治家は，TB 曲線の形状を正確に把握しているのみで，TC 曲線の形状についてはまったく知らないと仮定される．

　このような官僚の情報上の優位性の仮定のもとで，官僚は，予算と公共サービス供給量の組み合わせからなる予算案を作成して政治家に提示し，（自ら予算案を作成することができない）政治家は，その予算案を承認するかどうか決定する．予算案が承認された場合，予算案どおりに予算が執行され公共サービスが供給されるが，否決された場合，予算は一切認められず公共サービス供給量はゼロとなる．

2.5　本人・代理人関係におけるコントロールとアカウンタビリティ

　このような予算編成過程において，官僚は自らにとっての最適点 c に対応する予算案，つまり予算 Od および公共サービス供給量 Q_2 を提示する．なぜならば，予算案を承認した場合，$TB=TC$ であるので有権者の純便益はゼロとなるが，否決した場合も，有権者の純便益はゼロであるので，政治家は官僚が提示した予算案を承認すると想定されるからである．

　以上の議論より，ニスカネン・モデルにおいて，政府の規模は大きくなり，さらにそれは社会的最適性から見て過大であることが示されたが[7]，その結論は，政治家に対する官僚の情報上の優位性の仮定に大きく依拠している．しかし，政治家と官僚組織の間の本人・代理人関係を示した図 11-1 に示されてい

るように，政治家は，自らが望むように官僚組織が政策立案や政策実施するように，官僚組織をコントロールする手段を持っている．例えば，政治家は，行政組織の変更や官僚の人事に対して影響力を行使できる．さらには，政治家は，官僚組織に政策立案や政策実施を委任するにしても，それらに関するすべての決定を委任するわけではなく，委任の程度はさまざまありうる[8]．

　また，**図11-1**に示されているように，政治家と官僚組織との間の本人・代理人関係において，**アカウンタビリティ**（accountability）[9] 確保の手段としての政策評価を用いることもできる．つまり，官僚組織から見た（政治家を含む）外部者が，官僚組織に対して政策に関する情報を開示させ，事前における政策の代替案の比較に基づいてより良い政策立案を求めたり，事後において実施された（またはされている）政策を検証し，政策の見直しを求めたりすることもできる．これにより，代理人である官僚組織による政策立案や政策実施は，外部者の立場から見て改善される可能性が高まる．

　次節では，このように政策立案や政策実施の改善に役立つ政策評価の考え方について説明する．

3．政策評価の考え方

3.1　政策体系について

　政策評価の評価対象に関係する政策の体系について説明する．**図11-3**は，地方自治体の総合計画をもとにした政策体系を示している．**政策体系**には，最上位に全体の将来目標が設定され，その下に，政策，施策，事業が順に設けられ，階層性がある[10]．

　これらの上位の階層と下位の階層の間には，目的手段関係があることを，**図11-3**の例に基づいて考えてみる．まず，将来目標のもとには複数の政策が設けられ，将来目標で示された全体の理想像を実現するための基本方針を示す．例えば，政策1は健康福祉政策に関わる方針，政策2は教育政策に関わる方針というように，政策分野ごとの基本方針が示される．

　各政策の下には複数の施策が設けられ，政策で示された基本方針を実現するための具体的な方策が示される．例えば，健康福祉政策に関わる政策1の下にある施策1-1には高齢者福祉の充実が示され，教育政策に関わる政策2の下にある施策2-1には生涯学習環境の充実が示される．

図 11-3　政策体系の例

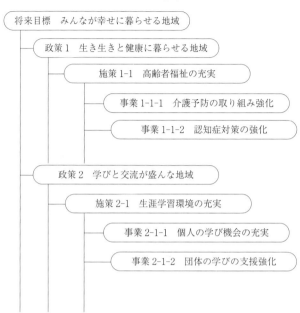

将来目標　みんなが幸せに暮らせる地域

政策 1　生き生きと健康に暮らせる地域

施策 1-1　高齢者福祉の充実

事業 1-1-1　介護予防の取り組み強化

事業 1-1-2　認知症対策の強化

政策 2　学びと交流が盛んな地域

施策 2-1　生涯学習環境の充実

事業 2-1-1　個人の学び機会の充実

事業 2-1-2　団体の学びの支援強化

（出典）　筆者作成.

　各施策の下には複数の事業が設けられ，施策で示された具体的な方策を実現するための個別の取り組みが示される．例えば，高齢者福祉に関わる施策 1-1 の下には，介護予防の取り組みや認知症対策などの事業が関連づけられ，生涯学習に関わる施策 2-1 に下には，個人の学びの機会の充実や生涯学習に関連する団体の学びの支援強化などの事業が関連づけられている．

　このような政策体系に基づいて，目的手段関係を明確にすることによって，事前には政策，施策や事業の意義が明確にされ，事後には政策，施策や事業の効果を検証し，政策の見直しを考えることが可能となる．

3.2　プログラムという概念
　階層構造を持った政策体系とは別に，政策評価論で用いられるプログラムとの関係について考える．

　プログラムとは，ある社会問題を解決するために設計された組織的取り組み

であり，政策体系を構成する政策，施策，事業との関係性が明確であるわけではない．実際，プログラムは，社会問題の設定次第で，ある施策のもとにおける複数の事業をまとめたもの，または政策に関して横断的に，複数の事業や施策に対応するものも考えられる．

　図 11-3 を用いて，プログラムと政策体系の関係について考えてみる．例えば，高齢者にとって，知的活動が認知機能の低下を抑制するという仮説にしたがって，認知症患者数の抑制を目指すプログラムがあるとする．このプログラムは，事業 1-1-2 認知症対策の強化，（知的活動に関わる）事業 2-1-1 個人の学び機会の充実および事業 2-1-2 団体の学びの支援強化に関係している．つまり，このプログラムは，健康福祉政策に関わる政策 1 および教育政策に関わる政策 2 という，2 つの政策に対して横断的に関係するものである．

　このように，プログラムという概念は，その目標である成果を明確に示したうえで，目的手段関係をより弾力的に構築するものである．そのため，政策評価の考え方の 1 つとして，プログラムをその対象とすることは有意義である．

3.3　プログラム評価理論：評価の階層性

　このようなプログラムを評価対象とする，**プログラム評価**（program evaluation）理論の考え方について説明する[11]．プログラムを評価するにあたっては，順序立てて問いを設定し，それぞれの問いに答えることができるように，必要な情報を集め分析することが重要である．そして，それぞれの問いへの回答を見出すことは，さまざまな観点からの評価につながる．図 11-4 には，それらの問いの間には，階層性があることが示されている．

　プログラムを評価するにあたって，まず，プログラムのニーズに関する評価（以下，「必要性評価」と呼ぶ）がなされる．具体的には，プログラムが改善を目指すべき社会問題を抽出する過程において，困難に直面する人々の範囲およびその困難の程度，さらにはその困難を改善することの社会全体における意味合いを考慮する必要がある．そのうえで，その社会問題がプログラムによって改善されることが妥当であるかどうか判断される．

　プログラムによって改善されるべき社会問題が抽出された後，プログラムの目標達成に向けたアプローチに関する評価（以下，「セオリー評価」と呼ぶ）がなされる．具体的には，社会問題の生起に関する仮説を踏まえたうえで，プログラムの目標達成に向けて，合理的かつ実行可能な道筋が示されているかどう

図 11-4　プログラム評価の階層性

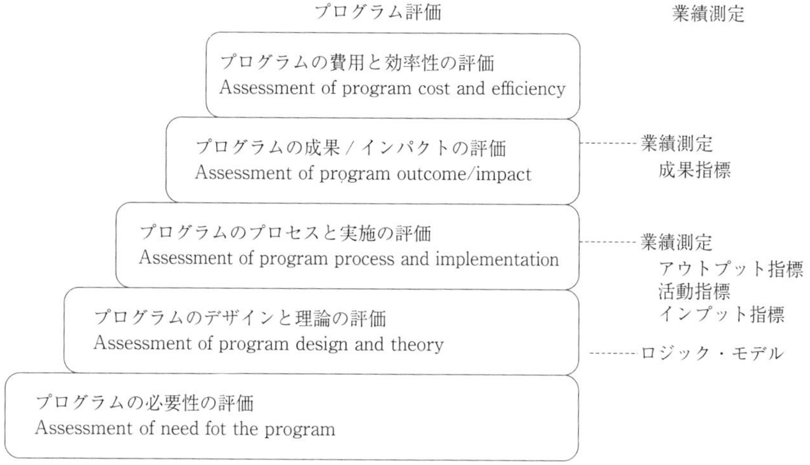

プログラム評価　　　　　　　　　　　　　業績測定

プログラムの費用と効率性の評価
Assessment of program cost and efficiency

プログラムの成果／インパクトの評価　　┈┈┈業績測定
Assessment of program outcome/impact　　　　　成果指標

プログラムのプロセスと実施の評価　　　┈┈┈業績測定
Assessment of program process and implementation　アウトプット指標
　　　　　　　　　　　　　　　　　　　　　　活動指標
プログラムのデザインと理論の評価　　　　　　インプット指標
Assessment of program design and theory　┈┈┈ロジック・モデル

プログラムの必要性の評価
Assessment of need fot the program

（出典）　Rossi, et al.（2004）の EXIBIT3-C を筆者が一部改変.

　かという観点から，プログラムのデザインが妥当であるかどうか判断される.
　プログラムのデザインの妥当性が判断された後，プログラムがそのデザインによって期待されるとおりに運営されているかどうか評価される（以下，「プロセス評価」と呼ぶ）.具体的には，サービスが期待された水準どおり提供されているか，サービスが想定された受益者に提供されているか，またサービス提供にいたるまでの活動に支障があるかどうかなどの観点から，プログラム運営の妥当性が判断される.
　プログラム運営の妥当性が判断された後，プログラムによって期待されたとおりに効果が生じたかどうか，つまり成果（outcome）およびインパクト（impact）が生まれたかどうか，さらには想定外の副作用が生じたかどうかについて評価される（以下，「インパクト評価」と呼ぶ）.なお，インパクトは，成果の変化であると定義される.ところで，一般的には，プログラムが期待する社会状況の変化は，プログラム以外の要因（以下，「外的条件」と呼ぶ）によっても生じる.したがって，プログラムの成果またはインパクトを考える際には，厳密にいえば，外的条件によって生じた変化を差し引いた純粋な効果を考える必要がある.しかし，実際には，そのような純粋な効果を推定することは容易ではない.

　プログラムによって十分な成果またはインパクトが生じると判断された後，そのインパクトまたは成果とそれを生むために要した費用が比較される（以下，「効率性評価」と呼ぶ）．つまり，費用に注目することによって，一定のインパクトまたは成果を生む代替的なプログラムを検討することが可能となり，より少ない費用ですむプログラムを選択することができる．

　プログラム評価の階層性が示唆することは，図11-4 に示されているように，プログラム評価において，必要性評価が土台となり，より上層にある評価に向かって，セオリー評価，プロセス評価，インパクト評価，効率性評価を順に行うことによって，体系的な評価ができることである．したがって，インパクト評価が意味あるものとなる前提は，それより下層にある評価が適切になされていることである．また，適切な手法によってインパクト評価がなされたにもかかわらず，事前に期待された効果が認められない場合，まずプロセス評価が関係するプログラムの運営に問題がないかどうか確認され，それに問題がなければ，セオリー評価が関係するプログラムのデザインに問題がなかったかどうか確認されるというように，順により下層にある評価結果を確認することにより，改善ポイントを見つけることができる．

3.4　プログラム評価理論：セオリー評価

　図11-5 は，プログラム評価理論を構成する5つの評価の流れと経済学の理論との関連性を図式化したものである．プログラム評価の階層性にしたがうと，必要性評価から始まり，矢印にしたがって下に向かって評価が進められる．以下において，必要性評価が行われた後のセオリー評価から，さらに詳しく評価内容について説明する．

　セオリー評価では，プログラムのデザインが明らかにされるが，具体的には，ロジック・モデルを用いて，インプット（input）→活動（activity）→アウトプット（output）→成果（outcome）という流れを図式化し，プログラムの全体像が明示される．なお，ロジック・モデルは，セオリー評価に続く，プロセス評価，インパクト評価などにおいても活用される．

　図11-6 は，高齢者の認知症に関するプログラムのロジック・モデルの例である．まず，このプログラムの前提として，高齢者の認知機能低下抑制には，生涯学習の中でも，知的刺激を多く含むもの（以下，「知的刺激型講座」と呼ぶ）が有効であるという仮説がある．この仮説を踏まえて，インプットは知的刺激

図11-5　プログラム評価の流れ

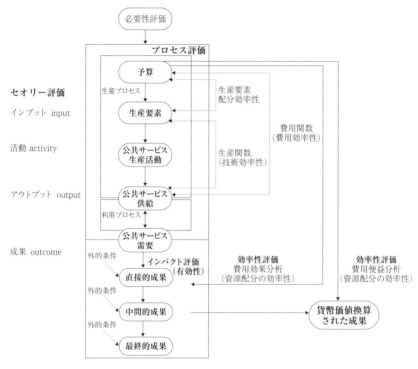

（出典）　龍・佐々木（2004）p. 31 の図，長峯（2014）図5-6，鷲見（2021）図終-1 を参考にして筆者作成．

型講座を開講するための予算，活動は知的刺激型講座の設置，アウトプットは知的刺激型講座への参加となる．ここまでが，後に行われるプロセス評価の対象となる．

　プロセス評価に続くインパクト評価の対象となる成果は，通常，多段階になる．直接的成果は知的刺激型講座参加者の認知機能低下抑制，中間的成果は認知症患者数の抑制，最終的成果は高齢者の健康増進が設定されている．直接的成果→中間的成果→最終的成果というように多段階の成果を設定するにあたっては，3つの成果を貫く基準軸を考えると設定しやすくなる．例えば，時間軸を踏まえて，短期的成果→中期的成果→長期的成果，政策体系を踏まえて，事業の成果→施策の成果→政策の成果，対象の広さを踏まえて，個人レベルの成

図11-6　ロジック・モデルの例

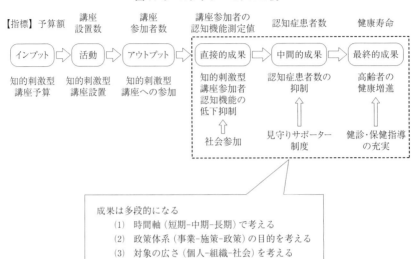

（出典）　筆者作成.

果→組織レベルの成果→社会レベルの成果とするなどである.

　　後のインパクト評価において成果がより正確に示されるように，セオリー評価の段階で，それぞれの成果について，プログラムから見た外的条件を考慮することも重要である．直接的成果については，認知機能低下抑制に効果が期待される個人の社会参加，中間的成果については，認知症患者数の抑制に効果が期待される見守りサポーター制度，最終的成果については，高齢者の健康増進に効果が期待される健診・保健指導の充実が，それぞれ外的条件として考慮されている.

　　このようなロジック・モデルに基づいて，インプット，活動，アウトプット，成果，それぞれについて指標を設定して目標値を決めておくことは，後述するように，セオリー評価に続く評価においても役立つ．図11-6では，インプット指標は予算額，活動指標は講座設置数，アウトプット指標は講座参加者数，直接的成果指標は講座参加者の認知機能測定値，中期的成果指標は認知症患者数，長期的成果指標は健康寿命が設定されている．また指標設定にあたっては，特に，アウトプットと成果の違いに留意して，アウトプットの指標とすべきものを成果の指標としないように注意することは重要である.

3.5　プログラム評価理論：プロセス評価

　図 11-5 に基づいて，プロセス評価について説明する．プロセス評価の対象となるのは，予算から公共サービス需要にいたるまでである．予算から公共サービス供給までの生産プロセスにおいては，プロセスをモニタリングして，ロジック・モデルに基づいて設定した各指標の目標値が達成されているかどうか，期待されている公共サービスの質が確保されているかどうか，公共サービス供給のために適切な設備や能力を持った人材が確保できているかなどが評価される．

　生産プロセスを，経済学における効率性の観点からも評価できる．まず，生産要素配分効率性の観点から，生産に必要な生産要素（設備，物品，人など）が十分低い費用で調達されているかどうか評価される．これは，生産要素の調達方法の工夫によっても改善が期待できる．また，（生産関数に対応する）技術効率性の観点から，調達された所与の生産要素を前提として，できるだけ多くの公共サービスが供給されているかどうか評価される．もし公共サービス供給量を増加させる余地があるならば，スタッフに対する適切な動機づけ，公共サービス供給に関わる組織の見直しなどの対策が考えられる．さらに，生産要素配分効率性と技術効率性をあわせて，所与の公共サービス供給に対する費用が十分に低いかどうかを考える，（費用関数に対応する）費用効率性の観点から生産プロセスを評価できる．

　利用プロセスは，公共サービス供給と需要との関係に対応する．たとえ公共サービスが目標値どおりに供給されても，需給が一致するとは限らない．需給が一致していない場合，目標値が不適切である可能性も考えられるが，プログラムが想定する利用者が利用していない可能性も考えられる．このような場合，プログラムの広報の見直し，プログラムの不正利用の防止などの対策が考えられる．公共サービスの需給が一致しない原因がプログラムの設計にある場合，プロセス評価ではなく，セオリー評価において検討がなされる．

3.6　プログラム評価理論：インパクト評価および効率性評価

　図 11-5 に基づいて，インパクト評価について説明する．インパクト評価では，成果および成果の変化であるインパクトを通して，プログラムの純粋な効果が評価される．純粋な効果の導出にあたっては，外的条件の影響をコントロールして取り除く必要がある．現実の政策現場において，外的条件をコントロール

して評価を行うことは容易ではないが，EBPM の推進という取り組みのもと，（次節で説明するように）さまざまな精度において，プログラムの成果が評価されている．

さらに効率性評価においては，費用便益分析（cost-benefit analysis）または費用効果分析（cost-effectiveness analysis）が用いられる．費用便益分析では，成果の貨幣価値が計算され，成果の貨幣価値と費用との差である純便益，または成果の貨幣価値と費用との比率に基づいて，プログラムの効率性が評価される．

費用効果分析では，成果の貨幣価値を計算することはせず，成果そのものと費用に注目して，成果 1 単位当たりの費用によって，プログラムの効率性が評価される．なお，費用便益分析と比較すると，成果の貨幣価値を計算する必要がないので簡便であるが，便益と費用の大小を比較することができないというデメリットがある[12]．

3.7　業績測定

プログラム評価理論に基づいて評価を行うにあたっては，社会科学の分析手法の修得，必要なデータの収集などの準備のうえで，体系的に評価を行う必要があり，政策現場にとってかなりの負担になる．そのため，より簡便で実用的な業績測定（performance measurement）と呼ばれる評価方式も用いられる[13]．

図 11-4 には，プログラム評価と業績測定との対応が示されている．**業績測定**では，ロジック・モデルを参考にして，インプット指標，活動指標，アウトプット指標および成果指標を選定し，それらの指標が継続的に測定される．それぞれの指標に関して，目標値と測定値の乖離があるかどうか確認され，プログラムの運営管理に役立てられる．

このように，業績測定は，プログラム評価理論における，セオリー評価，プロセス評価，インパクト評価の一部分を取り出した，簡易的評価法であると理解できる．なお，プログラム評価と業績測定は代替的なものではなく，補完的なものであると考え，2 つの評価法を併用する試みもなされている[14]．

以上において，プログラム評価理論の考え方について概観したが，次節では，それを支える社会科学の分析手法について考える．

4．政策評価における EBPM の意義 ‖‖‖‖‖‖‖‖‖‖‖‖‖‖‖‖‖‖‖‖‖‖‖‖‖‖‖‖‖‖‖‖‖‖‖‖

4.1　政策評価と EBPM との対応

　EBPM は，「証拠に基づく政策形成」と日本語に訳される．証拠，つまりエビデンスは厳格にとらえると，政策実施から政策効果への因果関係を示すデータである．したがって，EBPM のもとでは，このようなエビデンスを示すことが重視される．一方，従来の政策形成では，多くの場合，政策体系の部分で説明したような抽象的な目標達成に向けて，政策現場の経験などが重視されてきた．

　EBPM は，データに基づいて政策効果を示すことができるので，アカウンタビリティという観点から，従来の政策形成よりも優れているといえる．しかし，現実の政策現場では，因果関係を示す妥当なデータが存在しないことがあることも考慮すると，厳格な意味でのエビデンスを求めることによって，政策形成に支障が生じる可能性もある．

　このような EBPM の考え方と政策現場の現状を踏まえ，厳格な意味でのエビデンスだけに注目するのではなく，それを支えるロジックの部分を切り出すことによって，EBPM と政策評価法であるプログラム評価理論との対応を整理すると，つぎのようになる．厳格な意味でのエビデンスはインパクト評価，ロジックはセオリー評価，またロジックとそれに基づいた指標を組み合わせたものは，セオリー評価とプロセス評価に対応する．このような対応関係を踏まえ，さらに厳格な意味でのエビデンスが最も信頼性が高い結論を導くと考えると，エビデンスの信頼性に注目して，政策評価の信頼性を体系的に考えることができる[15]．

4.2　政策評価の信頼性

　厳格な意味でのエビデンスは，プログラム評価理論におけるインパクトの計測に対応する．最も素朴なインパクトの計測は，外部条件をコントロールしないもとで，プログラムの実施前後における成果指標の変化を測ることである．一方，最も信頼性が高いインパクトの計測は，図 11-7 に示されているように，プログラム実施後における介入群と参照群の成果指標の差を測ることである．介入群は，プログラムを利用した人たち，参照群はプログラムを利用しなかっ

図11-7　インパクトの計測

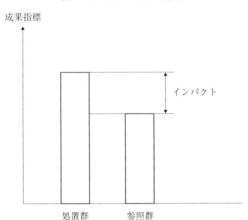

（出典）　筆者作成.

た人たちである．また，介入群と参照群との間では，プログラム利用の有無以外の条件（例えば，性別，年齢，学歴などの属性）が近くなるようにコントロールされる必要がある．なぜならば，プログラムの成果は，外的条件の影響を受けるからである．

　介入群と参照群の間において，プログラム利用の有無以外の条件をコントロールする最も良い方法は，2つの群のメンバーを無作為に選ぶことである．このような方法は，実験的手法であるランダム化比較実験（Randomized Control Trial: RCT）で用いられる．実験的手法は，次章でのテーマであるので，本章では，非実験的手法について，エビデンスの信頼性に注目して，政策評価の信頼性について検討する[16]．

　図11-8には，政策評価に用いられる代表的な非実験的手法のリストが示されている．計量経済学的分析以外の手法と，それよりはエビデンスの観点から信頼性が高い計量経済学的分析手法が示されている．また，計量経済学的分析手法の中では，上方に位置している手法ほど，介入群と参照群の比較に対して配慮がなされ，エビデンスの信頼性が高い．

　まず，計量経済学的分析以外の手法として，専門家や行政官またはプログラム対象者などのステークホルダーによるプログラムの評価がある．先に述べた，政策現場の経験などが重視される政策形成は，これに対応する．このレベルに

図 11-8　インパクト評価のための非実験的手法

計量経済学的分析手法
　回帰不連続デザイン
　マッチング法

　差の差推定
　パネルデータ分析

　操作変数法
　回帰分析

計量経済学的分析以外の手法
　単純なプログラム実施前後の指標比較
　専門家・ステークホルダーの評価

（出典）　筆者作成.

とどまっている限りは，評価結果の信頼性は高いとはいえないが，これに単純なプログラム実施前後の指標の比較やロジック・モデルが加わると，たとえ計量経済学的分析手法が用いられなくても，一定以上の評価の信頼性は期待できる．例えば，日本における EBPM の取り組みの1つとして，各事業を評価対象とする行政事業レビューがある．行政事業レビューでは，外部有識者が，各種指標の変化，ロジック・モデルなどに注目して，各事業を評価する．基本的に，計量経済学的分析手法が用いられることはないが，事業デザインの不十分さが指摘され，事業の見直しにつなげることもできる[17]．

　計量経済学的分析手法に属する回帰分析では，プログラム実施後のデータを用いて，以下のような回帰式を推計して，プログラムの効果を求める．

$$Y_i = \alpha + \beta X_i + C1_i + C2_i + u_i$$

ここで，非説明変数 Y はプログラムの成果指標，説明変数 X はプログラムのアウトプット指標，説明変数 $C1$, $C2$ は外的条件に関わる変数，u は誤差項であり，i は対象者を表す．図 11-9 の左側のように，成果指標が，外的条件の変数とも関係しているにもかかわらず，それらをコントロールせずに，成果指標とアウトプット指標の関係だけを見ることは，単に両者の相関関係を見ている可能性がある．しかし，図 11-9 の右側のように，外的条件の変数と成果変数との関係も考慮（外的条件をコントロール）すると，アウトプット指標と成果指標との因果関係をとらえることができる．

図11-9　回帰分析の考え方

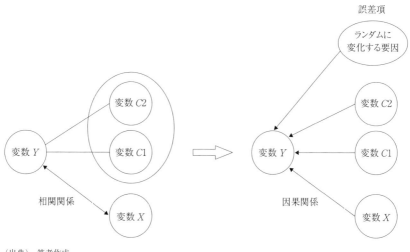

（出典）　筆者作成.

　図11-9 の右側の回帰分析では，説明変数と誤差項は無相関であると仮定される．しかし，アウトプット指標と誤差項が相関しているときは，アウトプット指標と成果指標との因果関係をとらえることが難しくなる．このようなときは，図11-10 に示されているように，誤差項と無相関，アウトプット指標と相関する変数 Z（「操作変数」と呼ばれる）を用いる操作変数法によって，アウトプット指標と成果指標との因果関係がとらえられる．つまり，操作変数の変動により，誤差項が変動せずにアウトプット指標が変動し，それにより成果指標が変動すれば，アウトプット指標と成果指標との因果関係がとらえられる．

　以上では，ある一時点において複数の対象のデータを集めたクロスセクション・データ（横断面データ）を前提にして，計量経済学的分析手法を説明してきた．しかし，計量経済学的分析手法においては，複数時点において複数の対象を観察したデータも用いられる．このようなデータとして，同じ対象の複数時点のデータを集めたパネル・データ，および複数の時点におけるクロスセクション・データを集めた繰り返しクロスセクション・データがある．

　もし，複数の時点として，プログラム実施前と実施後のデータがあれば，データの対象から介入群と参照群を設定し，プログラム実施前後における介入群

図 11-10　操作変数法の考え方

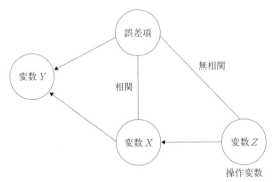

（出典）　筆者作成.

　の成果指標の平均値の差が，プログラム実施前後における参照群の成果指標の平均値の差よりも大きければ，プログラムは効果があると判断される．つまり，介入群の差から参照群の差を引いた差が，プログラムの効果と評価される．このような推定法は，差の差（Difference in Difference: DID）推定と呼ばれる．なお，差の差推定は，繰り返しクロスセクション・データ，パネル・データいずれでも分析することができる．一方，パネル・データを用いるパネル・データ分析では，各対象に特有であり，時間を通じて普遍であり，かつ観測できない外的条件をすべてコントロールしたうえで，アウトプット指標と成果指標の因果関係をとらえることができる．

　マッチング法は，まず，プログラム対象者（介入群）それぞれに対して，それと同じような属性を持った人をプログラム非対象者から探してマッチングして，参照群が作られる．つまり，観測できるデータを用いて外的条件が似た人を集めてきて，外的条件がコントロールされる．そのうえで介入群と参照群の成果指標の差が，政策効果であると評価される．

　回帰不連続デザイン（Regression Discontinuity Design: RDD）では，プログラム利用資格要件の閾値に注目する．図 11-11 では，プログラム利用資格要件に関する変数 Q（例えば，年齢など）が閾値 Q_1 以上のときプログラムを利用できるケースにおける介入群と参照群の成果指標のデータが示されている．プログラム利用資格要件に関する変数の閾値 Q_1 において，介入群および参照群の間で回帰曲線がジャンプしている．このとき，閾値の近辺において，介入群ま

図 11-11　回帰不連続デザインにおけるインパクト

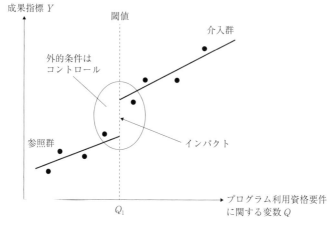

（出典）　筆者作成.

たは参照群に属する対象者の属性が似ているとき，つまり外的条件がコントロールされているとき，閾値における回帰曲線のジャンプ幅がインパクトであると評価される.

　以上のように，さまざまな分析手法が，エビデンスの信頼性という基準の下で整理され，実際に政策評価の際にどの手法が用いられるかにより，それぞれの政策評価の信頼性も位置づけられる.

　次節では，これまでの議論を踏まえ，政策評価を十分に機能させるための方策について考える.

5．多様な政策主体と政策過程

　これまで，政治家と官僚組織の間の本人・代理人関係に焦点を当て，その関係におけるアカウンタビリティ確保の方法としての政策評価に注目し，さらにそれに関連した EBPM を支える分析手法についても整理した．以下においては，このようなこれまでの議論に対して新たに 2 つの観点から検討を加えることにより，政策評価を十分に機能させる方策について考える.

　第 1 に，政策評価に関係する政策主体について考える．第 2 節の注 6 で言及

図 11-12　政策過程と PDCA サイクル

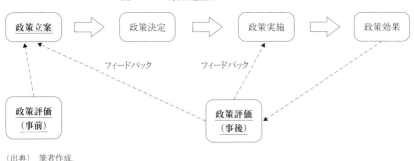

（出典）　筆者作成.

したように，有権者と政治家の間にも本人・代理人関係があるので，政策評価
は，有権者にとってもアカウンタビリティ確保の手段となる．したがって，政
策評価を考えるにあたっては，有権者，政治家，官僚組織という政策主体間の
関係を考慮する必要がある．ところで，第 4 節で言及したように，政策評価の
信頼性はエビデンスの信頼性に依存するので，官僚組織における政策に関する
情報の偏在および分析専門家の不足を考慮すると，官僚組織が，政策評価を通
して，有権者や政治家に対してアカウンタビリティを果たすことにおいて限界
もある．

　このような状況の打開において，政府とは連携しつつも，それから独立し，
信頼性が高いエビデンスを備えた分析ができる非政府の研究機関の構築が重要
となる．そのような研究機関による分析の内容が，専門家以外にもわかりやす
い形で公開されるようになれば，より信頼性が高い政策評価の実現につなが
る[18]．

　第 2 に，上記のような多様な政策主体が関与する政策評価を，政策過程の中
に位置づける．

　図 11-12 には，政策立案，政策決定，政策実施を経て，政策効果が生じる過
程と政策評価の関係が示されている．これにあわせて，いわゆる PDCA サイ
クル，つまり，P［plan：計画］，D［do：実施］，C［check: 政策評価（事後）］，
A［act：改善］を考慮すると，政策評価の 1 つのタイプである事後評価は，政
策実施によって生じる政策効果を評価することによって，その結果を政策立案
や政策実施に対してフィードバックすることによって改善をもたらす．一方，

もう1つの政策評価のタイプである事前評価は，代替的な政策案の効果を予測し，政策実施前の政策立案における政策案の選択において役立てられる.

このように，政策評価は，事前評価と事後評価に分けられるが，いずれのタイプの評価においても，第1の観点で言及した，独立性が確保された非政府の研究機関によって分析が行われ，その結果がわかりやすい形で公開され，政策論議，政策決定に役立てられることにより，政策評価が十分に機能する可能性が高まる.

■注

1）　例えば，通産省の産業政策については，Johnson（1982）を参照せよ.

2）　便宜は，個人的努力が増える変化に抵抗し，個人的努力が減少する変化を受け入れることによって実現される.

3）　安全は，権力，金銭の収入，威信，便宜を将来失う可能性が小さいことと定義される.

4）　忠誠は，官僚自身が属する作業集団，官僚組織全体，または官僚組織を包摂する大規模組織に対するものである.

5）　ニスカネン・モデルについては，Niskanen（1971）を参照せよ.

6）　有権者を本人，政治家を代理人として，両者の間の問題を，プリンシパル・エージェント理論を用いて分析することもできる. 政治学におけるプリンシパル・エージェント理論の応用に関する入門的説明は，建林・曽我・待鳥（2008）第2章を参照せよ.

7）　ニスカネン・モデル以後の官僚組織の公共選択モデルについては，黒川（2013），飯島（1998；2013）を参照せよ. 特に，黒川（2013）は，幅広い観点からの分析を含み，興味深い.

8）　近年の政治学における官僚制に関する研究については，曽我（2016a；2016b）を参照せよ. また，官僚組織の自律性については，建林・曽我・待鳥（2008）第7章を参照せよ.

9）　アカウンタビリティの種類およびそれと政策評価との関係については，山谷（2021）を参照せよ.

10）　中央省庁の政策体系も，政策，施策，事業という階層性がある.

11）　本章では，プログラム評価理論の代表的教科書である Rossi, Lipsey and Freeman（2004）を参考にして，同理論を説明する. また，龍・佐々木（2004）は，プログラム評価理論および業績測定を実践的観点からわかりやすく説明し，

田辺 (2002) は，さまざまな評価理論の関係およびそれらのアメリカでの導入の歴史がわかりやすくまとめられており，それぞれ大変参考になる.

12)　費用便益分析および費用効果分析については，長峯 (2014) を参照せよ.

13)　業績測定については，Hatry and Wholey (1999) を参照せよ.

14)　アメリカにおける業績測定とプログラム評価理論の併用の試みについては，田辺 (2014) を参照せよ.

15)　政策現場における EBPM の取り組みについては，金本 (2020)，大橋 (2020) を参照せよ.

16)　本節で説明する手法については，田中 (2015) および Duflo, Gennerster and Kremer (2008) を参照せよ.

17)　行政事業レビューにおけるロジック・モデルの活用については，千葉商科大学経済研究所 (2019) を参照せよ.

18)　イギリスにおける EBPM への取り組みおよびそれを踏まえた日本への示唆については，内山ほか (2018) が参考になる.

■ 参考文献

千葉商科大学経済研究所 (2019)，「【特集】EBPM と行政事業レビュー」CUC view & vision = CUC view & vision 第 28 号.

Downs, A. (1967), *Inside Bureaucracy*, Little, Brown & Co. (渡辺保男訳『官僚制の解剖』サイマル出版会，1975 年).

Duflo, E., Gennerster, R. and Kremer, M. (2008), "Using Randomization in Development Economics Research: A Tool Kit", in T. Paul Schultz and John Strauss, eds., *Handbook of Development Economics, Volume 4*, North-Holland (小林庸平監訳・解説『政策評価のための因果関係の見つけ方 ランダム化比較試験入門』日本評論社，2019 年).

Hatry, Harry P. and Wholey, Joseph S. (1999), *Performance Measurement: Getting Results*, The Urban Institute (上野宏・上野真城子訳『政策評価入門—結果重視の業績測定』東洋経済新報社，2004 年).

飯島大邦 (1998)，「第 10 章 官僚制」田中廣滋・御船洋・横山彰・飯島大邦『公共経済学』東洋経済新報社.

飯島大邦 (2013)，「第 8 章 官僚制」川野辺裕幸・中村まづる編著『テキストブック公共選択』勁草書房.

Johnson, Chalmers A. (1982), *MITI and the Japanese Miracle: the growth of industrial policy 1925-1975*, Stanford University Press (佐々田博教訳『通産省と日本の奇跡：産業政策の発展 1925-1975』勁草書房，2018 年).

金本良嗣 (2020), 「EBPM を政策形成の現場で役立たせるために」大橋弘編『EBPM の経済学：エビデンスを重視した政策立案』東京大学出版会.

黒川和美 (2013), 『官僚行動の公共選択分析』勁草書房.

長峯純一 (2014), 『費用対効果』ミネルヴァ書房.

Niskanen, W. (1971), *Bureaucracy and Representative Government*, Aldine-Atherton.

大橋弘 (2020), 「政策立案の力を研鑽できる場の構築を目指して」大橋弘編『EBPM の経済学：エビデンスを重視した政策立案』東京大学出版会.

Rossi, Peter H., Lipsey, Mark W. and Freeman, Howard E. (2004), *Evaluation: A Systematic Approach*, 7th ed., Sage Publications（大島巌・平岡公一・森俊夫・元永拓郎監訳『プログラム評価の理論と方法—システマティックな対人サービス・政策評価の実践ガイド』日本評論社, 2005 年).

龍慶昭・佐々木亮 (2004), 『「政策評価」の理論と技法 増補改訂版』多賀出版.

曽我謙悟 (2016a), 「官僚制研究の近年の動向：エージェンシー理論・組織論・歴史的制度論 (上)」『季刊行政管理研究』第 154 号.

曽我謙悟 (2016b), 「官僚制研究の近年の動向：エージェンシー理論・組織論・歴史的制度論 (下)」『季刊行政管理研究』第 156 号.

鷲見英司 (2021), 『地方財政効率化の政治経済分析』勁草書房.

田辺智子 (2002), 「政策評価の手法—アメリカの評価理論と実践をもとに」『季刊行政管理研究』No. 97.

田辺智子 (2014), 「業績測定を補完するプログラム評価の役割：米国の GPRA-MA の事例をもとに」『日本評価研究』第 14 巻第 2 号.

田中隆一 (2015), 『計量経済学の第一歩』有斐閣.

建林正彦・曽我謙悟・待鳥聡史 (2008), 『比較政治制度論』有斐閣.

内山融・小林庸平・田口壮輔・小池孝英著 (2018), 『英国におけるエビデンスに基づく政策形成と日本への示唆—エビデンスの「需要」と「供給」に着目した分析—』REITI Policy Discussion Papers Series 18-P-018.

山谷清志 (2021), 「政策と行政のアカウンタビリティ」山谷清志編『政策と行政』ミネルヴァ書房.

第12章　実験経済学とナッジによる政策目標の実現

1．はじめに

　実験経済学は，ある経済的な制度を実験室内もしくは実際の経済的な環境下で再現し，その制度のもとにおける人々の意思決定のパターンを分析する研究分野である．実験を実施する研究者は，実験で収集した人々の意思決定のパターンが，その制度についての標準的経済理論の予測と整合的であるかについて検証を行う．もし，人々の意思決定のパターンが経済理論から導かれる予測と整合的でない場合，彼らの行動はどのような選好や行動バイアス等に影響を受けているかについても分析を行う．

　近年，これまでの実験経済学の研究で明らかになった人々の選好や行動バイアスを利用して，政策目標を実現するための**ナッジ**が注目を集めている．ナッジとは，人々の選択の自由を保障しながら，彼らを社会的に望ましい行動に誘導させるように設計された選択の枠組みのことである．

　本章では，実験研究の中でも社会的選好と不確実性下の意思決定に関する実験に焦点を当て，それらの分野における代表的な実験結果について概観する．そのうえで，実験において被験者に共通して観察される行動特性を利用して，人々の意思決定を社会的に望ましいものに導き，政策目標を実現させるためのナッジを紹介する．

2．社会的選好に関する実験

　標準的経済学では，各経済主体は合理的に自分の利益を最大化すると想定している．しかし，実験経済学の研究では，実際の人間は常に自分の利益を最大化するわけではなく，他人の利益や効用水準を考慮する社会的選好を持っていることがしばしば報告されている．本節では，自分の利益と他人の利益の間にトレードオフがある状況において，実際の被験者が実験の中でどのような行動

をとる傾向があるかについて，公共財供給実験と交渉ゲームの実験に焦点を当
てて紹介する.

2.1 公共財の自発的供給実験と社会的選好

　本項では，公共財の自発的供給実験について紹介する. 公共財とは，非競合
的で排除不可能な財である. 各消費者は自分が望む分だけ公共財を利用するこ
とができるうえ，対価を支払わないからといって，そのような消費者を排除す
ることができない. 公共財が自発的に供給される分権経済においては，自分の
利益を最大化しようとする経済主体は常に他人の公共財の供給にただ乗りしよ
うとするために，公共財の供給は社会的に最適な水準を下回る.

　実験経済学では，このような公共財の自発的供給の理論的枠組みを実験によ
って検証しようとする研究が数多く行われてきている. 典型的な公共財の自発
的供給メカニズムについての実験では，各被験者は数人のグループの中で，
個々に与えられた私的財のうちのいくらかをグループ各員で共有する公共財に
投資する状況を考える. 数人のグループで公共財への投資が行われた場合，投
資額の合計にある一定の定数が乗じられ，それがグループの人数で等分される.
ここで，公共財を共有するグループの人数を4人，グループ内の各被験者 i に
与えられる私的財を 1000 円，グループ各員からの投資額合計に乗じられる定
数を 2 としよう. 被験者 i が私的財から公共財に x_i 円投資する場合，当該被験
者の利得は以下のようになる

$$\pi_i = 1000 - x_i + 0.5 \sum_{i=1}^{4} x_i$$

被験者 i が自分の利得を最大化する場合，この被験者はいくら投資するべきだ
ろうか？　それを考えるために，第1のケースとして，グループの被験者全員
が自分に与えられた私的財全額を公共財へ投資する場合を考える. この場合，
各被験者の利得は，

$$\pi_i = 1000 - 1000 + 0.5 \times 4000 = 2000$$

となる. 一方，被験者 i だけが公共財に私的財を投資せず，被験者 i 以外の3
人が私的財全額を公共財に投資すると被験者 i の利得は，

$$\pi_i = 1000 - 0 + 0.5 \times 3000 = 2500$$

となる．被験者 i は他の被験者の戦略を所与とすると，公共財への投資額を $x_i = 0$ とすることが他のいかなる投資額よりも自分の利得を高めることになる．したがって，被験者 i は公共財への投資額を $x_i = 0$ とするだろう．しかし，被験者 i 以外の被験者も被験者 i と同様に考えるため，4人の被験者とも公共財への投資額を0円とするだろう．したがって，この公共財の自発的供給実験における**ナッシュ均衡**[1] はグループの各メンバーが公共財への投資を0とすることである．このときのグループ内の各被験者の利得は，

$$\pi_i = 1000 - 0 + 0.5 \times 0 = 1000$$

となる．4人の被験者にとって最適となる利得は，4人全員が私的財全額を投資したときの2,000円であるが，ナッシュ均衡における利得はその最適配分を下回る．しかし，グループの各メンバーが自分の利益を最大化しようと行動する結果，最適配分を達成することができない．このような状況は**社会的ジレンマ**と呼ばれる．

　多くの公共財の自発的供給についての実験では，上記のような理論的枠組みの中で，被験者の行動について検証が行われる．しかし，多くの実験では，実際の被験者は必ずしも公共財への投資額を0にするわけではないことが報告されている．実際，過去に行われた27の公共財の自発的供給メカニズムの実験における被験者の投資額に関するメタアナリシスを行ったツェルマー（J. Zelmer, 2003）は，被験者は平均的に自分に与えられた私的財のうちの38%近くを公共財に投資している事実があることを報告している．つまり，被験者の多くは標準的経済学の想定と異なり，自分の利得が減少することがわかっている場合でも公共財に投資している．そうした行動の背景には，実際の被験者は自分の利得額だけでなく，他人の利得額を考慮するような**社会的選好**を持っている事実があると解釈されている．

2.2　交渉ゲームと互酬性，利他性，不平等回避性

　社会的選好は**交渉ゲーム**の実験を通して詳細に分析されている．交渉ゲーム実験は，2人1組の被験者が配分者と受益者に分かれ，配分者が自分に与えられた初期保有額を受益者との間で配分するゲームの実験である．

　交渉ゲームのうちの1つである**最後通牒ゲーム**のルールは次のとおりである．まず配分者に初期保有額が与えられ，配分者は自分と受益者の間でその初期保

有額をどのように配分するかについて受益者に提案する．提案された配分額を確認した受益者は，その提案を受け入れるか拒否するかを選ぶ．受益者が受け入れる場合，配分者が提案した通りに初期保有額が配分されるが，受益者が拒否すると，2 人とも利得額は 0 となる．

　標準的経済学の想定では，受益者は 1 円以上の提案をされれば（拒否をして利得が 0 円になるよりも好ましいので），必ずその提案を受け入れるはずである．それを知っている配分者は自分の利得を最大化するためには，自分に 999 円，受益者に 1 円を配分するという提案をするはずである．したがって**サブゲーム完全なナッシュ均衡**[2]は，配分者が自分に 999 円，受益者に 1 円という提案を行い，受益者はそれを受け入れるという行動の組になる．

　しかし，最後通牒ゲーム実験の結果では，そのようなサブゲーム完全なナッシュ均衡の行動の組が見られることは一般的ではない．キャメラー（C. F. Camerer, 2003）は，これまでに公刊されてきた 30 以上の最後通牒ゲームの実験に関する研究を要約し，配分者が提案する受益者への配分額の最頻値もしくは中央値は初期保有額 40％〜 50％程度であと報告している．また，受益者への配分額を 10％未満にするような提案や，50％よりも多くする提案はほとんど見られない．加えて，受益者への配分額を 40％〜 50％にする提案は多くの場合受益者に受け入れられるが，20％未満にすると受益者に拒否されることが多くなるという．

　上記のとおり，受益者は配分者が公平な提案をする場合には提案を受け入れるが，配分者が不公平な提案をする場合には提案を拒否する傾向がある．自分に対して好意的な行動を示した相手には自分も好意的に接するが，自分に対して敵意を示した相手には自分も敵対的に接するという受益者の行動様式は**互酬性**と呼ばれる．配分者は，受益者が互酬的に行動するだろうという予測を行うからこそ，受益者に提案を拒否されるリスクを抑えるために，初期保有額の 40％〜 50％を受益者に提案するという行動を選ぶと考えられる．

　最後通牒ゲームと似た交渉ゲーム実験に独裁者ゲーム実験がある．独裁者ゲームは，配分者は自分に与えられた初期保有額のうちのいくらかを受益者に配分するゲームである．受益者は拒否権がなく，初期保有額の配分の権利は 100％配分者にある．このゲームにおけるサブゲーム完全なナッシュ均衡は，配分者が初期保有額を全額自分に配分して受益者には 0 円を配分するという提案をすることである．

　しかし，実際の実験結果では，サブゲーム完全なナッシュ均衡における行動をとる配分者は多くないことが報告されている．キャメラー（2003）が要約した 10 の独裁者ゲーム実験に関する研究結果によると，配分者は平均的には自分の初期保有額の約 20％ を受益者への配分額として提案するという．この 20％ という割合は，最後通牒ゲームにおける配分者が提案した受益者の配分額の平均額である 40％ ～ 50％ よりも低いものの，明らかに 0％ よりも多い．

　受益者に拒否権がない独裁者ゲーム実験において正の額を受益者に配分する配分者の行動の背景にはどのような要因があるだろうか？　第 1 の要因として，配分者には**利他性**があると解釈することができる．利他性とは，自分の利得額だけでなく相手の利得額が多くなるほど自分の効用水準が高くなるような選好である．配分者が利他性の選好を持っていれば，自分の利得を多少犠牲にしても受益者に正の額を配分することは自分の効用水準を高めることにもなりうる．配分者が受益者に正の利得を配分する 2 つ目の要因として，配分者には**不平等回避性**があると解釈することができる．フェール＝シュミット（Fehr and Schmidt, 1999）は，個人 i の利得額を x_i，個人 j の利得額を x_j としたとき，不平等回避性を持つ個人 i の効用を

$$u_i(x_i, x_j) = x_i - \alpha_i \max(x_j - x_i, 0) - \beta_i \max(x_i - x_j, 0)$$

として定式化した[3]．第 2 項で $x_j - x_i > 0$ ならば，個人 i にとって相手の利得が自分の利得よりも大きい不平等（羨望，envy）を，第 3 項で $x_i - x_j > 0$ ならば，個人 i にとって自分の利得が相手の利得よりも大きい不平等（罪悪感，guilt）を表している．独裁者ゲームにおいて配分者が受益者に初期保有額の一部を配分すれば，利得の不平等さを緩和させることによって効用水準の減少を小さくすることができる．したがって，実験における配分者の行動は，不平等回避性で説明可能である．

2.3　社会的規範の観察と同調行動

　前項で紹介した社会的選好は常に一定ではなく，さまざまな局面で他人から影響を受ける可能性が考えられる．とりわけ，ある集団における人々の行動が観察可能で，その集団内の多くの人々がある特定の行動を選択している場合，そうした行動はその集団における**社会的規範**と認識されることがある．いくつかの実験では，他人の行動が観察可能な場合に，他人の社会的規範が別の人の

表 12-1　Sasaki（2017）における利得表

選択肢	あなたの賞金	他の被験者の賞金	賞金を受け取る被験者の割合
1	1,000 円	1,000 円	100%
2	1,500 円	1,000 円	40%
3	2,000 円	1,000 円	20%
4	2,500 円	1,000 円	10%
5	3,000 円	1,000 円	4%
6	3,500 円	1,000 円	0%

（出典）　Sasaki（2017）Figure 1 から作成.

社会的選好にどのような影響を与えるかについて検証されている.

　クルプカ = ウェーバー（Krupka and Weber, 2009）では，各被験者は，過去に実施された独裁者ゲームにおいて，どの程度の被験者が利己的な配分を行い，どの程度の被験者が公平な配分を行ったかについての情報を観察した後，同じ独裁者ゲームをプレーした. 実験結果によると，公平な配分を行った被験者の割合が多いという実験結果を観察した被験者ほど公平な配分を行い，利己的な配分を行った被験者の割合が多いという実験結果を見た被験者ほど利己的な配分を行う傾向があることが確認された. このことは，被験者は他の被験者の行動の多数派に同調しており，彼らの社会的選好は観察された社会規範に影響を受けるということを意味している.

　また，佐々木（Sasaki, 2017）では，各被験者は自分が受け取る賞金額と賞金を受け取る他の被験者の人数との間にトレードオフがあるような独裁者ゲームにおいて，社会規範の観察が各被験者の社会的選好にどのような影響を与えるかについて検証された. この独裁者ゲームでは，被験者は約 100 人の被験者グループの中で，表 12-1 の利得表の 1 〜 6 の選択肢のうちから 1 つを選ぶ. 表 12-1 のとおり，この独裁者ゲームには，自分の賞金を多くすれば賞金を受け取る他の被験者の割合が減少するが，賞金を受け取る他の被験者の割合が増加させると自分の賞金が少なくなるというトレードオフの構造があるため，1 の選択肢を選ぶことは利己的，6 の選択肢を選ぶことは向社会的とみなすことができる[4]. 実験では，各被験者はこの独裁者ゲームを 2 回プレーした. 1 回目は何の条件もなく 1 〜 6 の選択肢から 1 つを選んだ. 1 回目の独裁者ゲームの後，過去に行われた同じ独裁者ゲームで，全被検者がどの選択肢を選んだかについて示す度数分布図を被験者に示した. 度数分布図を確認した後，被験者は

2 回目の独裁者ゲームをプレーした．1 回目の独裁者ゲームと 2 回目の独裁者
ゲームにおいて，ある被験者の選ぶ選択肢が異なる場合，その被験者は他の被
験者の過去の選択に影響を受けたとみなすことができる．特に，過去に行われ
た独裁者ゲームの多数派と同じ行動を取ることを同調行動とみなし，他の被験
者の行動を見ることが被験者の同調行動を引き起こすかについて検証された．
実験結果によると，被験者は過去の独裁者ゲームの多数派に同調する傾向があ
ること，同調する場合には向社会的に同調するよりも利己的に同調する傾向の
方が強いことが確認された．

3．不確実性下の意思決定に関する実験 ||||||||||||||||||||||||||||||||||||||||||||||||||

　標準的経済学では，不確実性下において経済主体は，期待効用を最大化する
ように行動すると想定されている．しかし，カーネマン（D. Kahneman）とト
ヴェルスキー（A. Tversky）による一連の研究は，実際の人々は意思決定を行
う状況によっては期待効用仮説とは異なる行動をとる場合があることを体系的
に示している．とりわけ彼らは，実際の人々は利益を得る局面と利益を失う局
面のそれぞれにおいてリスクに対する態度が異なること，同じ額でも利益より
も損失を重視する傾向があることなどについて実験を通して示してきた．本節
では，不確実性下の意思決定に関する代表的な実験研究を紹介するとともに，
実験で観察された不確実性下の意思決定における典型的な行動特性について概
観する．

3.1　不確実性下の意思決定の特徴：リスク回避度と損失回避性

　本項では，不確実性下の意思決定に関する実験結果を概観するとともに，不
確実性がある場合の実際の人間の典型的な行動様式について紹介する．不確実
性下における人間行動についての包括的な検証を行っているカーネマン＝トヴ
ェルスキー（Kahneman and Tversky, 1970）では，人々のリスクに対する態度
を計測するために，以下のようなくじを選択する実験を実施した[5]．

問題 1．あなたは以下のくじのうちどちらを選ぶだろうか？
（a）80％の確率で 4,000 円が当たるが，20％の確率ではずれるくじ
（b）確実に 3,000 円もらえるくじ

問題 2. あなたは以下のくじのうちどちらを選ぶだろうか？
(a) 80 ％の確率で 4,000 円を失うが，20 ％の確率で何も失わないくじ
(b) 確実に 3,000 円失うくじ

問題 1 はお金を受け取る局面，すなわち利得局面におけるリスクに対する態度，問題 2 はお金を失う局面，すなわち損失局面におけるリスクに対する態度を計測する質問である．それぞれのくじの期待値を計算すると，問題 1 では (a) のくじの期待値は 3,200 円，(b) のくじの期待値は 3,000 円である．また問題 2 では，(a) のくじの期待値は−3,200 円，(b) のくじの期待値は−3,000 円である．ある被験者がリスク中立的であれば，問題 1 では (a) を，問題 2 では (b) を選ぶだろう．しかし，カーネマン＝トヴェルスキー (1970) によれば，問題 1 で (a) のくじを選んだ人の割合は 20 ％，(b) のくじを選んだ人の割合は 80 ％であり，問題 2 で (a) のくじを選んだ人の割合は 92 ％，(b) のくじを選んだ人の割合は 8 ％であった．この結果は，実際の人々の多くは利得局面においてはリスク回避的，損失局面においてはリスク愛好的に振る舞う傾向があることを示している．

　こうした結果を踏まえ，カーネマン＝トヴェルスキー (1970) は，人々の不確実性下の意思決定におけるリスクに対する態度を表現する**価値関数**を提案した (**図 12-1**)．ここで，横軸の w はくじによる賞金を，縦軸の $v(w)$ はある賞金を受け取る場合の価値水準を示している．図 12-1 において，$w > 0$ は利得局面であり，$w < 0$ は損失局面を表している．図 12-1 の価値関数では，多くの人々は利得局面においてリスク回避的であるので価値関数は凹関数に，損失局面においてリスク愛好的であるので価値関数は凸関数になっている．

　また，カーネマン＝トヴェルスキー (1970) では，実験を通して，不確実性下の意思決定の特徴として人々は**損失回避性**を持っていることを示した．損失回避性とは，人々はある賞金を受け取ることの価値水準の上昇分よりも，同じ額の金額を失うことによる価値水準の下落分の方が大きいという性質である．損失回避性の存在は，例えばつぎのような「くじ」に関する実験で検証することができる．「50 ％の確率で 3,000 円受け取ることができるが，50 ％の確率で 3,000 円支払わなければならないくじがあるとする．あなたはこのくじをもらうこともももらわないこともできる．このくじをもらった場合には実際に抽選を

図 12-1　価値関数

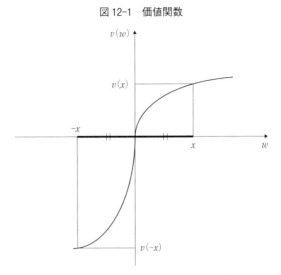

（出典）　Kahneman and Tversky（1970）Figure 2.3 から筆者作成.

行い，3,000 円を受け取るか 3,000 円を支払うかが決まる．あなたはこのくじ
をもらうだろうか？」このくじの期待値は 0 円であるため，リスク中立的な人
あるいはリスク愛好的な人ならば，こうしたくじをもらうと考えられる．しか
し，実際にこのようなくじに関する実験を行うと多くの人はこうしたくじをも
らうことを拒否するだろう．その理由としては，3,000 円受け取ることによる
効用水準の上昇分よりも 3,000 円失うことによる効用水準の減少分の方が大き
いからであると考えられる．図 12-1 の価値関数では，ある賞金 w を受け取る
場合の価値水準の上昇分 $v(w)$ よりも同じ金額を失う場合の価値水準の減少
分 $v(-w)$ が大きくなっているが，これは損失回避性を反映したものである[6].

3.2　保有効果

　損失回避性から導かれる行動様式の 1 つに保有効果がある．保有効果は，カ
ーネマン = クネッチ = セイラー（Kahneman, Knetsch and Thaler, 1990）による
実験によって検証された．彼らは大学生の被験者を対象として，あるグループ
には \$6 で販売されている大学のロゴマークの入ったマグカップを与え，別の
グループにはそれを与えなかった．マグカップを与えた被験者グループには，

自分に与えられたマグカップはそのまま家に持ち帰ってもよいが，もしそれを売るとしたら最低いくら受け取ればそのマグカップを手放してもよいかという額（willingness to accept: WTA）を尋ねた．マグカップを与えなかった被験者グループには，別の被験者に与えられたマグカップを手に入れるためには，いくら支払うつもりがあるかという額（willingness to pay: WTP）を尋ねた．実験結果によると，マグカップが与えられた被験者の WTA の中央値は \$7.12 であったのに対し，マグカップが与えられなかった被験者の WTP の中央値は \$2.87 であった．同じマグカップについての WTA が WTP を大きく上回るというこの結果は「一物一価の法則」に反するものであるが，その背景には一度自分が保有したものを手放すことを避けたいと感じる「保有効果」があると解釈されている．

3.3　現状維持バイアス

　損失回避性から導かれる別の行動様式に，**現状維持バイアス**がある．現状維持バイアスとは，現状から行動を変化させたときの結果について不確実性がある場合，損害を被ることを嫌って現状から行動を変化させないという傾向のことである．サミュエルソン＝ゼックハウザー（Samuelson and Zeckhauser, 1988）は，現状維持バイアスを実験で検証した．彼らは被験者をグループに分け，あるグループにはつぎのような仮想的な質問を行った．「あなたは新聞の金融面の熱心な読者だが，これまで投資資金を十分に持っていなかった．しかし，最近大叔父からの多額の現金の遺産を相続した．あなたは以下の投資先のうち，どれに投資するだろうか？　（a）低リスクの会社A，（b）高リスクの会社B，（c）短期国債，（d）地方債.」また，別のグループにはつぎのような質問を行った．「あなたは新聞の金融面の熱心な読者だが，これまで投資資金を十分に持っていなかった．しかし，最近大叔父からの多額の現金と証券を相続した．証券の大部分は低リスクの会社Aに投資されていた．あなたはこのポートフォリオをそのままにしておくか，別の投資先に変更するか考えている．あなたは以下の投資先のうち，どれに投資するだろうか？　（a）低リスクの会社A，（b）高リスクの会社B，（c）短期国債，（d）地方債.」

　実験結果によると，現金と証券を相続したという設定のグループでは，相続したポートフォリオを現状から変更しないと回答した人が多かった．その割合は，現金を相続したという設定のグループで（a）低リスクの会社Aを選ぶ割

合よりも多かった．このように，投資先を現状から変更しない傾向は，相続した投資先がどのようなものでも安定的に確認された．こうした行動は，不確実性下の意思決定において，損失を被ることを避けたいがために現在の状態から行動を変化させない現状維持バイアスを反映していると考えられる．

4．ナッジと政策目標の実現

　第 2 節では，公共財の自発的供給実験や交渉ゲーム実等の結果を通して，実際の人々が社会的選好を持っていること，社会的選好は他人の行動を観察することによって影響を受けることなどを確認した．また第 3 節では，不確実性下の意思決定に関する実験を通して，実際の人間は，損失回避性や現状維持バイアスを持つことなどを概観した．近年，このような人々の意思決定における選好や行動特性を利用しながら，彼らの決定をより良いものに導く意思決定の仕組みであるナッジが注目されている．これまでの実験研究で明らかになった行動特性のいくつかは，実際の人間は標準的経済学が想定する合理的な行動をとっていないことを示唆しており，こうした事実は社会全体の厚生を高める政策を実現するうえで，ともすれば妨げになる可能性がある．しかし，実験で明らかになった実際の人間の選好や行動様式を逆に利用すれば，政策目標を実現させることが容易になるかもしれない．そうしたアイデアに立脚し，2017 年にノーベル経済学賞を受賞したシカゴ大学のリチャード・セイラー（R. H. Thaler）らによってナッジが提唱され，現在ではいくつかのナッジは実際に社会で活用されている．本節では，人間の行動特性を利用して社会的な問題を解決するナッジについて具体的に紹介する．

4.1　社会的規範への同調を利用したナッジ

　本項では，実際の人間は他人の社会的規範に同調する傾向があるという行動様式を利用して，チャリティーにおける資金調達や省エネ行動を推進するナッジを紹介する．

　寄付やチャリティーは，社会的な課題を解決するための資金を必要としている個人や団体を支援するための行為である．社会における価値観が多様化する現代においては，個人による寄付をより活発にすることが求められるが，日本における個人による寄付の総額は年間 7,700 億円ほどであり，アメリカの約

1/40である（日本ファンドレイジング協会，2017）．個人による寄付を促進させるには，現在実施されている寄付金控除などの金銭的インセンティブ以外の方策も検討する必要があると思われる．いくつかの実験研究では，実際の人間は他人の行動が観察できる場合には，他人がとっている行動パターンに同調する傾向があるという行動特性を利用することによって寄付行動を促進させることが可能であることを示している．

　フライ＝メイヤー（Frey and Meier, 2004）は，チューリッヒ大学でチャリティーの資金調達に関するフィールド実験を実施した．このチャリティーには，2つの募金先があり，被験者となった学生は，2つの募金先に募金をするか，どちらか1つの募金先に募金をするか，どちらに対しても募金をしないかを選ぶことができる．募金をするかどうかの意思決定の前に，被験者には過去のチャリティーで2つの募金先に募金をした人の割合が伝えられた．ある被験者グループには，過去のチャリティーでは高い割合の学生（64％）が両方の募金先に募金をしたことを伝え，別の被験者グループには，過去のチャリティーでは低い割合の学生（46％）が両方の募金先に募金をしたことを伝えた．その情報を聞いた後，被験者にチャリティーへの募金の意思決定を行ってもらったところ，低い割合の学生が両方の募金先に募金をしたことを聞いた被験者よりも高い割合の学生が両方の募金先に募金をしたことを聞いた被験者の方が（少なくともどちらか一方への）募金を行う傾向が高まることが確認された．この実験では，実際のチャリティーにおいても，他人の多くが募金しているという事実を開示することが個人の寄付行動の促進に有効であることが確認できる．

　また，シャン＝クロソン（Shang and Croson, 2008）は，公共放送のラジオ局へ資金調達についてのフィールド実験の結果を報告している．ラジオのリスナーが公共放送の会員権更新時にラジオ局への募金を行う際，過去に他のリスナーがいくらの募金をしたかについての情報が与えられた．実験結果によると，自分の過去の募金額よりも他のリスナーの募金額が高いという情報を与えられたリスナーは自分の過去の募金額よりも多い額を募金する一方，自分の過去の募金額よりも他のリスナーの募金額が低いという情報を与えられたリスナーは自分の過去の募金額よりも低い額を募金する傾向があることが確認された．しかし，自分の過去の募金額よりも他のリスナーの募金額が高いという情報が与えられた場合の募金額の上昇分よりも，自分の過去の募金額よりも他のリスナーの募金額が低いという情報が与えられた場合の募金額の下落分の方が大きい

ことも確認された．このことは，他人の行動への同調という行動特性を利用し
たナッジは，必ずしも人々の行動を望ましい方向のみへ誘導するわけではなく，
ある政策目標の実現のためには，情報の開示方法に工夫が必要であることを示
唆している．

　他人の行動への同調という行動特性を利用したナッジは人々の省エネ行動の
促進にも有効であることもいくつかの実験で示されている．シュルツら（Schul-
tz, et al., 2007）は，アメリカ・カリフォルニア州の町に居住する 290 世帯を対
象に，他人の行動の開示が各家庭の省エネ行動に影響を与えるかについてのフ
ィールド実験を実施している．実験の対象となった世帯には，その世帯の前週
の消費電力量，その世帯の近隣の前週の平均消費電力量，省エネを進めるため
の提案の情報が送付された．実験結果としては，近隣の前週の平均消費電力量
よりも多くの電力を消費していた世帯は，翌週には電力消費を少なくしたもの
の，近隣の前週の平均消費電力量よりも少ない電力を消費していた世帯は，望
ましい水準よりも多くの電力を消費するようになった．消費電力を近隣の消費
電力量平均に近づけるように行動した結果，近隣の前週の平均消費電力量より
も少ない電力を消費していた世帯は，省エネとは逆の行動を取るようになって
しまったのである．シャン＝クロソン（2008）と同様，すでに社会的に望ま
しい行動をとっている人々に対して望ましくない社会的規範を見せることは，社
会的に望ましくない行動を誘発してしまうことを意味しており，社会的規範を
ナッジに使用する際には一定の留意と工夫が必要であるといえる．

　オールコット（H. Allcott, 2011）は，シュルツら（Schultz et al., 2007）と同様，
調査対象となる世帯に前月の消費電力量とともに近隣の世帯の前月の平均消費
電力量をなど提示するプログラムを実施し，省エネ行動が促進されるかについ
て全米の 58 万世帯を対象に調査を行った．結果としては，このプログラムに
よって全体としては電力消費量が 2% 減少したことが確認された．ベナルチら
（Benartzi, et al., 2017）によれば，全体としては，このプログラム実施費用 \$1 当
たり 27.3kWh の電力削減の費用対効果があったという．また，伊藤（Ito, 2015）
は，カリフォルニア州の電力会社が前年比で最低 20% の電力使用量削減をした
顧客に対して，その年の電気料金を 20% 割り引くプログラムを実施したところ，
消費電力量は 4.2% 減少したことを報告している．しかし，ベナルチら（2017）
によれば，この電気料金割引プログラムによる省エネの費用対効果は，\$1 当
たり 3.41 kWh であるという．したがって，費用対効果の面では，人々に省エ

ネ行動を促進させるためには，伊藤（Ito, 2015）の金銭的インセンティブより
もオールコット（2011）の社会的規範を利用したナッジの方が大幅に効果的で
あることが示唆される．

4.2　現状維持バイアスを利用したナッジ

3.2項においては，損失回避性から導かれる行動様式の1つである現状維持
バイアスを概観した．以下では，臓器提供の意思表示と老後の資産形成プログ
ラムにおいて，現状維持バイアスをナッジとして利用している例を紹介する．

ジョンソン＝ゴールドシュタイン（Johnson and Goldstein, 2003）は，現状維
持バイアスを利用して臓器提供の意思表示方法の仕組みを設計することによっ
て，ヨーロッパのいくつかの国においては人々の臓器提供の同意率が高まって
いる事例を紹介している．病気や事故で臓器が機能しなくなった患者には，他
人から提供された臓器を移植することが必要となる場合がある．移植でしか治
療できない患者を助けるには，多くの人に臓器提供に同意してもらうことは社
会的にも重要である．**図12-2**に示したグラフはヨーロッパの各国における臓
器提供の同意率である．デンマークをはじめとする左側の4ヵ国の同意率は
4.25〜27.5％と低いが，オーストリアをはじめとする右側の7ヵ国の同意率は
85.9〜99.98％と高い．臓器提供の同意率についてこのような差が生まれた主
な原因は，臓器提供同意の意思表示方法の違いである．デンマークなど左側の
4ヵ国では，臓器提供に同意する場合は意思表示カードのフォームにチェック
を入れる必要があり，チェックが入っていなければ臓器提供に同意しないとみ
なされる．このように，ある選択をする場合に意思表示をする選択の方法は**オ
プトイン**と呼ばれる．一方，オーストリアなど右側の7ヵ国では，臓器提供に
同意しない場合に限って意思表示カードのフォームにチェックを入れる必要が
あり，チェックが入っていなければ臓器提供に同意するとみなされる．このよ
うに，ある選択をしない場合に意思表示をする選択の方法は**オプトアウト**と呼
ばれる．オプトアウトの意思表示方法を採用しているオーストリア等の国々で
は，臓器提供に同意するという状態がデフォルト（初期状態）に設定されてい
る．多くの人はデフォルトからの変更を好まない現状維持バイアスを持ってい
るために，あえてチェックを入れるということをせずに，結果として臓器提供
の同意率が高くなっている．ここで注意すべきなのは，オプトイン方式でもオ
プトアウト方式でも臓器提供するかしないかという選択の自由は保証されてい

図 12-2　ヨーロッパ各国の臓器提供同意率

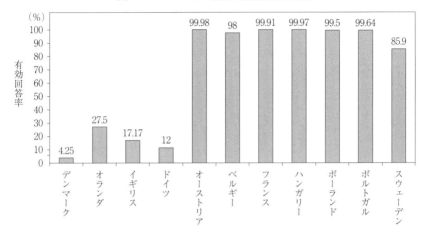

（出典）　Johnson and Goldstein（2003）．

る点である．個人の選択の自由を確保しながら，人々の行動特性を考慮したうえで，個人の選択を社会的によりよいものに導こうとする考え方は，**リバタリアン・パターナリズム**と呼ばれる．

　また，現状維持バイアスを利用したナッジは，将来の資産形成にも有効であることがいくつかの研究で示されている．もし人々が現状維持バイアスを持っているならば，彼らは老後必要となる資産額を計算し，毎月の所得から最適な額を貯蓄や投資に配分することは困難である．そうであれば，自らの意思で貯蓄や投資を行うのではなく，貯蓄や投資を自動的に行うことは老後の資産を形成するうえで有効な策である．その意味で，特に確定拠出型年金プログラムが主流となっているアメリカにおいては，労働者に十分な老後資金を形成してもらうために，彼らに老後資金を自動的に拠出する年金プログラムに加入してもらうことは事業者にとって重要な問題である．マドリアン＝シー（Madrian and Shea, 2001）は，アメリカのある大企業において，確定拠出型年金プログラムへの加入の意思決定において現状維持バイアスを利用した事例を報告している．この企業では，確定拠出型年金プログラムに加入したい場合にその旨の意思表示が必要なオプトイン方式を採用した場合，プログラムの加入率は49％だったが，オプトアウト方式を採用した場合には，加入率が86％に上昇したという．

　また，確定拠出型年金プログラムに加入した場合でも，ライフステージの変化等に合わせて収入に対する年金拠出率を見直すことは重要である．収入や家族の状況に変化があっても加入当初の拠出率を変更しないでいると，退職後の十分な資産形成ができなくなる可能性がある．そうした問題に対処するのが昇給と年金拠出率増加を連動させる SMarT（Save More Tomorrow）プログラムである．セイラー＝ベナルチ（Thaler and Benartzi, 2004）は，SMarT プログラムを採用したアメリカのある会社の事例を報告している．この会社では全従業員の年金への平均拠出率が低く，拠出率を高める必要があった．その必要性が指摘された後でも，一部の従業員の平均拠出率はあまり高まらなかった．一方，昇給と年金拠出率増加を連動させる SMarT プログラムに参加した別の従業員の平均拠出率は，数回の昇給があった 40 ヵ月間で 3.5％から 13.6％に上昇した．一度参加するとその自分の意思で脱退しないという従業員の現状維持バイアスを利用することによって，このプログラムは彼らの資産を増加させることに成功している．こうしたメリットが評価され，2007 年までにアメリカの大規模事業主の4割ほどが，昇給と拠出率増加を連動させる確定拠出型年金の制度を導入した．

5．おわりに

　本章では，社会的選好と不確実性下の意思決定に関する実験研究に焦点を当て，それらの分野における代表的な実験結果と実験で明らかになった実際の人間の選好や行動特性を概観した．また，そうした人々の選好や行動特性を踏まえて彼らが直面する意思決定の仕組みを巧妙に設計することによって，彼らの決定をより良いものに導くナッジの事例を紹介した．チャリティーの資金調達，省エネ行動の推進，臓器提供の推進，老後の資産形成など本章で紹介した事例は，現代社会において解決すべき数多くの課題の中の一部ではあるが，ナッジによって実際にこれらの問題が解決していることを考えれば，ナッジは社会厚生の改善に一定の貢献をしていると評価することができる．

　しかし，公共選択論における重要な前提の1つである「方法論的個人主義」を考慮する場合，ナッジによる政策形成とその実現については一定の留意が必要であることも指摘できる．方法論的個人主義の立場では，政治家や官僚など政府を構成する各主体は自らの利益を最大化しようと行動すると考える．した

がって，政府が立案する政策もそうした利益誘導行動を反映するため，実行される政策は必ずしも社会厚生を改善するものとは限らない．さらに私的利益を最大化しようと意思決定を行う主体から構成されている政府は，ナッジを利用して有権者への情報の開示方法を操作するなどして，自分たちの目指す政策を実現させるように国民の判断を誘導することも可能となる．

　国民の社会厚生の向上に寄与するナッジはどのようなものか，そうしたナッジを設計・実行するために必要となる前提条件はどのようなものかについて検証することは，今後の公共選択論における行動経済学的展開の重要な研究課題となるだろう[7]．

■注
1）　ナッシュ均衡とは，自分の利得を最大化しようとする各被験者（プレーヤー）の行動を所与としたときに，自分一人が行動を変えても利得が増加しないことがすべての被験者（プレーヤー）について成立している状態である．
2）　サブゲーム完全なナッシュ均衡とは，逐次手番のゲーム（各プレーヤーが順番に行動を決めるゲーム）において，すべてのサブゲーム（ある意思決定の時点において，その時点に到達するまでに各プレーヤーが行った意思決定の履歴を完全に知ったうえで意思決定を行うゲーム）における行動の組がナッシュ均衡になっている状態である．
3）　α_i, β_i は正のパラメータである
4）　この独裁者ゲームでは，パレート効率的な配分は選択肢6であるがナッシュ均衡は1である．
5）　Kahneman and Tversky（1970）ではくじの選択の問題で通貨単位を用いていないが，本項では通貨単位を円として考える．
6）　Tversky and Kahneman（1992）は，ある金額を失うことによる効用水準の下落分は，その金額を得ることによる効用水準の上昇分の2.25倍のインパクトがあることを推定している．
7）　Thaler and Sunstein（2008）は，「アーキテクトが公共の利益に資する可能性を高めるインセンティブを生み出す行動のルールを創るべきである」（p. 349）とし，そのためには，情報開示を行って政策形成・実行過程における透明性を高めることを第1の目的にすべきとしている．

■ 参考文献

Allcott, H. (2011), "Social Norms and Energy Conservation," *Journal of Public Economics*, 95(9-10), pp. 1082-1095.

Benartzi, S., Beshears, J., Milkman, K. L., Sunstein, C. R. Thaler, R. H., Shanker, M., Tucker-Ray, W., Congdon, W. J. and Galing, S. (2017), "Should Governments Invest More in Nudging?" *Psychological Science*, 28(8), pp. 1045-1055.

Camerer, C. F. (2003), *Behavioral Game Theory*, Princeton University Press.

Fehr, E. and Schmidt, K. M. (1999), "A Theory of Fairness, Competition, and Cooperation," *Quarterly Journal of Economics*, 114(3), pp. 817-868.

Frey, B. and Meier, S. (2004). "Social Comparisons and Pro-social Behaviour: Testing "Conditional Cooperation" in a Field Experiment," *American Economic Review*, 94(5), pp. 1717-1722.

Johnson, E. J. and Goldstein, D. (2003), "Do Defaults Save Lives?" *Science*, 302, pp. 1338-1339.

Kahneman, D., Knetsch, J. L. and Thaler, R. H. (1990), "Experimental Tests of the Endowment Effect and the Coase Theorem," *Journal of Political Economy*, 98(6), pp. 1325-1348.

Kahneman, D. and Tversky, A. (1970), "Prospect Theory: An Analysis of Decision under Risk," *Econometrica*, 47 (2), pp.263-291.

Krupka, E. and Weber, R. A. (2009), "The focusing and informational effects of norms on pro-social behavior," *Journal of Economic Psychology*, 30, pp. 307-320.

Madrian, B. C. and Shea, D. F. (2001), "The Power of Suggestion: Inertia in 401 (k) Participation and Savings Behavior," *Quarterly Journal of Economics*, 116, pp. 1149-1225

日本ファンドレイジング協会 (2017),「寄付白書 2017」日本ファンドレイジング協会.

Samuelson, W. and Zeckhauser, R. (1988), "Status Quo Bias in Decision Making," *Journal of Risk and Uncertainty*, 1, pp. 7-59.

Sasaki, S. (2017), "Observing Descriptive Social Norm and Conformity: Experimental Evidence," *Journal of Behavioral Economics and Finance*, 10, pp. 81-94.

Schultz, P. W. Nolan, J. M., Chialdini, R. B., Goldstein, N. J. and Griskevicius, V. (2007), "The Constructive, Destructive, and Reconstructive Power of Social

Norms," *Psychological Science*, 18(5), pp. 429-434.

Shang, J. and Croson, R. (2008), "The Impact of Downward Social Information on Contribution Decisions," *Experimental Economics*, 11, pp. 221-233.

Thaler, R. and Benartzi, S. (2004), "Save More Tomorrow: Using Behavioral Economics to Increase Employee Savings," *Journal of Political Economy*, 112, pp. S164-S187.

Thaler, R. H. and Sunstein, C. R. (2008), *Nudge: Improving Decisions About Health, Wealth, and Happiness*, Yale University Press（遠藤真美訳『実践行動経済学：健康，富，幸福への聡明な選択』日経 BP 社，2009 年）.

Tversky, A. and Kahneman, D. (1992), "Advances in Prospect Theory: Cumulative Representation of Uncertainty," *Journal of Risk and Uncertainty*, 5, pp. 297-323.

Zelmer, J. (2003), "Linear Public Goods Experiments: A Meta-Analysis," *Experimental Economics*, 6, pp. 299-310.

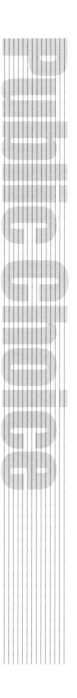

第 **3** 部
制度選択と制度改革の公共選択論

第13章　立憲的政治経済学

1．立憲的政治経済学による政府の説明 ||||||||||||||||||||||||||||||||||||||||||||||||||||||||

　これまでのところは，公共選択論を経済学の方法によって市場以外の制度，特に政府という制度のもとでの各主体の行動を分析する学問として説明してきた．第3部では，制度自体がどう選ばれるのか，制度が変わると各主体の行動がどう変わり，どんな結果が生じるのかを分析の対象としよう．制度自体を分析の対象としたり，いろいろな制度に関わる経済主体や政治主体の行動を分析する学問分野を公共選択論のなかでも**立憲的政治経済学**という．

　社会，国家などの集団には多かれ少なかれその成員が遵守すべき規則が存在する．立憲的政治経済学では，この規則をこれらの集団の支配者または統治者が成員を支配または統治する手段として見るのではなく，その集団の成員が共通の利益をもたらすものとして相互に合意することによって成立するものと説明する．制度としての政府もまた，その成員の合意によって設立される．

1.1　立憲的政治経済学の考え方
　ブキャナン（Buchanan, 2003, p.1）は公共選択論を経済学の研究プログラムの1つであると説明する．伝統的な経済学は市場における経済主体の行動を分析する．これに対していままで見てきたような公共選択論は市場以外の制度のもとでの政治主体の行動を分析する．また，公共選択論が次の3つの最も核心的な前提に立脚していると主張する．

　　1．方法論的個人主義
　　2．合理的選択
　　3．交換としての政治

この前提は経済学の置く前提と共通している．公共選択論の分析上の前提については，すでに序章で述べているが，もう少し詳しく説明しよう．第1の**方法論的個人主義**の前提とは，分析の出発点を個人に置くと仮定することを意味

する．経済学は分析の出発点を消費者と企業に置き，それぞれが，効用，利潤
の最大化という目的を持つものと仮定して，市場という制度のもとでの各経済
主体の行動を分析する．公共選択論も，市民，有権者，官僚，政治家という各
政治主体がそれぞれの目的を持つものと仮定して，政府という制度のもとでの
行動を分析する．ここでは，政府という制度のもとで何が決定されるかは，そ
れぞれが自分の目的の実現を図る各政治主体の相互作用によって説明されるも
のであり，政府自体が目的を持つ存在であるとは仮定しない．例えば，政府が
慈悲深い専制君主であるかのように，国民の福祉の最大化を目指すと仮定する
功利主義的な前提を政府に置いたり，政府が国民経済の安定成長を目指すと仮
定するケインズ派のような前提のもとに政策論を展開することはない．ただし，
各政治主体の持つ目的は，利己主義的であることだけを仮定するものではない．
利他主義的な目的を持つ政治主体を前提として公共選択論を展開することも可
能だ．

　合理的選択とは，各行動主体が自分の目的の実現のために最も良いと考える
行動を選択するという前提である．伝統的な経済学では「経済人」が完全情報
を持っていて，自分の効用を最大化するために客観的に見ても最適な行動をと
ると想定する場合があるが，公共選択論の想定する行動主体の合理性は限定合
理性であって，選択した手段が客観的に見て最適であることを意味するもので
はなく，行動主体が選択にあたって十分な情報を持っていることを想定するわ
けでもない．単に，行動主体は自分にとって「望ましいもの」が少ないことよ
りも多いことを選択すると前提していることにすぎない（Buchanan, 1990, 邦訳
p. 18）．

　交換としての政治の前提は，市場での交換が自発的で相互に利益をもたらす
「交換」であるのと同じく，政治においても，各主体の行動を「交換」から説
明する．このことは特に立憲的政治経済学に関わる．公共選択論は，特定の制
度のもとで生じる帰結を分析する．いままでに示したように多数決制のもとで
は，有権者の選好が特定の条件を満たす場合に，決定が循環する投票のパラド
ックスが生じたり，中位投票者の選好に収束することが知られている．これら
は，特定の意思決定制度というルールのもとでの意思決定主体の行動の帰結を
示している．これに対して，立憲的政治経済学は，ルール自体の選択を研究対
象にする．立憲的政治経済学で使用される**立憲的ルール**（constitutional rules）
とは国家の基本法である憲法（the Constitution）だけを指すのではなく，いろ

いろな制度の成立の基礎となる基本的なルールのことである.

　例えば，トランプのゲームを始める場合に，ゲームのルールが立憲的ルールにあたる. 各プレイヤーはゲームのルールに関する取り決めをあらかじめ確認して，同意すれば互いにゲームに参加することを決め，ゲームを始める. そうでなければゲームには加わらないかゲーム自体が始まらない. ゲームを始めるにあたって，各主体はいろいろなゲームのルールのもとで自分が得られる便益を予想してゲームのルールづくりに参画するかあるいはルールに合意してゲームに参加するかどうかを決める. ルールは半永久的で，ゲームに参加すればそのルールに服さなければならない. ゲームの途中でルールを変えることはできない. これは自分の自由をある程度制約することであるが，一方でゲームに参加することから潜在的な便益が得られるし，他の主体もルールに服することから，相手の行動を予測するうえで不確実性を減らすことができる.

　制度とはこのようなルールの集まりであり，その参加者に何らかの制約あるいは強制を課す. そのため，その制度に参加することは，各主体にとって自分の行動の自由に何らかの制約が加わることを意味する. 立憲的政治経済学はこの制度への参加・不参加を決めること，あるいは制度の選択にあたって各主体がとる行動を契約としてとらえ，制度に対する服従. したがって自由の制約と潜在的利益についての相互の交換として分析する. 立憲的政治経済学において，交換としての政治とは，各主体が相互の利得を目指して行う契約を意味する.

　市場では，経済主体は自分の所有物（モノ，いいかえれば財・サービス）を相手のモノと交換することによって，互いに自分の利益を拡大させる. 交換は，強制を伴わない各経済主体の自発的な意思のもとに行われる. 交換とは自分の保有するものを互いに相手に差し出すことで成り立つ. 物々交換でも，貨幣を使った売り手と買い手のいる交換でも原理は同じで，経済主体が合理的で，十分な情報を持っているとすれば，各人が自発的に交換に応じるのは，自分の保有するものより相手の保有するものの方が自分にとってよいからで，だから交換が行われたあとは，両当事者とも以前よりも効用を増すはずである.

　モノを介した経済主体の間の行動は何も交換に限らない（Boulding, 1973）. **贈与や略奪**は交換とは違った財のやりとりの形態である. 贈与も略奪も，ある経済主体から他の経済主体にモノが一方的にわたるところが交換と違う. どちらも当事者全員が以前よりも効用を増すとは限らない. 略奪は，とられる方にとって不利益となることはすぐにわかるが，贈与の場合にも不都合の起こる可

能性がある．バレンタインデーに思ってもいなかった女子からチョコレートを
もらって困ってしまった男子を思い浮かべてみればいい．贈与は贈る方の人に
とっては効用が増すけれど，もらう方の人はそうとは限らない．小さな親切，
大きなお世話というように，贈与が問題を生じるのは，当事者間で互いに情報
が十分行き渡っていないことだけでなく，当事者間で選好が違う場合に生じる
場合が多い．

　これに対して，自発的で十分な情報を持った交換は，当事者間の選好が異な
っていても必ず当事者間にプラスをもたらす．この意味で，交換は略奪や贈与
よりも各々の経済主体にとって互いに有利な経済活動である．人類史のなかで，
贈与／略奪関係よりも，交換を中心とする市場経済が選ばれてきたのはこうし
た理由によると思われる．

　しかし市場経済を中心とした現代社会では，同時に政府も経済活動の大きな
割合を占めている．政府は，原則として租税を強制的に徴収し，公共サービス
を無償で提供する．つまり略奪と贈与の制度である．なぜこうした強制力を持
つ政府が市場経済を主要な経済活動とする社会で選択されるのだろうか．ブキ
ャナンは『自由の限界』（Buchanan, 1975）においてこれを二段階契約の概念か
らなる社会契約として説明する．

1.2　立憲契約と守護国家，生産国家

　二段階契約の第１は政府を成立させる契約である**立憲契約**（constitutional con-
tract），第２は個別の事柄に関して，あらかじめ設立された制度のもとで行わ
れる集合的な意思決定で，これを**立憲後契約**（postconstitutional contract）とい
う[1]．立憲契約の詳細は次の項で述べることにして，ここでは立憲的政治経済
学による政府の成立理由を説明しよう．

　ブキャナン（Buchanan, 1975, 邦訳 pp. 95–）は立憲契約による政府の成立を
説明する概念上の出発点は，ホッブズの「**自然状態**」から始める．各人は，精
神的身体的能力において他人を完全に支配することはできないという意味にお
いて自由である．ここでは，互いに他人から自分を守るために「万人の万人に
対する闘争」と述べた無政府状態（Hobbesian anarchy）が生じている．個人と
個人の間には何の権利も所有権も成立していないために，あらゆる関係があり
うる．ただし各個人は互いに孤立して存在しているわけではない．ある個人の
行動は他の個人に影響を与える．そして他の個人との間には略奪，贈与，交換

図 13-1　立憲契約と立憲後契約

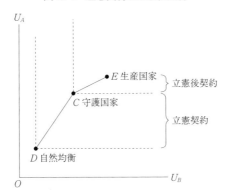

のどのような関係も起こりうる状況が想定できる．ある場合には各人は相互協力によって共同の利益のために生産的努力を振り向けるかもしれない．また，他の個人が自分のモノを「略奪」しようとすればそれを防御するために何らかの資源を防衛にあてるかもしれない．一方，「略奪」をする側は他の個人の防衛を打ち破る努力をしなければならない．各人は自分自身の生活を維持するための生産のために努力するだけではなく，防衛や略奪のためにも資源を割かなければならない．

　こうした社会的相互作用のなかで，各人は他の個人との関係を含むさまざまな環境条件と自分自身の能力に応じて，ある分配に達することになる．これを**自然分配**という．**図 16-1** は，2 人の個人からなる社会を想定して，縦軸に個人 A の効用（U_A），横軸に個人 B の効用（U_B）が表されているとすれば，自然分配は D で示される．自然分配をもたらす状況が均衡に到達するようになると（**自然均衡**），各人は防衛努力や略奪のための資源の投入が互いに非効率であることを認識する．互いに自然分配を相互に承認しあえば，防衛努力や略奪のための資源の投入を減らして生産的努力にあてることができ，消費を増やして互いに効用を拡大することができる．つまり，各人は，武装解除に合意すると同時に，自分のモノと相手のモノを相互に承認する所有権を確立することで互いに利益を得られる．ブキャナンはこうして各人相互の合意によって成立する政府を**守護国家**（protective state）と呼ぶ（Buchanan, 1975, 邦訳 pp. 104, 109）．守護国家を成立させる立憲契約には，武装解除と所有権の規定とその強制の方法

および条件が明確にされていなければならない．交換は各主体間で**私的所有権**が相互に承認されることで初めて広範かつ円滑に行われる．私的財の市場は守護国家によって制度的に保障される．守護国家が成立すれば，各人の効用の組み合わせは C に移動する．C は D よりも右上に位置する．

政府を設立させる立憲契約は守護国家にとどまるわけではない．ひとたび守護国家が成立すると，新たに定義された所有権の範囲での自由な「交換」が起こり，自然均衡の状態に比べれば，私的財の広範な市場の発達が実現するだろう．しかし，市場は公共財の供給に必ずしも成功しない．この間の事情をタロックは次のように説明している（Tullock, 1970, 邦訳 第 1 章）．

ある地域社会において蚊が大量発生したとしよう．各人は私的財の市場で薬品を調達して蚊の駆除を行うが，こうした対策では蚊を駆除する効果が少ないとしよう．本格的な蚊の駆除には，飛行機によってその地域全体に薬品を空中散布することが必要であり，もしかりに地域社会の人々全員が平等に費用を分担すれば，各人がめいめいに薬品を調達して蚊の駆除を行うよりも費用が安く効果も高いとしよう．ところが全員の参加を必要とする薬品の空中散布案は，地域社会の人々の自発的な合意には達しないために実現ができない．なぜなら，薬品の空中散布による蚊の駆除の効果は費用を負担しない人にも及ぶので，フリーライダーが登場し，全員一致の合意には達しないからである．ここに示されているのは，公共財の供給がフリーライダーを生むために自発的な合意が実現しない典型的なケースである．

各人の自発的な行動を前提とする市場に対して，強制力を持つ制度としての政府はフリーライダーの発生を抑える利点を持っている．何らかの意思決定ルールで公共財の供給方法が決定できれば，政府は費用負担を各人に強制させることができる．この政府という制度の利点を活用して公共財の供給を行うことは，潜在的に全員にとって有利となりうる．各人が立憲契約において政府に公共財を供給する権能を与えるとすれば，政府は公共財取引のための集合的選択を行う制度となる．これを**生産国家**（productive state）という（Buchanan, 1975, 邦訳 pp. 104-）．生産国家において，政府は少なくとも潜在的に全員を有利にすることができるという意味で資源配分効率を改善する役割を担う．

立憲契約によって政府のなすべきことがらが決まり，政府が設立される．次の段階が立憲後契約である．立憲後契約では，個々の分野において政府が行う内容を決定する．例えばどの公共財をどの程度供給すべきかという決定である．

ところが，個別の公共財に対する選好は各人各様であり必ずしも一致しない[2]．どの財をどの程度供給することが利益となるかは各人の選好に依存する．

　前の例でいえば，仮に飛行機による薬剤散布が市場での自発的な薬剤の購入よりも全員にとって潜在的な利益があるとすれば，飛行機による薬剤散布は立憲契約時に生産国家において提供されるべきサービスに入ると全員一致で合意される．しかし，供給すべき量について各人は多様な選好を持つと考えられる．全員一致の意思決定ルールではどのくらい薬剤散布をすべきかについて合意に達することができないか，合意にいたるまでの交渉に多大の費用がかかる．

　生産国家における立憲後契約には全員一致ではない意思決定ルールが必要である．また，この立憲後契約における意思決定ルールは，立憲後契約自体とは切り離して立憲段階で事前に決定する必要がある．飛行機による薬剤散布という具体的な案件を前提にして意思決定ルールを選択することになるとすると，薬剤散布の量に関して各人の選好が異なっているので，意思決定ルールの選択が各人の利害を左右することになる．したがってどんな意思決定ルールも各人が相互に共通の利益を得ることができないから，特定の案件を前提とした意思決定ルールへの全員一致の合意は不可能である．このために，立憲後契約における意思決定ルールは，個々の立憲後契約に先立って立憲契約において合意されなければならない．また，立憲後契約では，守護国家の成立時に合意された所有権を侵害する決定をすることは原則としてありえない．生産国家の出発は政府という制度（守護国家）の成立に合意した個々人が，潜在的に共通の利益となるかぎりにおいて集合的な意思決定を行う制度（生産国家）を設立することに合意するからであって，各人の所有権の相互合意が全員一致による国家成立の前提となるためである．こうして，生産国家においては，立憲後契約の対象となる集合的意思決定の範囲，適用される意思決定ルールが先だって合意される必要がある．以下では，全員一致による立憲契約がなぜ成立するのか，立憲契約において合意される内容には何が含まれるのかについて，さらに詳しく見てみよう．

1.3　政府の設立と立憲契約

　立憲的政治経済学においては，個々人は自然均衡の状態から始めて，所有権を相互に承認し武装解除をすることで相互の利益を得ることができると説明する．この守護国家への参加を前提に，各人は潜在的な利益を得られる案件につ

いて集合的な決定をする制度として政府を活用することに共通の利益を持つ．
生産国家の設立については，先にタロックの蚊の駆除の例で説明したが，通常，
経済学で政府が提供するサービスとして説明される公共財の供給はこの生産国
家としての政府の機能を説明したものである．図13-1に戻れば，生産国家に
おける立憲後契約のもとで，各人はさらにCよりも右上に位置するEに移動
することができる．

　立憲契約とは，こうした国家の設立に関わる包括的な契約である．以下では，
立憲契約が実現する前提条件と，立憲契約の内容について検討しよう．

1.4　立憲契約の前提：不確実性のヴェール

　なぜ立憲段階では全員一致によるルールへの合意が可能なのだろうか．それ
は，立憲段階と立憲後段階で，各人の持つ情報に違いがあるからである．前項
では，ゲームを開始する際の話を例に挙げた．この例を続けてみよう．各人に
とってゲームに参加する理由は，それによって何らかの利益があるからである．
例えばその目的がゲームで勝つことにあるとするならば，必ず負けると知って
いるゲームにあらたに参加する意味はない．実際にゲームが始まると勝つ者も
負ける者もいるかもしれないが，全員一致でゲームのルールに合意するために
は，そのルールのもとで誰もが勝つ可能性があると事前に考えている場合にか
ぎる．立憲段階はゲームのルールを作る段階であり，事後的にはゲームの勝ち
負けが決まるものの，事前的には，誰がゲームに勝つかは不確実である．

　立憲後の段階に比べて，立憲段階で生じるこの不確実性の存在が，ゲームに
参加することについて，事前的には全員に共通の利益が存在することが全員一
致での合意が可能な条件になる．ブキャナンは立憲段階で生じる不確実性の状
況を「**不確実性のヴェール**」（veil of uncertainty）と呼んでいて，この「不確実
性のヴェール」のもとで，各人は利害対立のない共通の立場に立つことができ
るのである（Brennan and Buchanan, 1985, 邦訳 pp. 68-69）．

　これに関連して，ジョン・ロールズ（John Rawls, 1971）は同様の立憲段階で
選択されるルールを論じるときに「**無知のヴェール**」（veil of ignorance）を仮
定する．「無知のヴェール」は各人が持つ情報に関して，より厳密な条件を想
定している．ロールズは，この概念を使って，自由な個人が何らかの**再分配ル
ール**に合意する条件を論じている．ロールズによれば，立憲段階で各人を覆っ
ている「無知のヴェール」とは，今後の社会において生じるあらゆる問題を全

員が事前に承知していて，それがどのような分配上の帰結を将来の社会の各人にもたらすかもわかっている，ただし，将来の自分がその分配上の帰結のどれにあてはまるかだけがわからない状態をいう．ブキャナンの「不確実性のヴェール」はこれほど限定的ではなく，将来生じる問題についても曖昧であり，各人の分配上の帰結と自分にどのような分配が生じるかについても漠然とした理解しか持たない状態を想定している（Brennan and Buchanan, 1985, 第 3 章注 5, 邦訳 p. 267）[3]．

　ゲームの例を続ければ，何らかのルールのもとにゲームが行われて，勝敗が決まった立憲後段階で勝者と敗者の分配を決めようとすれば，勝者と敗者の利害対立は明らかであり，どのような分配の方式も全員一致の合意を実現することはできない．不確実性をどの程度想定するかに関して各人に程度の差はあるかもしれないが，誰もが潜在的な勝者となりうる「不確実性のヴェール」のもとでのみ，各人は利害対立のない共通の立場に立ってルールを決定する可能性がある．

2．立憲契約の内容

　立憲段階の「不確実性のヴェール」が各人の利害対立を緩和するといっても，それだけで政府という制度が選択されるわけではない．自然均衡で各人が得ている利益と比べて，政府の設立によって得られる潜在的な利益が勝っていなければその設立に合意はなされない．この点に関して，ブキャナンは自然均衡から立憲契約による政府の設立に移る際に，各人は互いに各人の権利を尊重する契約をするので，もはや実力で自分を守るための防衛努力を放棄することができ，互いに防衛のために費やしていた資源を他にまわすことができるので，それだけでも自然均衡の状態に比べれば，国家の設立に共通の利益が存在すると述べている．

　自然均衡の不安定な状況から各人が相互に安全を認め合い，それを政府によって保障する守護国家の段階から進んで，政府という制度を使って各人共通の利益となる財・サービスの供給を行う生産国家の設立も視野にいれた立憲契約では，少なくとも以下の内容に合意がされる[4]．

2.1　政府活動領域の決定

　各人は立憲段階においてあらゆる問題を政府の決定に白紙委任するわけではない．立憲後契約において想定される意思決定ルールは，全員一致ではないことが予想され，その決定は強制されるから，自分の不利益となる決定がなされて政府の活動から被害をこうむる可能性がある．個々の立憲後契約におけるこうした潜在的不利益が起こることは立憲段階で想定されるかもしれないが，各人は，政府の設立によって将来生じる不利益が，全体として政府に参加する以前に享受していた自分の利益よりも小さくならないことを政府への参加の条件とするだろう．そのためには，政府に制約を課す必要が出る．その第1は，政府によって決定できる領域を限定することである．**政府の活動領域**を限定することは，言い換えれば，個人活動の領域と政府活動の領域に関する線引きを行うことである．こうして線引きされた個人の活動領域とは，個人の権利を意味するものであり，私的所有権にはじまり，個人の自由に関するさまざまな規定が含まれる．

　例えば生産国家において供給される公共財は立憲契約の段階では潜在的に全員にとって利益となるかもしれないが，立憲後段階では特定の個人の利益を損なうことがありうる．いわゆる迷惑施設の設置がその例である．ゴミ処理や処分にはゴミ処理場や埋め立て地が不可欠であるとしよう．ゴミ処理・処分自体は住民の共通の利益となるが，ゴミ処理場やゴミ処分場の近隣に住む人は，煤煙，騒音，大気汚染，水質汚濁等の影響を受けるかもしれない．生産国家においてゴミ処理・処分という公共財が生産されるとしても，ゴミ処理・処分場の建設が，近隣の住民の利益を侵害しないものに限定するか，あるいは損失を補償するルールに立憲段階で合意が成立していなければならない．そのうえで，仮に特定の個人の不利益を補償してありあまる利益を他の個人が実現できるとするならば，その決定は資源配分効率を改善する余地がある．もし不利益に対する補償が実際に行われるとすれば，政府の決定は全員にとって利益となる．立憲契約において各人の私的所有権および各人の自由等が保護される範囲と**補償ルール**があらかじめ合意されていれば，立憲後段階において個々の政策が決定された場合に生じる利害対立が緩和され，生産国家の提供するサービスがもたらす潜在的利益を全員に保障することになる．

　政府活動の領域が決定されると，政府が意思決定できる領域が決まり，その範囲内において種々の立憲後契約が行われる．

2.2　警察サービスと司法システム

　第2は，個人の権利を守る警察サービスや司法システムが含まれる．自然均衡における各人の防衛努力に資源を投入することをとりやめ，相互に武装解除することは全員にとって利益となるはずだが，武装解除した個人は他人からの攻撃によって不利益を受けやすい．他人が個人の権利を侵害しないような制度が担保されている必要がある．**警察サービス**や**司法システム**の設立は立憲的契約の重要な構成要素である．

2.3　意思決定ルールと税制

　すでに述べたように，立憲後契約の段階では各人の利害の帰結が明確であるために，個々の案件を決定する際に，どのような意思決定ルールを適用するかを同時に議論しようとしても，意思決定ルールの違いによって各人の利益不利益がわかってしまうために，全員の合意を実現しえない．立憲後契約の全員一致でしか物事が決められないとなれば，何も決めることはできない．むしろ，市場と比較した政府という制度の潜在的な利点は，全員が合意しなくても物事が決まればそれを強制する力を持つことである．そのために，あらかじめ合意した政府の活動領域の範囲内で，全員が一致しなくても物事が決められるような意思決定ルールを立憲段階で決めておく意味がある．

　ここで決められる**意思決定ルール**は個々の案件において，各人は「不確実性のヴェール」の中で，自分がどのような立場に立ち，どのような利害が生じるかについて，はっきりとした予測がつかないために，共通の潜在的な利害を持つと考えられる．ただし，案件によって潜在的利害の大小はある程度異なると予測できるかもしれない．そのため，立憲契約であらかじめ合意される意思決定ルールは単純多数決のみとは限らない．立憲契約の個々の案件によって異なるかもしれない．この立憲段階での意思決定ルールの選択については，第1部序章（pp. 9-）で説明したとおり，ブキャナン＝タロック（Buchanan and Tullock, 1962）は意思決定に関わる2種類の費用である政治的外部費用と意思決定費用の合計を最小化する意思決定ルールになると主張した．

　また，費用負担のための制度である税制もあらかじめ立憲契約において組み込まれる．

3.　立憲的政府の設立　||||||||||||||||||||||||||||||||||||||||||||||||||||||||||||||||||||||||||||||||||||||||||||||

　前節で示したように，立憲的政治経済学は方法論的個人主義に始まるコアと
なる 3 つの前提から発して，2 段階契約という概念を使って，各主体が合意に
よって政府を設立する過程を説明している．立憲契約による私的所有権の確立，
制度としての広範な私的財取引市場の設立，公共財を供給する制度としての政
府の設立が説明上の一貫性を持って示されている．

　現代の政府はこれらの機能に止まらず，またより多くの制約が課されている．
2 段階契約の概念をあてはめることで，立憲契約によって設立される政府の概
念がその多くを説明することができる．

　政府制度の特徴は決定の履行を他の主体に強制する力にある．立憲的契約に
よって政府を設立し，各主体が自己の持つ自由の一部を差し出し，政府を運営
する主体に強制力の行使をゆだねるとき，その強制力が乱用される危険性も事
前に察知できるはずである．立憲契約の段階で政府の機能や強制力に制度的な
制約を付けることでこの危険性をあらかじめ排除する**立憲的ルール**を制定して
おくことは，立憲段階にある各主体にとって共通の利益となる．

3.1　統治者による権力の乱用を防ぐ制度的な枠組みと立憲的ルールを
改変する際の意思決定ルールの決定

　立憲的ルールには政府が個人に対して行使する強制力をあらかじめ制約する
内容が含まれる．私的所有権の確認のみならず，自由権，平等権，社会権，参
政権等の基本的人権の保障，罪刑法定主義などがそれにあたる．立法権と行政
権と司法権を分離する三権分立は，統治者による権力の乱用を防ぐ制度的な枠
組みであるとともに，統治に関わる権力を分割することによって，それぞれの
権力を持つ主体が相互に牽制し合うことで強制力の行使が一方的に行われない
ように設計されるものである．

　政府の制約に関する立憲的ルールが定められたとしても，その立憲的ルール
自体が変われば，政府設立の前提となる私的所有権，基本的人権等の政府の強
制力を制度的に制約することが難しくなるし，統治者による権力の乱用を防ぐ
ことができなくなる．立憲的ルールの改変は統治者が権力の拡大を目指して推
進するものだけではないかもしれないが，頻繁に立憲的ルールが改変されるこ

とになれば各人の立場は不安定となり，政府の存在から得られる利益は縮小する．しかし不確実性のヴェールの中で政府の設立後に起こるであろう出来事を予想すれば，立憲段階にある各人にとって将来立憲的ルールの改変が必要となることもまた十分に想定できるはずである．立憲的ルールを改変する際のルールもまた立憲段階において合意されると考えられる．

　政府の設立後に政府のもとでさまざまな通常の意思決定を経験していく．そのときの各人は立憲段階でまとっていた不確実性のヴェールとは異なり同等に近い立場には立ちにくくなることも考えられる．立憲的ルールの改変に際して，立憲段階とまったく同様に全員一致による合意を規定すれば，立憲的ルールの改変による不利益を予想し反対にまわり，改変はほとんど不可能となる．このため立憲的ルールの改変には全員一致の賛成ではないものの立憲後契約における通常の決定の際の意思決定ルールよりは実現が難しい意思決定ルールが採用されることは十分に予想される．多くの国家において憲法改正が通常の国会議決よりも難しい意思決定ルールが要求されているのはこうした理由である．

3.2　政府の肥大化を防ぐ制度的な枠組み

　第 2 部で示したレントシーキングは政府を構成する主体が私的利益を追求するなかで，競って特権を利用する結果として囚人のジレンマ現象が起こってしまう事例である．

　官僚は自己の利益を確保するために，予算最大化や余剰の最大化を図る．利益集団は政策決定に影響を与え，他者の負担のもとに特権や利益誘導を図る．あるいは，有権者は，将来の納税者の負担のもとに国債発行の拡大に合意し，財政規模の拡大を図る．政治家は選挙での勝利を得るために利益集団と提携して特別の利益を誘導するように予算を獲得する．立憲後段階での政府の決定は，資源配分効率の改善につながるとは限らない．

　第 2 部で見たように，政府を構成する主体は政府という制度の持つ強制力や民主主義的な意思決定方法を利用して，他者の負担のもとに自己の利益を図る．官僚は予算を最大化したり，財政収入と公共財の供給費用との差額を最大化して，自分の利益となる支出にまわそうとする．政府の強制力を利用して私的利益を確保しようとする行動は官僚だけが行うわけではない．利益集団は，他の納税者の負担のもとに自分にとって差別的な利益をもたらす財政支出を政府から得ようとレントシーキングを行う．政治家，利益集団，警察，司法組織など

政府を構成するさまざまな主体が私的利益を追求するために政府を利用する可能性がある．これらの結果として，次第に政府は肥大化していく．これをホッブスの主張になぞらえて**リヴァイアサン国家**（Leviathan state）という．

　立憲後段階にはこうした行動が想定されるとするならば，リヴァイアサン国家のもたらす不利益をあらかじめ制約しておくことも，立憲段階での契約内容の対象となる．

　また，ケインズ理論は一時的に政府が赤字財政に踏みだして財政を拡大しても景気回復手段として有効であると主張したが，民主主義的な政府のもとでは財政の肥大化を招くことが説明された．予算規模を拡大させる動機のある官僚と当選のために予算獲得を求める政治家，利益集団が協調して予算拡張に動き，現時点では投票権を持たない将来世代に赤字財政のつけを移転して増税に応じない有権者の構図は20世紀後半以来ずっと財政の持続可能性を危うくする主要因となってきた．

　公共選択論は立憲後段階で生じるこれらの現象を政府の失敗と指摘したが，立憲段階にいる各主体は立憲契約において，その事態を予想できるかもしれない．そしてたとえ不確実性のヴェールのもとにあっても，制度的な制約を考案することによってあらかじめ対応しておくことも可能であるかもしれない．立憲段階であらかじめ政府に制約を課しておくことで，政府を構成する主体が立憲後段階で権力や特権を乱用することを防止することも立憲的ルールの一部として見ることができる．

　[リヴァイアサン国家を制約する租税制度]　以下では，公共財の供給を行う生産国家を想定した租税制度の立憲段階での選択を考えよう．立憲契約の段階では，各人は不確実性のヴェールのもとにある．立憲後の段階での自分の所得，選好等がわからないために，政府が課す租税に対して自分自身の費用負担割合を見きわめることができない．その結果，立憲契約の段階での各個人は，共通の立場に立って選択を行うとともに，政府が租税収入を最大化しようとするリヴァイアサン活動をできるだけ制約しようとする[5]．こうした想定のもとで立憲的ルールに基づく政府の制約を考えると，従来の租税理論とはまったく異なる税制が立憲的ルールとして運ばれることになる．

　ブレナン＝ブキャナン（Brennan and Buchanan, 1980）は，リヴァイアサン国家の前提のもとに税制を立憲的ルールに基づいて設計することを主張した．通

常の租税理論の前提では，政府は別に定められた財政支出の額を賄うために最
も効率的な課税方式をとると想定される．つまり租税収入と課税方式は切り離
されて，政府は一定の税収をあげるために各人の経済活動にとって最も負担の
少ない税制をめざすことになる．いま，租税収入を R，課税ベースを b，その
課税ベースに課すことが許される税率構造を r とすれば，租税収入は

$$R = R(b, r) \qquad\qquad (1)$$

と表されるが，従来の租税理論では，

$$R(b, r) = \bar{R} \qquad\qquad (2)$$

つまり，租税収入が一定であると仮定して，「最適」な b, r を求めることを分
析の対象としていた．これは，政府が**「慈悲深い専制君主」**によって運営させ
ているという想定を暗黙のうちにとっていることになる．

　しかしこの想定から離れて，政府がリヴァイアサン国家であると想定すると，
状況は一変する．リヴァイアサン国家は与えられた租税制度のもとで税収を最
大化しようとするために，租税制度の選択にあたって，一定の税収を前提とし
て課税方式を選択するのではなく，課税と財政支出を連結して考えることが必
要となる．

　立憲契約に参加する個人は不確実性のヴェールのもとで，将来の立憲後の段
階で自分自身が所得分配上のどのような位置にいるのか，どのような選好を持
つかを知らない．したがって立憲的な選択に際して，各人が異なる選好を持た
ないと考えることができるから，立憲段階の選択を代表的個人の選択に直して
考えることができる．まず，供給されるべき公共財の量について，公共財の供
給費用の見積りが別に与えられているとすれば，個人は社会にとっても効率的
で望ましい公共財の量（$\bar{G}$）を選ぶとしよう．ここで，R を租税収入，α を租
税収入のうち公共財の供給に実際に当てられる支出の比率で，定数（$1 > \alpha$
> 0）であるとすれば，公共財への実際の支出は，

$$G = \alpha R \qquad\qquad (3)$$

となる．

　一方，政府は，立憲的に b, r が定められると，その制約のもとで最大となる
税収 R^* を実現しようとするから，

$$R = R^*(b, r) \qquad (4)$$

と表される.

　立憲後段階における政府のこうした行動を想定すると, 各人は, 政府による搾取をできるだけ制約するために, 立憲契約の段階で, 課税ベースと課税方式に関して政府にあらかじめ決められた租税制度を課して, 政府の税収最大化行動に制約を与えようとする.

　したがって, 立憲段階での代表的個人の選択問題は,

$$\alpha R = \bar{G} \qquad (5)$$

を前提にすると,

$$R^*(b, r) = \bar{G} / \alpha \qquad (6)$$

となるように b, r を選び出すことになる.

　こうした観点から立憲段階で選択される課税ベースや課税方式の選択基準は, 通常の租税理論のものとは大きく異なるものとなる. 通常の租税理論では, 競争市場においてパレート最適が達成されている状況を出発点として考え, 租税の賦課が各人の課税回避行動を促す. それが経済活動に変化を与えればパレート最適の状況から遠ざかり, 非効率が生じることに注目する. これを**超過負担**というが, 超過負担という非効率を生まない税制という最適課税原則の考え方からすると, あらかじめ税収を一定と仮定すれば, 最も好ましい課税方式は経済活動とは無関係に課される人頭税ということになる. しかし, リヴァイアサン国家を前提とすれば, 課税方式と税収は無関係ではない. 税収最大化を目指す政府のもとで, 各人に課税を回避する行動がとれない人頭税が賦課されれば, 各人の課される税額は限りなく大きくなり, 生存水準以上の潜在的所得はすべて徴収されることになる. こうした事態を避けるために, 立憲段階では, 各人にとって課税を回避しやすい課税ベースと課税方式からなる租税制度を選択することが好ましい (Brennan and Buchanan, 1980, 邦訳 pp. 50-56).

　ここで, 人を課税の対象とする場合を考えよう. もし課税ベースが貨幣所得だけではなく, 潜在的な所得全体であるとすれば, 各人が自分の自由にできる時間を貨幣所得の得られる労働と貨幣所得のない余暇のどちらにあてようと課税を回避することはできない. したがってリヴァイアサン国家は, 各人の生存

水準以上の潜在的所得をすべて税収とすることができる．しかし課税ベースが貨幣所得だけに限られているとすれば，各人は課税を回避するために労働時間を減らして貨幣所得を減らすことができる．この場合税収は，最大でも貨幣所得がゼロのときに各人が得られる効用の水準を超えることはない．このように，立憲段階での課税ベースの選択にあたっては，政府にできるだけ税収拡大の余地を与えないために課税ベースは包括的ではなく，できるだけ狭い方が望ましいことになる．また，課税方式の選択においては，各人が自由に利用できる時間を所得の得られる労働と余暇の間で選択する場合を考えると，累退税率[6]が好ましいこととなる．

　物品課税については，通常の租税理論では税収一定が前提となっているので，最適課税原則に基づき，価格弾力性の低い財には高税率を，価格弾力性の高い財には低税率を課すという差別的な税率の賦課が求められる．しかし，税収一定の前提を外したリヴァイアサン国家のもとでは，政府は租税収入の最大化をめざすために，価格弾力性の低い財に対する課税ほど高い最大税収が徴税される．ここで一定の条件のもとでは[7]，最大税収が同一の税は同一の超過負担をもたらすため，最大税収の大きな税ほど超過負担も大きくなる．最適課税原則とは異なり，物品課税に関する立憲的ルールは，課税ベースをできるだけ狭くすることと，均一税率を選択することとなる．

　これまでは，リヴァイアサン国家は税収 R の最大化を目指すとして，α を定数と仮定してきた．しかし，もしリヴァイアサン国家が税収を公共財支出にあてずに，政府を構成する主体にとって何らかの利益となる私的財の供給の用途に使用するとすれば，税収総額と公共財支出の差額である余剰 Y を最大化することになる．これは，

$$Y = R - G = (1 - \alpha) R(b, r) \tag{7}$$

で表される．余剰の最大化を目指す政府は，R を最大化し，α を最小化すると仮定される．しかし，R と α の間に何らかの正の相関があるように設定されれば，余剰を最大化する政府に，公共財を供給する要因を与えることができる．したがって，立憲段階での個人は，α の値を上げるために，課税ベースの選択にあたって，公共財の供給と強い補完関係を持ち，かつその供給を賄うに十分なほど広いものを選択することになる．これは，普通税よりも特定の公共支出と密接に結びついた目的税が好ましいことを意味する（Brennan and Buchanan,

1980, 邦訳 p. 182）.

［財政赤字と政府規模の肥大化の制約：均衡予算憲法修正］　ブキャナン＝ワグナー（Buchanan and Wagner, 1977）は際限のない政府部門の拡大と財政赤字に憂慮して，立憲的ルールによって政府部門の肥大化や財政赤字の拡大を防ぐ方策を検討した.

　第2次世界大戦後の1960年代以降の時期にアメリカ合衆国における連邦政府の財政赤字が，戦時下よりも拡大していることを指摘して，これがケインズ理論に基づく財政政策の民主主義国における政治的帰結であると主張した．ケインズ型財政政策は，不況期に公共支出を拡大したり減税を行って財政赤字を意図的に作り出して有効需要を喚起し，好況期には逆に公共支出の削減と増税によって財政を黒字化するものであり，1960年のケネディー政権当時にアメリカに導入されたが，それ以来財政赤字は積み上がり政府支出は拡大を続けてきた．ブキャナン＝ワグナー（Buchanan and Wagner, 1977）は，その原因をケインズの想定する政府が民主主義国の現実とは異なり，賢明なエリートによって運営されていることにあるとした（**ハーヴェイ・ロードの前提**）[8].

　一定の所得のもとで，政府によって供給される財・サービスと市場で供給される財・サービスに対して支出すること問題に直面している個人を考えよう．個々の有権者にとってみれば，財政赤字のもとで政府によって財・サービスが供給される場合には，均衡予算のもとで供給される場合と比べて租税価格が割り引かれているために，政府によって供給される財・サービスは市場で供給される財・サービスに比べて相対的に安価になる．したがって，赤字財政のもとでは，各人は政府からより多くの財・サービスを需要しようとする．この結果，国民は財政赤字による公共支出の拡大を選好する．「均衡予算主義」という従来の予算編成上の規範がケインズ理論によって解消されれば，民主主義国では，政府は政権を獲得・維持するために，好不況にかかわらず財政赤字と政府規模の拡大を続ける．この結果生じる財政破綻とインフレーションは国民全員にとって不利益をもたらすことになる.

　ブキャナン＝ワグナー（Buchanan and Wagner, 1977）はこうしたケインズ理論の政治的帰結を回避するために，立憲的ルールによって財政赤字を出さない予算編成を主張した．これが「均衡予算憲法修正」である．予算編成は均衡予算を原則として，原則から乖離できるのは戦争や大災害などの非常事態に限る

ことを憲法に明文化することで，半永久的に財政赤字を認めないことで，政府の肥大化を防ぐというのがこの立憲的ルールの根拠である．

　その主な内容は，①連邦予算が単年度で均衡しなければならないこと，②均衡予算からの逸脱は，上下両院のそれぞれ 3 分の 2 をもって宣言され，かつ大統領によって承認された国家非常事態の際にのみ認められることなどである．ケインズ理論に基づく赤字財政政策は，将来における租税負担増を過小評価する市民に対して，公共的に供給される財・サービスの割安感をもたらしたが，古典的な均衡予算原則に立ち返ることによって，この割安感を払拭し，政府の肥大化に歯止めをかけることが彼らのねらいである．しかも，均衡予算原則は，単純かつ明快で，借金のない健全な家計という各市民が尊重する価値とも一致していることから，多くの市民たちの支持が期待できると彼らは主張する．

　EU 諸国では，経済統合を契機として憲法に均衡予算主義を明示する国が増えている．アメリカでもこれまでも，財政赤字の制限，国債発行の上限の規定，時限的な制約付の減税などを規定する法律が制定されてきた．しかし，これらは通常の多数決のもとで改廃が可能であるため，多くの場合，改廃が可決され，財政赤字や政府規模の拡大の歯止めとはならなかった．これに対して，半永久的な制度として財政赤字を制約する均衡予算憲法修正は，制約力の高い方策である．ブキャナンの主張に近い均衡予算原則はアメリカでは憲法修正にこそいたっていないものの，これまでいく度となく連邦議会で審議され，可決に必要な票の大半をとるまでになってきた．

　均衡予算原則のもとでの予算編成は，歳出の増加が税収の増加を必要とする意味から政府の肥大化によって生じる費用負担が消費者に直接及ぶ仕組みを持っている．つぎに述べるように，均衡予算原則だけでは予算の肥大化を招く政府の失敗に十分な歯止め効果を形成するとは考えられないが，公債発行によって歳出が拡大されていく場合に比較すれば，いっそう明確に市民に歳出増に対応する費用負担の増加を意識させることになる．

3.3　一般性原理による差別的な政策決定の制約

　多数決ルールは多数派にとって有利で少数派にとって不利となる差別的な政策を導く傾向にある．ブキャナン＝コングルトン（Buchanan and Congleton, 1998）は，多数決ルールのもとで，多数派によるレントシーキングが，差別的な政策を決定することを阻止するために，立憲後段階における政策の選択肢を

図13-2　対立のない場合　　　　　　　図13-3　差別的な利益がある場合

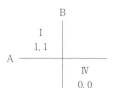

あらかじめ立憲段階で制約しておくために**一般性原理**（generality principle）を主張した.

　立憲後段階における民主主義的な政府の決定は多数決ルールによる. 多数決ルールは, 多数派が少数派を支配する結果を導きやすい. 立憲契約の段階で全員の合意に基づいて多数決ルールが選択されることと, 立憲後段階での多数派の支配が矛盾しないためには, たとえ立憲後段階での個別の決定において少数者が損失を被ることがあるとしても, 多数決ルールによる選択が繰り返されていけば, 個々人にとっても, 全体としても全員が正の便益を実現できるという条件が必要である. しかし多数決ルールに基づく通常の政治的選択では, 多数者にとっての最適な選択が行われるのみであり, そうした条件が実現するとは限らない.

　立憲後段階に多数決ルールに基づいて決定が行われる場合を考えよう. 図13-2のペイオフマトリックスは, 多数派提携Aのメンバーである個人と, それ以外の個人Bのペイオフを表している. 各セルのペイオフは, 左側がグループAのメンバーのペイオフ, 右側がそれ以外の個人（B）のペイオフである. セルⅣは何の政治的行動もとられない現状として（0, 0）のペイオフが実現している. もし多数派提携による何らかの政治的行動がとられてセルⅠに移動すれば, 多数派提携Aのメンバーはペイオフを増すことができる. しかもこの例では, ペイオフの増加は多数派提携のメンバーに限らないから, 全員がセルⅠへの移動を実現する政治的行動を支持する.

　しかし, 図13-3のように, 多数派提携Aにとって, 現状のセルⅣ（0, 0）や全員のペイオフを増加させるセルⅠ（1, 1）よりも良い2のペイオフが実現するセルⅢ（2, −1）が選択対象となれば, たとえ少数派が不利益となっても, セルⅢを選択する. また同様に, Bが多数派提携を成功させると, 対称的にセ

図 13-4　利得のない場合

```
             B
        Ⅰ    |    Ⅱ
      0, 0    | -1, 1
  A ----------+----------
        Ⅲ    |    Ⅳ
      1, -1   |  0, 0
```

図 13-5　多数派が差別的な利益を追求する結果，全体としては不利益になる場合

```
             B
        Ⅰ    |    Ⅱ
     -1, -1   | -2, 1
  A ----------+----------
        Ⅲ    |    Ⅳ
      1, -2   |  0, 0
```

ルⅡ（−1，2）が実現する．ここでは，2つのグループA，Bはそれぞれ多数派を形成することで少数派の不利益のもとに自己のペイオフを拡大しようとする．

　多数決ルールに基づく決定は図 13-3 のような全体としては利得が増加する場合に限らない．多数派は，現状Ⅳ（0，0）よりも全体として利得が生じない場合でも，政治的行動を起こすことが有利となる．レントシーキングによる移転がその典型的な例である．図 13-4 の場合は，多数派はⅡないしⅢを実現することで，少数派からの純粋な移転を獲得することになる．図 13-5 の場合のように全体として利得がマイナスになる場合でさえも，多数派にとって利益となれば，ⅡないしⅢが実現することになる．このように立憲後段階における個々の決定では，ゼロ和や負和の選択もありうるわけで，こうした差別的な政策が個別の決定において多数派が入れ替わりながら繰り返し実現していくとすれば，結果として全員にとって効用がマイナスとなってしまう場合もありうる．

　多数決ルールのもとで行われるレントシーキングは，純粋な公共財ではない個人間に分割可能な財・サービスの公共的な供給を引き起こす．その過程では，多数派を形成するために，あるいは政治的決定に圧力をかけるための浪費が生じる．また，多数派が入れ替わりながらレントシーキングを行うことで，多数決循環に陥り，政治的決定が不安定，不決定となる．ブキャナン＝コングルトン（Buchanan and Congleton, 1998）はこのようなレントシーキング自体から生じるコストと，それにともなう多数決循環から生じる費用の存在を指して**政治的非効率**と呼ぶ（Buchanan and Congleton, 1998, p. 40）.

　彼らは，立憲後段階での多数決ルールに基づく決定が，こうした状況を引き起こさないために，立憲段階で一般性原理に基づいて政府の政策選択の余地を

制約することを提唱する[9]．これは多数決ルールのもとで選択肢Ⅱ，Ⅲのような多数派と少数派との間に差別的利得が生じるような状況をあらかじめ立憲的ルールによって取り除いておくことで，現状Ⅳから発した対角線上の選択肢のみに立憲後契約における選択の対象を制約する方法である．

　一般性原理によって課税や移転，財・サービスの公共的な供給に関わる選択の対象を制約すれば，立憲後段階で各人は対角線上の選択肢しか与えられないので，多数派は自分にとって差別的に有利となる選択肢を選ぶことができないために，レントシーキングを行う動機がなくなる．このように，一般性原理に基づいて立憲段階で政治的決定の選択対象を制限すれば，立憲後段階でのレントシーキングを排除することができる．これはレントシーキングに伴う浪費を防ぐことを意味する．さらに，対角線上の選択肢の中では，単峰性定理があてはまり，中位投票者定理に基づく政治的決定が行われることによって，多数決の循環を防ぐことができる．もっとも，より複雑な選択条件のもとでは，一般性原理は必ずしも多数決循環を防ぐことはできないが，制限のない多数決の場合に比べれば，一般性原理のもとで生じる循環はその範囲が狭くなる．このように，立憲段階における一般性原理による制約は政治的効率性を増す．

　　[税制と一般性原理]　一般性原理を税制にあてはめてみよう（Buchanan and Congleton, 1998, chapter 8）．立憲後段階で税制が決定される場合には，多数派の行うレントシーキングは，少数派に差別的な高税率を課したり，多数派の課税ベースを転嫁のしやすいものにする反面，少数派は転嫁のしにくい課税ベースを割り当てること等で展開される．しかし，レントシーキングが実現すると多数派の循環も生じる．その結果，税制は不安定になる．一般性原理に基づけば，差別的な課税は立憲段階で選択の対象から外れる．ブキャナン＝コングルトンが主張する最も一般性の規準を満たす課税は，すべての種類の所得に対して，免税や控除のない比例税率を課す所得税である．そして，一般性原理に基づけば，立憲後段階では多数決循環が生じないから，この所得税の中から，中位投票者が最も選好する税率が選ばれることになる．

　　[財サービスの公共的供給と一般性原理]　一般性原理に基づいた財・サービスの公共的供給について検討しよう（Buchanan and Congleton, 1998, chapter 10）．公共的な供給が等量消費性と非排除性を備えた純粋公共財に限られると考える

ことは非現実的であり，政府の供給する財・サービスには潜在的に排除可能な
性質を持つものが含まれると考えられる．この場合，立憲後段階では，多数派
結託ができれば自分たちにのみ供給される財・サービスを決定し，少数派には
租税負担だけを課すことができる．しかしどのグループも少数派となって純負
担を被らないように多数派となる結託を模索するし，そのためのレントシーキ
ング費用もかけるとすれば，多数派は循環し，政治的非効率が増す．一般性原
理は，排除性のある財・サービスの公共的な供給にあたって，純粋公共財の条
件と同じように，誰もが等量の分配を受けることを要求する．その結果，差別
的な財・サービスの分配をめぐるレントシーキングが制約され，供給量は中位
投票者が決めることになる．

　公共的に供給される財・サービスに対する一般性原理の適用は分配面だけで
はない．公共的に供給される財・サービスの生産にあたって，政府の調達が市
場の規模に対して大きい場合には，特定の業者や地域に調達を集中させると，
移動が困難な生産要素の相対価格を上げ，その地域の企業，労働などに資産効
果を生じることになる．こうした方策はどの場合にも実現可能なわけではない
が，一般性原理からいえば，相対価格に影響を与えない広範な地域からの調達
が要請される．

　公共財供給の費用負担を誰に割り当てるかという問題は，古くから経済学の
中心命題の1つになってきた．一般性原理は，すべての個人に等割合の負担を
させるよう立憲段階で決めることを求める．これによって，できるだけ自分は
費用負担をせず少数派に供給費用を負担させて公共財の供給を行うレントシー
キングを制約することができる．しかし，財・サービスが各人に等量分配され
ても，そこから受ける便益は各人にとって異なる．財・サービスの等量分配と
等割合の費用負担だけでは，パレート最適を実現できないだけではなく，多数
派が交替することで供給水準が変わる多数決循環を生じることになる．ただし，
等割合の負担という一般性原理の制約のない多数決循環よりは狭い範囲の循環
に止まる点で，政治的効率は増すとブキャナン＝コングルトンは主張する．

　　[福祉国家と一般性原理]　現代の福祉国家では，高齢者，貧困者，子ども，
身障者等の特定の集団に再分配や医療や教育等の分割可能な財・サービス供給
への補助金の支給が行われるのが一般的である．再分配政策は公共の利益とい
う大義名分のもとに正当化される傾向にあり，社会のすべての個人に一般的な

利益があると主張される．この場合，各人は何らかの利他的な動機を持っていると考えることができる．しかし，福祉政策の財源は国民一般から税によって調達するから，再分配政策は公共財供給の場合と違って，利害対立を生じやすい．また，投票者が再分配政策の直接の受益者となる場合には，多数派による差別的な政策の選択が可能であり，それをめざしたレントシーキングが起き，利他的な動機を持つ個人の望む以上の課税と移転が生じる可能性もある．

　現代社会では，社会保障や所得再分配が政府の典型的な役割となっており，財政規模でいえば，等量消費と非排除性という典型的な公共財の機能を持つ財の供給よりも，準公共財ないし私的財の供給が政府の主要な役割であるといっても過言ではない．こうした政府を「**移転国家**」(transfer state) と呼ぶこともできる (Buchanan and Congleton, 1998, p. 117)．

　ヴィクセルは資源配分に関わる決定と再分配に関わる決定を区別することの重要性を指摘し，それぞれ別個の手続きによって決定されるべきであると考えた (Mueller, 2003, 邦訳 p. 448)．ヴィクセルは主に資源配分に関わる政府の決定を論じたが，再分配に関わる決定は，資源配分に関わる決定に先だって行われると想定していた．いいかえれば，もし何らかの再分配ルールが決定されるとするならば，それは「生産国家」において資源配分に関わる決定を行う立憲後契約に先立って，立憲段階で立憲契約において決定されることになる．

　「生産国家」を設立するための立憲的契約は，不確実性のヴェールのもとで，潜在的に全員を有利にすることを説明したが，再分配についてはどうだろうか．立憲後段階での再分配の決定は，個人間に利害の不一致を招くことは明らかである．立憲契約であらかじめ決められた，全員一致ではない意思決定ルールに基づいて何らかの再分配を決定することも，「守護国家」設立の段階で，全員一致で相互承認した私的所有権を脅かすことになり，私的活動領域を超えて政府の決定が及ぶことになる．この意味から再分配ルールが導入されるとすれば，それは立憲段階での契約によらざるをえない．ロールズ (Rawls, 1971) は，前に述べた「無知のヴェール」という概念を使って，「マクシミン原理」(格差原理) といわれる再分配ルールを主張した．ここでは，各人の選好が将来の出来事に対してリスク回避型選好の特徴を持っていれば，将来自分や自分の子孫が最悪の分配状態になることをできるだけ回避しようとするから，立憲的ルールによって分配に関わる制度の選択をする際には，最悪の分配状態にいる人に着目して，最悪の分配状態にいる人が他の制度に比べて最も良い分配状態になる

ような制度が全員の利益となると主張されている．ロールズの「マクシミン原理」は「無知のヴェール」や「リスク回避型選好」というかなり限定的な仮定を置いた場合にのみあてはまる主張だが，各人が将来の自分や自分の子孫の分配状態に対して何らかのリスク回避型の選好を持っているとすれば，再分配制度が立憲段階で選択されると考えられる．

　再分配政策が純粋公共財的性格を持たない，個人間に分割が可能なサービスであるとしても，一般性原理をあてはめることによって搾取とレントシーキングを制約することは可能である（Buchanan and Congleton, 1998, chapter 11）．再分配政策の財源として，定率所得税を置き，税収を全員に等額を再分配することが一般性原理にあてはまる．この場合，立憲後契約においては，高所得者は低税率を，低所得者は高税率を選好するが，この利害衝突は単峰型をしており，中位投票者の選好に従って決定がなされる．中位所得者の所得が平均所得を下回るとすれば，できるだけ高い税率が選好されるが，高い所得税率を避けるために人々が経済行動を調整したり，高税率が資本蓄積を阻害して将来の経済停滞が予想される場合には選択される税率はもっと低くなる．また，財政収入は移転支出だけではなく，生産国家としての財・サービスの公共的供給の原資でもあり，予算の配分をめぐる選択の中で，移転予算が制約を受けることもある．

　現代の福祉国家では，直接の現金給付ではなく，医療や介護のように，特定の財・サービスについて現物給付や補助金を支出することが多い．現物給付は特定の財・サービスを供給する産業に関わる集団に生産者レントが生まれる可能性があり，供給を見込む業者は，現物移転の範囲と規模を拡大しようとする．現物給付プログラムを立憲化することも潜在的な分配上の利害衝突を和らげる助けになりうる．

　また，高齢者に対する移転の割合も高いが，誰もが高齢者になることを前提とすれば，年齢だけを基準とすれば，政治社会のすべての人は究極的には移転を受け取る資格を持つから，世代間の一般性原則の適用を考えることは可能である．ブキャナン＝コングルトンによれば，広い課税ベースを持つ負の所得税に基づく年金システムは，一般性原則を満たしており，租税支払いの時期と移転の受け取りの時期のずれから生じる効果を別にすれば，中位投票者の生涯所得の最大化を追求する移転プログラムと考えることができる．

　現代の福祉国家は多くが社会保障予算を拡大し，財政危機に直面している．その原因は，高齢者，引退者への移転を求める主張とその財源となる税率が整

合しないからである．医療技術の進歩，長寿化，出生率の低下などによって人口構造の変化が予期できないために，あらかじめ立憲的に引退者の所得支援の水準と財源となる所得税率を決めておきさえすれば問題が解決するというわけではない．想定外に進む少子高齢化のもとでは社会保障財政の持続が不可能となり，現在の納税者と社会保障の受給者との間の利害対立が激化する．社会保障制度は政治的結託の圧力のもとに置かれ，多数決による操作にさらされやすくなる．それでも，社会保障制度を立憲化しておくことは，多数決による頻繁な改正を困難にし，利害対立を緩和することになる．社会保障制度の再検討に当たって多数決的な視野ではなく立憲的な視野で行うことは，政治的効率を上昇させる．

■注

1）　社会的契約の二段階性については，Buchanan and Tullock（1962）第 1 章，Buchanan（1975）第 2 章参照．

2）　公共財は共同消費と非排除性の両方の性質を持つ財として定義されている．当初 Samuelson（1954）によって定義されたときは，各人が同時に等量だけ消費し，非排除性を持つという極端な特徴を持つ例外的な財と考えられていたが，論争を経て，むしろほとんどの財は多かれ少なかれ共同消費と非排除性の特徴をもち，こうした特徴を持たない私的財こそが例外であるとされるにいたった（Samuelson, 1969）．公共財の特徴である共同消費のおよぶ範囲，非排除性の程度は財によって大きく異なる．またたとえ等量消費型の純粋公共財に対しても，各人の選好は当然ながら多様でありうる．

3）　「無知のヴェール」と「不確実性のヴェール」のもとでの個人行動について，もう 1 つ類似の指摘ができる．ロールズは「無知のヴェール」のもとで各人は最悪の事態を極力回避するリスク回避型の選好を持つと想定する．ブキャナン＝ブレナンも，個人はルールからどのような影響を受けるかまったくわからない場合には，最悪の事態を極力回避することをルールの選択の基準とすると想定している（Brennan and Buchanan, 1985, 邦訳 p. 68）．

4）　ブキャナン（1975，邦訳 p. 109）．

5）　横山（1995）はここから，立憲段階における個人は，リヴァイアサン国家を制約する租税の立憲的ルールを設定するにあたって，リスク回避型の選好を持つとする．横山（1995）pp. 122-123.

6）　累進が早い段階で止まる税率，たとえば，所得税でいえば低所得に対して

免税し，それを超える所得に対して比例税率を課す税率.

7）　私的財に比例税率の物品税がかかる場合を想定し，私的財に対する需要曲線は直線であり，平均費用曲線は一定であると仮定する．Brennan and Buchanan（1980）邦訳 p.75.

8）　ハロッドが書いたケインズの伝記にある語句で，ケインズの生まれ育ったハーヴェイロードにちなんでいる．

9）　邦語文献による一般性原理の説明は，ブキャナン「第 1 章多数決民主主義の制約」ブキャナン・タロック・加藤（1998）所収，および関谷（2002, pp. 123-136 を参照.

■参考文献

Arrow, Kenneth J.（1951）, *Social Choice and Individual Values*, New York: John Wiley & Sons, 3rd ed., 2011（長名寛明訳『社会的選択と個人的評価　第 3 版』勁草書房，2013 年）.

Black, Duncan（1958）, *The Theory of Committees and Elections*, Cambridge: Cambridge University Press.

Boulding, Kenneth E.（1973）, *The Economy of Love and Fear: A Preface to sho*（公文俊平訳『愛と恐怖の経済：贈与の経済学序説』佑学社，1974 年）.

Brennan, Geoffrey and Buchanan, James M.（1980）, *The Power to Tax: Analytical Foundation of a Fiscal Constitution*, Cambridge: Cambridge University Press（深沢実・菊池威・平澤典男訳『公共選択の租税理論：課税権の制限』文眞堂，1984 年）.

Brennan, Geoffrey, and Buchanan, James M.（1985）, *The Reason of Rules: Constitutional Political Economy*, Cambridge: Cambridge University Press（深沢実監訳・菊池威・小林逸太・本田明美訳『立憲的政治経済学の方法論：ルールの根拠』文眞堂，1989 年）.

Buchanan, James M.（1975）（1999）, vol. 7 *The Limits of Liberty: Between Anarchy and Leviathan*, Chicago: University of Chicago Press（加藤寛監訳・黒川和美・関谷登・大岩雄次郎訳『自由の限界：人間と制度の経済学』秀潤社，1977 年）.

Buchanan, James M.（1987）, "The constitution of economic policy," *American Economic Review*, 77, pp. 243-250.

Buchanan, James M.（1990a）, "The domain of constitutional economics," *Constitutional Political Economy*, 1, pp. 1-18（ジェームズ・ブキャナン「立憲的政治経済学の領域」加藤寛監訳『コンスティテューショナル・エコノミック

ス：極大化の論理から契約の論理へ』有斐閣，1992 年）.

Buchanan, James M. (1990b), *The Economics and the Ethics of Constitutional Order*, Ann Arbor: University of Michigan Press.

Buchanan, James M. (1997), *Generality as a Constitutional Constraint*, International Conference of the Japan Public Choice Society, August 22, 1997. Chiba University of Commerce, also in Buchanan, James M., *Collected work of James Buchanan vol. 1: The Logical Foundations of Constitutional Liberty*, Indianapolis: Liberty Fund, 1999.

Buchanan, James M. (2003), *Public Choice: The Origins and Development of a Research Program*, Fairfax, VA: Center for Study of Public Choice.

Buchanan, James M. and Congleton, Roger D. (1998), *Politics by Principle, Not Interest: Towards Nondiscriminatory Democracy*, Cambridge: Cambridge University Press.

ブキャナン，ジェームズ・タロック，ゴードン・加藤寛（1998），『行きづまる民主主義』勁草書房.

Buchanan, James M., Rowley, Charles K. and Tollison, Robert D. eds. (1987), *Deficits*, Oxford: Basil and Blackwell（加藤寛監訳『財政赤字の公共選択論』文眞堂，1990 年）.

Buchanan, James M. and Tullock, Gordon (1962), *The Calculus of Consent: Logical Foundation of Constitutional Democracy*, Ann Arbor: University of Michigan Press（宇田川璋仁監訳，米原淳七郎・田中清和・黒川和美訳『公共選択の理論：合意の経済論理』東洋経済新報社，1979 年）.

Buchanan, James M. and Wagner, Richard (1977), *Democracy in Deficit: The Political Legacy of Lord Keynes*, Indianapolis: Liberty Fund（深沢実・菊池威訳『赤字財政の政治経済学：ケインズの政治的遺産』文眞堂，1979 年）.

Congleton, Roger D. (2002), "Buchanan and the Virginia School," in Brennan, Geoffrey, Harmut, Kliemt and Robert D. Tollison, eds., *Method and Morals in Constitutional Economics: Essays in Honor of James M. Buchanan*, Berlin: Springer Verlag.

Hayek, Friedrich A. (1960), *The Constitution of liberty, the Definitive Edition 2011*, Chicago: The University of Chicago Press（西山千明・古賀勝次郎・気賀健三・矢島鈞次監修『ハイエク全集　第 5 巻〜第 7 巻　自由の条件』春秋社，1986-90 年）.

McKenzie, Richard B., ed. (1984), *Constitutional Economics: Containing the Economic Powers of Government*, Lexington: Lexington Books.

Mueller, Dennis C. (2003), *Public Choice III*, Cambridge: Cambridge University Press（加藤寛監訳『公共選択論』有斐閣（Mueller (1989), *Public Choice II* の邦訳，1993 年））.

Rawls, John (1971), *A Theory of Justice*, (revised ed. 1999) Cambridge: Harvard University Press（川本隆史・福間聡・神島裕子訳『正義論』紀伊國屋書店，2010 年）.

Samuelson, Paul A. (1954), "The pure theory of public expenditure," *Review of Economics and Statistics*, 36 (4), pp. 387-389.

Samuelson, Paul A. (1969), "Pure theory of public expenditure," in Margolis, Guitton, J. Margolis and H. Guitton, eds., *Public Economics: An analysis of public production and consumption and their relations to the private sectors*, London: Macmillan, pp. 98-123

Tullock, Gordon (1970), *Private Wants, Public Means: An Economic Analysis of the Desirable Scope of Government*, New York: Basic Books（加藤寛監訳『政府は何をなすべきか：外部性の政治経済学』春秋社，1984 年）.

Van den Hauwe, Ludwig (2005), "Constitutional economics," in Backhaus, Jurgen G., ed., *The Elgar Companion to Law and Economics*, London: Edward Elgar.

Voigt, Stefan (1997), "Positive constitutional economics: A survey," *Public Choice*, 90, pp. 11-53.

Voigt, Stefan (2011), "Positive constitutional economics II: A survey of recent developments," *Public Choice*, 146, pp. 205-256.

第14章　立憲的政府の形成と改変

　第13章で述べたように，立憲的政治経済学は政府の成立過程を立憲的契約に参加する主体の合意と二段階契約という概念によって説明している．行動主体としての個人の前提は経済学や政治学で用いられる合理的個人の前提と整合しているだけでなく，個人から出発して政府の形成を説明する考え方は主権在民という民主主義国家の理念とも合致している．さらに，立憲的政治経済学は現代において実際に形成されてきたルール，特に主権を持つ国家間の国際的なルールの形成と説明に有効な分析上の枠組みを提供している．

　しかし，現代における民主主義諸国の政府制度は多様であり，また歴史的にみると，西欧諸国においても民主主義制度はさまざまな形をとりつつ一気にではなく漸進的に形成されてきた．第3部の以下の章では，立憲的政治経済学が過去60年に展開してきた各分野での研究成果を示す．本章ではまず政府制度が形成されていく歴史的な過程を説明する分析上の枠組みを紹介する．次に，ルールの重層としての政府の特徴を示し，さらに立憲的制度の改変のプロセスを立憲的政治経済学の観点から説明しよう．

1．民主主義的な政府の歴史的形成過程

　コングルトンは西欧民主主義が歴史的に形成されていく過程を立憲的政治経済学によって説明する．コングルトン（R. Congleton, 2011）は王（統治者）と複数人の組織（評議会）との間の取引によって議会制度が形成されていくと説明する．統治者（王）は統治地域からの利益を確保し，統治地域の範囲を拡大するためには自分以外の主体が必要である．統治を分担する者には近親者が当初は求められるかもしれないが，近親者だけに限ってしまえば常に能力や資質が高い者を得られる保証はない．そこで近親者以外の能力の高いものを選抜して互いにチェックし合うように規律づけて組織を作らざるをえない．評議会はおおむね平等な複数人から構成され，重要な意思決定を投票によって行う．

　コングルトンは，この王と評議会の枠組み（king-and-council template）がさ

まざまな外生的な変化に対応する過程の中で，王の持つ統治権限が次第に議会に分与されていくものとして議会制度が立憲的な制度として確立していく過程を説明する[1]．

　自分の統治が永続することを願う統治者（王）にとって，自分自身の統治に関わる欲求の変化のみならず，技術革新，生産力の上昇，自然環境，対外環境等の外生的な変化に応じて統治を持続していくために議会（評議会）が効果的に機能することが不可欠である．改革を行うとき，統治者が評議会からの収奪度を一方的に拡大するよりも評議会にとって利益となる方策を示す方が改革の実現度は高い．この立憲的な改革の中で，王の統治権限は次第に議会に分与され，議会は発議権（議題提示権），拒否権を持つようになる．王と評議会の枠組においては双方にとって利益を拡大する余地があることが改革の生じる原因であり，議会が発達していく根拠である．この制度変化の過程を**立憲的交換**（constitutional-exchange）と呼ぶ．

　立憲的交換の分析枠組みは参政権の拡大をも説明する（Congleton, 2011，邦訳第 6 章〜第 8 章）．19 世紀の西欧において農業を主体とする社会から工業主体への社会移行である産業化が生じる．産業化によって経済的利益を受ける層が拡大し，王族以外の商人，工業，建設業の事業者等が保有する資産の相対的な増加をもたらす．他方で王は他国と競争して軍備を拡張し宮殿を充実させようとして，課税対象となる階級層の拡大による増収を必要とする．産業化の受益層は政治的自由の拡大からも利益を得るから，自由主義思想を支持する．自由主義思想を標榜する政党の出現と政党間の競争の中で参政権拡大の要求は高まる．すでに統治権を王から分与されている議会の主要なメンバーは，参政権の拡大による既得権益の縮小に抵抗するかもしれないが，次第に王と議会との立憲的交換による参政権の拡大は実現していく．課税対象の拡大が王のもくろみであるとすれば，新たに参政権を得た層から選出される議会の新しいメンバーは既存メンバーに比べて相対的に所得階層が低いはずである．また主要な議題が産業化と課税に関わっているとすれば，争点は単一次元となり，多数決ルールに基づく議決はより低い所得階層に移った中位投票者の選好に基づくものとなる．こうした立憲的交換が繰り返されていくなかで参政権の拡大が実現していく．

　このようにコングルトンは西欧民主主義の発達を，支配者である王とその統治権限を分担する評議会という 2 つの主体の相互の合意によって，支配者から

議会へと統治権が次第に分与・移譲され，参政権が漸進的に拡大していく過程
として説明する．

2. ルールの重層としての政府

　第 13 章では，1 国内の社会契約において，立憲段階における立憲的ルール
の設定と立憲後段階の意思決定という単純な 2 段階の明示的な政治的意思決定
を想定して論じてきたが，立憲的政府の形成と改変を考えるにあたって，まず
新制度学派（new institutional school）による制度の概念を導入して議論の範囲
を拡張しよう．

　新制度学派によれば，制度はさまざまな行動主体が明示的あるいは暗黙のう
ちに設定するゲームのルールであるとする（North 1990）．ルールは各主体の選
択集合を相互に制限する．これによって互いに相手の行動の不確実性を減らす
ことができるから，取引における不確実性を削減でき，相互の利益となる．ル
ールは互いの行動を制約しあうことで，交換における潜在的な便益を実現しや
すくするのである．

　また，制度には，立憲的ルールと立憲後に多数決で決定されたルールのどち
らもが含まれるが，こうした明示的なルールだけではなく，慣習のような暗黙
のうちに形成されるルールも含まれ，それら全体が重層的に集まって制度を形
成している（川野辺，1998）．

　ひとたび立憲的ルールが選択されれば，各行動主体は新たな相互関係におい
て互いに取引を行うなかで，次第に新しい選択集合に関する知識に習熟してい
く．基礎となる立憲的ルールのもとで新しく獲得した知識に基づいて，各行動
主体は相互の利益を確保するために従属的な準立憲的ルールを形成する．一方，
各主体はより有利な利得を得ようとして共通の目的のもとに組織を形成する．
新しいルールのもとで支配的な組織にとって有利なルールの制定も行われる．
立憲後段階で多数決制度のもとで明示的に行われる従属的なルールの決定であ
っても，前者のルール形成のように，各行動主体の相互の取引費用の減少を目
指したものであれば，明示的あるいは潜在的に全員の賛同で決定されることも
あるが，後者のように特定の行動主体または組織の利益のために形成されるル
ールは，他の行動主体や組織の負担のもとで支配的な行動主体または組織にと
ってのレントの獲得につながる．

　いずれの動機によって形成されるルールも立憲的ルールに対する通常のルールまたは法律に対する施行規則に対応する．こうした従属的なルールが形成されるのは，基礎となる立憲的ルールのもとで取引が繰り返されるうちに個々の行動主体が知識を蓄積し，立憲的ルールのもたらす利益を十分に享受しようとすることに一因があるが，立憲的ルールの制定によって実現した不確実性の一定の減少が，行動主体の相互に取引費用を減少させ，新たなルールの形成に必要な費用が減少することにもよる．この意味で制度は範囲の経済を持つ．また，制度は 1 つの技術であり，ある分野において形成された制度の構成を他の分野に転用することも可能である．その場合，制度の適用される分野が違っていても対象となる行動主体が同一であったり，あるいは共通の選好構造や文化的背景を持っていれば，その制度に対する習熟や受け入れが容易である．同一の社会内にあるさまざまな制度間に同型性が指摘できる．

　さらに，制度に基づいて行動する主体の数が増え，制度に服する行動範囲が広がるほど行動主体相互にとって個々の取引の場面における不確実性は減り，平均的な取引費用が削減できるから，制度はネットワーク外部性を持つ．以上のような特徴を持つ制度は明示的・暗黙的なルールの重層的で補完的な構造を持っており，これらの諸制度群によって構成された社会経済システムは安定性を持っている．

3．制度をめぐる国際間の競争と制度の収斂・多様化 ||||||||||||||||||||||||||||||||

　経済活動が国際的なつながりを持っている状況のもとで，ある国において何らかの原因から制度の変化が生じる場合を考えよう．経済活動のグローバリゼーションの結果，交易条件や国際的資本取引などの変化を通じて各国の経済と国民の利害に影響が生じる．これは利益集団や有権者にとっての利得パターンの変化を意味するから，政治家にとっては制度改変へのイニシャティブをとることで多数派の支持を獲得できる可能性がある．

　1 国内で制度の変化が起これば，国内の行動主体全体のインセンティブ構造に変化を及ぼすが，これによって複数の国の間での相対的なインセンティブ構造が変化し，ふたたび国際間での取引が変化して貿易収支や資本移動等に変化が生じる．ある国で起こった制度変化は他国の既存の制度のもとでの各個人の利得パターンを変化させる．この影響を受けて他国では，政治家が，代替的な

制度のもとでの潜在的利得を目指して政治的競争を行い，制度の改変が促される．

　各国は交易条件や国際的資本取引の制限等の対外的な取引に関する制度の違いによって直接的な影響を及ぼし合う．経済活動のグローバリゼーションが起こると，国内の制度のもたらす相対的な費用構造の差が国際間の財サービスや生産要素の移動により強い影響を与えるために，間接的にも各国の制度間の相互依存性は高まる．したがって経済活動のグローバリゼーションのなかでは政治的競争における制度選択の可能性が一層高まり，各国間の制度の選択をめぐる競争も促進される．これが**制度間競争**である．

　制度間競争の結果，各国の制度は 1 つに収斂するのか，あるいは多様化するのだろうか．制度が持つネットワーク外部性は，各国が制度を共通化することによって同じ制度に属する行動主体相互に潜在的便益が生じることを意味するから，制度の収斂の要因となる．グローバリゼーションは生産要素の各国経済間での移動を容易にし，1 国の経済は急速に地球規模で国際的に連結される．国際間におけるわずかの費用構造の違いも大規模な貿易収支や資本移動の原因となる．世界規模での経済活動は規制や高税率による非効率的な制度的フレームワークを持つ経済を迂回する．その結果，こうした制度のある国では経済活動が停滞して国民経済の規模は縮小する．従来から政治的影響力の強かった既得権集団は，経済規模の縮小を通じて既存制度のもとでの利得を減少させるだけでなく，非既得権集団からの政治的圧力をより強く受けることになる．制度の相互依存性が高まるとき，先進国において特殊な制度構造を形成して産業政策上の利益をあげることが以前よりも困難になるといえよう．

　この結果，経済活動に相対的に高い費用を課す高い法人課税や社会保障移転の高い移転国家は維持が不可能となるし，一国の制度構造の中で，産業保護などの特定の経済部門に対して恣意的に有利な措置をしたり，特定産業への再分配を行うことは，他の経済部門への費用賦課をもたらし，その経済部門の競争力を下げるという反動を生じる．特定の産業保護を通じた再分配の維持は困難になっているといわざるをえない．

　また，グローバリゼーションによる利用可能資源のアクセス費用の低下は，制度のネットワーク外部性を地球規模で拡大する．しかしアクセス費用の低下を個々の経済主体が十分に利用するためには，各国間で共通のインターフェースを持つことが必要となる．金融制度でいえば，国際的な資本市場からの資金

調達を実現するには，匿名の投資家が評価できるような透明性の高い共通の会
計制度やディスクロージャー基準を導入することが必要となる．こうして各国
における市場競争と政治的競争の中で，制度は次第に改変され共通性を持つも
のに収斂していく傾向を持つ．これはハイエクの自然発生的秩序の考え方につ
ながる（Hayek, 1960）．

　しかし制度間競争はその不完全性のゆえに必ずしも制度の収斂をもたらさな
いかもしれない．日常的に財・サービスが繰り返し取引される市場競争とは違
い，制度改革は頻繁に生じるものではなく，行動主体が制度の改変に直面する
ことはまれであり取引費用は高く，その成否には不確実性が伴う．また，制度
間競争は，各国の行動主体の利害が，それぞれの国の政治家への投票を通じて
反映され，その結果，制度改変が引き起こされるという間接的な形をとる．仮
に制度の改変が各国の有権者の多数派の利害にかなうとしても，各国における
政治的な立憲的ルール次第では，制度改革に結びつかないかもしれない．さら
に制度間競争自体には制度の多様性を生み出す要因がある．社会経済システム
全体が同一でない以上，各国の行動主体は異なるインセンティブ構造にあるは
ずであり，そのもとで形成されるルールは各国の行動主体の比較優位分野を確
保するために各国間で異なった形になる可能性がある．これは制度間競争のも
とで，各国の制度選択において制度の差別化による利益が志向されることを意
味する．制度間競争の不完全性や制度改革における差別化志向によって，制度
改革に各国間で多様性が実現する可能性は依然として存続するといえよう（川
野辺, 1998）．

4．立憲的政府の改変

　[囚人のジレンマ]　第13章で述べたように，ひとたび立憲契約がなされ，
立憲後段階における政府の活動範囲，立憲後契約に適用される意思決定ルール，
再分配ルール等が決定され生産国家の段階に入る．生産国家において，あらか
じめ決められた意思決定ルールのもとでさまざまなルールが重層的に制定され，
制度が形成されていく．この過程では，全員が同じ立場に立って立憲的ルール
の制定に合意する前提となっていた不確実性のヴェールが次第にはがれ，各人
の立場の違いが明らかになってくる．この結果，各人は多数派を形成して，少
数派の負担のもとに自分たちの利益を獲得できるような立憲後ルールの制定を

図 14-1　囚人のジレンマと立憲的契約

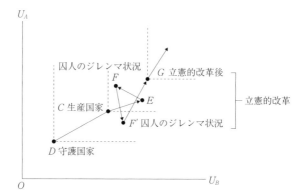

求めるレントシーキングが生じる．レントシーキングが少数派の負担のもとに多数派の利得を得るものであり，相互の純利得を生み出さないだけでなく，純損失の生じる非効率なものであるとすれば，また，多数派が立憲後契約の個別の案件ごとに循環するとすれば，社会は囚人のジレンマに陥ることになる．

　この状況は**図 14-1** で示される．立憲契約が成立して生産国家が設立され（C），さらに立憲後契約において各人にとって共通の利益となる準立憲的なルールが整備されていくなかで，相互の利益が実現する（E）．しかし，立憲後契約において各人はレントシーキングによって他人の負担のもとに差別的な利得を得ようとする（F）．このことが繰り返されレントシーキングの利益を得る多数派が循環すれば，誰もが，かつて得ていた利得を失う．レントシーキングのもとでは，E から発する垂直と水平の点線で区切られた右上の領域が実現できなくなったり，生産国家の設立時には実現していた利得すら失うものが出る（F'）可能性もある．これが囚人のジレンマ状況である．こうした状況から抜け出すには，各人がレントシーキングをともに断念するという相互の制約を全員一致で受け入れて，E' に戻るか，全員の利得をともに改善するような新たな立憲的ルールを導入する必要がある（G）．これが**立憲的改革**である．

　ブキャナンをはじめとするヴァージニア学派の研究者が主張した均衡予算憲法修正や一般性原理に基づく課税原則，政府活動の制約はレントシーキングの結果，囚人のジレンマに陥った状況を立憲的なルールの改変によって右上の方

向に改善させる立憲的ルールの案である．しかし，囚人のジレンマが生じてお
り，全員の利得を改善する立憲的ルールの案が存在するからといって，立憲的
改革が実現するとは限らない．全員が一致して，あるいは現実的にいえば圧倒
的多数の個人が一致して立憲的改革を実現するためには，さらにいくつかの条
件が必要である．

　まず立憲的改革は，いかに半永久的な立憲的ルールの改変を対象にするとは
いえ，概念上の国家を設立するときに想定したような不確実性のヴェールを各
人にあてはめることは難しい．特に既得権を得ている個人は囚人のジレンマに
陥っていることを認識しているとしても，短期的には既得権を手放すことに抵
抗は大きい．したがって，既得者の抵抗を弱めるとともに，圧倒的多数の個人
の賛成を得ることが立憲的改革にとっては必要である．まず，タロックが主張
したようにレントシーキングの実態は負担をかける他のグループに対しては秘
匿されるという情報の非対称性がある．ここから，レントシーキングを排除す
る立憲的改革の実現性を高めるには，レントシーキングによる不利益の実態を
多数の個人が知ることが必要である．また，個々のレントシーキングが排除さ
れても，ここから得られる利益が小さければ，立憲的改革に必要な賛成を得る
ことができない．個々のレントシーキングを1つずつ排除するのではなく，一
括した制度改革を行えば，立憲的改革による利益も大きくなり多数の個人にそ
れが認識しやすくなる．また，類似したレントシーキングを一括して同じルー
ルのもとに排除することで公平性がうたえる．一括した立憲的改革は当事者で
あるレントシーカーの数を増大させ，潜在的な反対者を増すことになるが，公
平性の主張はレントシーカーの反対を困難にする．

　さらに，立憲的改革において各人が負担する費用を削減することも有効であ
る．既得権者に対しては補償，既得権を時限的に認めるグランド・ファーザー
条項を設定すること，準備期間を長くとることで各人に制度改革に対応して身
構える余地を与える方法などが挙げられる．一方，新しい立憲的ルールが導入
されることは全員にとって費用負担の増大を招く．新制度に見合った対応が永
続的に必要なだけではなく，初期投資も必要であり，学習・習熟にも費用がか
かる．わかりやすい立憲的ルールの導入や手順を踏み，十分な時間をおいて立
憲的な改革を行うことで，初期費用を削減できれば，立憲的改革において生じ
る費用負担が圧縮される．

[**相互の潜在的利益の拡大**]　囚人のジレンマからの脱却だけが立憲的改革の実現につながるわけではない．つぎに，立憲的改革の実施例としてEUの経済統合を取り上げて検討しよう．

2度にわたる世界大戦の震源地となったヨーロッパ諸国は，第2次世界大戦終結直後から経済のみならず政治的な統合をも視野に入れた地域統合を目指してきた．その動きが20世紀末になって一気に進んだのがEU経済統合である．

グローバル化の進行の中で，各国の経済は相互依存関係を強め，1国の立憲的ルールが国内の経済状況に影響を与えるだけでなく，他国の経済に対しても国際的な影響をもたらすようになってきている．1980年代以降に進行してきたグローバル化の最大の要因はデジタル技術の革新に伴う情報，財・サービス，労働の移動費用，アクセス費用の劇的な低下である．このことが，地球規模での経済活動の結合と市場競争の拡大を可能にする．技術革新の成果を効果的に取り込めるように立憲的ルールを改変することは，国民の長期的な潜在的利益の向上につながる．

EUの経済統合は，各国が全員一致で締結する国際協定であり，立憲的改革の研究対象となる．EUの経済統合は，参加国相互にまた域外諸国に対して，経済取引の共通インターフェースを成立させることで広大な市場の成立を目指すものである．国際的な経済活動の相互依存性が高まれば，外国の経済変動が為替レートの急激な変化や金融取引，財・サービスの取引の急変を通じて自国経済に影響を与える度合いが強まることを意味する．これに対して，域内各国が**通貨統合**を実現し，域内の為替変動リスクをなくし，各種取引のルールを統一してヒト・モノ・カネ・情報の生産要素の移動費用を低下させれば，域内に大きくフラットな市場を創造することができ，取引費用の低下によって域内取引の割合が増せば，域内経済の生産性は上昇し，経済活動は活性化する．

欧州統合を進める契機となった**マーストリヒト条約**（1993年発効）において，欧州中央銀行（European Central Bank）と欧州中央銀行制度（European System of Central Banks: ESCB）が設置され，加盟国内に単一通貨制度を導入するEMU（European Monetary Union）が創設された．マーストリヒト条約では，EMUに参加を表明する各国に厳しい経済収斂条件が課された．この条件は，①消費者物価ベースのインフレ率が1年以上にわたって最も低い3ヵ国の平均インフレ率に1.5％を加えた数値内に収まっていること，②財政赤字が対GDP比3％以内であること，③政府債務残高が対GDP比60％以内であること，④

加盟申請以前最低 2 年間は加盟国相互間の為替レートで 2.25% の変動幅を維持し，通貨の切り下げを行っていないこと，⑤長期金利水準が 1 年以上にわたって物価安定において最も優れた 3 ヵ国の平均金利に 2% 上乗せした水準以内にあることからなっている．金融・通貨面では，ECB の設立に向けて次第にこの収斂規準が実現されていくのに対して，財政政策は各国に実施権限がある．そこで，1997 年の安定成長協定（Stability and Growth Pact: SGP）において，欧州委員会に加盟国の財政運営を監視して，財政赤字が GDP 比 3% を超えるユーロ参加国には制裁措置を科す権限を与えることとした．

　通貨統合にあたって**マーストリヒト収斂基準**が設定された理由はつぎのとおりである．変動相場制のもとでは，各国のインフレ率，金利の違いは国際取引に影響を与える．ある国のインフレ率が相対的に高まれば，輸出価格は上昇し輸出量を減らして，経常赤字を作り出し，為替相場は低下する．また，金利が相対的に高まれば，海外から資金が流入して為替相場を押し上げる．また財政赤字が巨額になれば，金利を上昇させ，これを通貨供給によって調達使用すれば，インフレ率が高まったり，通貨自体の信任が失われ，為替相場は減価する．このように，インフレ率，金利，財政運営は為替相場と密接に結びついているが，為替相場での調整ができない単一通貨制度のもとではこれらの値が加盟各国でばらばらになれば，ECB は域内のインフレ率を一定に保つ政策を実施できなくなってしまう．このために，単一通貨制度の実施前に各国経済の経済実態が収斂することが必要なのである．

　経済財政運営に関わる条件をあらかじめ設定し，通貨統合への加盟希望国に財政赤字や政府累積債務の対 GDP 比やインフレ率，長期金利水準の上限などの指標の達成を義務づける手法は，通貨統合にとって経済的に必要であるだけではない．加盟各国にとっては，国内で政治的反対が多く，容易に手をつけることのできなかった財政規模の縮小や赤字削減，インフレ抑制等を，全員にとって潜在的な利益の実現が見込まれる経済統合を契機として発議することで，反対の政治的圧力を和らげ，肥大化した政府部門と財政赤字が民間経済部門にもたらしている負担を軽減し，政策運営の自由度を高めることができる．これは各国の政権担当者にとって共通の利益である．

　EU 参加国は通貨統合という目標のもとに，長い時間をかけてこれらの制度改革を各国に課して，その実現状況の報告を受け，評価をし，勧告をし，次第に各国の経済状態を収斂させてきた．EU 通貨統合に至る各国の一連の制度改

革のプロセスは，各国が互いに制約を課し合い、通貨統合に参加できるかどうかという条件を等しく共有することで，国内のレントシーキングを抑えるだけではなく，各国の単一通貨制度へのフリーライドを制限しあってきたものであった．

通貨統合による為替リスク解消の成果はただちに現れた．EU の中核となるドイツ，フランス，ベネルックス 3 国は，為替リスクの解消によって域内の貿易を活性化するだけでなく，EU 周縁部の各国に低労働費用を求めて進出し，資本を注入した．また，EU 周縁部の各国は，投資を受け入れた経済成長が続くなかで，マーストリヒト収斂規準の達成によって得た市場の信認と為替リスクの解消から，以前に比べて相対的に低い金利での資金調達ができるようになり信用を膨張させた．

しかし，EU の安定成長は長くは続かなかった．各国におけるインフレ率や失業率の違いは解消されず，景気循環のタイミングも異なったままであり，とりわけ 2007 年のサブプライムローン危機がヨーロッパに波及すると物価安定を専一の目標とする ECB の金融政策に対する批判が高まった．EU の景気後退は周辺部の加盟国の経済危機をもたらした．

通貨統合のもとで生じたヨーロッパ経済危機を立憲的改革としての問題点として検討してみよう．ギリシャは，通貨統合に参加するにあたってのマーストリヒト収斂条件を示す経済統計が政治的に操作され，収斂条件を満たさないまま通貨統合に参加している．さらに，参加後も公務員の人件費を拡大し，法秩序の不徹底のもとで脱税が横行し歳入を拡大することができず，財政赤字は増加を続けた．経済安定協定は，対 GDP 比 3 ％を超える財政赤字を続ける国には，制裁を科すことになっているが，実際には，通貨統合後に収斂規準を満たさなかった国が多くあったにもかかわらず，制裁が行われず，ギリシャは通貨統合へのフリーライドを続けてしまった．財政赤字の拡大のなかでギリシャは国債を増発し，EU 中核国の金融機関は為替リスクはないが自国国債に比べて相対的に金利の高いギリシャ国債を大量に購入した．しかし，ギリシャ財政の実態が明らかになり，国債の償還が困難になるとの予想から国債価格は急落して金融機関は多額の損失を被ることになった．ギリシャ危機の原因はギリシャの放漫な財政運営にあり，緊縮財政を行わない限り問題を解決できないが，国民の意思を背景に，ギリシャ政府は債務不履行と EU 離脱を切り札として抵抗を続けた．最終的には 2019 年にギリシャ政府が EU の支援と引き換えに緊縮

財政を受け容れることでギリシャ危機は決着した．しかしこの間に，EU 域内では反 EU 政党が台頭し，2020 年のイギリスの EU 離脱にいたった．

　EU 経済統合は漸進的に形成されたが，通貨統合がなったあとに比較的短時日で加盟国の経済破綻という事態をむかえ修正を余儀なくされた．立憲的改革として通貨統合を考えれば，参加者全員にとって為替リスクからの開放という統合の利益が明示的に示される場合に立憲的改革への合意が生じていることに注目すべきである．全員一致の合意形成には，単に囚人のジレンマ状況にあるというだけでなく，全員にとって利益となる立憲的ルールの開発が有効である．

　ギリシャの債務危機の発端は，EMU 加盟の際の虚偽申告というフリーライド問題であったが，これを事前に察知することは難しい．また加盟後に財政赤字が収斂基準を超えても欧州委員会は罰則を科さず，放漫財政が放置されたことも事態を深刻化させる原因になった．

　さらに，ひとたび EMU に加盟すれば，加盟各国の相互依存関係は増していくから，相互制約を守らない国が出た場合に，たとえ EMU からの排除が制度上可能であったとしても実現は難しい．

　加盟国のフリーライドについては，国際間の協定では EU 内で独立の強制力を持つ欧州委員会においてさえ，各国経済の実態を知ることは困難であり，さらに立憲的改革が実現したあとでは，各国は安定成長協定のクリアーに消極的になり，その遵守を求めるのが難しいことも明らかになった．

　EMU 加盟国の経済危機は，通貨統合がされたものの，財政運営は各国の権限のもとに行われ，改善のための勧告はなされてきたものの，各国の思惑のなかで強制力は発揮できなかったことに一因がある．それならば，欧州委員会に強力な権限を与える改革を行うことが必要なのだろうか．その場合に，各国の国民から独立した欧州委員会をどのようにチェックすることができるのだろうか．これは，欧州委員会の 1 万 5,000 人を超えるという官僚組織の統治問題でもある．

　しかし，より根本的な経済危機の原因は，通貨統合下の EMU 加盟諸国間では，最適通貨圏の議論が前提とするような生産要素の移動や価格の調整が遅れたり，十分ではなかったことにある．これらは多分に，福祉政策の違いや労働規制の違い，財・サービスに対する規制の違いが影響している．通貨統合に至る立憲的改革の段階で，これらの規制を撤廃することが必要であった．しかしまた，EU がこうした規制を撤廃して幅広い制度の統一化を進むことは，国家

主権の放棄につながり，加盟国の強い反対が予想される．EU は当初の 6 ヵ国からしだいに加盟国を増加させて，現在では東欧の旧社会主義国を含む 27 ヵ国がメンバーとなっている．加盟国の拡大は前述のとおり中核国と周縁国に相互の利益がある．しかし，その利益は 2 つの国家グループ間の差異を前提としたものであり，制度の柔軟な調整が行われるならば次第に消滅していくはずのものである．制度調整の柔軟性が実現できないとすれば，結局は，制度の統合がなされやすい類似した国々の間での単一通貨制度の導入が望ましいことになる．このことは，立憲的改革の対象をどこに置くかという問題の重要性を示している．

　他方で，デジタル市場の統合を目指した立憲的ルールの形成も進んでいる．2018 年に施行された**データ保護規則**（the General Data Protection Regulation: GDPR）は，EU 内のすべての個人が自身の個人データをコントロールする権利を持つことを前提に，個人データの移転と処理について公的部門・民間部門を包括的に規制し，その遵守を独立の規制機関下で監督する．データプライバシーをめぐる技術的，社会的経済的環境の変化に基づいて，個人データ保護規制を強化し統合することを意図した規則である．

　　[**立憲的ルールの改変をめぐる外生的要因と内生的要因**]　既存の立憲的ルールのもとで囚人のジレンマ状況が生じているとしても，立憲的ルールの改変が実現するには，既存の立憲的ルールにとって代わられる新しい立憲的ルールが立憲的政府の主要な成員の潜在的利益となる場合に提起され，あらかじめ定められた立憲的ルールの改正手続きをクリアーする賛成を得られる場合に実現する．コングルトンが議会制度の発達を説明した王－評議会の概念枠組みも，また EU の通貨統合の例がそれを示している．

　その契機は工業化やデジタル化などの技術革新，自然環境の変化，他国との軍事競争などの外生的要因の発生が挙げられるが，立憲的ルールを改変する際の意思決定主体である有権者内部の内生的変化も要因となるかもしれない．高齢化の進展で有権者の年齢構成等が変化すれば，関心事となる課題の領域が変わるかもしれない．その社会において各人が長く経済停滞を経験してきたか，成長を経験してきたかによって各人が予想する将来起こる事象の範囲，他の個人がとる行動の範囲，確率分布についての予想についても違った想定を持つかもしれない．安定した社会が続けば各人は相互認識を高めて他人への思いやり

が増すかもしれないし，政府に対する信頼感も増す．急激な自然環境の変化や社会経済環境の変化は各人を巡る出来事は不確実性を増す．立憲的ルールの改変にあたって，各人は行動経済学が主張するような系統的バイアス（systematic bias）を持ち，不確実性に対する備えをより重視する態度をとるかもしれない．こうした外生的要因と内生的要因が結びついて，立憲的ルールの改変の方向に影響を与える．

■注

1）　王と評議会の分析枠組みにおいて統治者から議会へ権限が分与され参政権が拡大していく過程は，監訳者あとがきに簡潔に整理されている（Congleton, 2011，邦訳 pp. 428-）．

■参考文献

Brennan, Geoffrey (2014), "The reason for 'the reason of rules'," *Constitutional Political Economy*, 25, pp. 103-109.

Brennan, Geoffrey and Eusepi, Giuseppe, eds. (2009), *The Economics of Ethics and the Ethics of Economics: Values, Markets and the State*, Chesterham: Edward Elgar.

Caplan, Bryan (2008), *The Myth of the Rational Voter: Why Democracies Choose Bad Policies*, Princeton: Princeton University Press（長峯純一・奥井克美監訳『選挙の経済学：投票者はなぜ愚策を選ぶのか』日経 BP 社，2009 年）．

The Comparative Constitutions Project (CCP), https://comparativeconstitutionsproject.org/chronology/ (2019/10/5).

Complete guide to GDPR Compliance, htpps://gdpr.eu (2021.5.7)

Congleton, Roger D. (2011), *Perfecting Parliament: Constitutional Reform, Liberalism, and the Rise of Western Democracy*, New York: Cambridge University Press（横山彰・西川雅史監訳『議会の進化：立憲的民主主義の完成へ』勁草書房，2015 年）．

Congleton, Roger D. and Swedenborg, Birgitta, eds. (2006), *Democratic Constitutional Design and Public Policy: Analysis and Evidence*, Cambridge: The MIT Press.

North, Douglass C. (1990), *Institutions, Institutional Change and Economic Performance*, New York: Cambridge University Press（竹下公視訳『制度・制度変化・経済成果』晃洋書房，1994 年）．

North, Douglass C. (2005), *Understanding the Process of Economic Change*, Princeton: Princeton University Press（瀧澤弘和・中林真幸監訳『ダグラス・ノース　制度原論』東洋経済新報社，2016年）.

Rasch, B. E. and Congleton, R. (2006), "Constitutional amendment procedures," in Congleton, R. and Swedenborg, B., eds. (2006), pp. 319-342.

川野辺裕幸 (1981),「公共選択論と社会的選択論」『三田学会雑誌』74(1), pp. 41-52.

川野辺裕幸 (1998),「制度改革の協調・収斂と多様性」『公共選択の研究』第30号, pp. 18-26

川野辺裕幸 (2007),「立憲的政治経済学と政策提言」『公共選択の研究』第48号, pp. 67-71.

川野辺裕幸 (2014),「ヴァージニア学派の誕生」『公共選択』61, pp. 34-50.

川野辺裕幸 (2016),「規範的立憲的政治経済学と経済政策論」『公共選択』65, pp. 128-148.

川野辺裕幸 (2020),「立憲的政治経済学の出発と展開，未来」『公共選択』73, pp. 49-67.

白井さゆり (2011),「第6章　EUの通貨統合と金融・財政政策の規律」香川敏幸・市川顕編著『グローバル・ガバナンスとEUの深化』慶應義塾大学出版会.

関谷登 (2002a),「第6章　制度の進化と政策：ハイエクとブキャナン」赤澤昭三・関谷登・太田正行・高橋真『制度の進化と選択』八千代出版.

関谷登 (2002b),「第7章　比較制度分析としての公共選択：レント・シーキングの政治経済学」赤澤昭三・関谷登・太田正行・高橋真『制度の進化と選択』八千代出版.

横山彰 (1995),『財政の公共選択分析』東洋経済新報社

第15章　政権選択

1．立憲的政治経済学における政権選択

　民主主義国家では，市民が選挙で一票を投じることで，次の政権を担う政治家や政党を選択する．立憲的政治経済学の二段階契約の考え方に基づくと，憲法や選挙等の諸制度に関する決定が一段階目の立憲契約であり，政治家や政党を選挙で選出することが二段階目の立憲後契約を意味する．つまり，政権選択とは立憲後契約に該当するものの，立憲契約に根差したものといえる．さらにいえば，政治家や政党が景気や歳出に有意な影響を与えるならば，経済や財政の状況は立憲契約と立憲後契約を踏まえた集合的意思決定の結果とも解釈できるだろう．これらの立憲的政治経済学の観点を踏まえると，ある国の経済状況や歳出水準に関する分析では，社会における各主体（政治家・官僚・市民など）の合理的選択だけでなく，選挙制度や政治体制等も考慮する必要がある．

　公共選択論では，選挙日程や政治状況が景気循環や予算水準に及ぼす影響について，与党議員が再選確率を上げるための得票最大化行動によるものと考える．実際，政治家は選挙時期に合わせて，経済状況の改善や経済政策の実施を試みて，有権者からの支持を獲得しようとしているかもしれない．その結果，政治的な選挙日程が景気循環や予算水準に影響を及ぼすことを「**政治的景気循環**（Political Business Cycle）」や「**政治的予算循環**（Political Budget Cycle）」と呼ぶ．

　多くの先行研究が政治的景気循環や政治的予算循環の有無を検証してきた．最近では政治的景気循環や政治的予算循環の有無は研究成果によって異なり，その発生の条件は立憲的ルールや財政・金融の制度，社会経済状況によって違うことが明らかになっている．これらの研究の背景には，景気循環や予算循環の歪みが政治日程や諸制度から生じることで，経済的・財政的効率性が阻害されていないだろうか，という問題意識が根底にあると思われる．この結果，政治的景気循環や政治的予算循環は公共選択論のなかで研究蓄積が進んでいるテ

ーマの1つになっている.

　そこで本章では，政治的景気循環や政治的予算循環の基本的理論を説明する
とともに，国内外の研究成果を踏まえて，立憲的ルールや財政・金融制度の差
異が経済や財政に与える影響を紹介する[1].

　本章の構成は以下のとおりである．続く第2節では，政治的景気循環の理論
を説明したうえで，海外や日本での研究成果の一部を紹介する．第3節では，
政治的予算循環の考え方を政治的景気循環との対比から整理したうえで，その
存在の有無を国内外の先行研究から確認する．第4節では，最近の研究成果か
ら政治的景気循環や政治的予算循環が立憲的ルールから受ける影響について整
理する．第5節では，市民の政権選択の基準と立憲的改革の可能性について説
明して，本章のまとめとしたい.

2. 景気は選挙に左右されるのか

2.1　政治的景気循環

　景気循環と選挙時期に着目した先駆的研究は，アレシナ（A. Alesina），フラ
イ（B. S. Frey），ノードハウス（W. D. Nordhaus）らによって行われてきた[2].
彼らは，図15-1 のような失業率とインフレ率との間にトレードオフの関係を
前提にしたフィリップス曲線を基に議論している[3]．例えば，失業率の減少は
有権者にとって一般的に喜ばしいことであるが，それは同時にインフレ率（物
価）の上昇を招くことになる．政治的景気循環の議論では，有権者にとって失
業率やインフレ率が政権選択をするうえで代表的な経済指標であることが仮定
されているのである.

　フライ（B. S. Frey, 1978） の議論をベースに，政治的景気循環が生じるメカ
ニズムについて説明するとつぎのようになる．図15-2 はフィリップス曲線に
ついて，短期のものとして S，長期のものとして L を描いたものである．さら
に，有権者が失業率とインフレ率で現政権を評価したときに，その組み合わせ
で現政権への得票率が定まることを表す等曲線として，V_1 と V_2 を加えている.
なお，失業率とインフレ率が高まると政府への支持は下がることを仮定すると，
原点から離れる等曲線ほど政府の得票率は低いことになる．このため，V_1 上
での失業率とインフレ率の組み合わせで政府の得票率は48%であるのに対し，
V_2 上での失業率とインフレ率の組み合わせで政府の得票率は52%になる.

図 15-1　フィリップス曲線

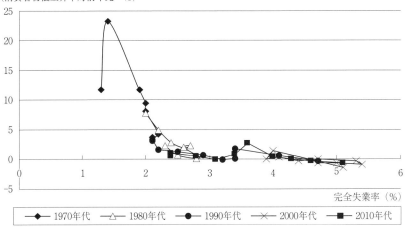

インフレ率
（消費者物価上昇率対前年比：%）

完全失業率（%）

◆── 1970年代　　△── 1980年代　　●── 1990年代　　✕── 2000年代　　■── 2010年代

（注）　インフレ率については消費者物価上昇率対前年比を用いている.
（出典）　『労働力調査』（総務省），『消費者物価指数』（総務省）より筆者作成.

　ここで，いま初期の経済状態が長期フィリップス曲線と短期フィリップス曲線の交わる点 A にあるとしよう．このとき，点 A は V_1 とも接している．つまり，失業率とインフレ率で表される点 A の経済状況では，現政権の得票率は 48% であることを意味する．仮に，二大政党による選挙を想定すると，与党は得票の過半数を獲得することができず，野党に政権を明け渡すことになる．また，二大政党制でなくとも選挙結果が不確実であるほど，現政権は得票最大化の行動をとると予想される．与党は得票率 52% を達成する V_2 と短期フィリップス曲線が接する V^* まで失業率を下げるために，さまざまな経済政策を選挙前に行うであろう．なお，失業率とインフレ率はトレードオフの関係にあるから，仮に失業率を下げることだけを目標に点 A から V^* を越えて点 B まで経済状況を変化させると，S は再び V_1 と交わることになる．つまり，インフレ率が高くなりすぎて，現政権が獲得できる得票は変わらないことになる．したがって，現政権は経済状態を V^* にしたうえで，選挙時期を迎えることが望ましいことになる．

　ただし，V^* は短期フィリップス曲線（S）上にあるため，選挙後にも長期に

図 15-2　フィリップス曲線と政府の得票率

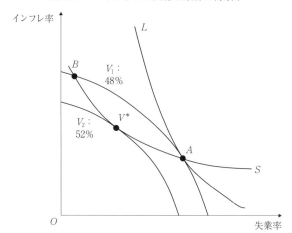

（出典）　Frey（1978）を基に，筆者作成.

わたってその経済状態を維持することはできない．例えば，失業率を短期的に下げるために積極的な財政政策を行ったとしても，選挙後にも歳出拡大をすることは財政の持続可能性を損なうことになる．政府はある水準までに歳出規模を縮小せざるを得なくなるのである．このため，経済状態は自然と長期フィリップス曲線（L）上のある点まで戻るであろう．その結果，選挙後に失業率は上昇し，インフレ率は低下することが予想される．

　このような状況が選挙のたびに起こるとすると，失業率とインフレ率は図15-3のように選挙時期を軸とした循環をたどると考えられる．失業率は選挙時期に最も低い水準になり，選挙後に上昇する．その一方で，インフレ率は選挙時期に最も高い水準に達し，選挙後には低下する．この循環が選挙実施のたびに繰り返されるのである．特に，アメリカの大統領選挙のように，選挙時期が4年に1度と決められている場合，政治的景気循環は規則性を持って生じるとされている．

2.2　党派的景気循環

　政治家や政党が固有に持つ「党派」に着目して，景気循環が発生することを「**党派的景気循環**（Partisan Business Cycle）」と呼ぶ．例えば，アメリカのよう

図15-3　選挙のタイミングと失業率・インフレ率の変化

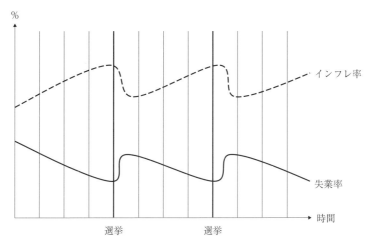

（出典）　Frey（1978）を基に，筆者作成.

に共和党と民主党では経済政策に対するスタンスはまったく異なるといわれ
る[4]．共和党は選挙時に失業率の低下よりも，インフレ率の抑制を主張する，
と考えられる．一方で，民主党はインフレ率の抑制よりも，失業率の低下を主
張する傾向にあるといわれる．これらの政党による経済政策の違いは，政党支
持者の選好の違いに起因すると思われる．つまり，アメリカの共和党支持者に
はインフレ率の上昇を好まない有権者が多く，民主党支持者には失業率の改善
を求める有権者が多いことになる[5]．

2.3　政治的景気循環の発生条件

　党派的景気循環も含めた政治的景気循環仮説が生じる条件として，フライ
（1978）はつぎの3点を挙げている.

（1）　有権者の時間的視野の限界

　政治的景気循環仮説が成立するには，有権者が選挙において近視眼的に政権
選択をすることが前提となる．つまり，選挙の際に将来的な景気悪化が予想さ
れたとしても，現政権の経済政策によって景気が上向いたならば，有権者の多
くは直近の経済状況を見て投票すると想定されている．有権者にとって直近の
生活改善こそが最優先に解決すべき課題であり，将来の景気悪化といった長期

の課題はいつでも後回しになるのである．

(2)　現政権の時間的視野の限界

もし，現政権が選挙に勝ち続けることを確信しているならば，政治的景気循環は生じるだろうか．おそらく，民主主義制度が採用される多くの国では，政権与党は選挙のたびに野党と票の獲得競争に直面することになる．与党は次期選挙後も政権維持の不確実性を常に有しているのである．このため，どのような政権であっても，得票最大化のためには選挙時期を見据えて，景気対策を実行すると考えられる．

(3)　タイムラグの利用

インフレ率の上昇は生産の増加から失業率の減少後に概ね生じるといわれている．与党は次の選挙で政権維持が困難と考えた場合，このタイムラグを利用するかもしれない．つまり，現在の与党は，得票最大化を目指して選挙前までに財政支出の拡大から失業率の減少を実現しようとするものの，選挙後のインフレ率上昇に配慮しないおそれがある．なぜなら，選挙後に政権交代が生じた場合，インフレ抑制に苦しむのは政権を奪った野党になるからである．前政権は選挙後に野党に転じても，巧妙な財政運営によって近い将来に行われる選挙で勝利する確率を高めておくことができる．

ただし，個人の合理的期待形成を前提にしたモデルとこれらの条件は必ずしも調和しない．このことは，政治的景気循環仮説の研究が世界各国で数多く行われている一因といえよう．

2.4　中央銀行や金融制度の影響

ノードハウス（Nordhaus, 1975）のモデルでは，インフレ率が政府行動を表す一変数であることを踏まえると，金融当局から政治的影響力を分離すれば，政治的景気循環は発生しない可能性がある[6]．ただ，アメリカ合衆国やドイツでは中央銀行の独立性を保持しながら金融政策を行っても，政治的景気循環が生じる場合があることも指摘されている[7]．政治的景気循環が生じる背景には，中央銀行の独立性が法律上正当化されたものか，それとも，中央銀行の政策対応から事実上規定されたものであるか，という差が影響していると考えられる．例えば，政府は中央銀行の政策委員に誰を任命するかによって，その独立性を直接的に操作できる[8]．

また，各国における金融制度の違いが政治的景気循環の発生や大きさに影響

することが近年の研究で明らかになってきた．具体的には，外国為替制度が固定相場制の場合，国内の金融政策が制限されることで，選挙時期に合わせた金融政策の操作を予防できる，と考えられる[9]．実際，固定相場制を採用する国では，外国為替相場の安定が重視されているため，外国為替相場は選挙における再選を目指す政府にとって好ましい政策ツールとなりえない．ただし，固定相場制の国では金融政策よりも財政政策から政治的景気循環や政治的予算循環を生じさせようとするかもしれない．

2.5　日本にも政治的景気循環仮説は当てはまるのか

　わが国の選挙制度が諸外国と大きく異なる点は，実質的な政権交代が行われる衆議院選挙の実施時期は総理大臣によって決定される場合が多いということである．ノードハウスらは，選挙時期があらかじめ決められていることを想定して議論していた．猪口（1983），Ito and Park（1988），Ito（1990），土居（1998）などでは，選挙時期が総理大臣によって決められるという点を踏まえて，衆議院選挙と景気循環の関係について実証的な分析をしている．これらの研究結果では，わが国の衆議院選挙の時期は景気の良いタイミングを見計らって行われることが明らかにされている．このような現政権の行動を「**政治的波乗り**」や「**日和見的行動**」と呼ぶ[10]．

　図 15-4 は，わが国の景気循環における拡張期と後退期ごとに，衆議院選挙，参議院選挙，統一地方選挙の実施回数を整理したものである[11]．衆議院選挙と統一地方選挙は景気拡張期で顕著に多いことが，図 15-4 からわかる．衆議院選挙は，景気循環の日付が示されている期間で 24 回行われている．このうち 20 回が景気拡張期に選挙が行われている．また，統一地方選挙では，景気循環日付が確定している期間内で 17 回の選挙が行われた．このうちわずか 3 回が景気後退期で行われており，それ以外の選挙は景気拡張期に実施されている．一方で，参議院選挙は 23 回行われ，景気拡張期に行われたのは 12 回である．

　衆議院選挙の実施時期を決める解散は，総理大臣にとって自らの政権の命運を左右する重大な決断である．先行研究の結果を踏まえると，総理大臣は経済状況を冷静に見極めて選挙時期を選択していることになる．図 15-4 のように，衆議院選挙が景気拡張期に多く実施されていることは，政治的景気循環仮説によって説明できるかもしれない．

図15-4　景気循環と選挙時期の関係

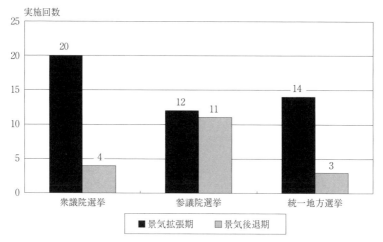

（出典）　内閣府景気動向指数研究会で示される景気基準日付を基に筆者作成.

　土居（1998）では，わが国で選挙時期が3年に1度決められている参議院選挙についても，政治的景気循環仮説の存在を検証している．その結果，インフレ率で政治的景気循環が見られるものの，経済成長率では選挙時期との関連性が確認されていない．日本の国会では，予算決定や総理大臣の議決において，参議院よりも衆議院を優先することが決められている．したがって，政権与党は参議院選挙よりも衆議院選挙を政権選択の選挙として位置づけて，選挙時期と景気状況に配慮していることが予想される．図15-4において，衆議院選挙の実施が景気拡張期に多い一方で，参議院選挙の実施は景気動向と無関係に見えるのは，両院における役割の違いが影響していると考えられる．

3．予算は選挙に左右されるのか

3.1　政治的予算循環

　政治的景気循環仮説では，フィリップス曲線の存在をベースにして，政治家が財政・金融政策を通じて景気を刺激することで市民へ間接的に政策実現力を示していた．得票最大化を目指す現職議員は市民へ政策の実績を示すため，まず財政支出への決定について介入する．ただ，政府が財政支出を行っても，選

挙時期までに景気が確実に回復する保証はない．現職政治家は政策を実施することの方が景気上昇を実現するよりも，市民へ直接的に政治力をアピールすることにつながると考えるかもしれない．このため，選挙時期は景気よりも財政支出に影響を及ぼすと予想される．また，政治的景気循環仮説で仮定されたフィリップス曲線の存在について，懐疑的な研究もある．

　これらの政治的景気循環仮説の課題を受けて，ロゴフ＝サイバート（Rogoff and Sibert, 1988），ロゴフ（Rogoff, 1990）らは，フィリップス曲線の存在を前提とせずに，政治家による財政への政策介入をより直接的に検証する仮説として，政治的予算循環の存在を主張した．彼らは，現職政治家の手腕に関して政治家と市民との間に「**情報の非対称性**」が存在することを前提とする[12]．一般的に，どの政治家が政策決定に関与し，その能力を発揮したのかを市民が判断することは難しい．そのため，選挙時期になると政治家は歳出拡大や減税を行うことで市民に自らの能力をシグナルとして伝えようとする．

　ただし，歳出拡大や減税を選挙後にも長期に維持することは財政規律に配慮すれば難しいと思われる．このため，政府は選挙を終えると，予算・歳出を選挙前の状態に戻すことが予想される．これらのことが選挙のたびに行われると，財政規模や財政赤字に循環性が生じることになる[13]．なお，二大政党制で与野党が選挙で拮抗しているときに，この政治的予算循環が顕著に見られるようになるといわれる[14]．

3.2　財政制度の影響

　ストレブら（Streb, et al., 2009）では，政治制度や選挙制度が国によって異なっていても，チェックアンドバランスが働かなければ，政治的予算循環はどの国でも生じる場合があることを明らかにしている．その結果，法令順守を高い水準で維持できている国では，議会の財政に対するチェックアンドバランスが政治的予算循環を調整しうる，と結論づけている[15]．ただし，政治家は得票最大化に基づいて行動するため，議会がいつでも財政状況を正しく監視できるとは限らないだろう．実際，均衡財政を実現するための憲法やルールの必要性が公共選択論では議論されてきた．

　政治的予算循環も財政に関する憲法や制度による影響を受けることが明らかにされている．シュナイダー（Schneider, 2010）はマーストリヒト条約で政府債務残高対 GDP 比 60％以内と規定されるドイツの各州について政治的予算循

環仮説を検証している．分析の結果，社会保障関係費は2%増加するものの，歳出総額の増加や財政赤字は選挙時に発生していなかった．また，ローズ（S. Rose, 2006）ではアメリカ合衆国の各州において均衡財政ルールの違いに着目して分析したところ，ルールのある州では選挙時の赤字を縮小させていることを示した．特に，財政赤字を翌年度に持ち越さない，という厳しいルールがある州では財政黒字を達成する場合もあり，均衡財政ルールの内容も財政状況に有意に影響することがわかった．

　その反面，均衡財政ルールが政治的予算循環を完全に排除できない，という研究もある．ベニートら（Benito, et al., 2013）では，1994〜2009年までのスペインの市町村を対象に，政治的予算循環について分析している．その結果，均衡財政ルール導入のもとでは財政赤字が選挙前年に大幅に減少するものの，選挙実施年に拡大する傾向があることを明らかにした．ベニートら（2013）は，現職の政治家が均衡財政ルールのもとでも選挙時に歳出増・歳入減を実現するため，選挙のない時期に財政的余力を創ろうとしていることを示唆している．

　したがって，財政均衡ルールが政治的予算循環に影響する場合は，国や地域，財政ルールの内容によって異なるため，その効果は限定的であるといえよう．

3.3　わが国で政治的予算循環は生じているのか

　わが国における政治的予算循環については，土居（1998）が先駆的研究を行っている．土居（1998）では1956年から1996年までの財政支出データを用いて参議院選挙の影響について時系列分析をしている．その結果，参議院選挙では石油危機以降，選挙に向けて国による財政政策がなされたことを明らかにしている．わが国において政治的予算循環が起きているのは，選挙時期があらかじめ決められている参議院選挙で発生している可能性がある．

　ただし，わが国の財政支出の構造を見ると，歳入面では国の比率が大きいものの，歳出面では地方（都道府県や市町村）の方が大きい．ここで，国会議員が国の歳出だけでなく地方の歳出にも政治的介入をすることで[16]，政治的予算循環が生じる可能性もある．

　例えば，宮下（2006；2012）では，わが国の地方財政制度が中央集権的であることから，参議院選挙の実施年度に都道府県における普通建設事業費が増加することを明らかにしている．土居（1998）では，国の財政支出が参議院選挙の実施時期に増加することを示しており，宮下（2006；2012）の分析結果も踏

まえると，わが国では国の歳出と地方歳出の両面において，参議院選挙の時期
を見計らった与党議員による得票最大化行動の影響が見られるといえる．

　また，山下（2001）では 1976 年から 1997 年までの都道府県別パネルデータ
を用いて，公共投資における地方議員を中心とした政治的影響について実証分
析をしている．その結果，自民党単独政権崩壊以降で知事選挙前年度に普通建
設事業費が増加していた．

　さらに，近藤・宮本（2010）では，東京 23 区を除く都市を対象に，1985,
1990, 1995, 2000 年の 4 期間のパネルデータ分析の結果，人口 10 万人以上の
都市では，市議会議員選挙の年度に，基礎的財政赤字が増加することを明らか
にしている．福元ら（Fukumoto, et al., 2020）では，市町村の総歳出と資本支出
が首長選挙の時期に増加することを実証分析から示唆しているが，歳入につい
ては政治的予算循環を確認できていない[17]．

　つまり，日本でも政治的予算循環は国・地方を問わず生じている可能性が高
い．特に，わが国の先行研究では，実施時期が外生的に決定される参議院選
挙や地方選挙で政治的予算循環が明らかにされており，ロゴフ＝サイバート
（1988），ロゴフ（1990）で示された選挙時期が事前に決まっているという政治
的予算循環の前提条件と整合的である．

3.4　官僚行動と政治的予算循環

　予算や歳出の決定は政治家だけで策定されるわけではない．実際の予算案作
成を担うのは官僚である．ここで，官僚行動と政治的予算循環の関連性につい
て検討してみよう．

　ニスカネン型の官僚を想定するならば，予算や歳出の増加は官僚にとって自
らの権限や仕事領域の拡大を意味するため，積極財政の予算案を策定する可能
性がある．このような官僚行動を政治的予算循環と結びつけて考えると，政治
家が選挙時に歳出拡大することは，官僚にとっても合理的であるかもしれな
い[18]．

　一方で，黒川（1998；2001；2013）で指摘されるように，現実の公共部門に
おける予算編成を踏まえると，官僚は限られた人材や時間の中で誤りのない予
算案を円滑に策定しなくてはならない．官僚組織で政策立案の資源・能力が限
られているほど，前年度の決定に追従した行動がとられるかもしれない．また,
官僚組織は年功序列の人事制度を採用しているため，官僚が将来の昇進などを

考えると前任者の決定を否定するよりも踏襲する場合の方が多くなると思われる．そのために，前年度の歳出額や前任者の意思決定を踏襲することが彼らにとって合理的選択となる．結果的に，その慣習は毎年度継続されることになる．当該年度の歳出決定が前年度をほぼ踏襲している場合には，選挙年度に向けて歳出を増加させることは困難であり，政治的予算循環は発生しにくいと考えられる[19]．

　これらの点を踏まえると政治的予算循環仮説の検証には，政治的影響だけでなく官僚の予算最大化や合理的踏襲行動についても考慮する必要があるだろう．

4．立憲的制度と政治的景気循環・政治的予算循環との関係性 ‖‖‖‖‖

4.1　先駆的研究

　世界の国々は諸制度や政治体制，経済水準や歴史・文化等が異なるため，これらの差異が景気や予算における政治的循環性の発生にも影響していると思われる．実際，政治的景気循環や政治的予算循環を確かめる研究は世界各地でこれまで行われてきたが，分析期間の違いや各国の選挙制度などを十分に考慮できないことも多かったため，それらの存在をすべての分析で支持しているわけではない[20]．アレシナら（Alesina et al., 1997）は，各国の政治制度や党派の違いを考慮した政治的景気循環や政治的予算循環に関する先駆的研究といえる．具体的には，1961年から1993年までOECD 18ヵ国を対象にパネルデータ分析をしている．その結果，経済成長率や失業率は選挙年に改善しないものの，財政赤字対GDP比は政治的分極度[21]が高い政府ほど増大していた．近年，アレシナら（1997）以外にも政治的景気循環や政治的予算循環に関する国際的研究の蓄積が進んできた．

　そこで次項以降では，先行研究の成果を踏まえて，立憲的ルールなどが政治的景気循環や政治的予算循環に与える影響について論点を整理する．

4.2　立憲的ルールが政治的景気循環・政治的予算循環に与える影響
（1）選挙制度

　パッソン＝タベリーニ（Persson and Tabellini, 2003）によれば，政治的景気循環や政治的予算循環のパターンは政治体制や選挙制度によって異なる，と考えられている．比例代表制では，政治家が当選に向けて幅広い支持を得なけれ

ばならないため，多くの国民に関連する歳出（社会保障・福祉関係など）を増加させる傾向にある．その一方で，多数代表制では政治家は個々の選挙区からの得票を得るために，選挙区ごとにターゲットを絞って歳出を増加させると思われる．実際，パッソン＝タベリーニ（2003）は，1960 年から 1998 年における世界 60 ヵ国を対象としたアンバランスト・パネルデータ分析の結果，歳入は選挙制度の差異に関係なく選挙時に減少するものの，社会保障・福祉関係支出は比例代表制の国で選挙時期に合わせて増加する傾向を明らかにした．

　チャン（Chang, 2008）では，1973 年から 2000 年までの OECD 21 ヵ国のパネルデータを用いた実証分析の結果，政治的予算循環が生じる場合は，小選挙区制では選挙区に限定される公共サービスの歳出であり，比例代表制では社会保障・福祉関係の歳出である，と指摘している．これらの結果はパッソン＝タベリーニ（2003）らの指摘と整合的な結果といえる．

　ブレンダー＝ドラゼン（Brender and Drazen, 2005）は民主主義制度の長さと選挙制度の違いに着目して，政治的予算循環の有無を検証している．具体的には，1960 年から 2001 年の民主主義国家 68 ヵ国の動学的パネルデータ分析から，比例代表制を採用する国家では財政赤字が選挙年に増大する傾向にあることを明らかにした．特に，新しい民主主義国家と古い民主主義国家でサンプルを分けて推定すると[22]，その傾向が前者において顕著である，と示している．この背景には，新しい民主主義の国では，投票者が財政政策を評価するうえでの情報を十分に有さず，選挙を伴う政治について経験が浅いことで，財政政策が選挙時に合わせて操作されやすいことがあると考えられている．

　また，クロンプ＝デ・ハーン（Klomp and de Haan, 2013）では，1970 年から 2007 年までの先進国かつ民主主義国 70 ヵ国を対象にプールされたデータの平均グループ推定量（Pooled Mean Group estimator）を分析したところ，比例代表制は多数代表制よりも歳出および赤字を増やす傾向にあることを示している．つまり，先行研究では比例代表制の国では政治的予算循環が生じやすい，という結論は共通するものの，民主主義の成熟度や経済発展の程度差については共通した見解を得られていないといえよう．

　さらに，選挙権の違いが政治景気循環や政治的予算循環で差異を生じさせることも明らかにされている．アイト＝ムーニー（Aidt and Mooney, 2014）では，ロンドンの自治区で 1902 年と 1937 年の間に導入された選挙権の違いが政治的予算循環に与えた影響を理論および実証的見地から検証している．その結果，

納税者に選挙権を限定した選挙制度では納税義務と投票権を関係づけられるため，税が選挙時期に軽減され，行政費用は抑制されていた．その一方で，普通選挙制度ではどのような人も投票できることで，公共財供給に対する需要が高まり，公共事業等の資本支出が選挙時期に増加するものの，その他の公共サービス関連の歳出は減少していた．

(2) 政治体制

　パッソン゠タベリーニ（2003）では，大統領制と議員内閣制についてつぎのように整理している．まず，立法と行政が議員内閣制よりも大統領制において分立されている（Separation of Powers）と指摘する．というのも，議員内閣制では議会が内閣を信任して政権を発足させるのに対して，大統領制では国民が大統領を選挙で直接選出するからである．また，政権の信用要件は大統領制よりも議員内閣制で重視される，という．なぜならば，大統領は国民から選挙で選出されており，議会の多数派の支持を継続して得ずとも政権を維持できるものの，内閣は与党からの信任を得続けなければ政権を維持できないからである．

　その結果，パッソン゠タベリーニ（2003）は政治体制と歳出の関係についてつぎのように整理する．議員内閣制では幅広い市民に関連する社会保障・福祉関係の支出が拡大する可能性を秘めている．その一方で，大統領制ではある特定の選挙区や政治的影響力のある利益集団を優先した歳出が決定されると予想する．実際，1960 年から 1998 年における世界 60 ヵ国を対象としたアンバランスト・パネルデータによる実証分析の結果，前者の傾向を明らかにしている．特に，選挙制度は比例代表制，政治体制は議員内閣制である国家では，選挙年とその翌年に，社会保障・福祉関係の支出が増加していた．

　また，パッソン゠タベリーニ（2003）の実証分析の結果では，大統領制の国では，選挙制度が比例代表制の場合，選挙次年度に歳出総額を減少させるとともに，歳入総額を増加させることで，財政収支の黒字化を実現している傾向を明らかにした[23]．クロンプ゠デ・ハーン（2013）では先進国を対象に分析した結果，大統領制の国家では議員内閣制の国家よりも短期的効果として，選挙時には歳出が拡大し，赤字に陥ることを示している[24]．

　ただ，ブレンダー゠ドラゼン（2005）は，財政赤字は政治体制の違いに関係なく選挙時に発生することを明らかにした．特に，新しい民主主義国家と古い民主主義国家にデータを分けて実証分析をすると，前者では大統領制においても議会制民主主義においても財政赤字が選挙年に拡大するため，国家における

民主主義の成熟度が政治的予算循環の有無を左右すると結論づけている．

(3) 中央集権と地方分権

　政府の構造が中央集権であるか，それとも地方分権であるか，という違いも，政治的景気循環や政治的予算循環に影響すると考えられる．

　ゴンザレスら（Gonzalez, et al., 2013）は理論分析から，現職の国会議員が複数の地域から過半数の支持を得て当選する（財政の政治的歪みが選択的である）場合や行政費用が地域間で完全に関係しなければ，中央集権体制では地方分権よりも政治的予算循環の発生確率が低くなることを明らかにしている．

　ただし，いくつかの実証研究では，財政の中央集権化が政治的予算循環を生じさせることを示している．ポトラフク（Potrafke, 2020）では，過去の先行研究が中央政府と地方自治体で合算された一般政府のデータを用いることで，中央政府の財政運営を正確に把握できないことを問題提起した．そこで，一般政府と中央政府をデータで区別したうえで，政治的予算循環や政治的党派が各国の歳出構成に与える影響を検証した．具体的には，OECD 20 ヵ国を対象にして 1995 ～ 2016 年の一般政府と中央政府の歳出構成比を被説明変数としたパネルデータによる SUR（seemingly unrelated regression：見かけ上無関係な回帰）を行っている．その結果，非連邦制（中央集権）の国では，中央政府の防衛費比率が選挙時に低くなることを明らかにしている．その一方で，連邦制の国では，左派の政府が防衛費の比率を下げて，教育費の比率を上げる傾向にあることも指摘している．

　ハヌシュ（Hanusch, 2012）では，理論分析と実証分析の結果から，地方分権が進んでいる場合，中央政府が選挙時における財政政策を通じた政権能力をアピールしようとしても，投票者にはそれが伝わりにくくなり，選挙前に財政赤字拡大のインセンティブを減少させる，と指摘する．実際，OECD 28 ヵ国を対象に 1980 年から 2008 年におけるパネルデータ分析をした結果，地方歳入の割合が大きい国ほど，国の財政収支が国政選挙時に財政赤字へ陥ることを防ぐ傾向にあることを示している．つまり，財政分権度の高い国では政治的予算循環が生じにくい，といえる．

　その反面，地方自治体が歳入を国や他自治体からの財政移転に依存する「ソフトな予算制約」に直面する場合，政治的予算循環が地方で生じる可能性がある．例えば，フェラレージら（Ferraresi, et al., 2019）では，イタリアの市町村を対象にして，中央集権的な財政改革が市町村の財政運営に与えた影響をパネ

ルデータで分析している[25].　その結果，財政の中央集権化が各市町村で政治的予算循環（選挙前に歳出と料金収入を増加）を発生させた，という結果を示唆している．

　バスカランら（Baskaran, et al., 2016）は，イスラエルの市町村を対象としたパネルデータを用いて政治的予算循環を検証したところ，中央政府への財政依存度が高い市町村ほど，財政赤字が選挙年度に拡大することを明らかにした．その一方で，外部の会計監査士が市町村の財政運営を監視していれば，財政赤字の拡大を防げる，と指摘している．

4.3　立憲的ルールと政権運営に関するインプリケーション

　表15-1 は前述の先行研究のうち，立憲的ルールと政治的景気循環や政治的予算循環に与える影響について各国データから検証した結果を整理したものである．選挙制度については，比例代表制の場合，政治的予算循環の存在を確認する研究が多いといえる．ただ，政治体制については，ブレンダー＝ドラゼン（2005）の分析結果のように，議員内閣制と大統領制という政治体制の違いよりも，民主主義の成熟度も政治的予算循環に影響するため，その影響を断定するのは難しいと思われる[26].　中央集権と地方分権については他の立憲的ルールと比べると，先行研究が少ないため，現段階において政治的景気循環や政治的予算循環への影響を判断することは難しい．ただ，これまでの実証分析の知見に基づけば，財政の中央集権化は一国全体の政治的予算循環を生じさせやすいと考えられる．

　これまでの先行研究を踏まえると，政治的景気循環や政治的予算循環は各国における立憲的ルールや財政・金融制度による重層的構造から発生している．これらの立憲的ルールや財政・金融制度等を複合的に考慮した研究蓄積が今後必要になるだろう[27].

5.　市民はなにを基準に政権選択するのか

　政治的景気循環と政治的予算循環での共通点は，現職政治家による得票最大化もしくは再選確率最大化の行動が，景気動向や予算・歳出水準に循環性を生じさせるということである．

　それでは，これら2つの仮説を分ける大きな違いは何であろうか．有権者か

表15-1　立憲的ルールと政治的景気循環・政治的予算循環との関係性

先行研究	分析対象	分析期間	選挙制度	政治体制	中央集権と地方分権
Persson and Tabellini (2003)	世界 60 ヵ国	1960 ～ 1998 年	比例代表制：○	議員内閣制：○ 大統領制：○	—
Brender and Drazen (2005)	民主主義国家 68 ヵ国	1960 ～ 2001 年	比例代表制：○	民主主義の成熟度：○	—
Chang (2008)	OECD 21 ヵ国	1973 ～ 2000 年	多数代表制：○ （選挙区限定の公共サービス） 比例代表制：○ （社会保障・社会福祉関連）	—	
Klomp and de Haan (2013)	民主主義国家 70 ヵ国	1970 ～ 2007 年	比例代表制：○	大統領制：○	
Hanusch (2012)	OECD 21 ヵ国	1980 ～ 2008 年	—	—	地方分権：×
Potrafke (2020)	OECD 20 ヵ国	1995 ～ 2016 年	—	—	中央集権：○

(注1)　政治的景気循環・政治的予算循環の存在が認められる場合は○，政治的景気循環・政治的予算循環の存在が認められない場合は×を示す．
(注2)　世界各国のデータを用いて分析した研究を掲載している．

らの視点から考えて最も異なる点は，有権者が政権を選択する基準であろう．政治的景気循環仮説では失業率とインフレ率が政権評価の基準であった．一方で，政治的予算循環仮説では予算・歳出規模，あるいは財政赤字の水準が現政権への評価軸であった．これらの評価基準は経済社会構造の変化や，国・時期によっても異なってくるであろう．

　わが国の経済状況は長くデフレ傾向にあり，財政は必ずしも健全とはいえない状況にある．このような経済財政状況を踏まえると，政治的景気循環仮説のようにインフレ抑制を有権者が評価することや，政治的予算循環仮説のように積極財政を多くの市民が支持しないかもしれない．つまり，これまで景気や予算・歳出が選挙時期に合わせて循環していたが，循環する対象も今後変わる可能性がある．というのも，現政権は得票最大化のために有権者の興味・関心事を選挙にあわせて操作しようと試みるからである．

　ただし，政府が有権者の興味・関心にあわせて，公共サービスを提供することは，民主主義としては本来望ましいことであろう．公共選択論は，人々の合

理的選択に基づく合意形成過程を尊重する学問といえる。このため，選挙を通じた有権者の合意に基づくならば，選挙時期を中心とした景気循環や予算循環が生じること自体はそれほど問題視することではないかもしれない。むしろ注視すべきことは，景気循環や予算循環が生じるまでの過程において，各個人が公平性や効率性の確保にどれほど配慮したかということにある[28]。また，立憲的ルールが経済政策や予算の決定過程を規定することから，政治的景気循環や政治的予算循環が公平性や効率性を著しく阻害すると考えられるならば，各国では政治体制や選挙制度，財政・金融制度などを根本的に見直すために，立憲的改革を要することになる。

■注

1）　本章の先行研究の整理では，de Haan and Klomp（2013）や Dubois（2016）などのサーベイ論文を参考にしている。

2）　Mueller（2003）によれば，政治的景気循環仮説の先駆的研究には，Frey and Lau（1968）があることも紹介している。なお，Nordhaus（1975）では，ドイツ，ニュージーランド，アメリカで，政治的景気循環が発生している可能性をデータより示している。一方で，Alesina, et al.（1997）では OECD 18 ヵ国に関するパネルデータ分析が行われ，経済成長率や失業率が選挙前に改善することを示していない。

3）　失業率とインフレ率の関係を年代別に見ると，ある傾向が見て取れる。1970 年代には，低い失業率と高いインフレ率という傾向にあったが，その後は徐々に，高い失業率と低いインフレ率という傾向に変わっている。2000 年代からは，デフレ経済の影響もあってインフレ率の変化はほとんど見られず，失業率のみが変化している。このため，わが国のフィリップス曲線はフラット化したといわれている。

4）　例えば，Tufte（1978）などで指摘されている。また，Hibbs（1977）では，ヨーロッパ諸国において社会主義政党や左翼政党による政権が失業率とインフレ率に与える影響を分析している。

5）　有権者が異なる政党を支持するのは職業によって失業問題への関心の違いがあるといわれる。この点について Hibbs（1982）では，イギリスにおけるデータから検証している。これらの点は，Mueller（2003）でより詳細に紹介されている。

6）　例えば，Hadri, et al.（1998），Gärtner（1999），Clark and Hallerberg（2000），

Leertouwer and Maier（2001），Hallerberg, et al.（2002），Hiroi（2009），Alpanda and Honig（2010）などの研究がある.

7）　連邦準備銀行（Federal Reserve Bank）と政治的景気循環の関係性については，Grier（1987；1989），Carlsen（1997），Abrams and Iossifov（2006）などで研究されている．また，ドイツ連邦銀行（Bundesbank）と政治的景気循環の関係性については，Vaubel（1997）などの研究がある.

8）　例えば，Havrilesky and Gildea（1992）はアメリカ合衆国，Sieg（1997）はドイツにおける研究をしている.

9）　詳細は Schuknecht（1999），Clark and Hallerberg（2000），Leertouwer and Maier（2001），Hallerberg, et al.（2002），Hiroi（2009），Alpanda and Honig（2010），Shelton（2014）などを参照されたい.

10）　和田（1985）は，自民党への支持率関数の推定から，自民党政権による「政治的波乗り」効果の存在を指摘している.

11）　内閣府景気動向指数研究会の景気基準日付を基に作成した．なお，景気基準日付が示されている 1951 年 6 月から 2019 年 7 月まで行われた国政選挙と統一地方選挙についてまとめている.

12）　Shachar（1993）では，市民と公共部門に関わる政治家や公務員の間に生まれる情報の非対称性について，市民の合理的無知から生じるものであることを示している.

13）　Shi and Svensson（2006）ではパネルデータ分析から，政治的予算循環における先進国と発展途上国との差異について検証している．その結果，政治的予算循環は先進諸国よりも発展途上国で生じることを明らかにした.

14）　Efthyvoulou（2012）では，1997 年から 2008 年まで EU 加盟国 27 ヵ国を対象に，政治的予算循環仮説について動学的パネルデータ分析したところ，選挙競争度（与党と野党の得票率の差）があるほど選挙時に歳出が増加することを明らかにしている.

15）　1960 年から 2001 年までの 68 の民主主義国を対象にして，財政収支や歳入，歳出を被説明変数にしたダイナミックパネルによる実証分析を行っている.

16）　例えば，堀（1996）では 1977 年から 1992 年まで，各年度について都道府県別の公共事業費と自民党議員の関係についてクロスセクション分析を行っており，公共事業の配分に当選回数 5 回以上の自民党衆議院議員の影響が存在することを示唆している．また，Calder（1988）によれば，自民党は支持基盤が弱体化した選挙区に巧妙に補助金や公共事業を配分してきたとされる.

17）　宮下（2019）では過疎市町村を対象に過疎対策事業債の発行要因を検証するなかで，首長選挙時期の影響をパネルデータから分析したものの，政治的予

算循環は生じていなかった.

18) わが国の地方財政制度を踏まえると，中央官庁は地方への公共事業の配分や補助金を増やすことで，その役割や権限を強化することもできる．例えば，鷲見（2000）では，中央省庁から都道府県への出向者が多い地域ほど，国庫支出金も多く配分されていることを示している．都道府県などの地方自治体にとっても，公共事業や補助金を確保するために主要ポストを中央官庁に一部譲ることは合理的といえよう．

19) 例えば，Bostashvili and Ujhelyi（2019）では，政治的予算循環の検証の中で，アメリカ合衆国各州の公務員制度改革と高速道路整備の支出の関係性について分析している．その結果，公務員制度が試験による実力本位の制度であれば，政治的予算循環が生じず，政府の活動を安定的にできると結論づけている．

20) 例えば，McCallum（1978），Paldam（1979），Beck（1982）などでは，政治的景気循環仮説の存在を否定している．また，経済のグローバル化が進み，政府が景気を操作できる可能性も不明確な部分が多くなっていると思われる．

21) 政治的分極度の指標は，Roubini and Sachs（1989）を参考にした変数であり，次のとおりである．議員内閣制における少数与党の政府を3，3つ以上の政党から構成される連立政権を2，大統領制における議会で多数派の支持を得ていない政府，もしくは，議員内閣制における2つの政党から構成される連立政権を1，単独政権もしは大統領制において大統領の党派と議会の与党が同じ政府を0，としている．

22) Brender and Drazen（2005）は，分析期間（1960〜2001年）のうち選挙が1〜3回実施された10ヵ国を新しい民主主義国家，選挙が3回以上実施された58ヵ国を古い民主主義国家と定義している．

23) この背景には，ラテンアメリカの国がサンプルに多いため，借入制約（borrowing constraints）の影響があることを指摘している．

24) 政治的意思決定の透明性，政治的対立度，EMU（European Economic and Monetary Union）への加入，連立政権の有無についても先進国のデータで考慮して，「政治的予算循環」を検証している．その結果，政治的意思決定の透明性が低く，政治的に対立し，EMUに未加入であり，連立政権である国では，選挙時に財政赤字に陥り，歳出が増加しやすいことを明らかにしている．

25) 2008年，イタリアでは中央政府が市町村の固定資産税を廃止し，市町村への財政移転を増額した．

26) Mandon and Cazals（2019）では，政治的予算循環の先行研究に関してメタ分析を行った結果，比例代表制では歳入減，多数代表制では財政収支の改善，大統領制では歳入減，議員内閣制では歳出増，という傾向があることを示して

いる.
27)　先行研究の分析には日本も含まれているが，衆議院選挙が選挙実施年とし
て採用されている．しかし，前述のとおり衆議院選挙は選挙日程が主に内閣総
理大臣によって内生的に決定されるのであり，これは理論研究における仮定と
本来矛盾している．したがって，海外におけるわが国を含めた実証研究には改
善の余地があるといえる.
28)　例えば，鷲見（2021）では，地方自治体において長期政権が生じると，政
治的競争の欠如から利己的な首長が特定分野の歳出を拡大させやすくなるため，
財政の非効率を招くことを実証分析から明らかにしている.

■参考文献

Abrams, B. A. and Iossifov, P. (2006), "Does the Fed contribute to a political business cycle?," *Public Choice*, 129 (3-4), pp. 249-262

Aidt, T. S. and Mooney, G. (2014), "Voting suffrage and the political budget cycle: evidence from the London metropolitan boroughs 1902-1937," *Journal of Public Economics*, 112, pp. 53-71.

Alesina, A., Roubini, N. and Cohen, G. (1997), *Political Cycles and the Macroeconomy*, The MIT Press.

Alpanda, S. and Honig, A. (2010), "Political monetary cycles and de facto ranking of central bank independence," *Journal of International Money and Finance*, 29 (6), pp. 1003-1023.

Baskaran, T., Brender, A., Blesse, S. and Reingewertz, Y. (2016), "Revenue decentralization, central oversight and the political budget cycle: Evidence from Israel," *European Journal of Political Economy*, 42, pp. 1-16.

Beck, N. (1982), "Does There Exist a Business Cycle: A Box -Tiao Analysis," *Public Choice*, 38 (2), pp. 205-9.

Benito, B., Bastida, F. and Vicente, C. (2013), "Creating room for manoeuvre: a strategy to generate political budget cycles under fiscal rules," *Kyklos*, 66 (4), pp. 467-496.

Brender, A. and Drazen, A. (2005), "Political Budget Cycles in New versus Established Democracies," *Journal of Monetary Economics*, 52, pp. 1271-1295.

Bostashvili, D. and Ujhelyi, G. (2019), "Political budget cycles and the civil service: Evidence from highway spending in US states," *Journal of Public Economics*, 175, pp. 17-28.

Calder, K. E. (1988), *Crisis and Compensation-Public Policy and Political Stabil-*

ity in Japan, 1944-1986, Princeton University Press（カルダー淑子訳『自民党長期政権の研究—危機と補助金』文藝春秋，1989 年）.

Carlsen, F. (1997), "Opinion polls and political business cycles: theory and evidence for the United States," *Public Choice*, 92(3-4), pp. 387-406.

Chang, Eric C. C. (2008), "Electoral Incentives and Budgetary Spending: Rethinking the Role of Political Institutions," *The Journal of Politics*, 70(4), pp. 1086-1097.

Clark, W. R. and Hallerberg, M. (2000), "Mobile capital, domestic institutions, and electorally induced monetary and fiscal policy," *American Political Science Review*, 94(2), pp. 323-346.

de Haan, J. and Klomp, J. (2013), "Conditional political budget cycles: a review of recent evidence," *Public Choice*, 157, pp. 387-410.

Dubois, E. (2016), "Political business cycles 40 years after Nordhaus," *Public Choice*, 166, pp. 235-259.

土居丈朗（1998），「日本の財政金融政策，景気循環と選挙」『東京大学経済学研究』第 38 号，pp. 33-44.

Efthyvoulou, G. (2012), "Political budget cycles in the European Union and the impact of political pressures," *Public Choice*, 153(3-4), pp. 295-327.

Ferraresi, M., Galmarini, U., Rizzo, L. and Zanardi, A. (2019), "Switch toward tax centralization in Italy: a wake-up for the local political budget cycle," *International Tax and Public Finance*, 26, pp. 872-898.

Fukumoto, K., Horiuchi, Y. and Tanaka, S. (2020), "Treated politicians, treated voters: A natural experiment on political budget cycles," *Electoral Studies*, 67, Article 102206, pp. 1-11.

Frey, B. S. (1978), *Modern Political Economy*, Martin Robertson & Company（加藤寛監訳『新しい経済学—ポリティコ・エコノミックス入門』ダイヤモンド社，1980 年）.

Frey, B. S. and Lau, L. J. (1968), "Towards a Mathematical Model of Government Behavior," *Zeitschrift fur Nationalokonomie*, 28, pp. 355-380.

Gärtner, M. (1999), "The election cycle in the inflation bias: evidence from the G-7 countries," *European Journal of Political Economy*, 15(4), pp. 705-725.

Gonzalez, P., Hindriks, J. and Porteiro, N. (2013), "Fiscal Decentralization and Political Budget Cycles," *Journal of Public Economic Theory*, 15(6), pp. 884-911.

Grier, K. B. (1987), "Presidential Elections and Federal Reserve Policy: an empirical test," *Southern Economic Journal*, 54(2), pp. 475-486.

Grier, K. B. (1989), "On the existence of a political monetary cycle," *American Journal of Political Science*, 33(2), pp. 376-389.

Hadri, K., Lockwood, B. and Maloney, J. (1998), "Does central bank independence smooth the political business cycle in inflation some OECD evidence," *Manchester School of Economic and Social Studies*, 66(4), pp. 377-395.

Hallerberg, M., Vinhas da Souza, L. and Clark, W. R. (2002), "Political business cycles in EU accession Countries," *European Union Politics*, 3(2), pp. 231-250.

Hanusch, M. (2012), "Mooted Signals: Economic Disturbances and Political Budget Cycles," *Journal of Applied Economics*, 15(2), pp. 189-212.

Havrilesky, T. M. and Gildea, J. A. (1992), "Reliable and unreliable partisan appointees to the board of governors," *Public Choice*, 73(4), pp. 397-417.

Hibbs, D. A., Jr. (1977), "Political Parties and Macroeconomic Policy," *American Political Science Review*, December, 71, pp. 1467-87.

Hibbs, D. A., Jr. (1982), "Economic Outcomes and Political Support for British Governments among Occupational Classes: A Dynamic Analysis," *American Political Science Review*, June, 76, pp. 259-79.

Hiroi, T. (2009), "Exchange rate regime, central bank independence, and political business cycles in Brazil," *Studies in Comparative International Development*, 44(1), pp. 1-22.

堀要 (1996)，『日本政治の実証分析』東海大学出版会.

猪口孝 (1983)，『現代日本政治経済の構図』東洋経済新報社.

Ito, T. and Park, J. H. (1988), "Political Business Cycles in the Parliamentary System," *Economic Letters*, 27, pp. 223-238.

Ito, T. (1990), "The timing of elections and political business cycles in Japan," *Journal of Asian Economics*, 1, pp. 135-156.

Klomp, J. and de Haan, J. (2013), "Do political budget cycles really exist?," *Applied Economics*, 45(3), pp. 329-341.

近藤春生・宮本拓郎 (2010)「都市の財政運営と政治経済学―『政府の分極化仮説』と財政赤字の関係に着目した実証分析―」『公共選択の研究』第 55 号, pp. 5-19.

黒川和美 (1998)，「合理的追従と官僚行動：合理的選択としての追従」『公共選択の研究』第 30 号, pp. 32-42.

黒川和美（2001），「合理的踏襲仮説の検証：国・県・政令市・市町村・特別区比較」『公共選択の研究』第36号，pp. 47-58.

黒川和美（2013），『官僚行動の公共選択分析』勁草書房.

Leertouwer, E. and Maier, P.（2001），"Who creates political business cycles: should central banks be blamed?," *European Journal of Political Economy*, 17(3), pp. 445-463.

Mandon, P. and Cazals, A.（2019），"Political Budget Cycles: Manipulation by Leaders versus Manipulation by Researchers? Evidence from a Meta-regression Analysis," *Journal of Economic Surveys*, 33(1), pp. 274-308.

McCallum, B. T.（1978），"The Political Business Cycle : An Empirical Test," *Southern Economic Journal*, 44, pp. 504-515.

宮下量久（2006），「わが国における政治的予算循環仮説の検証」『経済政策ジャーナル』第3巻第2号，pp. 37-40.

宮下量久（2012），「都道府県における政治的予算循環仮説の検証」『地方自治体の公共選択分析』（法政大学大学院博士論文），第4章.

宮下量久（2019），「過疎対策事業債の発行要因に関する実証分析」『日本地方財政学会研究叢書：大都市圏域における自治体経営のイノベーション』，第26号，pp. 61-86.

Mueller, D. C.（2003），*Public Choice III*, Cambridge University Press.

Nordhaus, W. D.（1975），"The Political Business Cycle", *Review of Economic Studies*, 42, pp. 169-190.

Paldam, M.（1979），"Is there an Electional Cycle?" A Comparative Study of National Accounts," *Scandinavian Journal of Economics*, 81(2), pp. 323-342.

Persson, T. and Tabellini, G.（2003），*The Economic Effects of Constitutions*, Cambridge, MA & London: MIT Press.

Potrafke, N.（2020），"General or central government? Empirical evidence on political cycles in budget composition using new data for OECD countries," *European Journal of Political Economy*, 63, Article 101860, pp. 1-20.

Rogoff, K.（1990），"Equilibrium political budget cycles," *The American Economic Review*, 80, pp. 21-36.

Rogoff, K. and Sibert, A.（1988），"Elections and macroeconomic policy cycles," *The Review of Economic Studies*, 55, pp. 1-16.

Rose, S.（2006），"Do fiscal rules dampen the political business cycle?," *Public Choice*, 128, pp. 407-431.

Roubini, N. and Sachs, J.（1989），"Political and economic determinants of budget deficits in the industrial democracies," *European Economic Review*, 33, 5, pp. 903-933.

Schneider, C. J. (2010), "Fighting with one hand tied behind the back: political budget cycles in the West German states," *Public Choice*, 142(1-2), pp. 125-150.

Schuknecht, L. (1999), "Fiscal policy cycles and the exchange rate regime in developing countries. European," *Journal of Political Economy*, 15(3), pp. 569-580.

Shachar, R. (1993), "Forgetfulness and The Political Cycle," *Economics and Politics*, 5, pp. 15-25.

Shelton, C. A. (2014), "Legislative budget cycles," *Public Choice*, 159, pp. 251-275.

Shi, M. and Svensson, J. (2006), "Political budget cycles: do they differ across countries and why?," *Journal of Public Economics*, 90, pp. 1367-1389.

Sieg, G. (1997), "A model of partisan central banks and opportunistic political cycles," *European Journal of Political Economy*, 13(3), pp. 503-516.

Streb, J. M., Lema, D. and Torrens, G. (2009), "Checks and balances on political budget cycles: cross-country evidence," *Kyklos*, 62, pp. 25-446.

鷲見英司 (2000),「補助金の地域配分における政治・官僚要因の検証」『三田学会雑誌』93 巻 1 号, pp. 33-50.

鷲見英司 (2021),『地方財政効率化の政治経済分析』勁草書房.

Tufte, E. R. (1978), *Political Control of the Economy*, Princeton University Press.

Vaubel, R. (1997), "The bureaucratic and partisan behavior of independent central bank: German and international evidence," *European Journal of Political Economy*, 13(2), pp. 201-224.

和田淳一郎 (1985),「政治過程の経済学的分析」『ヘルメス』第 36 号, pp. 75-115.

山下耕治 (2001),「公共投資の政治的意思決定」『公共選択の研究』第 36 号, pp. 21-30.

第16章　国際的合意形成：国際組織に関するものを中心に

1.　国際的合意形成による国際組織 ||||||||||||||||||||||||||||||||||||||||||||||||||||||||||

　合意形成は公共選択論にとって重要な概念である．公共選択論は，個人から超越した国家・政府・ルールといったものは存在せず，これらは合理的な判断能力を持つ人々の選択と合意に基づいて作られる，と考える．本章では，国際的なこれらについての合意形成を考える．

　国際的な合意を結ぶ国際社会のとらえ方としてよく用いられるのは，世界を国家の集まりと見るものである．領土・人・政府を持つ社会が国家で，他の国家から独立に意思決定をすることができる国家が主権国家である．主権国家の集合を国際社会としてとらえるのである．主権国家が重要な役割を果たす世界の状態をウエストファリア体制と呼ぶ．これは，17世紀初頭からヨーロッパの多くの地域を巻き込んで闘われた30年戦争を終結させたウエストファリア条約が，神聖ローマ帝国を有名無実化し，主権国家の重要性を高めたことに由来している[1]．主権国家を基本的な構成単位とするこの国際社会の構造は，現在まで続いていると見ることができよう．

　国家間の関係をとらえる理論として重要なものに**リアリズム**と**リベラリズム**がある．リアリズムは，国々の関係を権力闘争ととらえる．国際社会の特徴は**無政府状態（アナーキー）**であり，国家は自国の立場をよくするために互いに闘争する．国際秩序を保つためには，安全保障面を中心に国家間の勢力均衡をいかに保つかが重要になる．

　一方リベラリズムは，国家は互いに協力できると考える．安全保障だけでなく貿易・金融・環境など国際的に対処する分野は増えてきており，これらでは国家間で共通の利益が存在することが多い．この共通の利益を実現させていくため，各国はどのような制度設計をしていくかが重要になる．

　国家はリベラリズムの見る協力を実際に行ってきた[2]．これがさまざまな国際レジーム（国際制度とほぼ同義であるが，特定分野を扱う国際制度という意味合

いを持つことが多い）の合意となって現れてきているのである．この国際レジームを構成する要素として，国際法・条約・協定といった各国の行動を取り決める国際ルール，国際会議・国際機関といったレジームの目的やルールを実行するための国際組織がある．

　国際レジームが重なり合って，多くの分野の問題が制御される．これに合意に参加する主体として国家（政府）だけでなく NGO（Non-Governmental Organizations：非政府組織）や多国籍企業などが加わり，また，制御方法としてルールだけでなく政策調整やプログラムなども用いられ，世界全体の問題が管理されている．最上（2016）の指摘するように非国家主体の役割は重要であるものの，本章では，国際組織に力点を置いて国家間の合意形成の実際や分析を概観し，望ましいそれの方向性を探ってみたい．

2．国際組織の定義と分類

　国際組織の定義や分類を，主に原（2007）によって見ておこう．

2.1　国際組織の定義

　国際組織は英語で international organization だが，国際機関・国際機構とも訳される．しかし決まった定義はなく，1969 年にウィーンで採択された国家間の条約法に関する一般条約「条約法に関するウィーン条約」（ウィーン条約法条約）では「国際機関とは政府間機関をいう」と規定してあるだけである．簡単にいえば，条約など国際社会の約束に基づいて，複数の国家が作った組織ということになる．

　20 世紀のはじめにはわずか 37 しかなかった多国間機構が，2000 年には6,743 機関に増え，条約の数も 18 世紀には 86 条約しかなかったのが，20 世紀末では 1,600 以上存在し，創設された国際機関も 100 を超えた．

2.2　国際組織の分類
（1）加盟国数や地理的範囲による分類

　国際機関はいくつかの種類に分けられる．まず加盟国数や地理的範囲による分類である．世界のほとんどの国が加盟国となり，また，どの国も加盟できる地球規模の組織は普遍的国際機関と呼ばれている．**国際連合**（United Nations：

国連）は，もちろん普遍的国際機関である．

　国連ファミリーという呼び名がある．国連は総会（General Assembly）・**安全保障理事会**（Security Council）・国際司法裁判所（International Court of Justice）などの主要機関や，国連貿易開発会議（United Nations Conference on Trade and Development: UNCTAD）・国連環境計画（United Nations Environment Programme: UNEP）などの常設機関，さらに **IMF**（International Monetary Fund：国際通貨基金）・**世界銀行**（World Bank）・国連教育科学文化機関（ユネスコ，United Nations Educational, Scientific and Cultural Organization: UNESCO）などの専門機関，といった数多くの機関をかかえている大家族だからである．こうした機関はいずれも普遍的国際機関である．

　加盟国が一定の地域に限定される組織は，地域的国際機関となる．**EU**（European Union：欧州連合）・東南アジア諸国連合（Association of South East Asian Nations: ASEAN）などの例がある．

(2) 活動目的や役割による分類

　また，国際機関は活動目的や役割によって分類することもできる．政治・経済・社会・軍事など幅広く活動している組織は一般国際機関と呼ばれ，国連・EU・米州機構（Organization of American States: OAS）・アフリカ連合（African Union: AU）などがある．

　これに対し，特定の専門分野で活動している国際機関は，専門的国際機関と呼ばれる．軍事面では **NATO**（North Atlantic Treaty Organization：北大西洋条約機構）・欧州安全保障協力機構（Organization for Security and Cooperation in Europe: OSCE）など，経済分野では **IMF・世界銀行**・国連食糧農業機関（Food and Agriculture Organization: FAO）など，社会的な活動では世界保健機関（World Health Organization: WHO）など，文化や科学面ではユネスコや世界気象機関（World Meteorological Organization: WMO）などがその例である．通信や交通を司る万国郵便連合（Universal Postal Union: UPU）・国際民間航空機関（International Civil Aviation Organization: ICAO），原子力の平和利用を促進する国際原子力機関（International Atomic Energy Agency: IAEA）も専門的国際機関といえよう．

(3) 権限による分類

　さらに，国際機関がどのような力を持っているのか，権限を基準に分類することもできる．加盟国の主権が一部まかされ，加盟国内の国民や企業に対して

も直接ルールを示すことができる力を持った組織は超国家的国際機関と呼ばれ，EU がその例である．

　これに対し加盟国の活動を調整するために協議・調査・勧告などを行う組織は協力的国際機関と呼ばれている．ほとんどの国際機関は，協力的国際機関の分類に入る．

2.3　その他の国際組織

　これらの国際機関と厳密な意味では違うが，国境を越えた相互依存関係がますます深まる国際社会において，国際会議が頻繁に開かれている．毎年開かれる主要国首脳会議（サミット，Summit Conference）など，国際会議が常設化されて，国際社会の運営に大きな役割を果たすようになっている．そこで，サミットや 7 ヵ国財務相・中央銀行総裁会議（Conference of Ministers and Governors of the Group of Seven Countries: G7）などの国際会議も，世界政治経済運営にかかわる組織として便宜上国際機関とみなす．

　また条約に基づいて設けられた事務局，例えば，地球温暖化対策に取り組んでいる気候変動枠組み条約事務局（Framework Convention on Climate Change-Secretariat）なども国際機関として取り上げられることがある．

3．国際組織の実際

3.1　国際組織の誕生と国際連盟

　通信交通手段の発達は国家間で協力することの共通の利益を増加させ，国際組織を生み出した．1865 年の万国電信連合（International Telegraph Union，現在の国際電気通信連合（International Telecommunication Union: ITU））を国際組織の嚆矢とするのが一般的である．その後 1874 年の一般郵便連合（General Postal Union，1878 年に万国郵便連合に改称）など，各国間で調整が必然的に生じる交通通信・衛星・度量衡・著作権などといった分野で国際組織が設立された．これらは国際行政連合（International Administrative Unions）の名のもと一括りにされる．これらのなかには今日，国連と連携関係を持ち協力し合う専門機関となっているものがある．

　専門分野での大国間機関の色彩の強かった国際機関が本格的なものになるのは，第 1 次世界大戦後の国際連盟（League of Nations）を待たねばならなかっ

た．ハーグ平和会議（Hague Conferences，1899 年と 1907 年に開催された）のような世界平和をめざす国際会議が開かれたりしたものの，人類は最初の総力戦である第 1 次世界大戦を 1914 年から 1918 年にかけて経験することになった．この悲劇を繰り返さないため，平和維持を主要目的として他分野での国際協力もめざす国際連盟が 1920 年に設立された．国際連盟は集団安全保障制度（各国が自国の安全を国際組織に委ね，侵略国に対しては加盟国全体で立ち向かうというもの）や 1 国 1 票原則などその後の国際関係の枠組みを作り，当初は紛争解決にも貢献した．しかし，1939 年から 1945 年にかけての第 2 次世界大戦を防ぐことはできなかった．アメリカの不参加や軍拡・対外強硬路線に進むイタリア・ドイツ・日本の脱退といったことから，国際連盟は無力さを露呈するようになり，崩壊していった．

　後の時代にも意味を持つ国際連盟が生み出した 2 つの国際組織，常設国際司法裁判所（Permanent Court of International Justice: PCIJ）と ILO（International Labour Organization：国際労働機関）についてもふれておきたい．国際連盟は紛争解決の手段として，仲裁裁判（紛争当事国が 1 個人または団体を選んで解決を委託すること）や連盟による調査・勧告といった政治的解決の他に，国際法を整備し国際裁判の制度を整えることで客観的・公平な法による解決の仕組みをめざした．この結果できたのが常設国際司法裁判所である．これは国連の主要機関として国連とともにできた国際司法裁判所に引き継がれ，現在に至っている．

　労働者の権利を主張する労働運動はすでにさかんになっていたが，これを国際的規制にしようとするまでの高まりを見せたのは第 1 次世界大戦と 1917 年のロシア革命の影響が大きい．社会主義国家樹立で革命機運が高まるなか，戦争に協力姿勢を見せた労働組合の要求を，第 1 次世界大戦集結時の講和会議における諸政府代表は受け入れた．こうして，国際的な労働基準を作り，その実施状況を監視する ILO が国際連盟の一部として成立した．1946 年に国連と協定を結び国連の専門機関となって ILO は再出発し，現在に至っている．

3.2　戦後国際組織の成長

　第 2 次世界大戦後，さまざまな国際組織が生まれ発展した．戦争についての反省のもと国際平和と安全の維持を実現するために国連が 1945 年に発足した．戦後のヨーロッパ復興をはかるためアメリカはマーシャルプランによる資金援

助を行ったが，西側諸国はこの援助の受け入れ窓口として欧州経済協力機構（Organization for European Economic Cooperation: OEEC）を設立した．これは 1961 年に**経済協力開発機構**（Organization for Economic Cooperation and Development: OECD）に発展した．ソ連は OEEC に対抗して 1949 年に東欧 6 ヵ国と COMECON（Communist Economic Conference：経済相互援助会議）を設立した．

アメリカは対ソ軍事同盟として NATO を 1949 年に設立した．ソ連側はこれに対抗してワルシャワ条約機構（Warsaw Treaty Organization: WTO）を 1955 年に結成した．冷戦の終結とともに，1991 年，COMECON もワルシャワ条約機構も解散した．

第 2 次世界大戦の原因には 1930 年代世界恐慌時に，多くの国が自国の利益のみを考えた経済政策をとったことがある．自国の産業を守るため，各国は保護主義政策をとり関税を引き上げた．また，自国の景気を刺激するため，通貨切り下げを行った．こうした政策は他国の犠牲をともなうことから近隣窮乏化政策と呼ばれる．各国は関税引き上げ競争・通貨切り下げ競争を繰り広げ，その結果，世界各国の関係の悪化やブロック経済化が進むことになった．これらは，第 2 次世界大戦へとつながっていった．この反省をもとに戦後，IMF や GATT（General Agreement on Tariffs and Trade：関税と貿易に関する一般協定）という国際組織・国際条約が作られた．IMF は通貨切り下げ競争が起こらぬよう為替レートを管理し貿易が縮小しないよう資金融通するなどの役割を持つ機関であり，1946 年に設立された．GATT は関税引き下げ競争やブロック経済化が起こらぬよう自由貿易を推進する条約で，1948 年に発足した．加えて，戦後復興のため長期の融資を行う機関として世界銀行が 1945 年に設立された．これらは 1944 年のアメリカ・ニューハンプシャー州のブレトンウッズで開催された連合国通貨金融会議で話し合われ創設に至ったため，ブレトンウッズ体制の名のもと一括りにされる．なお GATT は 1995 年に **WTO**（World Trade Organization：世界貿易機関）という機関に衣替えされた．

経済統合に積極的であったヨーロッパ諸国は 1958 年に欧州経済共同体（European Economic Community: EEC）を発足させた．これは 1967 年の欧州共同体（European Community: EC）を経て，1993 年に経済分野にとどまらない地域統合 EU（European Union：欧州連合）に発展した．1999 年には EU 内で使われる単一通貨ユーロが誕生した．あわせて，それぞれの国に独自の金融政策を行わせず，欧州中央銀行（European Central Bank: ECB）によるユーロ圏統一

金融政策をとることとした.

3.3　国連・EU・IMF・世界銀行・WTO

国連・EU・IMF・世界銀行・WTO については説明を加えておこう.

(1) 国連

国連は，設立時のメンバーは 51 ヵ国にすぎなかったが，2020 年現在では 193 ヵ国を数える大世帯となった. しかし，参加国の増加が当初の国際平和と安全の維持という目的を十分に達成できる安定性に結びついているとはいいがたい. これは国連自体が自前の財源・軍隊を持たないことと関係があるように思われる.

国連通常予算は加盟国の分担金によってまかなわれている. この分担割合は，各国の支払能力，国民所得および人口に基づいて決められる. 2019 ～ 21 年のそれを大きい順に記すと，アメリカ 22.000%，中国 12.005%，日本 8.564%，ドイツ 6.090%，イギリス 4.567%，フランス 4.427% である（外務省「2019 ～ 2021 年国連通常予算分担率・分担金」https://www.mofa.go.jp/mofaj/gaiko/jp_un/yosan.html，2020 年 2 月 26 日）. 長らく分担割合で世界第 2 位であった日本が中国に抜かれた. 分担金を滞納する国があり，最大の滞納額を持つのはアメリカである.

国連は侵略などに対しては軍事的強制措置をとることができるものの，自前の軍隊を持たないため，加盟国から軍隊の供給を受ける必要がある. こうした有事に際して主要な責任を負うのが国連主要機関の 1 つである**安全保障理事会**である. しかし，2003 年のイラク戦争では，大量破壊兵器を持つ疑いのあるイラクに対して，安全保障理事会の決議なしで，アメリカなどが武力行動を開始した. 2011 年アラブの春の影響を受けて独裁的なバッシャール・アサド政権の打倒を目指す反体制派の動きが活発化し，シリアが内戦に入った. 現在も続いており，多くの難民が生じている（2018 年時点で 670 万人を超える）. ロシアなどがアサド政権，アメリカなどが反体制派をそれぞれ支援し，大国や周辺諸国を巻き込んだ戦闘となっており，2015 年に紛争解決のための安保理決議がなされるなどがあったにもかかわらず，十分な効力を発揮していない. これらは国連が世界の治安維持という国際公共財の適切な提供に失敗している例といえよう.

国連の意思決定方法については，次のようである. 国連総会では，1 国に 1 票が割り当てられる 1 国 1 票制がとられており，重要事項の表決は構成国の 3

分の 2 の多数によって，その他の事項は 2 分の 1 の多数によって行われる．ただ近年は提案を工夫し，投票無しの**全員一致**での採択が多いという．安全保障理事会は常任理事国である第 2 次世界大戦時の 5 大国（アメリカ・イギリス・中国・フランス・ロシア）と非常任理事国 10 ヵ国から構成される．1 国 1 票であるが，手続事項以外の決定については，常任理事国すべての同意投票を含む 9 理事国の賛成投票が必要である．すなわち，常任理事国どれか 1 つの国でも反対すれば事が運ばない仕組みになっている．これを常任理事国の拒否権という．

　最近の動きで注目されるのは，中国の存在感の増大である．国連通常予算の分担割合の引き上げの他に，2021 年 2 月現在 15 ある国連専門機関のうちの 4 つで事務局トップを中国人が占めている．開発途上国によって形成された G77（Group of Seventy-seven：77 カ国グループ）はいまや 134 ヵ国となっているが，これを主導的に支援しているのが中国で，1 国 1 票制の国連総会で強い影響力を持つようになっている．

(2)　EU

① EU の主要機関

　1993 年にマーストリヒト条約が発効し EU が誕生した．原加盟国 6 ヵ国から 2021 年 2 月現在の加盟国数は 27 ヵ国となっている[3]．2009 年発効のリスボン条約による制度改正を受けた EU 主要機関には，欧州理事会（European Council），EU 理事会（Council of the European Union，閣僚理事会とも呼ばれる），欧州議会（European Parliament），欧州委員会（European Commission），EU 司法裁判所（Court of Justice of the European Union）などがある．

　欧州理事会は，EU の最高意思決定機関として機能する EU サミットである．全員一致の意思決定を基本としている．欧州理事会の議長は EU 大統領とも呼ばれる．

　EU 理事会は，加盟国の閣僚からなる立法機関である．法案可決には以下のような条件を課す特定多数決が用いられる．条件とは，加盟国数の 55% 以上の賛成と賛成した加盟国の人口が EU 総人口の 65% 以上というものである．人口の多い国に多くの票を与えることによって，国家間での 1 票の格差を減ずる仕組みになっている．国家間の平等と EU 市民間の平等を折衷したような形である．

　欧州議会は，加盟国ごとの直接選挙により 5 年任期で選ばれた加盟国代表に

よって構成される．加盟国ごとに人口比を基礎とした議席が割り当てられ，2021年現在の議席数は705である．各国の有権者は，比例代表制のもとで自国の政党に対して投票を行う．選挙後，各政党は主義主張を同じくする他国の政党と会派を結成する．立法機関であり，EU理事会が上院で欧州議会が下院にあたるとたとえられることがある．過半数が要求される絶対多数決が意思決定の基本である．

　欧州委員会は，EU統治制度の行政機関である．各加盟国1名ずつの委員からなる合議体にベルギーの首都ブリュッセルに拠点を持つ2万5千人を超える国際官僚機構を加えた行政組織を指す．EU理事会や欧州議会で審議する法案の作成，および，承認された法案の執行や監督を行う．欧州委員会の権限は強く，その行使は加盟各国市民の活動に影響を与え，しばしば彼らの不満を誘発する．欧州委員会メンバーは選挙などで選ばれておらず，彼らの政策が市民の意思を反映していないという「**民主主義の赤字**」（あるいは「民主主義の不足」どちらも democratic deficit の訳）がよく指摘される[4]．

②EUの意義

　EUは主権委譲をともなう超国家的国際機関であると述べた．単一市場，単一通貨が実現し，次にそれらの範囲をカバーする国家を統合した連邦制が視野に入ってくる．例えば，関税同盟は対外的な共通関税を設定するが，それを行うのは加盟国から関税設定権限を委譲されたEUである．しかし，2004年に調印された欧州憲法条約はオランダとフランスの国民投票で否決され，代わって憲法的な要素を削ったリスボン条約が作成された．「「統合」が「国家属性を備えた欧州合衆国」になる可能性は限りなく低いのが現状である．」（山田（2018），p. 144）とはいえ，加盟国はEUの指令などに強く拘束される．新規加盟国はEU法体系の総体であるアキ・コミュノテールを受け入れなければならない．EUはグローバルな政府の可能性を考える人々の希望の星なのである．

③EUの限界

　だが，その可能性に否定的とならざるをえない多くの材料がある．ここでは2つ挙げよう．

　第1は，ギリシャ危機である．ギリシャが巨額の財政赤字があることを隠していたことが2009年に明るみになった．単一通貨ユーロへの参加条件に，年間の財政赤字が対GDP比で3%以内などがあるためである．ドイツやフランスなど豊かな地域からの投融資が受けやすくなるユーロ参加はギリシャにとっ

て魅力的であったのである．このソブリン危機（政府が借金を返すことができな
くなる状態）5) に EU は融資などの救済策をとった．合わせてギリシャに緊縮
財政などの構造改革を求めた．ギリシャがこの構造改革の痛みに耐えられずユ
ーロ圏を離脱するのではと取り沙汰されたが，2021 年現在もそれは回避され
ている．ギリシャ危機は，経済水準の異なる国家間での統合の難しさを示唆し
ている．

　第 2 は，イギリスの EU 離脱（Brexit：**ブレグジット**）である．　以前よりユ
ーロを使用せず独自通貨のポンドを維持するなど，イギリスは EU と距離をと
る姿勢を示していた．単一市場による移民増加やイギリスの EU 予算負担の大
きさなどに対する不満が高まり，2016 年に国民投票を行った結果，離脱が残
留を僅差で上回った．イギリスはヒトの流れは制限したかったが，EU との貿
易の継続を望んでいた．しかし，これを認めると多くの国の離脱が出ることを
懸念した EU はいいとこ取りを認めず，合意なき離脱の可能性が生じた．合意
なき離脱となると問題になるのがイギリスでほぼ唯一の陸上国境をはさむイギ
リス領北アイルランドとアイルランド共和国の関係である．合意なき離脱は両
者の国境の壁を高くし，1960 ～ 90 年代にかけて前者の帰属がイギリスかアイ
ルランドかで多くの死者を出す闘争となった北アイルランド紛争の再燃が危惧
された．2019 年イギリスのボリス・ジョンソン首相は北アイルランドを事実
上 EU の単一市場にとどめる合意案をまとめ，イギリスは 2020 年に EU から
正式に離脱した．

(3) IMF

　1947 年に業務を開始した IMF は，当初，為替レートを管理することを主要
な役割にしていた．しかし，1971 年のニクソンショックによる固定相場制度
の終焉によりこの役割は終了し，融資機関としての役割が重要になる．金融・
資本移動の自由化により先進国は IMF 融資に頼る必要があまりなかったので，
途上国への融資が主要な役割になった．これら途上国は国際収支赤字など構造
的な問題を抱えていたので，構造改革を条件（**コンディショナリティ**という）に
する融資が拡大した．

　このように援助機関としての側面を持つようになってきた IMF に対する批
判の大きなものの 1 つは，意思決定方法である．IMF 加盟国は「クォータ」
と呼ばれる出資割当額に応じて出資金を分担する．クォータは経済規模などに
基づいて算出される．そして，このクォータが多いほど投票数が大きくなって

いる．すなわち，GDP が大きい国が多くの票を持つ仕組みになっている．IMF では 85％以上の賛成が必要であるとの超多数決ルールがあり，アメリカは約 17％の投票権を持っている[6]．よって，アメリカは事実上の拒否権を持つ．これによって，IMF の意思決定はアメリカ寄りのものになる可能性が高くなる．コンディショナリティに自由市場拡大をはかる政策を是とするワシントン・コンセンサスが反映されるようになったのはこのため，との指摘がなされることがある．

(4) 世界銀行

先に述べたブレトンウッズ体制を担うものとして世界銀行は 1946 年から業務を開始した．正式名称 IBRD（International Bank for Reconstruction and Development：国際復興開発銀行）が示すように，当初はヨーロッパや日本など先進国を中心とした復興に重点が置かれた．これらの国の復興が進んだ 1960 年代はじめからは，途上国を中心とした開発支援業務が中心となった．

IBRD は国際金融市場から資金を調達するため途上国への貸し付け条件が厳しくなるので，より穏やかな条件で低所得国に融資を行う機関として IDA（International Development Association：国際開発協会）が 1960 年に設立された．IDA は資金を先進国の拠出によってまかなうことによって，穏やかな条件での融資を可能にした．現在では IBED と IDA を合わせて世界銀行と総称している．IDA は第二世界銀行とも呼ばれる[7]．

世界銀行は IMF とともに国際金融についての国連専門機関である．IMF が一時的な外貨不足に陥った諸国に対する短期貸付を中心とするのに対して，世界銀行は途上国の開発促進を目的とする長期貸付を中心とする．世界銀行は長期の案件を扱い現場事務所を多数持つので，IMF よりもその国の実情を重視するという．

1980 年代の世界銀行の融資のあり方は IMF と同じであった．すなわち，ワシントン・コンセンサスに基づくコンディショナリティ付き融資を行ったのである．しかし 1990 年代にはこのあり方を見直し，IMF 以上に公共部門を重視する変革を行っている．貧困削減など国際社会の 8 つの目標を掲げた MDGs（Millenium Development Goals：ミレニアム開発目標）にも積極的に取り組んでいる．

世界銀行の意思決定は主に理事会で行われ，この投票権は IMF と同様，出資割合に応じて割り当てられる[8]．

(5) WTO

自由貿易の推進を目的とした GATT は条約にとどまる，という限界を持っていた．そこで 1995 年「世界貿易機関を設立するマラケッシュ協定」が結ばれ，GATT の目的を踏襲した国際機関 WTO が誕生した．2001 年には中国がWTO に加盟した．

GATT・WTO は多国間での自由貿易推進を基本としている．意思決定はIMF や世界銀行とは違い 1 国 1 票制で，基本的には全員一致が要求される[9]．よって，合意を前進させていくことが難しい．そこで 1990 年代より **FTA**（Free Trade Agreement：自由貿易協定）や EPA（Economic Partnership Agreement：経済連携協定）が二国間あるいは少数国間で結ばれることが増えている．FTAは関税の撤廃を目指すもので，EPA は関税だけでなく知的財産の保護や投資ルールの整備なども含めたさまざまな協力を含むものである．**スパゲッティ・ボール効果**という二国間での協定が絡まり合って貿易が複雑化しより広範囲な貿易の拡大を阻害する現象が指摘されており，FTA や EPA が WTO による全世界的な自由貿易推進の妨げとなることも懸念される．そこで全世界的ではないものの多国間地域協定である **TPP**[10]（Trans-Pacific Partnership Agreement：環太平洋パートナーシップ協定）や RCEP（Regional Comprehensive Economic Partnership Agreement：地域的な包括的経済連携協定）[11] といった貿易推進の動きも注目される．前者は 11 ヵ国（交渉に参加していたアメリカは 2017 年離脱を表明）が 2018 年に，後者は 15 ヵ国が 2020 年に署名した．日本のようにこれら両方に重複して参加している国もあるものの，中国が前者に参加しておらず[12]，これが両者の違いの大きな点である．2021 年には，EU を離脱したイギリスが前者への参加を要請した．

福田・坂根（2020）は，貿易交渉では行き詰まりを見せている WTO も，紛争解決機能は活性化させてきたという．しかし，紛争解決のための最終審にあたる上級委員会が，米中対立の中その判断に反対してきたアメリカの非協力によって必要な委員数を満たせなくなり，2019 年より機能停止状態になっている．

3.4　非公式国際組織 G7, G20 の動向

G7（ジーセブン）や **G20**（ジートゥウェンティ）といった常設化した国際会議について見ておこう．これらは国際組織を補完・代替することが期待される．

石油危機への対応のため，アメリカ・イギリス・西ドイツ・日本・フランス

が1975年にサミットを開始することとなった．同じ頃に平行して，サミット参加国によるG5蔵相・中央銀行首脳会議が始まっていた．ドル高是正をうたった1985年のプラザ合意はG5の成果として有名である．1986年よりイタリアとカナダを加えたG7財務相・中央銀行総裁会議となり，現在に至る．なおサミットは1976年にはG7サミットとなり，以降，基本的に毎年開催されている．1998年から2013年まではロシアが加わりG8サミットとなったが，ロシアのクリミア編入による参加資格停止により2014年からG7サミットに戻っている．

1999年にはアジア通貨危機などを受けて，7ヵ国に世界への影響度を増大させた国々を加え，20ヵ国からなるG20財務相・中央銀行総裁会議が創設された．さらに2007年から2009年にかけてのリーマンショックへの対応のためにG20サミットが創設された[13]．最初のG20サミットは2008年にワシントンで開催され，金融・世界経済に関する首脳会議（金融サミット）と呼ばれた．G20サミットも以降毎年開催されており，2019年には大阪で開催され，2050年までに新たな海洋プラごみ汚染をゼロにすることをめざす大阪ブルー・オーシャン・ビジョンなどを発表した．

G7からG20へ世界は話し合いの場を拡大してきた．しかし，参加国が多いため利害の対立が起きやすく，一般論では合意できても個別の問題では具体策がまとまらないことも多い．世界的合意のためリーダーシップをとる国が求められるものの，それを見出すことができない世界の状況をブレマー（Bremmer, 2012）は，Gゼロと表現した．

4．国際組織と公共選択論

国際組織を公共選択経済学者は次のように考える，というのがフライ（B. Frey 1997）の見方である．「（国際組織は,）民主主義の無駄と欠陥の1つの極端な例であり，それらの活動を有害ではないとしても無用であるとみなす」（邦訳, p.127）．国際組織についての公共選択論の先行研究を概観しておこう．

4.1 国際組織の官僚制分析

その1つは，国際組織を官僚制とみるものである．すなわち，依頼人である各国市民の代理人として行動する国際組織に焦点をあてるのである．そして，

この分析は，たいがい，官僚制の非効率性を指摘することになる．国内組織以上に依頼人が代理人をコントロールしにくくなるためである．この理由は第1に，国内よりも距離的に目が届きにくい．国際組織の活動や成果に関する情報は，国内組織のそれより入手が難しかったり，わかりにくかったりする．第2に，国際組織を監視する動機も希薄になる．政治家が国際組織を監視しても得票に結びつくことは少ない．国民の関心も国内のことより，基本的に小さなものになる．

　こうして国際組織官僚は大きな裁量を持つことになる．公共選択論は政府で働く官僚も一般の人々と同様に利己的動機にもとづいて行動することを指摘し，官僚制をめぐる研究分野で多くの実績をあげてきた．ニスカネンによる政府予算を最大化する官僚モデルはその代表的なものである．同様の方法を国際組織に適用したフライの分析結果を見てみよう．

　第1は，雇用者数を増加させることである．フライ（Frey 1984）には，国際労働機関（ILO）・国際原子力機関（IAEA）・国連食糧農業機関（FAO）の職員数が年々増加している様子が示されている．第2は，自己の所得を上昇させることである．フライ（Frey, 1997）には，国際組織官僚の給与が国内のそれより高く，豪華な部屋・レセプション・旅行といったかたちでの国際組織役職者の特典もあることが指摘されている．

　第3は，名声と影響力を増加させる政策を追究することである．フライ（Frey, 1984; 1997）には，この点についての IMF 官僚の分析が記されている．彼らは実績の優秀さを示すことによって名声を得ることができるので，低インフレ・財政赤字が小さい・対外債務が小さいなどの国への融資を選択する傾向にある．また IMF 官僚の影響力を阻む大きな要因は融資を受けた国の反対や干渉である．そこで，アメリカをはじめとした先進資本主義国からの出資が大きい IMF は，資本主義に好意的な雰囲気を持つ国，および，以前先進資本主義国の植民地や領土であった国，これらへの融資を選択する傾向にある．

　こうした融資傾向は，本来の IMF の目的と相容れない．フライは，自分たちの議論を支持するモデルを「政治経済学的モデル」と呼び，他の競合モデルと説明力を比較した計量分析を示している．他の競合モデルとは，ニーズモデル・功績モデル・慈善モデルである．ニーズモデルとは，最悪の状態にあり資金援助を最も必要とする発展途上国に IMF は融資する，というものである．功績モデルとは，最も経済的成功の潜在力を示した開発途上国に IMF は融資

する，というものである．慈善モデルとは，IMF官僚が慈善的で公的に宣言された目的に従って職務を果たす，というものである．計量分析結果は政治経済学的モデルの説明力が最も高かった．

4.2　小国による国際公共財のフリーライド

　次は，**国際公共財**の提供についての分析である．国際組織や国際ルールは国際公共財を提供するために作られるが，これについて分析がなされている．オルソン（M. Olson）らのNATOに関するものが有名で，小国がフリーライドするために大国の防衛負担が大きくなっていることが指摘されている．オルソンらの議論については，フライ（Frey, 1984）や森脇（2000）にその紹介がある．これらなどを読んでの筆者の理解を以下に示すことにする．

　いま，大国と小国の2国しかないものとしよう．図16-1には国際公共財である防衛についての便益曲線が示されている．V_B が大国の便益曲線であり，V_L が小国のそれである．大国は小国よりも攻撃を受けることについて大きなリスクを抱えているので，防衛からより多くの便益を受ける．したがって，大国の便益は，すべての公共財水準において，小国のそれより上回っている．C は防衛についての費用曲線であり，両国で共通であるものとする．

　それぞれの国が独立で防衛水準を決めるならば，大国は B_1 を，小国は L_1 を選択するために，B_1+L_1 の防衛水準となる．ここで両国ともに，自己の最適防衛水準を上回る防衛水準が提供されていることに気づくにいたる．すなわち，自国限界便益を限界費用が上回っている，と両国ともがわかる．そこで，両国ともに防衛水準を減少させることが合理的となる．

　大国が自己の最適水準 B_1 まで防衛水準を減少させたとしよう．すると，小国はもう防衛に関する負担をしなくなるであろう．小国の最適量より多くの防衛がすでに提供されているからである．この場合，大国のみが防衛負担を行うことになる．一方，小国が自己の最適水準 L_1 まで防衛水準を減少させたとしよう．この水準は大国の最適水準を下回っており，大国は追加の防衛負担をするであろう．この場合，両国ともに防衛負担を行うことになる．

　相手の防衛負担によって便益を享受するフリーライダーとなるインセンティブをすべての国が持つ．自国が小国であれば，すべての負担を大国に頼ろうとする．自国が大国になれば，小国の負担に頼っても，それによる防衛水準で満足できなくなる．こうして小国ほどフリーライドすることが多くなり，大国と

図16-1　国際公共財のフリーライド問題

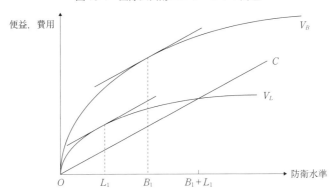

（出典）　森脇（2000），p. 27.

小国の間での防衛負担割合は前者に偏る．小国のフリーライドによって，大国の国際公共財費用負担が累進的に増加するのである．

　ただ，公共財供給のための費用調達に累進課税を多くの国の国内政府が用いており，そうしたことも考慮して国際公共財の各国費用負担のあり方について考えていく必要があるように思われる．富める者が多くの税を払うものの投票は1人1票で平等という国内でよく見かける光景は，世界全体でとなると話が変わってくるだろうか．

4.3　国際組織における意思決定ルール

　最後は，国際組織における意思決定の方法である投票ルールについてのものである．これは主に，(1) どの規模での多数を勝利とするのか，と (2) 1国の投票数はどのようにするか，という議論からなる．

(1)　多数決規模の議論

　多数決規模の議論には，①組織を構成するすべての国家の賛成を必要とする全員一致，②2分の1以上の国の賛成を必要とする多数決，③3分の2や4分の3以上の国の賛成を必要とする条件付多数決，④国連の安全保障理事会における常任理事国のような拒否権プレイヤーを持つ投票，といったものがある．これらについては第2部第7章に説明があるので，ここでは繰り返さない．

(2) 1 国の投票数の議論

① 1 国 1 票制

　組織を構成する国々を平等に扱うのが 1 国 1 票制である．大国も小国も投票に際し同じ力を持つようになる．国内公共部門では 1 人 1 票制が当たり前のように見られるが，世界レベルになるとそれほど簡単ではない．

②加重された投票

　持っている票の数が国によって違う投票ルールが加重された投票である．加重された投票を国際組織でみることは少なくない．例えば，IMF や世界銀行では，出資金の多い加盟国ほど多くの票を持つ．EU 理事会では，人口に基づいた国別持ち票が与えられている．

　加重された投票は国間格差が大きいときに，大国の不参加・退出のインセンティブを下げる効果を持つ．国力が強大であるにもかかわらず，1 国 1 票分の権利しか行使できないのであれば，その強大な国は国際組織に参加しないかもしれない．そこで国際農業開発基金（International Fund for Agricultural Development: IFAD）のような国際組織では，先進国・発展途上国・石油輸出国にグループ分けし，それらに等しく投票数を配分していたのを，出資金を考慮することによって先進国の投票数が多くなるような仕組みに改めた．

5．国際組織の立憲的改革

5.1　立憲契約としての国際組織

　国家間の問題を解決するために世界の人々はさまざまな国際ルールや国際組織を作る．国際ルールは国際組織の設立・運営・意思決定などについてのものも含むので，国際組織についての合意は，国際ルールについての合意でもある．こうした国際ルールは公共選択論・立憲的政治経済学における憲法に相当する．憲法は長期にわたって持続するのが一般的であるので，個人は憲法を選択する際，将来に自分の立場が変わりうることまで考慮せねばならなくなる．このような状況を不確実性のヴェール（veils of uncertainty）と呼ぶ．不確実性のヴェールのもと世界の人々が憲法を選択している．環境の変化があれば，この選択は変わっていかなければならない．現在の環境変化に対応した立憲的改革がどのようであるべきかを以下で考えたい．

図 16-2　世界全体での貿易額（対 GDP 比）

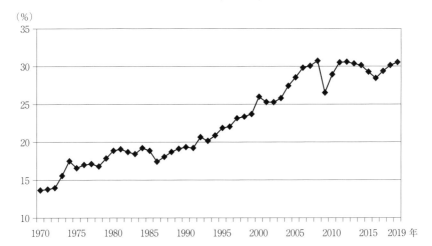

（出典）　World Bank, Data, "Exports of goods and services（% of GDP）," https://data.worldbank.org/indicator/
NE.EXP.GNFS.ZS（2021 年 3 月 9 日）をもとに筆者が作成した.

5.2　立憲的改革をもたらす環境の変化

　本章の文脈で重要な環境変化として，**グローバリゼーション**と国の数の増加
を指摘しておきたい. ヒト・モノ・カネが国際間を自由に動き回り，それらの
相互依存が地球規模で緊密になるのがグローバリゼーションである. **図 16-2**
は世界全体の貿易額を世界全体の GDP で割ったものの時間推移である. これ
の増加趨勢を見てとることができる.

　グローバリゼーションは市場を世界規模にし取引拡大による経済厚生の増大
をもたらすと考えられるものの，市場の失敗も世界規模にする面を持っている.
多国籍企業による独占・環境問題にみられる外部性・安全保障についての国際
公共財の供給・世界規模での貧富の差の拡大，これらへの対処が一層必要にな
るであろう.

　図 16-3 は国の数の経年変化を示したものである[14]. 独立国の数が増えてき
ていることがわかる. 主権を持つこれら国々の増加は，従来まで国内調整です
んでいたことが国際調整として行われなければならないことを意味する. 国家
間での制度・ルールづくりが一層求められる状況にある，といえよう.

　公共選択論は政府がリヴァイアサンとなって多くの無駄な規制を作り出して

図16-3　国連加盟国数の推移

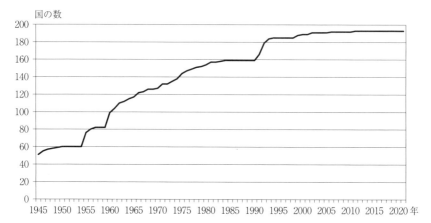

（出典）国際連合広報センター「国連加盟国加盟年順序」https://www.uni.or.jp/info/un/un_organization/
member_nations/chronologicalorder/（2021年3月9日）をもとに筆者が作成した.

いることを指摘し，規制緩和などの立憲的改革の必要性を唱えることが多かっ
た．一国内でよく当てはまるこの主張は，上で見た環境変化を考慮すれば，世
界全体でみれば，あまりあてはまらなくなっているのではないだろうか．世界
全体では，ルール・制度・政府・国家の束はもっと強化されねばならない状況
といえるのではないだろうか．公共選択論の蓄積をいかし，国内での政治の失
敗の二の舞いを避けるよう，賢くグローバルな制度設計にあたりたいところで
ある．

5.3　世界経済の政治的トリレンマ

　国際組織の制度設計にあたって注意せねばならないのは，国内合意との折り
合いをどうつけるかである．この問題を考えるには，ダニ・**ロドリック**（Rodrik
2011）の「**世界経済の政治的トリレンマ**」仮説が有益だと思われる．
　「世界経済の政治的トリレンマ」仮説とは，グローバリゼーション・国民国
家（国が独自の政策をとる自由を持つこと，国家主権）・民主政治を3つ同時に達
成することはできない，というものである．資本移動の自由・国内金融政策の
独立性・固定為替相場制の3つを同時に満たすことはできない，との「開放経
済のトリレンマ」をヒントにロドリックが考案した．**図16-4**を用いて説明し

図 16-4　ロドリックの「世界経済の政治的トリレンマ」

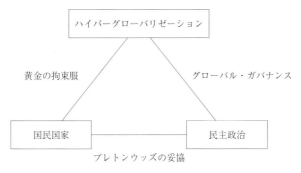

（出典）Rodrik（2011），邦訳，p. 234.

よう．

　ハイパーグローバリゼーションと民主政治の組み合わせであるグローバル・ガバナンスを進めるのであれば，国民国家を犠牲にしなければならない．グローバルな政府を選挙によって運営するのであれば，構成している各国政府の政策自由度は失われる．アメリカは独立当時，州間での関税のかけ合い状況にあったのを，アメリカ合衆国憲法で連邦政府の州に対する介入を認め，これを規制した．アメリカ各州の政策自由度が高いことはよく言及されるものの，連邦政府によってそれは制限されている．

　ハイパーグローバリゼーションと国民国家の組み合わせは黄金の拘束服という名が与えられている．ハイパーグローバリゼーションのためのルールに国内ルールを合わせると，国民の政策選択の自由は失われる，というのである．通貨と金の一定比率での兌換を認める金本位制度がその例となる．これが国際ルールとなっているもとで，ある国がこのルールに参加すると，この国政府はある一定量の金保有が必要になる．貿易赤字で他国通貨需要が増え自国通貨価値が低下する傾向にある国では，自国通貨を金に換えようとする動きが大きくなり，政府の金保有量が減っていく．金保有量を確保するためには，輸入・貿易赤字を減少させる金融引き締め政策を政府がとらざるをえない．国民が望まない政策を国民に強要することが必要になる．すなわち，民主政治が犠牲になるのである．

　国民国家と民主政治の組み合わせはブレトンウッズの妥協という名が与えら

れている．ブレトンウッズ体制を担う GATT は自由貿易を実現させるために
設けられた制度であるものの，資本移動の制限や農業保護など自由貿易の趣旨
にそぐわない政策も例外措置として認めた．ブレトンウッズの妥協とは，ハイ
パーグローバリゼーションを弱める枠組みのことである．農業保護といった国
民の望む政策を国家の政策としてとる自由を保とうとするならば，グローバリ
ゼーションを制限する仕組みが必要になるのである．

5.4　ロドリックのトリレンマ解決策とポピュリズム

　このトリレンマを解決するため，ロドリックはブレトンウッズの妥協を選択
せよと説く．グローバル・ガバナンスを現実のものとするには，国間の違いは
大きすぎる．新自由主義に共鳴し国内改革とグローバル化の推進を唱える黄金
の拘束服は，国内政治を不安定化させる．国家主権と民主主義によるナショナ
ル（ローカル）・ガバナンスを認めながらグローバル化を緩く縛るルールが，
現実的で望ましいと考えるのだ．

　ブレトンウッズの妥協は**自国第一主義**を唱えるアメリカのドナルド・トラン
プ前大統領や EU を離脱したイギリスの政策と重なるものがある．2017 年フ
ランス大統領選挙の決選投票へのマリーヌ・ルペンの進出，同年ドイツ連邦議
会選挙での右翼政党 AfD の進出，2018 年イタリア総選挙の結果を受けた同盟
と五つ星運動の連立政権成立（2019 年崩壊），2019 年 EU 議会選挙でブレグジ
ット党とルペン党首率いる国民連合がイギリスとフランスでそれぞれの第 1 党
となったこと，これら反 EU・反移民の動きの高まりと合わせて，これらはポ
ピュリズムの動きとつながるものがある．ロドリックはこの原因が行きすぎた
グローバリゼーションにあるとして，これを攻撃目標に据えている．しかし，
グローバリゼーションを犠牲にすることは，以下のような負の側面を持つと筆
者は考える．

5.5　ブレトンウッズの妥協の負の側面

　WTO 加盟を果たし，大陸をまたがる巨大経済圏構想である一帯一路を推進
する中国がグローバリゼーションを加速している．アジアの経済連携協定であ
る RCEP を主導し，IMF や世界銀行に対抗して 2015 年には国際金融機関 AIIB
（Asian Infrastructure Investment Bank：アジアインフラ投資銀行）を創設した．
対外援助も積極的に行い，いまや世界全体の意思決定のキープレイヤーとなっ

ている．グローバリゼーションを後退させ国内民主政治に傾倒することは，グローバル民主政治での発言力の低下につながるのだ．これはグローバルな政治競争の欠如をもたらし，ひいては国際的合意形成に背を向けることにつながるおそれがある．

　香港において 2020 年 7 月国家安全維持法が施行された．中国政府に反対する活動を取り締まることが目的である．香港がイギリスから中国に 1997 年返還された際に，返還後 50 年は香港の人たちによる高度な自治を保障するとしてきた一国二制度を踏みにじるものとして，欧米の国々から非難の声があがったものの，2020 年 6 月に行われた国連人権理事会では，香港国家安全維持法について不支持の国が 27 ヵ国，支持を表明した国が 53 ヵ国であった（Congressional Research Service（2020），"China's National Security Law for Hong Kong: Issues for Congress, p. 37, Table 4. Countries Expressing Either Criticism or Support for China's Handling of Hong Kong at the U.N. Human Rights Council," https://crsreports.congress.gov/product/pdf/R/R46473）．

5.6　新型コロナウイルス問題から国際組織の立憲的改革の方向性を考える

　このたびの**新型コロナウイルス**感染症の世界的流行は，グローバル・ガバナンスの重要性を再認識させるものであった．2019 年 12 月に中国の湖北省武漢市で最初の症例が確認され，2020 年 3 月テドロス・アダノム **WHO** 事務局長がパンデミック（感染症の世界的流行）との認識を示した．WHO は国際保健衛生を担う国連の専門機関として 1948 年に設立された．アメリカのトランプ大統領は，中国が海外渡航制限をかけなかったことなどを批判し，2020 年 7 月に中国政府の対応を擁護した WHO からの脱退を表明した（ジョー・バイデン次期大統領は 2021 年 1 月脱退撤回を表明した）．また，予防のためのワクチンが発展途上国に十分供給されなくなるワクチン格差の懸念をアントニオ・グテーレス事務総長が 2021 年 2 月に示し，ワクチンを共同購入して発展途上国にも公平に分配する国際的枠組み COVAX ファシリティ（COVID-19 Vaccine Global Access Facility）への支援を呼びかけた．

　上記に加え地球温暖化対策も喫緊の課題となっている．これらは，世界のどの国・地域が対策を怠っても，1 国の対策の効果が大きく減ぜられる．グローバルな協力がいままで以上に大切になっている．民主政治を犠牲にしてグローバルな問題への対処をはかる黄金の拘束服は，政治競争欠如が長期的にもたら

すリスクが大きい．グローバル民主政治を十分に機能させたグローバル・ガバナンスが今後一層重要になるのではないか．

　世界各国はどのような民主政治を目指せばよいだろうか．ブキャナン＝タロック（Buchanan and Tullock, 1962）の提示した，全員一致基準をここでは導入したい．彼らは政治を 2 種類に分けてとらえる．1 つは立憲後政治で，議会などで展開される多数決政治がその典型である．もう 1 つは立憲政治で，立憲後政治をつかさどるルール・制度・枠組を決定する場である．立憲政治で基本となるルール・制度・枠組である憲法を決めた後に，その憲法のもとで立憲後政治が行われるという二層構造を持つものとして政治をとらえるのである．この憲法選択にあたっての望ましい基準が全員一致である．全員一致で支持を受ける制度は望ましい，と考えるのである．彼らにならい，パンデミックや地球温暖化などについて，すべての国が同意できる憲法を追求したい．国際的合意形成に背を向けないことが大切である．

　同意される枠組の方向性について考えたい．宅間（2020）は，つぎのようにいう．WHO が新型コロナ感染症の発生が疑われる国に早い段階で立ち入って調査するということができていれば，事態は違ったのかもしれない．WHO の権限を増やしたい，と．日本では 2021 年 2 月に新型インフルエンザ等対策特別措置法（新型コロナ措置法）などの改正案が成立し，政府による休業命令などにしたがわない事業者や保健所による調査に応じない者に罰金が課されるようになった．国内で合意できていることを世界の合意につなげていく，ということが求められよう．

■注
1）　ウエストファリア条約を締結した会議は最初の国際会議とされている．
2）　国連の行き詰まりでリアリズムの妥当性が増した時期もあったが，1970 年代に石油危機など経済問題が国際政治において重要な案件になるとリベラリズムが勢いを盛り返した．ところが，1970 年代末にウォルツ（K. Waltz）が，国内の指導者や情勢が変わっても国際政治では戦争や勢力均衡が繰り返されてきたことに着目し，ネオリアリズムの理論を発表する．ウォルツは，環境問題なども国際機関が関わるより大国が管理する方がよいと考えた．これに対してコヘイン（R. Keohane）らは，本来なら国家の衝突が生じているところでも，国際機関が存在することでそれが回避されている，とするネオリベラル制度主

義で対抗した．これらとは違う新たな学派に，上記諸理論は国家選好や国益を一定としていたとして，国際機関がそれらを変えていくことに着目するコンストラクティビズム（社会構成主義）も登場した．

3）　EU の加盟国は以下のようである．アイルランド，イタリア，エストニア，オーストリア，オランダ，キプロス，ギリシャ，クロアチア，スウェーデン，スペイン，スロバキア，スロベニア，チェコ，デンマーク，ドイツ，ハンガリー，フィンランド，フランス，ブルガリア，ベルギー，ポーランド，ポルトガル，マルタ，ラトビア，リトアニア，ルーマニア，ルクセンブルク．

4）　このようにグローバルなレベルでの意思決定が構成員の民意を反映していないことを「民主主義の赤字」という．なお，欧州委員会の合議体委員の選出は欧州議会などでの承認が必要であるし，法案は EU 理事会や欧州議会で審議されるので，上記グローバルなレベルでの意思決定には，民主主義を確保する手段は講じられている．後述するロドリックの「世界経済の政治的トリレンマ」におけるグローバル・ガバナンスにおいてはグローバルレベルの民主政治とローカルレベルのそれが共存するが，議論している民主主義の赤字は前者が後者に較べて十分に機能していない状態と見てとれよう．

5）　ポルトガル（Portugal），イタリア（Italy），アイルランド（Ireland），ギリシャ（Greece），スペイン（Spain）の頭文字をとった PIIGS（ピーグス）という造語がこの頃よく使われたが，ギリシャ以外のこれらの国々も同様の財政規律欠如の問題を抱えていた．これを欧州債務危機という．

6）　IMF の最高意思決定機関は総務会（Board of Governors）であるものの，融資などの一般的な業務は毎週開かれる理事会（Executive Board）で決定される．IMF 理事会の 2021 年時点での主要国投票権はアメリカ 16.51％，日本 6.15％，中国 6.08％，ドイツ 5.32％，フランスとイギリスがそれぞれ 4.03％である（The International Monetary Fund（2021），"IMF Executive Directors and Voting Power," http://www.imf.org/external/np/sec/memdir/eds.htm/（2021 年 2 月 27 日））．なお，当初 40 原加盟国であった IMF の 2021 年時点での加盟国数は 190 ヵ国である．

7）　さらに世界銀行のグループ機関として IDA の他に，国際金融公社（International Finance Corporation: IFC）・多国間投資保証機関（Multilateral Investment Guarantee Agency: MIGA）・国際投資紛争解決センター（International Center for Settlement of Investment Disputes: ICSID）がある．IFC は 1956 年に設立され，民間企業の新規プロジェクトに出資資金を提供するなど，途上国での民間部門活動を支援する．MIGA は 1988 年に設立され，大規模な投資案件に関してリスクを負担する．ICSID は 1965 年に設立され，投資関連におけ

る紛争を国際規模で取り上げる.

8）　世界銀行も加盟国全部が参加する総務会（Board of Governors）があるもの
の，融資などの一般的な業務は世界銀行グループ総裁と 25 名の理事から成る理
事会（Boards of Directors）で決定される．理事のうち 5 名は五大出資国がそ
れぞれ任命する．中国，ロシア，サウジアラビアは，それぞれ 1 名ずつ理事を
選任する．それ以外の理事は，残りの加盟国によって選任される．IBRD 理事
会の 2021 年時点での理事の投票権は大きい国から順に，アメリカ 15.68％，日
本 7.57％，中国 5.13％，ドイツ 4.32％，フランスとイギリスがそれぞれ 3.85％
である（World Bank, "International Bank for Reconstruction and Develop-
ment, Voting Power of Executive Directors," http://pubdoos.worldbank.org/
329671541106474760/IBRDEDsVotingTable.pdf/, 2021 年 2 月 27 日）．なお，当
初 28 原加盟国であった世界銀行の 2021 年時点での加盟国数は 189 ヵ国である.

9）　WTO の最高意思決定機関は 2 年に 1 回開催される閣僚会議（Ministerial
Conferences）であるが，通常の意思決定は一般理事会（General Council）で
行われる．どちらにおいても基本的には全員一致方式が採用されている．全員
一致によって決定できない場合，投票となる．ちなみに，WTO 加盟国の出資
比率は，全加盟国総貿易額に対する当該国貿易額の比率に基づいて計算される.
2020 年のそれを大きい順に記すと，アメリカ 11.691％，中国 10.303％，ドイ
ツ 7.149％，日本 3.925％，フランス 3.819％，イギリス 3.785％である（World
Trade Organization, "WTO members' contributions to the contributions
budget of the WTO Secretariat and the Appellate Body Secretariat 2020,"
http://www.wto.org/english/thewto_e/secre_e/budget_e/budegt2020_
member_contribution_e.pdf, 2021 年 2 月 27 日）．なお，1947 年 GATT 署名の
原締約国は 23 ヵ国であるが，WTO の 2021 年時点加盟国数は 164 ヵ国となっ
ている.

10）　2021 年時点での TPP 参加国は，オーストラリア，カナダ，シンガポール，
チリ，日本，ニュージーランド，ブルネイ，ベトナム，ペルー，マレーシア，
メキシコである.

11）　2021 年時点での RCEP 参加国は，インドネシア，オーストラリア，韓国，
カンボジア，シンガポール，タイ，中国，日本，ニュージーランド，フィリピ
ン，ブルネイ，ベトナム，マレーシア，ミャンマー，ラオスである．交渉に参
加していたインドが 2019 年に離脱した．インドを含む国際的枠組みには，ア
メリカ，オーストラリア，日本との 4 ヵ国戦略対話（Quadrilateral Security
Dialogue：通称 Quad（クアッド））がある.

12）　しかし，2021 年 9 月，中国と台湾が相次いで TPP 加盟を申請した.

13)　G20 の構成国は，G7 構成国に加えてブラジル，ロシア，インド，中国の BRICs，そしてアルゼンチン，インドネシア，オーストラリア，韓国，サウジアラビア，トルコ，南アフリカ，メキシコ，EU 議長国である．この他に IMF や世界銀行などが参加している．

14)　もちろん，国家を承認するかどうかは人や国によって判断が違うために，世界の国数の正確な数字が国連加盟国数で計られるわけではない．あくまで傾向を見るためだけに，これを使用している．

■ 参考文献

Bremmer, I. (2012), *Every Nation for Itself*, Portfolio（北沢格訳『「G ゼロ」後の世界』日本経済新聞出版社，2012 年）.

Buchanan, J. and Tullock, G. (1962), *The Calculus of Consent*, University of Michigan Press（宇田川璋仁監訳『公共選択の理論：合意の経済論理』東洋経済新報社，1979 年）.

Frey, B. (1984), *International Political Economics*, Blackwell（長谷川聰哲訳『国際政治経済学』文眞堂，1996 年）.

Frey, B. (1997), "The public choice of international organization," in Mueller, D. ed., *Perspectives on Public Choice*, Cambridge University Press, Chapter 5, pp. 106-123（ブルーノ・フライ「国際組織の公共選択」関谷登・大岩雄次郎訳『ハンドブック公共選択の展望［第 I 巻]』多賀出版，2000 年，第 5 章，pp. 127-147）.

藤井良広 (2013)，『EU の知識［第 16 版]』日本経済新聞出版社.

福田耕治・坂根徹 (2020)，『国際行政の新展開』法律文化社.

原康 (2007)，『国際機関ってどんなところ［新版]』岩波書店.

東大作 (2020)，『内戦と和平』中央公論新社.

家正治・小畑郁・桐山孝信編 (2009)，『国際機構［第 4 版]』世界思想社.

経済産業省，「WTO 協定集，世界貿易機関を設立するマラケシュ協定」http://www.meti.go.jp/policy/trade_policy/wto/wto_agreements/marrakech/index.html（2010 年 8 月 29 日）.

水島治郎編 (2020)，『ポピュリズムという挑戦』岩波書店.

最上敏樹 (2016)，『国際機構論講義』岩波書店.

森脇俊雅 (2000)，『集団・組織』東京大学出版会.

中村民雄 (2019)，『EU とは何か［第 3 版]』信山社.

野崎久和 (2008)，『国際経済システム読本』梓出版社.

大野健一 (1996)，『市場移行戦略』有斐閣.

大田英明（2009），『IMF（国際通貨基金）』中央公論新社．

大田英明（2016），『IMF と新国際金融体制』日本経済評論社．

Rodrik, D. (2011), *The Globalization Paradox*, W. W. Norton（柴山桂太・大川良
　　文訳『グローバリゼーション・パラドクス』白水社，2014 年）．

Rodrik, D. (2018), *Straight Talk on Trade*, Princeton University Press（岩本正
　　明訳『貿易戦争の政治経済学』白水社，2019 年）．

篠原初枝（2010），『国際連盟』中央公論新社．

鈴木基史（2000），『国際関係』東京大学出版会．

田所昌幸（2008），『国際政治経済学』名古屋大学出版会．

詫摩佳代（2020），「アメリカと WHO」https://www.tkfd.or.jp/research/detail.
　　php?id=3488（2021 年 2 月 20 日）．

津久井茂充（1993），『ガットの全貌：コンメンタール・ガット』日本関税協会．

鷲江義勝（2019），「地域協力と地域統合の分析視座形成への序説」『社会科学
　　（同志社大学）』48(4)，pp. 1-23．https://doshisha.repo.nii.ac.jp/?action=
　　repository_uri&item_id=26408&file_id=28&file_no=1

鷲江義勝編著（2020），『EU［第 4 版］』創元社．

山田哲也（2018），『国際機構論入門』東京大学出版会．

山本吉宣（2008），『国際レジームとガバナンス』有斐閣．

吉田健一郎（2019），「欧州議会選挙の概要と注目点」『みずほインサイト 2019 年
　　5 月 21 日』pp. 1-6．https://www.mizuho-ri.co.jp/publication/research/pdf/
　　insight/eu190521.pdf（2021 年 3 月 8 日）．

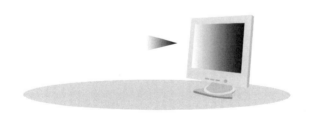

索　引

執筆者紹介（執筆順, ＊編者）

中村　まづる（なかむら　まづる）＊　　　　　　　　　　序章・第7章

青山学院大学経済学部教授

慶應義塾大学経済学研究科博士後期課程単位取得退学，博士（政策研究）

専攻：公共選択論，経済政策論

主要著書：『総合政策学への招待』（共著）有斐閣，1994年；「ブキャナン・タロックと公共選択論の50年」ブキャナン・タロック・加藤寛『官僚主導経済の失敗』東洋経済新報社，1998年

平賀　一希（ひらが　かずき）　　　　　　　　　　　　　第1章

名古屋市立大学大学院経済学研究科准教授

慶應義塾大学大学院経済学研究科単位取得退学

専攻：財政学，公共経済学，マクロ経済学

主要著書："Fiscal stabilization rule and overlapping generations," *International Review of Economics and Finance*, Vol. 42, 2016, pp. 313-324; "Wagner's law, fiscal discipline, and intergovernmental transfer: empirical evidence at the US and German state levels," *International Tax and Public Finance*, Vol. 24, Issue 4, 2017, pp. 652-677（Yoshito Funashimaとの共著）.

長峯　純一（ながみね　じゅんいち）　　　　　　　　　　第2章

関西学院大学総合政策学部教授

慶應義塾大学大学院経済学研究科博士課程単位取得満期退学，博士（経済学）

専攻：財政学，公共選択論

主要著書：『公共選択と地方分権』勁草書房，1998年；『公共投資と道路政策』（共編著）勁草書房，1998年；『費用対効果』ミネルヴァ書房，2014年

西川　雅史（にしかわ　まさし）　　　　　　　　　　　　第3章

青山学院大学経済学部教授

法政大学大学院社会科学研究科博士課程単位取得満期退学

専攻：地方財政論，公共選択論.

主要業績：『財政調整制度下の地方財政』勁草書房，2011年, Masashi Nishikawa, "Harmful Negativity Bias Under a Decentralized System: Retrospective Voting in Japanese Mayoral Elections 1983-2015," in *Advances in Local Public Economics: Theoretical and Empirical Studies*（eds. Minoru Kunizaki et al.）, 2019, pp. 279-314; Masashi Nishikawa, "Neutral respondents' perceptions about geological disposal facilities," *Energy Reports*, 7, 2021, pp. 5119-5129

鷲見　英司（すみ　えいじ）　　　　　第 4 章

日本大学経済学部教授

法政大学大学院社会科学研究科博士課程単位取得退学，博士（経済学）

専攻：公共選択論，地方財政論

主要著書：『地方財政効率化の政治経済分析』勁草書房，2021 年

中澤　克佳（なかざわ　かつよし）　　　　　第 5 章

東洋大学経済学部教授

慶應義塾大学経済学研究科博士後期課程修了，博士（経済学）

専攻：財政学，社会保障論，公共選択論

主要著書：『「平成の大合併」の政治経済学』（共著）勁草書房，2016 年；『介護サービスの実証研究—制度変化と政策対応』三菱経済研究所，2010 年

高橋　智彦（たかはし　ともひこ）　　　　　第 6 章

拓殖大学政経学部教授

筑波大学経営・政策科学研究科博士後期課程修了　博士（経営学）

専攻：国際金融論，金融論

主要著書　『証券化—新たな使命とリスクの検証』（共著）金融財政事情研究会，川北英隆編著，桑木小恵子・渋谷陽一郎・高橋智彦著，2012 年；「改正日銀法と中央銀行の独立性」『公共選択の研究』第 34 号，2000 年，pp. 31-42

河野　武司（こうの　たけし）　　　　　第 8 章

慶應義塾大学法学部教授

慶應義塾大学大学院法学研究科政治学専攻博士課程単位取得満期退学

専攻：選挙制度，投票行動，政治的コミュニケーション，計量分析

主要著書：「投票参加の合理的選択理論におけるパラドックスについて」白鳥令編『選挙と投票行動の理論』東海大学出版会，1997 年；『利益誘導政治』（共編）芦書房，2004 年

和田　淳一郎（わだ　じゅんいちろう）　　　　　第 9 章

横浜市立大学大学院国際マネジメント研究科教授

一橋大学経済学部卒業，Maryland 大学大学院経済学研究科修了，Ph.D.（Economics）

専攻：公共選択論，数理政治学

主要著書：*Japanese Election System*, Routledge, 1996; "Apportionment behind the Veil of Uncertainty," *Japanese Economic Review*, 67（3）, 2016, pp. 348-360; "Malapportionment in Space and Time: Decompose It!" *Electoral Studies*, 71, 2021（Yuta Kamahara, Yuko Kasuya との共著）

増山　幹高（ますやま　みきたか）　　　　　第 10 章

政策研究大学院大学教授

University of Michigan, Ph.D.（Political Science）

専攻：日本政治，議会制度，計量分析

主要著書：『立法と権力分立』東京大学出版会，2015 年；『議会制度と日本政治—議事運営の計量政治学』木鐸社，2003 年

飯島　大邦（いいじま　ひろくに）　　　　　　　　　　　　　　　第 11 章

中央大学経済学部教授

慶應義塾大学経済学研究科博士後期課程単位取得退学

専攻：公共選択論，経済政策論

主要著書：「福祉国家再編期における EU 諸国の社会保護費負担構造と政治経済状況」中央大学経済研究所経済政策研究部会編『経済成長と経済政策』中央大学出版部，2016 年；「福祉国家寛容度スコアの変遷に関する一考察」『経済学研究』第 8 巻 1 号，2020 年，pp. 15-36

佐々木　俊一郎（ささき　しゅんいちろう）　　　　　　　　　　　第 12 章

近畿大学経済学部教授

慶應義塾大学大学院政策・メディア研究科後期博士課程修了　博士（学術），専攻　実験経済学

主要著書：『実験ミクロ経済学』（共著）東洋経済新報社，2012 年；『実験マクロ経済学』（共著）東洋経済新報社，2014 年；『行動経済学入門』（共著）東洋経済新報社，2017 年

川野辺　裕幸（かわのべ　ひろゆき）＊　　　　　　　　　　第 13 章・第 14 章

東海大学名誉教授

慶應義塾大学経済学研究科博士後期課程単位取得退学

専攻：公共選択論，経済政策論

主要著書：「規範的立憲の政治経済学と経済政策論」『公共選択』第 65 号，2016 年，pp. 128-148；「立憲的政治経済学の出発と展開，未来」『公共選択』第 73 号，2020 年，pp. 49-67

宮下　量久（みやした　ともひさ）　　　　　　　　　　　　　　　第 15 章

拓殖大学政経学部教授

法政大学大学院経済学研究科経済学専攻博士後期課程修了，博士（経済学），専攻：公共選択論，財政学

主要著書：『「平成の大合併」の政治経済学』（共著）勁草書房，2016 年；「市町村における財政調整基金の積立要因に関する実証分析」（共著）『計画行政』第 43 巻第 4 号，2020 年，pp. 39-47

奥井　克美（おくい　かつよし）　　　　　　　　　　　　　　　　第 16 章

追手門学院大学経済学部教授

法政大学大学院社会科学研究科博士課程単位取得満期退学，博士（経済学）

専攻：公共経済学，公共選択論，

主要著書：『経済体制の公共選択分析』日本評論社，2015 年

公共選択論

2022年1月20日　第1版第1刷発行

編著者　川野辺　裕幸
　　　　　　　なかのべ　ひろゆき
　　　　　　中　村　まづる
　　　　　　　なか　むら

発行者　井　村　寿　人

発行所　株式会社　勁　草　書　房
　　　　　　　　　　　　けい　そう

112-0005　東京都文京区水道2-1-1　振替　00150-2-175253
（編集）電話 03-3815-5277／FAX 03-3814-6968
（営業）電話 03-3814-6861／FAX 03-3814-6854
本文組版　プログレス・平文社・中永製本所

黒川和美／「官僚行動の公共選択分析」編集委員会 編
官僚行動の公共選択分析【オンデマンド版】　A5 判　3,850 円
98462-6

鷲見英司
地方財政効率化の政治経済分析　A5 判　4,950 円
50479-4

中澤克佳・宮下量久
「平成の大合併」の政治経済学【オンデマンド版】　A5 判　4,950 円
98316-2

西川雅史
財政調整制度下の地方財政【オンデマンド版】　A5 判　4,400 円
健全化への挑戦　98426-8

川崎一泰
官民連携の地域再生　A5 判　3,850 円
民間投資が地域を復活させる　50377-3

長峯純一
公共選択と地方分権【オンデマンド版】　A5 判　5,060 円
98204-2

A. L. ヒルマン／井堀利宏 監訳
入門財政・公共政策　A5 判　5,170 円
政府の責任と限界　50279-0

―――――――――――――――――― 勁草書房刊

＊表示価格は 2022 年 1 月現在．消費税は含まれております．